Kohlhammer

Das Matriarchat

Herausgegeben von:

Heide Göttner-Abendroth

Das Matriarchat Band I

Heide Göttner-Abendroth

Matriarchale Gesellschaften der Gegenwart

Band I: Ostasien, Indonesien, Pazifischer Raum

Verlag W. Kohlhammer

Dieses Werk einschließlich aller seiner Teile ist urheberrechtlich geschützt. Jede Verwendung außerhalb der engen Grenzen des Urheberrechts ist ohne Zustimmung des Verlags unzulässig und strafbar. Das gilt insbesondere für Vervielfältigungen, Übersetzungen, Mikroverfilmungen und für die Einspeicherung und Verarbeitung in elektronischen Systemen.

Umschlag: Schamanin im Ritual, mit ihren Trommlerinnen und den Hausfrauen (Papiermalerei von Chi-san 1981, aus: Cho Hung-youn: Koreanischer Schamanismus, Hamburg 1982, Hamburgisches Museum für Völkerkunde; Nachzeichnung: Gudrun Frank-Wissmann)

1. Auflage 2021

Alle Rechte vorbehalten
© W. Kohlhammer GmbH, Stuttgart
Gesamtherstellung: W. Kohlhammer GmbH, Heßbrühlstr. 69, 70565 Stuttgart
produktsicherheit@kohlhammer.de

Print:
ISBN 978-3-17-037699-1

E-Book-Formate:
pdf: ISBN 978-3-17-037700-4
epub: ISBN 978-3-17-037701-1
mobi: ISBN 978-3-17-037702-8

Für den Inhalt abgedruckter oder verlinkter Websites ist ausschließlich der jeweilige Betreiber verantwortlich. Die W. Kohlhammer GmbH hat keinen Einfluss auf die verknüpften Seiten und übernimmt hierfür keinerlei Haftung.

Inhalt

Danksagung 9

Vorwort: Zum Begriff »Matriarchat« 11

Allgemeine Einleitung. Die Philosophie und Methodologie der
modernen Matriarchatsforschung. 15
Meine geistige Reise mit der Matriarchatsforschung 15
Die politische Relevanz der Matriarchatsforschung 18
Nichts ist so praktisch wie eine gute Theorie 21
Von der Logik des Definierens 23
Interdisziplinarität und Ideologiekritik 26
Das matriarchale Paradigma 28
Zu diesem Buch 32

Kapitel 1: Eine kritische Geschichte der traditionellen Matriarchatsforschung 36
1.1 Die Pioniere 37
1.2 Die marxistische Diskussion 41
1.3 Der anthropologisch-ethnologische Zweig 46
1.4 Der Zweig der Urgeschichtsforschung 51
1.5 Der religionswissenschaftliche Zweig 54
1.6 Der volkskundliche Zweig 58
1.7 Der archäologische Zweig 62
1.8 Feministische und indigene Matriarchatsforschung 68

Zu Band I: Indigene matriarchale Gesellschaften in Ostasien, Indonesien
und dem Pazifischen Raum 75

Kapitel 2: Matriarchat in Nordost-Indien 76
2.1 Die Khasi: Land und Leute 76
2.2 Das soziale Gefüge 79
2.3 Die politischen Muster 83
2.4 Glauben und religiöse Feste 87
2.5 Die gegenwärtige Situation 94
2.6 Zur Struktur der matriarchalen Gesellschaftsform 96

Kapitel 3: Matriarchale Religion in Nepal 99
3.1 Die Newar vom Kathmandu-Tal 99
3.2 Die Religion der Göttin Kali 101
3.3 Paschupatinath: Kult von Tod und Leben 105
3.4 Kumari, die lebende Göttin 111
3.5 Zur Struktur der matriarchalen Gesellschaftsform (Fortsetzung) 115

Kapitel 4: Alte Königinnenreiche und Gruppenehe in Tibet 117
4.1 Ackerbau- und Hirtenkultur 117
4.2 Die Bon-Religion 118
4.3 Alt-tibetische Königinnenreiche 122
4.4 Polyandrie als geregelte Gruppenehe 124
4.5 Zur Struktur der matriarchalen Gesellschaftsform (Fortsetzung) 132

Kapitel 5: Matriarchale Kulturen in China 134
5.1 Indigene Völker in China 134
5.2 Die Mosuo in Südwest-China 137
5.3 Die Chiang in Nordwest-China 146
5.4 Yao, Miao und andere Völker in Südchina 150
5.5 Die Völker der Yüeh-Kultur in Südost-China 154
5.6 Zur Struktur der matriarchalen Gesellschaftsform (Fortsetzung) 160

Kapitel 6: Schamaninnen in Korea 162
6.1 Megalithkultur in Ostasien und im Pazifischen Raum 162
6.2 Frauen in der Geschichte Koreas 165
6.3 Die Schamaninnen der Gegenwart 167
6.4 Zur Struktur der matriarchalen Gesellschaftsform (Fortsetzung) 173

Kapitel 7: Inseln um Japan – die südliche und die nördliche Frauenkultur 175
7.1 Japans Schintô-Religion 175
7.2 Schwester und Bruder auf den Riukiu-Inseln und die Besiedelung Japans ... 178
7.3 Matriarchale Mythologie 180
7.4 Die Ainu in Nordjapan 185
7.5 Altsteinzeitliche Glaubenswelt 190
7.6 Zur Struktur der matriarchalen Gesellschaftsform (Fortsetzung) 193

Kapitel 8: »Alam Minangkabau« – die Welt der Minangkabau in Indonesien 195
8.1 Matriarchale Kulturmuster in Indonesien 195
8.2 Sozialordnung und Kultur der Minangkabau 197
8.3 »Darek« und »Rantau«: zwei Seiten, das Patriarchat zu verhindern 203
8.4 Zur Struktur der matriarchalen Gesellschaftsform (Fortsetzung) 207

Kapitel 9: Matriarchale Muster in Melanesien **209**
9.1 Die Frauen und Männer der Trobriand-Inseln 209
9.2 Die Ahnenkinder der Trobrianderinnen 214
9.3 Der »Kula-Ring« und das Häuptlingswesen der Trobriander 217
9.4 Zur Struktur der matriarchalen Gesellschaftsform (Fortsetzung) 221

Kapitel 10: Kulturen im Raum des Pazifischen Ozeans **223**
10.1 Schiffe, Sterne und Steine 223
10.2 Frauen in der polynesischen Gesellschaft 230
10.3 Pelés Clan 235
10.4 Kriegerhäuptlinge in Ozeanien 238
10.5 Das Schicksal der Osterinsel 242
10.6 Zur Struktur der matriarchalen Gesellschaftsform (Fortsetzung) 247

Verzeichnis der Abbildungen **249**

Literatur **251**

Danksagung

Dieses Buch beruht auf der älteren Version der Teilbände I und II,1 von »Das Matriarchat« (von 1988 bis 1999 im Kohlhammer Verlag erschienen), die der Forschungsgeschichte und den matriarchalen Gesellschaften der Gegenwart in Ostasien, Indonesien und dem Pazifischen Raum gewidmet waren. Es stellt eine erheblich verbesserte und erweiterte Neuerscheinung dieser zwei Bände dar. Ein zweites Buch auf der Grundlage des älteren Teilbandes II,2 von »Das Matriarchat« (2000 im Kohlhammer Verlag) soll als erweiterte Neuerscheinung folgen, das die gegenwärtigen matriarchalen Kulturen Amerikas, Indiens und Afrikas zum Inhalt hat. Damit sind die noch lebenden matriarchalen Kulturen weltweit erfasst und neu präsentiert.

Seit dem Beginn meiner Veröffentlichungen zu diesem komplexen Thema konnten meine Erkenntnisse wachsen und haben sich erheblich weiterentwickelt. Sie sind in die vollständige englische Ausgabe von »Das Matriarchat« (New York, 2013) eingeflossen und haben sie sehr bereichert; diese erweiterte Version kursiert mittlerweile international. Umso erfreulicher ist es, dass diese erweiterte, aktuelle Version nun auch in deutscher Sprache erscheinen kann. Dafür bin ich dem Kohlhammer Verlag, der die Publikation der Neuerscheinungen jetzt unternimmt, außerordentlich dankbar. Schließlich ist es dieser Verlag, der meine wissenschaftlichen Publikationen zum Thema Matriarchat von Anfang an großzügig gefördert hat.

Diese neue Version wäre ohne die solidarische Unterstützung vieler Menschen, durch die mein Wissen wachsen konnte, kaum möglich gewesen. Noch einmal danke ich meiner damaligen Übersetzerin Karen Smith, die vom Deutschen ins Englische übersetzte und mich als Kennerin der Gesichtspunkte von indigenen Menschen als Erste beriet; es kam der englischen Version sehr zugute. Besonders wertvoll waren dann die Vorträge und Werke der indigenen Wissenschaftlerinnen und Wissenschaftler aus matriarchalen Kulturen selbst, die während der drei »Weltkongresse für Matriarchatsforschung« (2003, 2005, 2011) zu hören waren. Ich hatte sie eingeladen und schätzte mich glücklich, sie kennen zu lernen. Mit einigen von ihnen entstanden freundschaftliche Verbindungen, so dass ich von ihnen auch auf persönlichem Weg noch Informationen und Kommentare erhielt. Was sie mich wissen ließen, ist in dieses Buch aufgenommen und wird in das geplante nächste Buch einfließen. Dafür danke ich ausdrücklich: Usria Dhavida (Minangkabau, Sumatra, Indonesien), Wilhelmina J. Donkoh (Asante, Ghana, Westafrika), Fatimata Oualet Halatine (Targia/Tuareg, Zentral-Sahara), Hengde Danschilacuo (Mosuo, Südwest-China), Lamu Gatusa (Mosuo, Südwest-China), Makilam (Kabylin, Algerien, Nordafrika), Barbara Alice Mann (Seneca-Irokesin, Ohio, USA), Marina Meneses (Juchiteca,

Juchitàn, Mexiko), Patricia Mukhim (Khasi, Meghalaya, Nordindien), Bernedette Muthien (Khoe San, Südafrika), Gad Asyako Osafo (Akan, Ghana, Westafrika), Valentina Pakyntein (Khasi-Pnar, Meghalaya, Nordindien), Taimalie Kiwi Tamasese (Samoa, Polynesien), Savithri Shanker de Tourreil (Nayar, Südindien).

Ebenso danke ich den nicht-indigenen Wissenschaftlerinnen, die matriarchale Völker besuchten und dort wertvolle Forschungen unternahmen. Auch ihnen begegnete ich während der Weltkongresse und wiederholt danach, und sie teilten ihr Wissen mit mir: Veronika Bennholdt-Thomsen (Deutschland), Susan Gail Carter (USA), Hélène Claudot-Hawad (Frankreich), Shanshan Du (China), Carolyn Heath (Großbritannien), Antje Olowaili (Deutschland), Peggy Reeves Sanday (USA), Ruxian Yan (China).

Außerdem danke ich Christina Schlatter, der Gründerin des »MatriArchivs« in der Kantonsbibliothek St. Gallen (Schweiz), für ihre Jahrzehnte lange Unterstützung beim Recherchieren von oft schwer zugänglicher, wissenschaftlicher Literatur und beim Ergänzen von Daten zum Zitieren.

Ganz besonders danke ich den Spenderinnen und Spendern in den »Fonds für Matriarchatsforschung«, der vom Förderverein der Akademie HAGIA e.V. verwaltet wird. Alle ihre Beiträge stellen eine große Hilfe für mich als »freie« Wissenschaftlerin dar, damit die umfangreiche Forschung zum Thema Matriarchat von mir geleistet und publiziert werden konnte und weiterhin kann. In diesem Sinne ist der Fonds ein sehr erfolgreiches Modell.

Vorwort: Zum Begriff »Matriarchat«

Die Welle des populären wie wissenschaftlichen Interesses an Gesellschaften mit nicht-patriarchalen Mustern hat verschiedene neue Bezeichnungen dafür hervorgebracht. Warum sollen wir daher auf dem oft als problematisch empfundenen Begriff »Matriarchat« bestehen? Dafür gibt es gute Gründe, denn diesen Begriff zu beanspruchen und ihn konsequent zu gebrauchen ist von großer Bedeutung: Zugleich mit ihm wird das Wissen über Gesellschaften beansprucht, die sozial, ökonomisch, politisch und kulturell von Frauen geschaffen wurden. Im Verlauf der langen Geschichte dieser Gesellschaften waren Frauen und Männer gleichermaßen beteiligt, sie zur Blüte zu bringen und an künftige Generationen weiterzugeben. Diese kurze Bemerkung soll im Augenblick als Orientierung genügen.

Dieses Buch wurde mit dem Ziel geschrieben, eine gut begründete, solide, wissenschaftliche Definition von »Matriarchat« zu entwickeln, die bisher überall fehlt. Ich hoffe, dass sie nützlich sein wird, um sich in einem Meer von Missverständnissen zu diesem Begriff und zu den Kulturen, die er bezeichnet, zurechtzufinden. Die Entwicklung dieser Definition begleitet uns wie ein roter Faden durch das ganze Buch, was an dem Schlussteil von jedem Kapitel »Zur Struktur der matriarchalen Gesellschaftsform« zu sehen ist. Hier wird die Definition Schritt für Schritt aus dem Inhalt der einzelnen Kapitel entfaltet.

Von Anfang an sei hier festgehalten, dass Matriarchate grundsätzlich *egalitäre Gesellschaften* sind. Sie sind, was die gesellschaftlichen Handlungsmöglichkeiten und die Freiheit beider Geschlechter betrifft, wahrhaft geschlechter-egalitär und im Zusammenwirken aller Teile der Gesellschaft vollständig egalitär. Dabei sind die Frauen, insbesondere die Mütter, die Mitte dieser Gesellschaften. Die Mitte bedeutet nicht die Spitze, das »Oben«, wie es Patriarchaten üblich ist, sondern es ist eine alle Teile der Gesellschaft integrierende Mitte. Daher können Matriarchate entschieden nicht als das Spiegelbild von Patriarchaten betrachtet werden, mit herrschenden Frauen anstelle der in patriarchalen Gesellschaften herrschenden Männer. Denn matriarchale Menschen haben die hierarchischen Strukturen von Patriarchaten bewusst niemals angenommen. Patriarchale Herrschaft, die begann, indem eine männliche Minderheit durch Krieg und Eroberung die Mehrheit der Menschen einer anderen Kultur unterdrückt und ausgebeutet hat, hängt von Macht durch Waffengewalt ab. Daraus folgte der bei den Herrschenden angehäufte Privatbesitz, der ihre Herrschaft festigte. In späteren Phasen kamen Kolonialismus und Missionierung hinzu, wobei die eigene Lebensweise und das eigene Denken anderen Menschen aufgezwungen wurden. Diese Strukturen von Gewalt und Zwang sind eine geschichtlich ziemlich späte Entwicklung, die nicht früher als ein paar Jahrtausende vor unserer Zeit auftauchten – in vielen Weltgegenden begannen sie noch erheblich später. Davor und in einigen Regionen bis heute gab und gibt es einen völlig anderen Typus von Sozialordnung, Lebensweise und Weltanschauung, eben den matriarchalen.

Diejenigen, die an den Mythos vom ewigen Patriarchat glauben, stellen diese relativ späte Gesellschaftsform jedoch so dar, als ob es sie überall und von Anfang an zu allen Zeiten der Menschheitsgeschichte gegeben habe. Zahlreiche Fiktionen dieser Art wurden von Hunderten patriarchal orientierter Theoretiker propagiert. Deshalb sind sie auch nicht in der Lage, den Begriff »Matriarchat« anders als immer wieder mit Herrschaftsmustern zu verknüpfen. Dann forschen sie vergeblich in der ganzen Weltgeschichte nach Beispielen von Gesellschaften mit Frauenherrschaft, und wenn sie keine finden, die ihrer falsch formulierten Hypothese entsprechen, erklären sie zum Schluss, dass Matriarchate weder jetzt noch früher jemals existiert haben. Es ist, als ob man sich ein Gespenst erschafft und dann nach diesem auf die Suche geht, um es, weil es nicht gefunden werden kann, zuletzt zu einem Gespenst zu erklären. Dies ist nichts anderes als ein unlogischer Zirkelschluss und eine beschämende Verschwendung von Wissenschaft.

Das allgemeine Missverständnis zum Begriff »Matriarchat« kann man bereits durch einen linguistischen Hinweis aufklären. So wird angenommen, allein weil die beiden Wörter »Matriarchat« und »Patriarchat« parallel klingen, dass auch die beiden Gesellschaftsformen in ihrer Herrschaftsstruktur parallel seien. Vorschnell kommt es damit zu dem üblichen Vorurteil, dass »Matriarchat« gleichbedeutend sei mit »Frauenherrschaft« oder »Herrschaft der Mütter«. Auf dem Fuße folgt die Annahme, dass Matriarchate genauso funktionieren wie Patriarchate, nur mit umgekehrtem Geschlecht. Linguistisch bedeutet das griechische Wort »arché« aber nicht nur »Herrschaft«, sondern auch »Anfang« – was die ältere Bedeutung dieses Wortes ist. Diese beiden Bedeutungen sind verschieden und können nicht vermischt werden. Sie werden auch in unserem Sprachgebrauch noch klar unterschieden, zum Beispiel würden wir »Arche-typ« doch nicht mit »Herrschaftstyp« übersetzen wollen, sondern verstehen darunter einen »uranfänglichen Typus«. Auch »Archäologie« bedeutet nicht die »Lehre von der Herrschaft«, sondern die »Lehre von den Anfängen der Kultur«. Selbst die »Arche Noah« meint nicht »Noahs Herrschaft«, sondern den Neubeginn der Menschheit nach der Sintflut, so wie es die Bibel darstellt.

Auf dem Boden dieser älteren Bedeutung von »arché« als »Beginn« heißt »Matriarchat« also »am Anfang die Mütter«. Das bezieht sich sowohl auf die biologische Tatsache, dass Mütter durch die Geburt den Beginn des Lebens schenken, als auch auf die kulturelle Tatsache, dass sie den Anfang von Kultur geschaffen haben. Patriarchat kann auch als »Herrschaft der Väter« und als »am Anfang die Väter« übersetzt werden. Die letztere Bedeutung führt jedoch unmittelbar zur Herrschaft der Väter. Denn weil ihnen jede natürliche Gabe für das Setzen eines »Anfangs« fehlt, sind sie seit Beginn des Patriarchats gezwungen, genau das zu behaupten, in ihren Mythen aus dem Kopf zu gebären und diese »Wahrheit« mit Gewalt durchzusetzen. Im Gegensatz dazu *sind* Mütter klar am Anfang durch ihre Fähigkeit Leben zu geben, womit sie nicht nur individuelle Menschen, sondern auch die Verwandtschaftsgruppe, die nächste Generation und damit die Gesellschaft hervorbringen. Deshalb haben sie es im Matriarchat nicht nötig, ihre Position durch Herrschaft zu erzwingen.

Ich möchte nochmals betonen, dass dieser linguistische Hinweis keine Definition ist. Die wissenschaftliche Definition von »Matriarchat« wird, auf dem Boden der Forschung zu diesem Typus von Gesellschaften, in diesem Buch empirisch Schritt für Schritt gewonnen.

Es gibt noch weitere Gründe, den Begriff »Matriarchat« zu gebrauchen und keinen der Ersatzbegriffe zu wählen. Nicht alle Wissenschaftlerinnen, die an der modernen Matriarchatsforschung beteiligt sind, benennen diese Gesellschaftsform gleich. Es werden solche Wortschöpfungen gewählt wie »matrifokal«, »matristisch«, »matrizentrisch« oder »gylanisch«. Dennoch stimmen alle darin überein, dass es sich um eine Gesellschaftsform handelt, die keine patriarchalen Herrschaftsmuster hat und einen hohen Grad von Ausgewogenheit oder Balance aufweist. Aber diese neu erfundenen Ersatzbegriffe haben den Mangel, dass sie sehr künstlich sind und keine Verbindung zur Umgangssprache haben. In der Regel sind sie kaum definiert und zu schwach oder zu eng. Zum Beispiel suggerieren die Wörter »matrifokal« und »matrizentrisch«, dass alles um die Mütter kreise, wobei das vielfältige Netz der sozialen und politischen Beziehungen zwischen den Menschen in matriarchalen Gesellschaften vernachlässigt wird; diese Begriffe sind also zu eng. Das Wort »matristisch« enthält die Silbe »-istisch«, die auf einen »-ismus« hinweist, was abwertend ist. Denn jeder »-ismus«, wie »Biologismus«, »Ökonomismus«, »Sozialismus« und so weiter, wird als einseitig verstanden, weil er Anteile an dogmatischer Ideologie enthält; daher ist diese Bezeichnung hier nicht zu gebrauchen. Der Begriff »gylanisch« (R. Eisler) ist völlig fremd und benötigt eine lange Erklärung, um überhaupt verstanden zu werden. Er meint die Verbindung (griechisch: »lyein«) von Frauen (griechisch: »gyne«) und Männern (griechisch: »andros«), was Kenntnisse in Griechisch voraussetzt. Außerdem bestehen matriarchale Gesellschaften keineswegs nur aus Männer-Frauen-Partnerschaften, sondern aus weit mehr und anderen sozialen Beziehungen; auch dieser Begriff ist, abgesehen von seiner Unverständlichkeit zu schwach.

Im Gegensatz zu diesen Kunstbegriffen ist der Begriff »Matriarchat« allgemein bekannt und ein Wort der Umgangssprache. Jede gebildete Person versteht ihn, ganz gleich ob sie darauf positiv oder negativ reagiert. Bei den meisten löst er das alte Vorurteil von der »Frauenherrschaft« aus, was jedoch die Möglichkeit bietet, ein Gespräch darüber zu führen. Man kann darauf hinweisen, dass der Begriff mittlerweile neu definiert wurde und sich auf egalitäre Gesellschaften bezieht. Jede philosophische und wissenschaftliche Re-Definition von Begriffen geht von bekannten Begriffen der Umgangssprache aus und definiert sie auf dem Boden neuer Erkenntnisse neu; es ist ein normaler wissenschaftlicher Vorgang. Danach kann auf wissenschaftlicher Ebene mit ihnen gearbeitet werden, aber man verliert dabei nicht den Kontakt zur Umgangssprache. Die Begriffe gewinnen durch die Re-Definition eine neue, klarere und umfassendere Bedeutung als in der Umgangssprache. Umgekehrt wird die Umgangssprache durch die wissenschaftlich re-definierten Begriffe wieder beeinflusst, was den allgemeinen Diskurs sehr bereichert.

Nehmen wir zum Beispiel den Begriff »Atom«, der bei den griechischen Philosophen das »kleinste Unteilbare« bedeutete. In der modernen Atomphysik wurde er grundlegend neu definiert, so dass wir heute eine ganz andere Vorstellung davon haben, was ein Atom in seinem gesamten Aufbau ist. Ein anderes Beispiel sei der Begriff »Nachhaltigkeit«. In der alltäglichen Sprache meint er etwas, »das sich lange hält und von Dauer ist«. In der neuen Wissenschaft der Ökologie wurde er als ein zentraler Begriff neu definiert, der nun viele besondere Bedingungen enthält, die für das Verständnis von »Nachhaltigkeit« wichtig sind. Damit enthält er jetzt eine viel weitere Weltsicht als zuvor. So ist auch im Fall des meist unsachlich gebrauchten Begriffs »Matriarchat« eine Neudefinition ein großer Vorteil. Denn diesen Begriff wieder einzufordern bedeutet, das Wissen über Kulturen zurück zu gewinnen, die von Frauen geschaffen wurden und deren Lebensweise für alle Menschen grundsätzlich egalitär war. Das stellt auch für die Umgangssprache und das allgemeine Verständnis einen großen Gewinn dar.

Heute verwenden einige indigene Völker offen den Begriff »Matriarchat«, um ihre egalitären Gesellschaftsmuster zu bezeichnen, wie es die Minangkabau in Sumatra, die Mosuo in China und etliche nordamerikanische Ethnien tun, unter ihnen die Irokesen. Einige Wissenschaftlerinnen und Wissenschaftler respektieren es und folgen ihnen, sie re-definieren den Begriff »Matriarchat« entsprechend und verwenden ihn in seiner geklärten Bedeutung. Für diese indigenen Völker ist die Benennung von politischer Bedeutung. Sie nehmen den Begriff »Matriarchat« bewusst an, weil sie damit ihre besondere Gesellschaftsform betonen, für die sie vorher kein Wort hatten. Zugleich betonen sie ihre Werte, die zeigen, wie das gesellschaftliche Leben ohne Gewalt und Zwang, stattdessen bedürfnisorientiert und friedfertig organisiert werden kann.

Diesen politischen Gehalt hat der Begriff »Matriarchat« auch für uns, wenn wir uns eine andere, bessere Gesellschaftsform vorstellen und sie erstreben als die, die uns umgibt, ebenso wenn wir eine Zukunft gestalten wollen, die im Gegensatz zu patriarchaler Herrschaft und Gewalt von Menschlichkeit geprägt ist und schlicht »human« genannt werden kann.

Auf dem Weghof, Juni 2020

Allgemeine Einleitung. Die Philosophie und Methodologie der modernen Matriarchatsforschung.

Dieses Kapitel bezieht sich auf die Gründung und Entwicklung der modernen Matriarchatsforschung, die als ein eigenständiger Wissensbereich zu gelten hat. Sie ist nicht noch eine weitere sozio-kulturelle Disziplin im Wissenschaftsbetrieb, da sie die Grenzen der herkömmlichen Disziplinen überschreitet. Nach meinem ersten theoretischen Entwurf dazu, was die moderne Matriarchatsforschung ist,[1] entwickelte ich ihre Philosophie und Methodologie in ständiger Verbindung mit meiner konkreten Forschung zu matriarchalen Gesellschaften weiter. Es ist ein wechselseitiger Prozess, das heißt, die neuen Einsichten, die meine praktische Forschung hervorbrachte, konnten nur im Licht der Theorie verstanden werden, aber ohne diese konkrete Forschung wäre die Theorie steril und leer geblieben.

Das vorliegende Buch ist ein wichtiger Teil in dem gesamten Prozess, eine Philosophie oder Theorie des Matriarchats zu entwickeln. Es setzt in einem bedeutenden Schritt einen Teil davon in konkrete Forschungsaufgaben um, was in der Philosophie und Methodologie der modernen Matriarchatsforschung als ein programmatischer Rahmen skizziert worden ist. Natürlich konnte das Buch nur in Verbindung mit dieser Philosophie entstehen und ist ohne sie nicht vollends zu verstehen. Deshalb stelle ich in dieser Einleitung die Philosophie und Methodologie der modernen Matriarchatsforschung voran.

Weiter unten werde ich erläutern, welchem Teil der Theorie es entspricht. Dabei wird gleichzeitig klarer werden, was moderne Matriarchatsforschung ist und was sie alles umfasst.

Meine geistige Reise mit der Matriarchatsforschung

Warum habe ich mich mit diesem Gebiet, dessen zentraler Begriff so sehr missverstanden und das in der Sache häufig denunziert wird, überhaupt eingelassen? Während der Zeit, als ich traditionelle und moderne Philosophie studierte und meine Dissertation in Wissenschaftsphilosophie schrieb, quälte mich unausgesetzt die Frage, was dies eigentlich mit mir als Frau zu tun hat. Denn in allen philosophischen Systemen war stets allgemein vom »Menschen« die Rede, womit jedoch

---

[1] Heide Göttner-Abendroth: »Zur Methodologie der Frauenforschung am Beispiel einer Theorie des Matriarchats«, in: *Dokumentation der Tagung »Frauenforschung in den Sozialwissenschaften«*, München 1978, Deutsches Jugendinstitut (DJI).

nur die männliche Hälfte der Menschheit gemeint war, die zur Norm erhoben und über alles gesetzt wurde. Die weibliche Hälfte der Menschheit existierte in diesen Theorien nicht, die Gleichsetzung von »Mensch« und »Mann« war in der Weltsicht und Sprache der europäisch-westlichen Philosophie allgegenwärtig. Ich fühlte mich hier fremd und litt unter einem schleichenden Verlust meiner Identität als Frau. So begab ich mich auf die Suche nach einer Welt und Denkweise, in der ich als Frau vorkam, und ich fand sie zu meiner Überraschung in der geschichtlichen Epoche *vor* der griechischen und römischen Zivilisation, einer Epoche, die noch nicht patriarchal geprägt war. Damit begann ich mit meiner Forschung zu matriarchalen Gesellschaften. Ich fing bei meinem eigenen kulturellen Hintergrund an und untersuchte die sozialen und mythologischen Muster der vor-patriarchalen Kulturen Europas, des Mittelmeerraumes und des Nahen Ostens (Westasiens). Dieses Doppelstudium, das offizielle und das inoffizielle, half mir, in der repressiven Institution Universität geistig-seelisch zu überleben.

Nachdem ich noch zehn Jahre Philosophie an der Universität gelehrt hatte,[2] stand ich am Scheideweg: Wollte ich dieser patriarchalen Philosophie weiter dienen, oder wollte ich mich ganz der Matriarchatsforschung widmen, die vonseiten der Universität ignoriert wurde, aber im höchsten Grad sozial und politisch relevant war? Dies erkannte ich nur zu deutlich durch meine Aktivität in der beginnenden Zweiten Frauenbewegung und der Frauenforschung, durch welche die neue Matriarchatsforschung zum ersten Mal öffentlich gehört wurde. Ich entschied mich gegen eine universitäre Karriere, verließ diese Institution und gründete die autonome »Internationale Akademie HAGIA für Moderne Matriarchatsforschung«. Seither forsche und lehre ich als unabhängige Wissenschaftlerin im Kontext der feministischen und der alternativen Bewegungen. Für mich bedeutete diese Freiheit, mich so frei wie möglich von den patriarchalen Verinnerlichungen zu machen, welche die europäisch-westliche Philosophie und Wissenschaft ihren Schülern und Schülerinnen indoktrinieren. Natürlich wurde ich seither vom wissenschaftlichen Establishment diskriminiert und in der allgemeinen Öffentlichkeit denunziert.[3]

Von Anfang an bedeutete diese Aufgabe, die moderne Matriarchatsforschung zu entwickeln, zugleich eine tiefe Kritik des Patriarchats. Denn Frauen sind immer Fremde in einem patriarchalen System, immer unsichtbar, ungehört, immer die »Anderen«. Dies wird im Allgemeinen »Sexismus« genannt, doch es ist weit mehr, nämlich der *Kolonialismus nach innen*, der in patriarchalen Gesellschaften die Ausbeutung der Frauen in ihrer Gesamtheit bedeutet.[4]

---

2 Von 1973 bis 1983 war ich Lehrbeauftragte am Philosophischen Institut II der Universität München.
3 Autorinnengemeinschaft (Hg.): *Die Diskriminierung der Matriarchatsforschung – Eine moderne Hexenjagd*, Bern 2003, Edition Amalia.
4 Claudia von Werlhof/Maria Mies/Veronika Bennholdt-Thomsen: *Frauen, die letzte Kolonie. Zur Hausfrauisierung der Arbeit*, Reinbek bei Hamburg 1983, 1988, Rowohlt Verlag.

Bei meiner Wurzelsuche nach einer von Frauen geprägten Weltsicht und Kultur in jenen Zeiten Europas, die vor dem europäischen Patriarchat lagen, stieß ich bald an unübersteigbare Grenzen: Die frühen matriarchalen Kulturen Europas, des Mittelmeerraumes und Westasiens waren schon lange zerstört. Nur Fragmente sind übrig geblieben, verzerrt durch dicke Schichten späterer Interpretationen; diese Reste sind nicht ausreichend, um das vollständige Bild matriarchaler Gesellschaften herauszufinden. Sie konnten mir nicht weiterhelfen zu erfahren, wie die Menschen in matriarchalen Gesellschaften leben, handeln, feiern und Politik machen. Wollte ich nicht Gefahr laufen, Wissen durch Phantasie zu ersetzen, musste ich den begrenzten Raum Europas verlassen.

So entschied ich mich, die ethnologische Forschung heranzuziehen, die zu diesem Thema unternommen worden war. Aber in dieser Disziplin begegneten mir dieselben Vorurteile über matriarchale Kulturen, dieselbe Fragmentierung und Verzerrung der Sachverhalte, die ich schon in der historischen Forschung gefunden hatte. Deren Quelle, nämlich die europäisch-westliche Philosophie, kannte ich nur allzu gut, und das führte mich dazu, meine Kritik an der patriarchalen Ideologie zu erweitern. Diese Kritik richtete sich jetzt gegen den *Kolonialismus nach außen*, diese ausbeuterische Kombination von Imperialismus, Rassismus und Sexismus, die auf allen Kontinenten indigene Männer und Frauen zu den »Anderen« macht und sie in die Unsichtbarkeit und Unhörbarkeit stößt. Das trifft noch verschärft auf matriarchale Gesellschaften zu. Genauso wie es die weibliche Hälfte der Menschheit in der westlich-patriarchalen Philosophie nicht gibt, existieren Gesellschaften und Kulturen matriarchaler Prägung gemäß dieser Ideologie ebenfalls nicht und haben angeblich niemals existiert. Dank der ideologiekritischen Methode, die ich unterdessen entwickelt hatte und die mich das Verschweigen durchschauen ließ, fand ich jedoch reichliche Evidenz für ihre Existenz. So entstand allmählich eine völlig andere Perspektive auf Gesellschaft und Geschichte, die ich das »matriarchale Paradigma« nenne.

Obwohl mit der Zweiten Frauenbewegung verknüpft, überschreitet das matriarchale Paradigma jene Auffassungen des Feminismus, die der europäisch-westlichen Denkweise verhaftet bleiben. Denn erstens ist es nicht nur mit der Situation von Frauen beschäftigt und stellt auch keinen a-historischen Antagonismus zwischen Frauen im Allgemeinen und Männern im Allgemeinen her. Im matriarchalen Paradigma gelten solche Verallgemeinerungen als kontraproduktiv, denn sie missachten die höchst verschiedenen gesellschaftlichen und geschichtlichen Kontexte, in welche die Geschlechterfrage eingebettet ist. Die moderne Matriarchatsforschung bezieht sich dagegen auf das gesamte Gefüge einer Gesellschaft aus Frauen und Männern, aus Alten und Jungen und schließt das Verhältnis von menschlicher zu außermenschlicher Natur ein. Außerdem beschränkt sie sich nicht auf die westliche Welt – wie es im Mainstream-Feminismus meist geschieht –, sondern ist mit den nicht-patriarchalen Gesellschaften auf allen Kontinenten beschäftigt. Aus demselben Grund überschreitet das matriarchale Paradigma auch die gängige Genderforschung, die ebenfalls der westlichen Denkweise verhaftet bleibt und weder die Geschichte noch indigene Gesellschaften auf anderen Kontinenten in den Blick bekommt.

Die politische Relevanz der Matriarchatsforschung

Indem ich kritische Analyse und kulturvergleichende Forschung miteinander verband, entdeckte ich ein vollständiges Bild der Struktur matriarchaler Gesellschaften, eine Aufgabe, der ich mich viele Jahre widmete. Meine geistige Reise führte mich auf verschiedene Kontinente, und die dort lebenden matriarchalen Gesellschaften und Kulturen wurden meine wahren Lehrerinnen. Ich zog nicht nur die westliche Literatur über sie heran – die man nur mit kritischem Blick hinsichtlich ihrer patriarchalen Ideologie lesen kann – sondern unternahm auch eine Forschungsreise zu den matriarchalen Mosuo in Südwestchina. Aufgrund ihrer Einladung reiste ich mit einem Team von Mitarbeiterinnen dorthin, denn es kam mir nicht in den Sinn, uneingeladen indigene Völker aufzusuchen und sie zusätzlich zu den vielen politischen Problemen, die sie zu lösen haben, noch mit meiner Gegenwart zu belasten. Die Mosuo wünschten ausdrücklich, dass ich über sie schreibe, denn sie betrachten jede seriöse und verständnisvolle Publikation als einen Baustein in ihrem Kampf um Anerkennung ihrer Kultur im gegenwärtigen China.[5] Die Begegnungen mit den Mosuo und mit vielen Gewährspersonen aus matriarchalen Kulturen bei anderen Gelegenheiten ließen mein Wissen wachsen und veränderten mein Denken tiefgreifend. Damit veränderte sich schrittweise auch mein Leben.

Zugleich wurde mir immer deutlicher bewusst, wie wenig ich als Außenstehende eigentlich über ihre Kultur wissen kann. Dies bewahrte mich davor zu meinen, dass meine Ergebnisse anstelle von indigenen Völkern sprechen könnten, noch würde ich beanspruchen, dass meine Analyse der Tiefenstruktur der matriarchalen Gesellschaftsform auch nur eine dieser Gesellschaften vollständig in allen Einzelheiten darstellen könnte. Auch behaupte ich nicht, sämtliche Formen indigener Gesellschaften erfasst zu haben, sondern ich beziehe mich nur auf die matriarchal-indigenen. Solche Aufgaben könnten nur durch viele Jahre ethnografischer Feldarbeit in vielen Weltgegenden erfüllt werden, und das geschieht am besten durch indigene Forscher und Forscherinnen selbst über ihre eigenen Gesellschaften. Glücklicherweise gibt es heute immer mehr indigene Wissenschaftler/innen, die ihre eigenen Gesellschaften untersuchen und dabei berechtigte Kritik an der verzerrenden und abwertenden Art üben, wie ihre Kulturen in der patriarchal-kolonialistisch geprägten Ethnologie dargestellt wurden. Zugleich setzen sie ihre Kenntnis für eine Bewahrung und Rehabilitation ihrer Kulturen ein und für ihren politischen Kampf um Selbstbestimmung.[6]

Meine Arbeit hier ist eine andere: Es geht darum einen theoretischen Rahmen zu schaffen, um den Typus der matriarchalen Gesellschaft überhaupt zu erkennen und

---

5 Heide Göttner-Abendroth: *Matriarchat in Südchina. Eine Forschungsreise zu den Mosuo*, Stuttgart 1998, Kohlhammer Verlag; auch als E-Book erhältlich.
6 Siehe zum Beispiel Linda Tuhiwai Smith: *Decolonizing Methodologies. Research and Indigenous Peoples*, London, New York, Dunedin 1999–2001, Zed Books und University of Ontario Press; Rauna Kuokkanen: *Reshaping the University: Responsibility, Indigenous Epistemes, and the Logic of Gift*, Vancouver 2007, University of British Columbia Press.

angemessen darstellen zu können. Ohne einen solchen theoretischen Rahmen würden wir in dieser Hinsicht blind bleiben, wie es in den patriarchal geprägten sozio-kulturellen Wissenschaften bis heute geschieht. Diese besondere Gesellschaftsform wird oft als »matrilinear«, »matrifokal«, »matristisch« oder »gylanisch« bezeichnet, womit statt einer klaren Definition von »matriarchal« – die allgemein in der Forschungsgeschichte zu diesem Thema fehlt, was viel Verwirrung stiftet – lediglich schwächere Ersatzbegriffe erfunden werden, die willkürlich und unangemessen sind. Dabei werden zwar Auflistungen von einzelnen Elementen dieser Gesellschaftsform gegeben, doch es fehlt der innere Zusammenhang und das Verstehen dieses Typs von Gesellschaft als ganzer. Demgegenüber habe ich mich der Aufgabe gewidmet, die Tiefenstruktur dieser Gesellschaftsform herauszufinden, und dafür muss ich einige indigene Gesellschaften dieses Typs im Wesentlichen verstehen können. Aber ich muss sie weder vollständig noch in allen Einzelheiten erfassen und beschreiben, was – wie schon gesagt – mir als Europäerin letztlich nicht möglich ist.

Diese Aufgabe hat gleichzeitig politische Relevanz. Denn sie besitzt Überschneidungen mit den politischen Intentionen verschiedener alternativer Bewegungen, die für Selbstbestimmung kämpfen. Es besteht eine wichtige Überschneidung der modernen Matriarchatsforschung mit dem westlichen Feminismus, soweit er Kritik an der inneren Kolonisierung von Frauen durch das westliche Patriarchat übt, das Frauen als den »Anderen« nur einen Objektstatus zuweist. Im Feminismus werden Frauen hingegen als handelnde Subjekte in Gesellschaft und Geschichte gesehen und ihre Selbstbestimmung gefördert – eine Position, die für die moderne Matriarchatsforschung wesentlich ist.

Aber gibt es nicht nur ein westliches Patriarchat europäisch-amerikanischer Prägung, sondern auch ein östliches Patriarchat islamischer oder chinesischer Prägung, ebenso ein südliches Patriarchat indischer oder afrikanischer Prägung, und so weiter auf allen Kontinenten. Daraus ergeben sich erhebliche Verschiedenheiten im internationalen feministischen Kampf für die Selbstbestimmung der Frauen. Doch es gibt ähnliche Prinzipien, nach denen Frauen heute überall von verschiedenen patriarchalen Eliten unterdrückt werden. Das verschärft sich noch, wenn diese herrschenden regionalen Eliten im Lauf der jüngeren Geschichte vom westlichen, globalen Patriarchat überlagert oder beeinflusst wurden und werden. Daraus ergeben sich zahlreiche weitere *Überschneidungen der modernen Matriarchatsforschung mit den verschiedenen Formen von Feminismus* auf anderen Kontinenten. Denn sie zeigt Patriarchalisierungsprozesse nicht nur in Europa auf, sondern auch in den anderen Kontinenten.

Wie das im Einzelnen vor sich gegangen ist, können die Forscherinnen in anderen Weltgegenden wiederum am besten selbst bei der Analyse der Geschichte ihrer konkreten Gesellschaften herausfinden. Deshalb sind Aussagen über geschichtliche Vorgänge bei anderen Völkern, die ich mache, nur als Anregungen zu verstehen, die darauf hinweisen sollen, dass die moderne Matriarchatsforschung für solche neuen und tiefgreifenden Analysen der Geschichte einen Rahmen bereitstellt. Bei meinen geschichtlichen Hinweisen nehme ich die mündlichen Traditionen der entsprechenden Völker – soweit ich etwas darüber wissen kann – ebenso ernst wie die schriftlichen und archäologischen Zeugnisse.

Nun sind es heute im westlichen Patriarchat nicht nur Frauen, die sich gegen die zunehmende Gewalt und Militarisierung der europäischen und US-amerikanischen Gesellschaften zur Wehr setzen, sondern auch viele westliche Männer. Denn es sind Frauen und Kinder, aber auch die meisten Männer von den repressiven, ausbeuterischen Strukturen des Patriarchats betroffen, wenn auch in unterschiedlicher Weise. Das gilt gleichermaßen für die diversen anderen Patriarchate in der Welt, sei es im Osten oder im Süden. In zahlreichen internationalen Bewegungen kämpfen Männer auf allen Kontinenten deshalb für eine grundsätzliche Veränderung dieser Situation und für eine bessere Gesellschaft, wobei ihre Kämpfe ebenfalls eine große Verschiedenheit zeigen.

Sofern sie dabei die Erkenntnis haben, dass ihr Kampf sich nicht nur gegen kolonialistische und kapitalistische Strukturen richtet, sondern auch gegen mehrtausendjährige oder jüngere Formen des Patriarchats, gibt es auch eine bedeutende *Überschneidung von ihren diversen alternativen Bewegungen mit der modernen Matriarchatsforschung.* Ist diese Erkenntnis bei alternativen Männern jedoch nicht vorhanden, so lässt ihr Befreiungskampf eine entscheidende Tatsache aus oder degradiert sie zur Nebensache, und er wird an der Geschlechterfrage scheitern – wie schon oft zu beobachten war. Wenn dagegen Kolonialismus gleich welcher Provenienz als kolonialistisches Patriarchat und Kapitalismus als kapitalistisches Patriarchat und die derzeitige Art von Globalisierung als globalisiertes Patriarchat verstanden werden, dann bekommt dieser Kampf eine größere gesellschaftliche und geschichtliche Tiefe. Dann weist er Übereinstimmungen mit dem feministischen Kampf der Frauen um Selbstbestimmung auf. Die moderne Matriarchatsforschung wird dann als das erscheinen, was sie tatsächlich ist, nämlich als eine kritische und emanzipatorische Gesellschaftsforschung in erster Linie von Frauen, doch nicht nur für Frauen, sondern für alle Menschen.

Sie kann ebenfalls eine wichtige Unterstützung für den Kampf indigener Völker für ihre kulturelle Identität sein. Die indigenen Gesellschaften auf allen Kontinenten werden von den verschiedenen, herrschenden patriarchalen Eliten durch den äußeren Kolonialismus unterdrückt und sind in etlichen Fällen in Gefahr zerstört zu werden. Sie kritisieren und bekämpfen den Kolonialismus, und bei ihrem Kampf um Selbstbestimmung kommt es auch darauf an zu erkennen, dass dieser ein Teil des Patriarchats ist. Besonders krass tritt dies hervor, wenn es sich um die letzten, noch existierenden matriarchalen Kulturen handelt, weil der Kolonialismus hier zusätzlich mit Sexismus verbunden ist, was einen doppelten Druck für sie bedeutet. Genauso wie es im Denken des sexistischen Patriarchats die Frau nicht gibt, gibt es auch keine matriarchalen Gesellschaften – weil es sie nicht geben darf! Deshalb wurde bei der patriarchalen Kolonisierung indigener Gesellschaften die Bedeutung der Frauen allgemein missachtet und zum Verschwinden gebracht, was sich im Fall von indigenen matriarchalen Gesellschaften besonders verheerend ausgewirkt hat und noch auswirkt. Bei indigenen Gesellschaften mit patriarchalen Mustern würde das allerdings bedeuten, zum kolonialistischen Sexismus von außen auch den eigenen Sexismus nach innen kritisch wahrzunehmen und aufzulösen.

In vielen Fällen verschärft sich das Problem für indigene, matriarchal lebende Völker noch dadurch, dass ihnen das Besondere ihrer Gesellschaftsform selbst nicht bewusst ist – sie haben, von wenigen Ausnahmen abgesehen, keinen Begriff dafür. Sie betrachten ihre Gesellschaft üblicherweise als die Summe ihrer je eigenen Traditionen, die einen lokalen Namen oder gar keinen hat. Dieses Namenlose droht in der Gegenwart verloren zu gehen, wenn keine Bewusstheit für das Besondere dieser Kulturen hinzutritt, das weltweit war und sogar noch ist und das gerade in der heutigen patriarchalen Gegenwart eine so große Bedeutung hat.

Hier ist *indigene Forschung* über die eigene Gesellschaft äußerst wichtig, und diese besitzt wesentliche *Überschneidungen mit der modernen Matriarchatsforschung*. Die Tiefenstruktur der matriarchalen Gesellschaft kann hier die Erkenntnis vermitteln, dass diese besondere Gesellschaftsform noch heute in allen Kontinenten existiert und eine lange, weltweite Geschichte hat – viel länger als die patriarchale Gesellschaftsform. Matriarchale Gesellschaften stehen also keineswegs als vereinzelte, »exotische« Fälle da, sondern haben einmal größte Allgemeinheit besessen. Das würde die Traditionen einzelner matriarchaler Gesellschaften in einem ganz anderen Licht erscheinen lassen, es würde ihre Ähnlichkeiten zeigen und sie sehr bestärken. Diese Erkenntnisse können matriarchale Völker im Kampf um ihre kulturelle Identität unterstützen und ihre weltweite Vernetzung untereinander fördern – und das ist keine geringe Sache.

Diese vielfältigen Überschneidungen deuten die vielfältigen Möglichkeiten an, die moderne Matriarchatsforschung zu gebrauchen. Da sie eine grundsätzlich kritische und emanzipatorische Forschung ist, kann sie ein respektvolles, heilendes und erzieherisches Potential entfalten. Auf diese Weise trägt sie dazu bei, feministische Frauen und alternative Männer in westlichen Gesellschaften und indigene Völker in allen Kontinenten zu ermächtigen, um weite und wirksame politische Bündnisse miteinander gegen die regionalen und globalen patriarchalen Eliten zu bilden.

Nichts ist so praktisch wie eine gute Theorie

Die wenigen Hinweise zur politischen Relevanz der modernen Matriarchatsforschung zeigen, wie praktisch eine gute Theorie sein kann. Doch das gilt nicht nur für das gesellschaftliche Leben, sondern auch für die geistige Arbeit. Das möchte ich im Folgenden skizzieren.

Die moderne Matriarchatsforschung ist während der letzten Jahrzehnte entstanden und macht heute schnelle Fortschritte. Als emanzipatorische Forschung kommt es bei ihr auf den Prozess ebenso an wie auf die Resultate. Diesen Prozess stelle ich hier kurz dar und schließe dabei theoretische Überlegungen ein. Klar formulierte, konsistente Theorien sind ein äußerst effizientes wissenschaftliches Werkzeug, das von allen daran interessierten Forscherinnen und Forschern weiterverwendet werden kann. Denn auch hier gilt: Nichts ist so praktisch wie eine gute Theorie!

Durch langjährige, vorbereitende Arbeit habe ich der modernen Matriarchatsforschung ein starkes Fundament gegeben, das auf wissenschaftstheoretischen Prinzipien beruht und ihr erlaubt, sich als eine neue sozio-kulturelle Wissenschaft zu entfalten. Dieses Fundament enthält:

- erstens die Formulierung einer zunehmend genaueren Definition von »Matriarchat«, welche die Tiefenstruktur dieser Gesellschaftsform wiedergibt;
- zweitens die Entwicklung einer Methodologie, die ihr Untersuchungsgebiet: matriarchale Gesellschaftsform, angemessen analysieren kann;
- drittens die Entwicklung eines theoretischen Rahmens, der die enorme geschichtliche und geographische Reichweite der matriarchalen Gesellschaftsform systematisch umfassen kann.

Den ersten Entwurf der modernen Matriarchatsforschung schrieb ich 1978 nieder, in dem ich einen theoretischen Rahmen und eine Methodologie der Matriarchatsforschung vorstellte, wobei Ideologiekritik als eine wesentliche Methode einbezogen ist.[7] Von Anfang an erkannte ich, dass es entscheidend ist, den Begriff »Matriarchat« neu zu definieren. Denn es gab bis dahin keine Klarheit zu diesem Begriff. In voller Absicht wählte ich keinen Ersatzbegriff, denn diejenigen, die ich kannte, waren ebenso unklar oder gar nicht definiert.[8] Also formulierte ich eine erste, noch sehr vereinfachende Definition von »Matriarchat«, die sich jedoch klar auf die gesamte Gesellschaftsform mit ihren sozialen, politischen, ökonomischen und kulturellen Mustern bezieht – und nicht nur auf das eine oder andere.

In meinem ersten Buch *Die Göttin und ihr Heros* arbeitete ich zunächst einige Muster auf der kulturellen Ebene aus, die sich auf das matriarchale Weltbild beziehen.[9] Darin wird eine Methode der vergleichenden Mythenforschung entwickelt, die eine differenzierte Struktur matriarchaler Mythologie sichtbar werden lässt und ihre Transformationen in den verschiedenen Phasen der Patriarchalisierung zeigt. Damit stellte ich Mythen aus dem kulturellen Raum von Indien bis Europa in ihren kulturgeschichtlichen Kontext mit seinen deutlich unterscheidbaren Phasen zurück. Dadurch erhält eine strukturelle Betrachtung überhaupt erst historische Tiefe und Dynamik.

Als nächsten Schritt arbeitete ich in meiner Reihe »Das Matriarchat« (1988, 1991, 2000) die Strukturmuster der matriarchalen Gesellschaftsform auf der sozialen, politischen und ökonomischen Ebene aus und erweiterte sie auf der kulturellen Ebene.[10] Da dies nicht allein durch die Analyse von Mythologie möglich ist, wandte ich mich der Ethnologie zu und fand diese Muster Schritt für Schritt an den heute noch existierenden, matriarchalen Gesellschaften weltweit heraus.

Auf diese Weise gewann ich die detaillierte und reiche Struktur der matriarchalen Gesellschaftsform auf allen ihren Ebenen. Sie ist der gemeinsame, wenn auch komplexe Nenner von allen diesen Gesellschaften und stellt damit die explizite und

---

7 Göttner-Abendroth: »Zur Methodologie«.
8 Siehe dazu das Vorwort in diesem Buch: Zum Begriff »Matriarchat«.
9 Heide Göttner-Abendroth: *Die Göttin und ihr Heros. Die matriarchalen Religionen in Mythen, Märchen, Dichtung*, Stuttgart 2011, Kohlhammer Verlag (zuerst München 1980).
10 Heide Göttner-Abendroth: *Das Matriarchat I. Geschichte seiner Erforschung*, Stuttgart 1988-1995; *Das Matriarchat II.1. Stammesgesellschaften in Ostasien, Indonesien, Ozeanien*, Stuttgart 1991, 1999; *Das Matriarchat II.2. Stammesgesellschaften in Amerika, Indien, Afrika*, Stuttgart 2000, alle im Kohlhammer Verlag (Neuerscheinungen: dieses Buch, Stuttgart 2020; ein weiteres in Vorbereitung).

systematische Definition von »Matriarchat« dar. Ihr Vorzug ist, dass sie nicht abstrakt vorausgesetzt und damit in dieses Forschungsfeld hineinprojiziert wurde, sondern dass sie induktiv aus einer analytischen Betrachtung dieser Gesellschaften entwickelt wurde. Ich nenne diese Definition eine »strukturelle Definition«, denn sie gibt die Tiefenstruktur der matriarchalen Gesellschaftsform wieder.

Hier in äußerster begrifflicher Kürze zusammengefasst, besagt diese strukturelle Definition, dass die matriarchale Gesellschaftsform

- ökonomisch auf einer *Ausgleichsgesellschaft* beruht, in der Frauen die Güter verteilen und ständig für ökonomischen Ausgleich sorgen; diese Ökonomie hat die Eigenschaften einer »Ökonomie des Schenkens«;[11]
- sozial auf einer *matrilinearen Verwandtschaftsgesellschaft* beruht, deren Hauptzüge Matrilinearität und Matrilokalität bei gleichzeitiger Geschlechter-Egalität sind;
- politisch auf einer *Konsensgesellschaft* beruht, mit den Clanhäusern als realpolitischer Basis und einem Delegiertenwesen der Männer; das bringt nicht nur eine geschlechter-egalitäre, sondern eine insgesamt egalitäre Gesellschaft hervor;
- kulturell auf einer *sakralen Kultur* beruht, in der *das Weiblich-Göttliche* das Weltbild prägt.

Von der Logik des Definierens

Eine Definition der matriarchalen Gesellschaftsform ist auf diese systematische Weise, nämlich in den zwei Schritten einer normalen und einer strukturellen Definition, bisher noch nicht entwickelt worden.[12] Beide Schritte bauen aufeinander auf, müssen aber nicht notwendig zusammen angewendet werden.

---

11 Genevieve Vaughan: *For-Giving, Schenken und Vergeben. Eine feministische Kritik des Tauschs*, Königstein/Taunus 2008, Ulrike Helmer Verlag (zuerst in Englisch, Austin 1997).

12 Peggy Reeves Sanday entwickelte in ihrem anthropologischen Werk ebenfalls eine Definition von Matriarchat, von einem anderen Standpunkt aus und weniger explizit und systematisch, in: *Women at the Center. Life in a Modern Matriarchy,* Ithaca, New York 2002, Cornell University Press, S. 225–240. In ihrem früheren Werk: *Female Power and Male Dominance. On the origins of sexual inequality,* Cambridge 1981–1996, Cambridge University Press, S. 113–118, kritisiert sie die These von der Universalität der männlichen Dominanz, indem sie darauf hinweist, dass diese Vorstellung auf einer falschen Voraussetzung beruht, nämlich der Missdeutung des Begriffs »Matriarchat« als »Herrschaft der Frauen«. Diese Fehlinterpretation wurde bereitwillig und unreflektiert seit dem 19. Jahrhundert bis heute übernommen. Anthropologen suchten nach solchen Gesellschaften, in denen Frauen herrschen wie Männer, und fanden sie nicht, woraus sie ableiteten, dass männliche Dominanz universell sei. Eine solche Argumentation ist nicht wissenschaftlich, außerdem setzt sie unbesehen die westliche Gleichung von Dominanz mit politischer Führung voraus. Sanday zeigt stattdessen, dass weibliche Autorität andere Muster hat: Sie beruht auf der ökonomisch und spirituell zentralen Rolle der Frauen, die ihnen nicht nur Macht auf der lokalen Ebene gibt, sondern auch großen Einfluss auf die öffentlichen Aktivitäten der Männer. Weibliche Autorität und männliche Führung sind daher nicht gleich, sondern verschieden. Für Gesellschaften, die diese Muster zeigen, reklamiert Sanday den Begriff »Matriarchat«.

Zur ersten Definitionsweise: Eine normale Definition ist der Kern jeder wissenschaftlichen Theorie, sie gibt an, was die Theorie eigentlich untersucht, hier den Bereich »Matriarchat«. Um eine wissenschaftliche Definition zu sein, muss sie die notwendigen und hinreichenden Merkmale ihres Untersuchungsbereichs explizit angeben, wobei unter »hinreichenden Merkmalen« die eher zufälligen Eigenschaften verstanden werden. Was die »notwendigen Merkmale« betrifft, so müssen diese Eigenschaften vorkommen, um eine konkrete Gesellschaft unter die Definition einzuordnen. Bei der Bildung der Definition dürfen die notwendigen Merkmale aber weder zu eng noch zu weit formuliert sein. Sind sie zu eng, dann kann die Theorie nicht alles erfassen, was zu ihr gehört. Sind sie zu weit, dann nimmt die Theorie zuviel in ihren Untersuchungsbereich auf, was sie verschwommen werden lässt. In jedem Fall aber muss es die adäquate Angabe der notwendigen Merkmale geben, sonst weiß man nicht, was man untersuchen will und wovon man eigentlich redet.

Die notwendigen Merkmale in der Definition von »Matriarchat« sind die Matrilinearität und die ökonomische Verteilungsmacht der Mütter oder Frauen, bei gleichzeitiger Egalität der Geschlechter. Wenn diese bei einer konkreten Gesellschaft erfüllt sind, kann man von einem »Matriarchat« sprechen. Die Matrilinearität ist unverzichtbar, weil sie nicht nur die sozialen Verhältnisse der gesamten Gesellschaft strukturiert, sondern auch die Erbregeln in der weiblichen Linie und die politischen Entscheidungsprozesse bestimmt, die aus der Matrilinearität folgen. Diese Wirkungen der Matrilinearität stellen Frauen ins Zentrum der Gesellschaft. Zudem rückt die matrilineare Genealogie, welche die Mutterlinie bis zur ersten Ahnfrau zurückverfolgt, Frauen auch ins spirituelle Zentrum. Die Egalität der Geschlechter ist ebenfalls unverzichtbar, denn sie stellt sicher, dass trotz der zentralen Stellung der Frauen matriarchale Gesellschaften keine Geschlechter-Hierarchie kennen, sondern beide Geschlechter als gleichwertig gelten. Matriarchale Gesellschaften sind eben keine Spiegelbilder des Patriarchats. Dennoch wären die zentrale Stellung der Frauen und die Geschlechter-Egalität nicht ausreichend, um ein Matriarchat zu kennzeichnen, denn beides sind allein soziale Verhältnisse. Es muss die ökonomische Verteilungsmacht der Frauen hinzukommen, die – wohlgemerkt – keine Besitzmacht ist. Auch das ist unverzichtbar, denn sie ist eine Ökonomie der Gegenseitigkeit, und genau dadurch wird die matriarchale Ausgleichsökonomie, die alle Mitglieder des Ortes einschließt, hergestellt. Das wäre nicht der Fall, wenn die Ökonomie in den Händen der Männer und Häuptlinge läge, was die Ökonomie zu deren Gunsten einseitig macht, weil sie dann zu einer Ökonomie des Akkumulierens gerät – auch wenn die Matrilinie noch gilt. Solche Gesellschaften gibt es auch, aber sie sind nur noch matrilinear und nicht mehr matriarchal. Das ist eine wichtige Unterscheidung, die in der Ethnologie bis heute nicht gemacht wird.

Es ist sinnvoll, auch hinreichende Merkmale in die Definition aufzunehmen. Sie müssen nicht immer gelten, sondern sind variabel. Aber durch ihre Variabilität zeigt sich die Verschiedenartigkeit der konkreten matriarchalen Gesellschaften. Zum Beispiel ist die Matrilokalität, der Wohnsitz im Mutterhaus, eine hinreichende Bedingung, das heißt, Matrilokalität kann vorhanden sein, muss es aber nicht. So gibt es bei konkreten, matriarchalen Gesellschaften sehr unterschiedliche Wohnformen, die jedoch nichts an ihrem matriarchalen Typus ändern.

Eine solche wissenschaftliche Definition ist ein sehr praktisches, geistiges Werkzeug und für alle verwendbar, die zu diesem Thema weiterarbeiten wollen. Es war ein langer Prozess sie zu entwickeln, denn ich habe sie nicht der Sache übergestülpt, sondern sie ging bei meiner langjährigen, systematischen Forschung schrittweise daraus hervor. Dieser Prozess soll seine Fortsetzung finden, das heißt, die notwendigen Merkmale dieser Definition müssen immer wieder überprüft werden, ob sie auch die notwendigen sind, d. h. ob sie weder zu eng noch zu weit gefasst sind. Außerdem können die hinreichenden Merkmale dieser Definition erweitert werden. Das Überprüfen, Erweitern, Präzisieren einer Theorie ist ein andauernder Vorgang, an dem viele Forscher und Forscherinnen teilhaben können.

Zur zweiten Definitionsweise: Ich ging beim Definieren noch einen Schritt weiter, indem ich eine strukturelle Definition von »Matriarchat« formulierte. Eine solche strukturelle Definition, die allmählich aus der Sache entwickelt wird, darf nicht als »idealtypisch« missverstanden werden. Einen Idealtypus zu postulieren kommt dem Denken in Kategorien als geschlossenem System gleich; diese Abstraktion wird a priori oder vorgängig zu gründlicher Forschung formuliert. Dies ist ein überholtes Vorgehen, wie es in der traditionellen Philosophie vorkommt. In der modernen Wissenschaftsphilosophie verhält sich eine strukturelle Definition gegenüber dem Untersuchungsbereich in anderer Weise: Sie geht nachträglich aus der Forschung hervor und erfasst ihr Untersuchungsgebiet, hier die matriarchale Gesellschaftsform, in ihrem tieferen Zusammenhang. Das heißt, sie formuliert deren innere Beziehungen, die alle ihre Teile stimmig miteinander verbinden. Genau diese stimmigen oder konsistenten, inneren Beziehungen ergeben die Tiefenstruktur der matriarchalen Gesellschaftsform. Beispielsweise gehört die Matrilokalität, auch wenn sie nur ein hinreichendes Merkmal ist, jedoch zum inneren, logischen Zusammenhang einer matriarchalen Gesellschaft. Darum erscheint sie in der strukturellen Definition. Diese Art der Definition ist kein geschlossenes System wie ein Idealtyp, sondern gibt eine offene Struktur an, die durch den fortlaufenden Forschungsprozess ausgearbeitet und präzisiert werden kann.

Methodologisch ist dabei wichtig, dass matriarchale Gesellschaften heute durch viele Veränderungen gegangen sind. Nach einer langen Geschichte von Kämpfen, um ihre traditionellen Kulturen zu bewahren, sind sie heute durch wachsenden Druck vonseiten ihrer patriarchalen Umgebung bedroht; dadurch haben sie sich in mancher Hinsicht verändert. Deshalb ist es unerlässlich, die Geschichte dieser Kulturen einzubeziehen, um ein besseres Verständnis ihres matriarchalen Charakters zu erreichen. Hier kann eine strukturelle Definition in einem behutsam rekonstruierenden Verfahren gebraucht werden, wobei sie mehrere sehr wirksame, wissenschaftliche Funktionen erfüllt: Erstens können matriarchale Gesellschaften durch sie besser aus sich selbst verstanden und genauer beschrieben werden, wobei im Zweifelsfalle das Verstehen immer positiv zugunsten einer matriarchalen Gesellschaft sein muss. Zweitens werden durch sie verschiedene Ausprägungen einzelner matriarchaler Gesellschaften sehr differenziert deutlich. Drittens können durch sie Deformations- und Zerfallserscheinungen matriarchaler Gesellschaften erfasst werden. Dies alles kann erst bei der praktischen Anwendung dieses geistigen Werkzeugs sichtbar werden.

Um es noch einmal zu sagen: Es wäre eine fataler Irrtum, eine strukturelle Definition mit einem abstrakten Idealtyp oder unumstößlichen Kategorien, die ein festes, geschlossenes System sind, zu verwechseln. Eine solche Position ist heute völlig überholt. »Unumstößliche Kategorien« und »geschlossene Systeme« gehören zur traditionellen, patriarchal geprägten Philosophie und ihrem imperialistischen Wahrheitsanspruch, aber weder zur modernen Wissenschaftsphilosophie noch zur modernen Matriarchatsforschung. Es geht hier ums Praktische: um die Entwicklung eines differenzierten, angemessenen Werkzeugs für die wissenschaftliche Erforschung eines äußerst komplexen Untersuchungsbereichs. Diese sukzessive Methode des Vorgehens wird in diesem Buch gezeigt, in dem eine strukturelle Definition entwickelt und – durch meine eigene Forschung über konkrete Gesellschaften – ständig erweitert wird. Dabei ist die Weiterentwicklung der strukturellen Definition im Verlauf der Entfaltung dieser neuen Wissenschaft ein offener, kreativer Prozess, an dem viele wissenschaftlich Tätige beteiligt sein können. Denn der Prüfstein für die Matriarchatstheorie ist das präzise, sensible und respektvolle Verstehen und Darstellen der konkreten matriarchalen Gesellschaften selbst in ihrer Gemeinsamkeit und in ihrer Vielfalt. Wenn sie das erreicht, wird sie eine starke und weit reichende erklärende Kraft haben – was das Merkmal einer guten Theorie ist.

Interdisziplinarität und Ideologiekritik

In der bisherigen Matriarchatsforschung fehlte nicht nur eine explizite und systematische Definition, ebenso gab es keine ausdrücklich formulierte Methodologie, bis ich 1978 den ersten Ansatz dazu machte.[13] Schon damals zeigte ich, dass eine solche Methodologie auf zwei Säulen ruht, einer weit gespannten Interdisziplinarität und einer tiefgreifenden Ideologiekritik.

Was die *Interdisziplinarität* betrifft, so ist sie, um eine ganze Gesellschaftsform und ihre Geschichte erfassen zu können, schlichte Notwendigkeit. Die Fragmentierung des Wissens, die wesentlich durch die Zerteilung in die herkömmlichen Disziplinen zustande kommt und größere Zusammenhänge unsichtbar macht, wird auf diese Weise aufgehoben. Im Gegensatz zu diesen Disziplinen kommt es nicht auf noch mehr Spezialistentum an, sondern auf das Erkennen und Integrieren von gesellschaftlichen und geschichtlichen Zusammenhängen. Das erste Kapitel dieses Buches, die kritische Forschungsgeschichte zum Thema Matriarchat, zeigt deutlich, welche verschiedenen Forschungszweige dafür relevant sind, um dem Thema gerecht zu werden. Die hier notwendige Interdisziplinarität umfasst nicht weniger als sämtliche Sozial- und Kulturwissenschaften, und gelegentlich braucht es auch Resultate aus einzelnen Naturwissenschaften.

Um jedoch zu wissenschaftlichen Erkenntnissen zu kommen, muss die Beliebigkeit von Eklektizismus, der sich wahllos überall bedient, vermieden werden. Denn

---

13 Göttner-Abendroth: »Zur Methodologie«.

das würde nur wieder eine andere Art von Fragmentierung mit sich bringen. Es ist deshalb erforderlich, die relevanten Forschungszweige für die Entwicklung der Theorie systematisch aufeinander zu beziehen, was eine *systematische* Interdisziplinarität ergibt. Dabei wird diese Anordnung je nach theoretischem Schwerpunkt unterschiedlich ausfallen, ebenso wird sie für Einzelstudien im Rahmen der Theorie unterschiedlich sein. In jedem Fall braucht es aber die ausdrückliche Nennung der verwendeten Forschungszweige und eine logische Begründung für die jeweils gewählte Anordnung.

Die *Ideologiekritik* ist hier immer die Kritik *patriarchaler* Ideologie. Aber auch sie braucht eine Methode, um sich nicht selbst wieder in undurchschauter Ideologie zu verfangen. Eine solche Methode wurde 1978 von mir skizziert und 1988 ausgearbeitet.[14] In ihr kommen ein Negativ-Verfahren und ein Positiv-Verfahren zur Anwendung. Im Negativ-Verfahren werden die typischen Vorurteile herausgefunden, die zum Thema Matriarchat in der Forschungsliteratur auf Schritt und Tritt zu sehen sind. Dafür ist die Interdisziplinarität von großem Vorteil, denn beim Vergleich von Forschermeinungen aus verschiedenen Disziplinen – aber auch schon in einer einzigen Disziplin – enthüllen sich die unvollständigen, einseitigen und verzerrten Darstellungen. Ich habe diese Vorurteile in einer Liste zusammengestellt, und es ist nützlich, sie im Auge zu behalten, um in der Forschung die Sache von der Ideologie trennen zu können.

Diese typischen Vorurteile sind:

- erstens die Beurteilung des Geschlechterverhältnisses in matriarchalen Kulturen nach patriarchalen Mustern und Normen; diese sind die eigentlich ideologischen Vorurteile.

Aus diesen ergeben sich sachliche Vorurteile, die oft den eigenen Ergebnissen der Forscher widersprechen, woraus sich logische Widersprüche in der Argumentation ergeben. Zu dieser Gruppe gehört:

- zweitens die Leugnung der Existenz von Matriarchaten überhaupt oder ihrer Eigenstruktur und Eigenwertigkeit, die natürlich wegen der ersteren Vorurteile nicht erkannt werden kann.

Das erzeugt eine charakteristische Blindheit für die räumliche und zeitliche Ausdehnung der matriarchalen Gesellschaftsform, die durch folgende Vorteile verstärkt wird:

- drittens die Eingrenzung von Matriarchaten auf ferne, exotische Gegenden und auf geschichtlich diffuse Zwischenstufen, die als »primitiv« beurteilt werden. Frühe Patriarchate werden dagegen nicht als begrenzt angesehen, zum Teil sogar ohne Evidenz zeitlich vor matriarchale Kulturen gesetzt oder parallel gesetzt, wodurch letztere zur geschichtlichen Ausnahme gemacht werden.

---

14 Göttner-Abendroth: *Das Matriarchat I.*, 1. Kapitel.

Damit setzen die typische Verdrängung und Zerstückelung ein, die von matriarchalen Kulturen schließlich nur einzelne »Züge« übrig lassen, was ihre kulturelle Bedeutung leugnet. Das geschieht auf diese Weise:

- viertens die Leugnung der Priorität kultureller Leistungen oder das Zuschreiben dieser Leistungen an (fiktive) frühpatriarchale Epochen. Hinzu kommt die Leugnung, dass matriarchale Kulturen sich überhaupt zu Hochkulturen weiterentwickelt haben, wobei darunter Staats- und Reichsbildung nach patriarchalem Muster verstanden wird.

Aus alledem ergibt sich ein Mangel an Erklärungen für die Entwicklung von matriarchalen Gesellschaften wie für die Entstehung von patriarchalen Gesellschaften. Denn das Patriarchat wird als universell hingestellt, das nur kurz – wenn überhaupt – durch das zufällige und abweichende Matriarchat in abgelegenen Gegenden unterbrochen wurde. Die Ewigkeit des Patriarchats wird ungeprüft aus den »überlegenen« Eigenschaften des Mannes angenommen. Daraus ergibt sich dann:

- fünftens die Leugnung von matriarchalen Traditionen bis in die Gegenwart, seien diese nun als Randkulturen neben patriarchalen Gesellschaften oder als Subkulturen in patriarchalen Gesellschaften vorhanden. Es gibt auf diese Weise keine Möglichkeit sie zu erkennen, weshalb sie gar nicht erklärt oder falsch eingeordnet werden, was sie auf jeden Fall unsichtbar macht.

Eine gut durchgeführte Ideologiekritik, die bei neueren Theorien nicht ganz einfach ist, weil die Vorurteile raffiniert versteckt werden, macht dann den Weg frei für das Positiv-Verfahren der sachlichen Analyse.

Die Überlegung ist berechtigt, ob diese Liste typischer Vorurteile auch für jede andere kritische Forschung angewendet werden kann, zum Beispiel für die Situation von Frauen, insbesondere von Müttern innerhalb von patriarchalen Gesellschaften. Dasselbe gilt für indigene Gesellschaften im kolonialistischen Kontext, deren Werte und Leistungen, sogar deren bloße Existenz durch gleiche Vorurteile unsichtbar gemacht werden.

Das matriarchale Paradigma

Eine Theorie zu entwickeln und sie eine »paradigmatische Theorie« oder ein »Paradigma« zu nennen meint nicht, eine universalistische Theorie anzustreben, sondern es bedeutet einen vollständigen Wechsel der Perspektive. Ein solcher Perspektivewechsel ist die sich entwickelnde Matriarchatstheorie ohne Zweifel, weshalb ich sie als ein Paradigma bezeichne. Eine universalistische Theorie ist sie nicht, weil sie kein geschlossenes System darstellt und keine inhaltlich universellen Aussagen aufstellt. Das heißt, es werden keine Annahmen über universelle Gleichheit von Frauen gemacht. Dasselbe gilt für matriarchale Kulturen, denn trotz gleicher Grundeigenschaften wird ebenso ihre konkrete Verschiedenartigkeit betont. Es wird auch keine Gleichheit der patriarchalen Unterdrückungsformen im konkreten Einzelfall behauptet. Allerdings ist heute die Unterdrückung durch patriarchale Eliten weltweit geworden, welche die meisten Menschen gemeinsam betrifft, aber darauf gibt es heute auch verschiedene Antworten.

Universalistische Theorien waren in der traditionellen, patriarchalen Philosophie üblich, und sie hatten in der Regel normativen Charakter. Wenn sie dann zu evolutionistischen Geschichts- oder Sozialtheorien ausgebaut wurden, traten die stillschweigend vorausgesetzten, patriarchalen Wertvorstellungen hervor, die das Bild anderer Gesellschaften und früherer Kulturen weitgehend verzerrt haben. Das kennzeichnet sie gegenüber zeitlich vorhergegangenen Kulturen als überheblich und gegenüber gegenwärtigen indigenen Kulturen als kolonialistisch und rassistisch.

Die hier formulierte Matriarchatstheorie ist ein theoretischer Rahmen, der von verschiedenen Forschern und Forscherinnen für ihre eigenen Untersuchungen aufgenommen und weiterentwickelt werden kann. Diese Dynamik ist typisch für ein neues Paradigma. Obwohl ich etliche matriarchale Gesellschaften der Gegenwart aus verschiedenen Kontinenten selbst analysiere und darstelle, zeigt schon die Kürze, in der sie in diesem theoretischen Rahmen vorkommen, dass die Untersuchungen nicht abgeschlossenen sind. Bei meinen Analysen geht es darum, die Grundstruktur herauszuarbeiten, um die strukturelle Definition der matriarchalen Gesellschaftsform Schritt für Schritt daraus zu entwickeln. Doch der theoretische Rahmen ist damit keineswegs schon gefüllt, sondern es öffnet sich eine Vielfalt neuer Aufgaben. Denn die Entwicklung einer neuen Wissenschaft überschreitet eine einzelne Person bei weitem. Fortführende Forschungen werden die Reichweite dieses neuen Wissensgebiets zunehmend sichtbar werden lassen. Genau das ist die Art und Weise, wie die Dynamik eines neuen Paradigmas funktioniert und neue Resultate hervorbringt.

Ich erhebe auch nicht den Anspruch, sämtliche heute noch existierenden matriarchalen Gesellschaften erfasst zu haben. Paradigmatische Theorien müssen in ihrem Anfangsstadium solche Lücken lassen. Es ist nicht die Aufgabe eines Paradigmas, ein Lexikon zu sein. Seine Leistung ist, aus ganz anderer Perspektive einen viel mehr umfassenden Erklärungszusammenhang herzustellen als bisher bekannt.

Die Reichweite des Matriarchats-Paradigmas ist enorm. Es umfasst nicht nur die gesamte bisher bekannte sozio-kulturelle Geschichte, sondern – gerade durch die Patriarchatskritik – auch die verschiedenen Gesellschaftsformen der Gegenwart. Außerdem betrifft es auch die Inhalte aller Kultur- und Sozialwissenschaften, wie sie bisher unter Auslassung des mariarchalen Modells formuliert worden sind, eine Tatsache, die sie beträchtlich verengt hat.

An verschiedenen Stellen habe ich die Reichweite des Matriarchats-Paradigmas logisch geordnet dargestellt.[15] Hier sei sie nochmals skizziert:

Im *ersten Schritt* der Entwicklung der Matriarchatstheorie muss eine Übersicht über die bisherige, traditionelle, in der Regel von Männern gemachte Matriarchatsforschung gegeben werden, wobei diese kritisch zu hinterfragen ist (in diesem Buch

---

15 Heide Goettner-Abendroth: »Matriarchal Society: Definition and Theory«, in: Genevieve Vaughan (Hg.), *The Gift*, Rome 2004, Meltemi, Athanor Books.

in Kapitel 1 zusammengefasst).[16] Beim Blick auf diese Forschungsgeschichte tritt der Mangel an einer klaren und vollständigen Definition von »Matriarchat« krass hervor. Darüber hinaus wird in solchen älteren und auch zeitgenössischen Schriften zum Thema Matriarchat der massive Anteil an patriarchaler Ideologie offensichtlich.

Im *zweiten Schritt* der Entwicklung der Matriarchatstheorie muss eine vollständige strukturelle Definition von »Matriarchat« formuliert werden. Das ist der systematische Platz meiner ethnologischen Forschung, deren erster Teil in diesem Buch präsentiert wird und der zweite Teil in einem Folgeband. Der methodische Grund ist, dass wir aus der Kulturgeschichte allein eine vollständige Definition von »Matriarchat« nicht gewinnen können. Diese Geschichte beruht nur auf Überresten und Fragmenten früherer Gesellschaften, was für ein umfassendes Bild nicht ausreicht. Zweifellos kann es zahlreiche Fragmente geben und sie sind sehr wichtig, aber sie können uns nur verstreute Informationen geben, so dass wir nicht wissen können, wie diese Gesellschaften insgesamt organisiert waren. Daher müssen wir für die vollständige Definition von »Matriarchat« noch lebende matriarchale Gesellschaften untersuchen.[17]

Im *dritten Schritt* wird die so gewonnene strukturelle Definition von »Matriarchat« als ein wissenschaftliches Werkzeug angewendet, um eine Revision der menschlichen Kulturgeschichte vorzunehmen. Diese Kulturgeschichte ist viel länger als die fünf oder sechs Jahrtausende patriarchaler Muster in der Geschichte. Während der längsten Zeit der Kulturgeschichte existierten nicht-patriarchale Gesellschaften, in denen Frauen die Praktiken, Institutionen und Strukturen schufen, die Kultur ausmachen, und während der sie im Zentrum der Gesellschaft standen mit der Fähigkeit, alle anderen Mitglieder zu integrieren. Die matriarchalen Gesellschaften der Gegenwart sind dafür die letzten Beispiele. Es ist klar, dass eine solche Aufgabe nicht ohne die vollständige strukturelle Definition von »Matriarchat« bewältigt werden kann. Allein eine solche verlässliche Definition schützt davor, anachronistische Phantasien aus der Gegenwart in die Geschichte hinein zu projizieren, wie es zu diesem Thema noch immer üblich ist. Ohne die Verzerrungen, die patriarchale Vorurteile hier verursacht haben, kann sich eine neue Interpretation der menschlichen Kulturgeschichte entfalten.[18]

Im *vierten Schritt* der Entwicklung der Matriarchatstheorie muss das Problem der Entstehung des Patriarchats gelöst werden. Zwei wichtige Fragen verlangen hier eine wissenschaftliche Antwort. Die eine lautet: Wie und wo konnten patriarchale

---

16 Dies wurde ausführlich präsentiert in: Göttner-Abendroth: *Das Matriarchat I*, und in diesem Buch kurz zusammengefasst, siehe Kapitel 1.
17 Diese Aufgabe wurde durch Analyse und Darstellung noch lebender matriarchaler Gesellschaften weltweit erfüllt in: Göttner-Abendroth: *Das Matriarchat II, 1* und *Das Matriarchat II, 2* (1991–2000); als erweitere Neuerscheinung liegt sie in diesem Buch und dem Folgeband vor.
18 Diese Aufgabe wurde bisher für die großen Kulturgebiete Westasien und Europa bewältigt in: Heide Göttner-Abendroth: *Geschichte matriarchaler Gesellschaften und Entstehung des Patriarchats (Das Matriarchat III)*, Stuttgart 2019, Kohlhammer Verlag.

Muster zuerst entstehen? Die andere lautet: Auf welche Weise konnten sie sich in der ganzen Welt ausbreiten? Die zweite Frage ist keineswegs selbstverständlich. Nach meiner Meinung ist keine dieser beiden Fragen bisher ausreichend beantwortet worden. Denn wenn wir die Entstehung des Patriarchats erklären wollen, müssen wir erstens ein genaues Wissen über die Gesellschaftsform haben, die vorher existierte – und diese war das Matriarchat. Zweitens muss eine Theorie der Patriarchatsentstehung erklären, warum patriarchale Muster an verschiedenen Orten in verschiedenen Kontinenten zu verschiedenen Zeiten und durch ganz verschiedene Ursachenketten entstanden sind. Es gibt keineswegs nur eine einzige Ursache für alle Weltgegenden und zu allen Zeiten, wie populäre Spekulationen annehmen. Die Antworten werden daher für die verschiedenen Kulturregionen der Welt sehr verschieden ausfallen.[19]

Im fünften Schritt der Entwicklung der Matriarchatstheorie muss eine tiefe Analyse der Geschichte des Patriarchats gegeben werden. Bis heute wurde sie als Herrschaftsgeschichte geschrieben, als »Geschichte von oben«. Aber es gibt auch die Perspektive der »Geschichte von unten«, die ein völlig anderes Bild zeigt. Es ist die Geschichte der Frauen, der unteren Klassen, der indigenen Völker, das heißt, der Subkulturen und Randkulturen. Diese andere Geschichte zeigt, dass es dem Patriarchat keineswegs gelang, die alten und lang andauernden matriarchalen Traditionen überall zu zerstören. Schließlich lebt es parasitär von diesen matriarchalen Unterströmungen.[20] Aber wir können diese nur mithilfe der strukturellen Definition von »Matriarchat« erkennen. Doch wenn es uns gelingt, diese Spuren durch die patriarchale Epoche zeitlich zurück zu verfolgen und wieder zu verknüpfen, bedeutet dies nichts weniger als unser Erbe wiederzugewinnen.[21]

Auf diese Weise zeigt die Matriarchatstheorie die enorme Reichweite des matriarchalen Paradigmas bzw. der modernen Matriarchatsforschung. Wichtige Forschungen, die bereits zu diesem Thema gemacht wurden, sind in diesen Rahmen aufgenommen und werden weiterhin integriert.[22] So hoffe ich, dass Generationen von Forscherinnen und Forschern mit dem matriarchalen Paradigma kreativ weiterarbeiten werden, so lange, bis die neue Weltsicht ein Teil des öffentlichen Bewusstseins geworden ist.

---

19 Diese Fragen wurden bisher beantwortet für die großen Kulturregionen Westasien und Europa, und die Erklärungen fielen sehr verschieden aus, in: Göttner-Abendroth, ibidem.
20 Siehe Claudia von Werlhof: »Das Patriarchat als Negation des Matriarchats. Zur Perspektive eines Wahns«, in: Heide Göttner-Abendroth (Hg.): *Gesellschaft in Balance. Dokumentation des 1. Weltkongresses für Matriarchatsforschung 2003 in Luxemburg,* Stuttgart-Winzer 2006, Verlag Kohlhammer und Edition HAGIA.
21 Beispiele, wie sich solche Spuren methodisch auffinden lassen, in: Göttner-Abendroth: *Die Göttin und ihr Heros;* dieselbe: *Matriarchale Landschaftsmythologie. Von der Ostsee bis Süddeutschland,* Stuttgart 2014, Kohlhammer Verlag; dieselbe: *Berggöttinnen der Alpen. Matriarchale Landschaftsmythologie in vier Alpenländern,* Bozen 2016, Raetia Verlag.
22 Siehe die Bibliographie zum Thema Matriarchat: www.matriarchalstudies.com, in Englisch, Oxford University Press 2013/2019; www.matriarchatsforschung.com, in Deutsch, Akademie HAGIA 2019.

Zu diesem Buch

Das vorliegende Buch: *Matriarchale Gesellschaften der Gegenwart. Band I: Ostasien, Indonesien, Pazifischer Raum*, eröffnet in gewisser Weise das matriarchale Paradigma und damit die Matriarchatstheorie. Ich will hier dessen Stelle darin benennen. Es erfüllt den ersten und zweiten Schritt der Matriarchatstheorie und stellt damit, zusammen mit dem nachfolgenden Band: *Matriarchale Gesellschaften der Gegenwart. Band II: Amerika, Indien, Afrika*, einen wichtigen Teil der modernen Matriarchatsforschung dar.

Eine gewisse Zeitverschiebung, die dabei vorkommt, braucht ein Wort der Erklärung. Sie ergibt sich daraus, dass diese beiden Bände in drei einzelnen Teilen bereits in den Jahren 1988, 1991 und 2000 publiziert wurden und damit die moderne Matriarchatsforschung eröffnet haben. Ihre Neuerscheinung jetzt beruht auf der erweiterten und an vielen Stellen präzisierten englischen Ausgabe.[23] Diese Verbesserungen verdanke ich nicht zuletzt meinen persönlichen Kontakten zu indigenen Wissenschaftlerinnen und Wissenschaftlern aus matriarchalen Gesellschaften, die zu ihren eigenen Kulturen forschen. Etliche von ihnen waren zu den drei »Weltkongressen für Matriarchatsforschung« (2003, 2005, 2011), die ich leitete, eingeladen. Das schenkte mir die unschätzbar wertvolle Gelegenheit, durch ihre Vorträge sowie über die persönlich weitergeführten Kontakte mit ihnen hinzu zu lernen, so dass sich mein Wissen erweitern konnte.

Ich beschreibe nun in Kürze, welche der genannten Schritte des matriarchalen Paradigmas in diesem Buch verwirklicht sind.

Zum ersten Schritt des matriarchalen Paradigmas: Im ersten Kapitel dieses Buches wird die Forschungsgeschichte zum Thema »Matriarchat« in ihren verschiedenen Diskussionszusammenhängen und wissenschaftlichen Zweigen verfolgt. Es ist eine Kurzfassung der ausführlichen Diskussion im früheren Band *Das Matriarchat I. Geschichte seiner Erforschung* (1988–1995). Dabei erscheinen alte Theorien in einem neuen Licht, und jüngere Theorien werden in ihrer Bedeutung für die moderne Matriarchatsforschung neu eingeschätzt. Insgesamt ist es eine kritische Würdigung dessen, was vor der modernen Matriarchatsforschung geleistet wurde. »Kritisch« ist sie in dem Sinne, dass bei aller Wertschätzung dieser Werke hier die Methode der Ideologiekritik dringend angebracht ist. Das macht den wissenschaftstheoretischen Unterschied zwischen der modernen Matriarchatsforschung und der bisherigen, traditionellen Matriarchatsforschung sehr deutlich. Bei allem Reichtum der Kenntnisse liegt bei den älteren Theorien nämlich erstens ein Mangel an einer klaren, wissenschaftlichen Definition von »Matriarchat« vor, weshalb sich die üblichen Vorurteile bei diesem Begriff einschleichen können (siehe oben). Das belastet diese Einzelstudien und Theorien an vielen Stellen mit unlogischer, emotional geprägter Argumentation und schwächt ihre Aussagekraft. Zweitens fehlt eine explizite Methodologie, weshalb es – trotz der Materialfülle – zu keiner Darstellung der matriarchalen Gesellschaftsform insgesamt kommt. Deren Zerstückelung kann auf

---

23 Heide Goettner-Abendroth: *Matriarchal Societies. Studies on Indigenous Cultures across the Globe*, New York 2012, 2013, Peter Lang Publishing.

diese Weise nicht aufgehoben werden, was zu keiner tieferen Erkenntnis führt. Drittens fehlt ein expliziter theoretischer Rahmen. Deshalb bleiben diese Einzelstudien und Theorien regelmäßig exotische Einzelerscheinungen, und so kann keine Einsicht in ihren Zusammenhang untereinander sowie in die Weite ihres Forschungsgebietes aufkommen. Aus diesen Gründen muss man die Beiträge der älteren Forschung hinsichtlich des Themas »Matriarchat« als vor-wissenschaftlich bezeichnen, eine Situation, die sich erst mit der modernen Matriarchatsforschung ändert. Ganz abgesehen davon ist diese ältere Forschung in politischer Hinsicht unreflektiert, da sie in der Regel keine emanzipatorischen Ziele verfolgt, sondern – mit wenigen Ausnahmen – in den Mustern patriarchalen Denkens befangen bleibt. Das Kapitel schließt mit einer kurzen Darstellung der Ansätze und bisherigen Werke aus der feministischen und indigenen Matriarchatsforschung. Sie unterscheiden sich grundsätzlich von der traditionellen Matriarchatsforschung, weil sie einen patriarchatskritischen und emanzipatorischen Hintergrund haben. Sie stellen deshalb einen ersten, aber noch nicht völlig geklärten Anfang der modernen Matriarchatsforschung dar.

Zum zweiten Schritt des matriarchalen Paradigmas: Danach folgen die ethnologischen Kapitel dieses Buches – und des Folgebandes – in denen konkrete, heute noch lebendige matriarchale Gesellschaften vorgestellt werden. Diese Kapitel sind der systematische Ort, um aus der Fülle dieser Gesellschaften nacheinander die vollständige strukturelle Definition von »Matriarchat« zu entwickeln. Ihre Reihenfolge ist deshalb keineswegs beliebig, sondern aufbauend angeordnet. In diesem Buch sind es die gegenwärtigen, matriarchalen Gesellschaften in dem riesigen Kontinent Asien, deren Muster analysiert werden. Dieser Kontinent besitzt eine immense Völkervielfalt, so geht es in diesem Buch insbesondere um Ostasien (mit Nordost-Indien), Nepal, Tibet, China und Korea. Hinzu treten matriarchale Gesellschaften aus der Inselwelt des Pazifischen Ozeans: Japan, Indonesien, Melanesien und Polynesien, insgesamt ein nicht weniger riesiger Raum. Es werden einige Hypothesen über kulturelle Zusammenhänge und Wanderungen von matriarchalen Gesellschaften in diesen Weltgegenden aufgestellt und begründet.

Wenn ich von »Gegenwart« spreche, wird darunter nicht nur das unmittelbare Hier und Heute verstanden, sondern der Zeitraum der ethnologischen Berichterstattung über solche Gesellschaften, der bis ins 18. Jahrhundert zurückreicht. Obwohl alle diese Berichte von patriarchal geprägten Wissenschaftlern westlicher oder östlicher Herkunft ideologische Verzerrungen aufweisen, sind sie doch Augenzeugenberichte. Das meine ich mit »gegenwärtig«, denn mit Augenzeugenberichten begann die Phase der empirischen Ethnologie. Um die Sache hier so weit wie möglich von der Ideologie zu trennen, kommen ständig die kulturvergleichende und die ideologiekritische Methode zur Anwendung. Ich gebrauche diese jedoch implizit, denn um der Lesbarkeit des Buches willen kann ich sie nicht an jedem einzelnen Argument vorführen. Insofern geben die einzelnen, knappen Kapitel die Resultate dieses komplexen Verfahrens wieder.

Wenn ich ferner von »traditionellen« Kultur einer matriarchalen Gesellschaft spreche, so meine ich damit diese Gesellschaft vor dem Kontakt mit dem europäischen oder einer anderen Art von Kolonialismus. Natürlich können wir dabei nie genau wissen, wie »traditionell« diese Muster tatsächlich sind, zumal wir die theoretischen Quellen, in denen sie beschrieben werden, ideologiekritisch betrachten müssen. Außerdem sind indigene Gesellschaften keine starren, zeitlosen Gebilde, sondern ihre Geschichte ist ebenso lang und komplex wie unsere eigene. Sie haben sich auch vor dem Kontakt mit dem Kolonialismus auf verschiedene Weise weiter entwickelt, und zwar gemäß ihren eigenen Prinzipien und Problemen. Da es aber sehr schwierig ist, darüber Näheres zu wissen, bezeichne ich ihre Muster in der Zeitphase, in der sie erstmals beschrieben werden, als »traditionell«. Außerdem versuche ich mithilfe der lokalen Archäologie, wo es möglich ist, mich behutsam ihren »traditionellen« Mustern noch weiter anzunähern. Grundsätzlich bleibe ich mir der Relativität dieser Bezeichnung »traditionell« jedoch bewusst.

Der thematische Schwerpunkt in diesem Buch liegt auf der Analyse der inneren Strukturen matriarchaler Gesellschaften, den Mikrostrukturen, das heißt den Regeln und Bräuchen, welche die Sippenordnung und die Gemeinschaften konstituieren. Die mit der Sippenordnung verknüpfte Ökonomie und Politik gehören dazu, ebenso die kulturell-spirituellen Formen, die ebenfalls auf der Sippenordnung beruhen. Im Folgeband richtet sich der Fokus auf die Makrostrukturen matriarchaler Gesellschaften, das heißt, auf Institutionen, die über die Sippenordnung hinausgehen und auf das gesellschaftliche Gefüge insgesamt verweisen. Dabei werden auch große Gebilde von mehreren matriarchalen Völkern untereinander dargestellt, wobei diese Großformen höchst verschiedene Strukturen haben. Das heißt, diese Gesellschaften sind keineswegs zu klein oder zu »primitiv«, um solche großen Zusammenhänge von mehreren Stämmen oder Völkern politisch hervorzubringen. Das können sie durchaus und haben es in ihrer Geschichte oft getan. Das Erstaunliche an diesen Großformen ist, dass sie nicht wie bei patriarchalen Gesellschaften durch hierarchischen Druck von oben zusammengehalten werden, sondern dass auch diese komplexen Strukturen auf dem Boden der Egalität aller Mitglieder gebildet werden.

Zuletzt ein Wort zu den Quellen, das heißt, zur Literaturauswahl in diesem Buch: Gerade für das Auffinden der traditionellen Muster matriarchaler Gesellschaften ist die ältere Literatur relevant. Denn sie beschreibt – trotz des patriarchalen Blickwinkels, der leicht zu durchschauen ist – eine Situation, in der diese Gesellschaften weniger zerstört waren als heute. Aus diesem Grund stütze ich mich auf relativ viele ältere Werke. Bei der neueren Literatur folge ich zwei Schwerpunkten: Die Arbeiten von feministischen Ethnologinnen sind eine wertvolle Ergänzung, denn sie bringen die Bedeutung der Frauen ans Licht, die in der älteren Literatur vernachlässigt wurde. Der andere Schwerpunkt liegt auf der Literatur indigener Ethnologinnen und Ethnologen, die ihre eigenen Gesellschaften darstellen; doch auch ihre Stimmen werden erst seit neuerer Zeit hörbar. Diese beiden Schwerpunkte sind in der Literatur nicht übermäßig zahlreich vertreten, da ihre Vertreterinnen und Vertreter meist nicht zu den geförderten und bestbezahlten Personen im Wissenschaftsbetrieb gehören. Aber ihre Arbeiten sind von besonderem Gewicht für die moderne Matriarchatsforschung, weil sie nicht die patriarchale Brille haben. Demgegenüber sehe ich nicht viel Sinn in Publikationen mit einem neueren Datum, die aber die Entwicklung der feministischen und indigenen Forschung und der modernen Matriarchatsforschung ignorieren und von daher einer »rückständigen« Perspektive anhängen. Von mir kommen mehrfach eigene Titel vor, da ich durch meine Arbeit die moderne Matriarchatsforschung als eine sehr junge Wissenschaft aufgebaut habe.

Kapitel 1: Eine kritische Geschichte der traditionellen Matriarchatsforschung

Dieses Kapitel ist keine Forschungsgeschichte im herkömmlichen Sinne. Zum Thema Matriarchat lässt sich eine solche nicht ohne weiteres schreiben, denn die Ansätze zu einer fortlaufenden Forschung in diesem Gebiet hören immer wieder auf, und der wiederholte Beginn verschwindet im Dunklen. Die Fäden reißen ab, wobei die Bruchstücke ins Nirgendwo zu führen scheinen, die Argumente nicht verfolgt werden oder – wie in der europäisch-westlichen Wissenschaft – gründlich verdrängt werden. Dennoch gibt es einen unterschwelligen Strom an Wissen über matriarchale Muster und Gesellschaften, der sich aus verschiedenen wissenschaftlichen Zweigen speist. Aber auch diese Tatsache, dass es seit dem 19. Jahrhundert, genauer: seit mehr als 150 Jahren, eine Forschung und Diskussion zum Thema Matriarchat gibt, ist nicht allgemein bekannt. Wenn sie bei seltenen Gelegenheiten zu Tage tritt, wird sie rasch durch Verachtung oder Lächerlichmachen zum Schweigen gebracht.

Angesichts dieses merkwürdigen Sachverhalts fragt man sich, was hier eigentlich vorgeht? Es scheint so zu sein, dass die Forscher – zumindest die traditionellen – hier etwas für ihr Selbstverständnis Ungeheuerliches entdecken, etwas, das ihr patriarchales Weltbild erschüttert. Sie müssten es hinter sich lassen, wenn sie den Konsequenzen ihrer Entdeckungen weiter folgen würden. Außerdem würden sie in der patriarchal geprägten Wissenschaftsgemeinschaft ihr Prestige aufs Spiel setzen und sich isolieren, vielleicht gar ihre Stellung verlieren, wenn sie ihren Erkenntnissen treu bleiben würden. Darum drehen sie immer wieder zurück, was sie entdeckt haben; sie heben ihre Erkenntnisse theoretisch wieder auf, um das patriarchale Paradigma von Gesellschaft und Geschichte zu retten – woraus sich zahllose logische und sachliche Widersprüche ergeben.

Wie sehr das System des Patriarchats Erkenntnisse über die matriarchale Gesellschaftsform immer wieder unsichtbar machen will, zeigt sich insbesondere dann, wenn Forscher und Forscherinnen diese Selbstzensur durchbrechen und zu ihren Erkenntnissen stehen, das heißt, sie offen benennen – wie es in der jüngeren Zeit öfters der Fall ist. Sie werden unverzüglich auf verschiedene Weise diffamiert und ihr Werk mit allen Mitteln verdunkelt, sowohl von Fachkollegen als auch von den Medien und der allgemeinen Öffentlichkeit. Hier tritt die ideologische Gewalt des patriarchalen Systems hervor, eine Gewalt, die sich zunehmend verschärft, je weniger sich das Wissen über die matriarchale Gesellschaftsform unterdrücken lässt.

In diesem Kapitel sehe ich meine Aufgabe deshalb darin, diese abgerissenen Fäden aufzufinden und wieder anzuknüpfen. Ich folge diesen verdunkelten Linien und mache den unterschwelligen Strom der Forschung zum Thema Matriarchat wieder sichtbar. Es geht mir darum, in die geschichtliche Entwicklung der Gedanken und der Forschung zu matriarchalen Gesellschaften einzuführen. Dass es sich hier um eine eigene

Gesellschaftsform handelt, die sich von der patriarchalen wesentlich unterscheidet, dieser Gedanke existierte tatsächlich nicht vor den Pionieren, die ihn erstmals formulierten. Hier ist insbesondere Johann Jakob Bachofen zu nennen. Matriarchale Gesellschaften gab es schon lange vorher, auch Berichte über sie, aber nicht dieser Gedanke von einer eigenständigen Gesellschaftsform und auch nicht der Begriff »Matriarchat«. Was aber nicht benannt werden kann, kann auch nicht erkannt werden.

Darum versuche ich das Zerstückelte hier wieder zusammen zu fügen wie ein Mosaik aus seinen verstreuten einzelnen Steinen. Mich werden die Fragen leiten: Was tragen die genannten Forscher zur Sache bei, und was tun sie danach mit ihren Erkenntnissen? Ferner: Was wird aus ihren Erkenntnissen in der patriarchalen Wissenschaft und Öffentlichkeit gemacht? Das sind ideologiekritische Fragen, die zeigen werden, wie begrenzt und absichtlich begrenzend bisher mit diesem faszinierenden sozio-kulturellen Thema umgegangen worden ist. Dabei führt uns der Weg zur heutigen Situation, die sehr spannungsgeladen ist – denn das patriarchale Paradigma beginnt zu bröckeln.

Gleichzeitig macht dieses Kapitel in sachlicher Hinsicht sichtbar, welche wissenschaftlichen Fächer zur Erkenntnis der matriarchalen Gesellschaftsform beigetragen haben, und es zeigt die Schlüsselrolle der interdisziplinären Methodologie, die für ein angemessenes Verständnis dieser Gesellschaftsform nötig ist. Doch statt eine vollständige Liste aller Quellen, die für die Matriarchatsforschung relevant sind, zu geben, stelle ich hier nur sehr wenige Werke als exemplarische Beispiele aus den wichtigsten Disziplinen kurz dar.[1] Das zeigt, wie der Weg der traditionellen Matriarchatsforschung bisher verlief.

Meine Fragen werfen dabei neues Licht auf alte Theorien, doch auch auf Theorien jüngerer Herkunft. Dass ältere Theoretiker nicht von kritischen und feministischen Studien profitieren konnten, sollte kein Grund sein ihre Ergebnisse zu ignorieren. Schließlich waren sie zu ihrer Zeit die einzigen, die matriarchale Muster zur Sprache brachten. Die Situation hat sich seither sehr verändert, aber – wie wir sehen werden – nicht immer zum Besseren im Universitätswesen. Patriarchale Ideologie, die im Fall der älteren Forschung eher unbewusst blieb, wird bei der jüngeren Forschung bewusst und aggressiv eingesetzt. Daher ist diese Übersicht als eine kritische Würdigung der Forscher gemeint, die Wesentliches zur Matriarchatsforschung beigetragen haben. Gleichzeitig gibt sie Aufschluss darüber, was sich durch die moderne Matriarchatsforschung grundsätzlich ändert.[2]

1.1 Die Pioniere

Johann Jakob Bachofen gilt mit seinem Werk »Das Mutterrecht« (1861) als der Begründer der Matriarchatsforschung traditioneller Prägung, denn von ihm ausge-

---

1 Für eine umfangreichere Darstellung relevanter Werke siehe die Webseite: www.matriarchatsforschung.com
2 Das vorliegende Kapitel ist eine stark verkürzte Version des älteren Buches von Göttner-Abendroth: *Das Matriarchat I*.

hend hat sich die Diskussion zu diesem Thema entwickelt.³ Sein Werk hat in dem Jesuiten-Missionar *Joseph-Francois Lafitau* einen Vorgänger. Lafitau stellte in seinem mehr als hundert Jahre früher erschienenen Werk »Die Sitten der amerikanischen Wilden, im Vergleich zu den Sitten der Frühzeit« (1724) das Leben der irokesischen Stämme Kanadas, bei denen er weilte, mit ziemlicher Genauigkeit dar, insbesondere die bedeutende Rolle der Frauen.⁴ Obwohl dies mit den beschränkten Mitteln seiner Zeit geschah, ist sein Bericht wertvoll, weil diese Gesellschaften damals noch weniger vom Einfluss der Weißen gestört waren als später. Er stellte bereits eine Verbindung her zwischen seinen Beobachtungen an einer zeitgenössischen matriarchalen Gesellschaft und manchen Sitten, die ihm von antiken Schriftstellern bekannt waren. Doch als Missionar leitete ihn dabei kein wissenschaftliches Erkenntnisinteresse, weshalb das Buch, außer dass es eine wichtige Quelle ist, folgenlos blieb.

Erst Bachofen eröffnete bewusst ein neues Forschungsgebiet und nannte es »Mutterrecht«, womit er die Matrilinearität und die damit verbundenen sozialen Muster meint. Gleichzeitig benutzte er auch den griechischen Begriff »Gynaikokratie«, der völlig missverständlich ist, denn er bedeutet »Frauenherrschaft« – was aus Bachofens Untersuchungen jedoch nirgends hervorgeht. Beide Begriffe gebrauchte er gleichzeitig ohne genaue Unterscheidung, womit er den Boden für das grundsätzliche Missverständnis und Vorurteil bereitet hat, das bis heute der Matriarchatsforschung entgegengebracht wird und sie behindert. So verwundert es nicht, dass bei der englischen Ausgabe seines Werkes der Begriff »Gynaikokratie« dann mit »Matriarchat« übersetzt wurde (1967).

Sein Verdienst ist, dass er mit seinen Untersuchungen den kulturhistorischen Zweig der Matriarchatsforschung begründet hat und darin bedeutende Arbeit leistete, was eine neue Tür zum Verständnis der menschlichen Kulturentwicklung geöffnet hat. Aus den Quellen antiker Schriftsteller machte er in seinem Werk unmissverständlich klar, dass das Mutterrecht nicht nur eine exotische südasiatische Spezialität gewesen ist, wie man damals annahm. Es war vielmehr in Indien, Persien, Ägypten und im östlichen Mittelmeerraum einschließlich Griechenlands verbreitet und überall die Grundlage der späteren kulturellen Entwicklung. Er kann zeigen, dass es sich in diesen Erscheinungen nicht um bedeutungslose Ausnahmen handelt, sondern um gesellschaftliche Gebilde mit innerer Ordnung, die nicht nur einzelne Völker umfassen, sondern ganz allgemein zu einer bestimmten frühen Kulturstufe gehören.

Bachofen gibt ebenfalls Auskunft über seine Methode, mit der er seine Untersuchungen macht: Es ist die Mythenanalyse, die er so weit wie möglich mit historischen Zeugnissen vergleicht. Er interpretiert also nicht nur Mythen, sondern arbeitet rudimentär mit einer vergleichenden kulturhistorischen Methode. Auf diese

---

3 Johann Jakob Bachofen: *Das Mutterrecht,* Hg. Hans-Jürgen Heinrichs, Frankfurt/Main 1975, Suhrkamp Verlag (zuerst 1861).
4 Joseph-François Lafitau: *Die Sitten der amerikanischen Wilden, im Vergleich zu den Sitten der Frühzeit,* für die deutsche Ausgabe Hg. Helmut Reim, Weinheim 1987, Edition Leipzig, Nachdruck von 1752/1753 (zuerst in Französisch, Paris 1724).

Weise kann er, trotz der weiten Zeiträume, die dabei überbrückt werden, erstaunliche Ähnlichkeiten feststellen und kommt zu dem Schluss, dass man Mythen durchaus als geschichtliche Zeugnisse betrachten darf, die in Bildern statt in Worten reden. Damit nimmt er Mythologie als Aussage über vergangene geschichtliche Zustände und Denkweisen ernst.

So akzeptabel und erfolgreich Bachofens Vorgehen ist, so problematisch sind seine theoretischen Deutungen und Wertungen, in die er sein reiches Material presst. Seine Theorie stellt eher die eigene romantisierende Ideologie vom Matriarchat dar als das, was er zur Sache selbst aus den Quellen herausfand. Seine Matriarchats-Ideologie ist geprägt von der Vorstellung vom »Wesen der Frau«, die den patriarchalen Klischees seiner Zeit entspricht. Aus diesem hypothetischen Wesen der Frau versucht er, die Geschichte des Mutterrechts in drei Stufen zu erklären: Die erste Stufe soll ein regelloser »Hetärismus« gewesen sein, wobei sexuelle Promiskuität bestimmend gewesen sei, welche die Frauen unentwegtem Beischlaf ausgeliefert habe. – Doch dieser Hetärismus ist lediglich eine unbewiesene Annahme. – Aus ihm soll sich nach Bachofen das Mutterrecht als entschiedener Widerstand der Frauen gegen diese Lebensweise entwickelt haben, und zwar als das »Demetrische Prinzip« von Keuschheit, Monogamie und ehelicher Zucht. – In diesem Demetrischen Prinzip sehen wir lediglich eine Rückprojektion bürgerlich-christlicher Verhältnisse in die frühe Geschichte. – Nach Bachofen soll die Demetrische Stufe des Matriarchats zuletzt im Amazonentum ihrer »Verwilderung« und ihrem Verfall entgegengegangen sein. – Diese Verwilderung ist für den patriarchalen Blick schon deshalb notwendig, weil die Amazonen weder monogam noch männerfreundlich lebten. – Dafür geht es bei ihm danach umso schneller mit dem Patriarchat, das sich einfach aus den Trümmern der vorigen Epoche erhebt. Das geschieht gemäß dem hypothetischen »Wesen des Mannes«: Kampf und Krieg, Entstofflichung und Unsterblichkeit durch das Macher-Prinzip, von Bachofen das »Geistig-apollinische Prinzip« genannt, bei dem sich der männliche Gott »vollständig von jeder Verbindung mit dem Weibe befreit«.[5] – Damit hätten wir in schöner Deutlichkeit die grundlegenden Ideen des Patriarchats beieinander.

Mit dieser geschichtslosen Geschichtsschreibung müssten wir uns nicht weiter befassen, hätte sie nicht eine fatale Konsequenz. Sie hat nachhaltig das öffentliche Bewusstsein zur Frage des Matriarchats geprägt. Die von Bachofen aufgebrachten Klischees zur matriarchalen und patriarchalen Gesellschaftsform halten sich zäh, woraus sich wie von selbst die Höherwertigkeit des Patriarchats ergibt, die allgemein vertreten wird.

Henry Lewis Morgan wurde der Begründer der Ethnologie durch sein Werk über die Irokesen-Liga in Nordamerika (1851), eine matriarchale Gesellschaft – die er allerdings nicht so benennt.[6] Bachofen nahm jedoch wissenschaftlichen Kontakt zu Morgan auf, weil er seine kulturhistorische Forschung durch das ethnologische

---

5 Bachofen, S. 53.
6 Heny Lewis Morgan: *League of the Haudenosaunee or Iroquois*, 2 Bände, New York 1901, Burt Franklin (zuerst 1851).

Vorgehen Morgans bestätigt sah. Morgans hervorragende Studie erlaubt zum ersten Mal einen Blick in das Gefüge einer sehr lebendigen, hochentwickelten matriarchalen Gesellschaft der damaligen Zeit – wobei Morgan seine Informationen einem wichtigen irokesischen Gewährsmann verdankt. Doch wie schon bei Bachofen hat auch bei Morgan die eigene Forschung keine tiefergehende Erkenntnis oder gar ein patriarchatskritisches Umdenken bewirkt; daher bleibt seine Forschung zu den Irokesen problematisch. Noch problematischer ist, dass er daraus in seinem Buch »Die Urgesellschaft« (1877) eine evolutionistische Stufentheorie der menschlichen Familienentwicklung konstruiert,[7] bei der sich die Geschichte ebenso unentwegt in patriarchale Höhen emporschwingt wie schon bei Bachofen.

Auch er nimmt drei große Stufen an, die der »Wildheit«, der »Barbarei« und der »Zivilisation«, sämtlich Begriffe, die im höchsten Maß bewertend sind. Auf der Stufe der »Wildheit« beschreibt er Familienformen, die auf unterschiedslosem Geschlechtsverkehr und Vielehe beruhen. Begriffe von Blutsverwandtschaft gibt es noch nicht, denn nur die Mitgliedsbeziehungen bestimmen das Hordengefüge.

Auf der Stufe der »Barbarei« entstehen nach Morgan durch Einschränkung der Heiratsbeziehungen »Gentilgesellschaften«, die er am Beispiel der Irokesen erklärt. Er zeigt, wie sich Stämme dieser Gesellschaftsform nicht aus »Familien« aufbauen – eine unbekannte Größe in der Frühzeit – sondern aus Sippen, die sich zuerst in der weiblichen Abstammungslinie bilden und viel später in der männlichen Abstammungslinie. Mehrere Sippen bilden nach bestimmten Heiratsregeln einen Stamm, und mehrere Stämme wiederum ein Volk. In einer solchen Stammesgesellschaft ist jede politische Einflussnahme und Entscheidung identisch mit den persönlichen Beziehungen zur Sippe und zum Stamm.

Durch diese Identität von Verwandtschaftslinie und politischer Entscheidung ist die Stammesgesellschaft »homogen«, anders als die durch den Einbruch von Fremden später zerrissene Gesellschaft. Zugleich ist sie eine der ältesten und am weitesten verbreitete Organisation der Menschheit. Morgan nennt sie die »universelle Verfassungsgrundform der alten asiatischen, europäischen, afrikanischen, amerikanischen und australischen Gesellschaft«.[8] Sie war das Werkzeug, durch das die frühe Gesellschaft ohne politische Herrschaft zusammengehalten wurde.

Einmal ohne seine Stufentheorie der Geschichte betrachtet sind diese Feststellungen weitreichende Erkenntnisse. Denn sie weisen auf den relativ späten, geschichtlich nachweisbaren Ursprung von Herrschaft hin. Diese wird aber allgemein als seit Beginn der Menschheit bestehend hingestellt, aus durchsichtigen Gründen. Es ist der Mythos von der Ewigkeit patriarchaler Herrschaft, insbesondere des Mannes über die Frau. Morgan geht jedoch einen anderen Weg, um die Brisanz seiner eigenen Erkenntnisse wieder zu verdunkeln: Er wertet diese frühere Entwicklungsstufe ab.

---

7   Henry Lewis Morgan: *Die Urgesellschaft,* Wien 1987, Promedia (zuerst in Englisch, Chicago 1877).
8   A. a. O., S. 52–53.

Wie nicht anders zu erwarten ist, dämmert nach dieser matriarchalen Verwandtschaftsgesellschaft endlich die »Zivilisation« herauf. Wenn sich aufseiten der Männer Privateigentum und Landbesitz entwickeln, ist dies der Auslöser für die Umwandlung von matrilinearen in patrilineare Sippen. Unaufhaltsam und offenbar kampflos schreitet die Menschheit fort zur »Zivilisation«, die gekennzeichnet ist von Monogamie, in welcher der Mann endlich seine Vaterschaft erkennen kann. Morgans hohe Bewertung der »Zivilisation« beruht darauf, dass er in dieser Monogamie beide Partner die gleiche Würde und die gleichen Rechte besitzen sieht, was in der bürgerlichen Gesellschaft seiner Zeit ideal gelungen sein soll. – Dieser Schluss ist erstaunlich, denn zuvor hat er als Motor dieser Entwicklung das Privateigentum in der Hand des Mannes ausgemacht und erkannte an, dass diese Entwicklung zu Lasten der Frau geht! Doch das entschuldigt er damit, dass die Frau dieses Opfer für den Fortschritt der Menschheit bringen muss.

Damit entlarvt sich auch diese Stufentheorie der Geschichte als pure Ideologie. Sie spiegelt eine Vaterschafts-Ideologie, die für die spätbürgerliche Kleinfamilie typisch ist und außer ihrem Rassismus gegenüber anderen Kulturen auch einen groben Sexismus zeigt. Dennoch wird Morgan als »Vater der Anthropologie« gefeiert, da er diese Disziplin auf einen empirischen Boden gestellt hat.[9] Aber bis heute hat die Ethnologie in ihrer westlichen Spielart die rassistischen und sexistischen Züge nicht überwunden.

Als dritter unter den Pionieren sei noch *John Ferguson McLennon* (1865) genannt, der sich auf Morgan stützt.[10] In seinem Werk über elementare Eheformen bringt er noch weitere Beispiele von geschichtlichen und gegenwärtigen Völkern, die ihre Abstammung in der Mutterlinie, nicht in der Vaterlinie verfolgen. Sein Werk hatte die Absicht, die Vorstellung von einer patriarchalen Urgesellschaft, die damals vorherrschend war, zu widerlegen – was sehr verdienstvoll ist. Allerdings löste es unter den Wissenschaftlern damals eine heftige Kontroverse aus.

1.2 Die marxistische Diskussion

Die Diskussion der marxistischen Theoretiker, die auf den Forschungen Bachofens und Morgans aufbaut, hat sich insbesondere mit Fragen der Patriarchatsentstehung befasst. Das gilt besonders für *Friedrich Engels* in seinem Werk »Der Ursprung der Familie, des Privateigentums und des Staates« (1884).[11] Im Anschluss an Karl Marx greift er genau die beiden Fragen auf, die Morgan offen gelassen hat: erstens die Frage, ob die bürgerliche Monogamie das ideale Gebilde für die Gleichheit der Ge-

---

9 Im amerikanischen Sprachgebrauch wird Ethnologie als »Anthropologie« bezeichnet.
10 John Ferguson McLennan: *Primitive Marriage*, Peter Rivière (Hg.), Chicago 1970, University of Chicago Press (zuerst 1865).
11 Friedrich Engels: *Der Ursprung der Familie, des Privateigentums und des Staates*, Berlin 1983, Dietz Verlag (zuerst Zürich 1884).

schlechter ist, zweitens die Frage, wie es denn zum Privateigentum in den Händen von Männern kam.

Zur ersten Frage äußert er sich mit unmissverständlicher Klarheit, indem er feststellt, dass der Umsturz des Mutterrechts die »weltgeschichtliche Niederlage des weiblichen Geschlechts« gewesen sei. Der Mann habe das Steuer auch im Hause ergriffen, die Frau wurde entwürdigt, geknechtet, Sklavin seiner Lust und bloßes Werkzeug der Kindererzeugung. Diese erniedrigte Stellung der Frau sei allmählich beschönigt und verheuchelt worden, stellenweise auch in mildere Formen gekleidet; beseitigt sei sie keineswegs.[12]

Was den Mann zum Umsturz des Matriarchats befähigte und seine Herrschaft auch im Hause begründete, ist nach Marx und Engels das Privateigentum in seinen Händen. Auch die Monogamie ist auf ökonomische Bedingungen gegründet, auf den Privatbesitz von Männern als Sieg über das matriarchale Gemeinschaftseigentum. Daraus erklärt sich ihr Charakter nicht als Versöhnung von Mann und Frau, sondern als der Widerstreit beider Geschlechter. Denn sie ist Monogamie nur für die Frau, nicht aber für den Mann. Auch die hoch gepriesene Vaterschaft dient nicht einem ideellen und sozialen Ausgleich der Geschlechter, sondern dazu, männliche Erben zu erhalten, denen der Mann seinen Privatbesitz vermachen kann. – Diese Gedanken von Engels räumen gründlich auf mit Morgans Vorurteilen. Er macht deutlich, wie fragwürdig der »Fortschritt« der Einzelehe ist, die geschichtlich durch Zwang zustande kam. Denn dahinter lauert moralisches und seelisches Chaos, das sich negativ auf die gesellschaftliche Situation insgesamt ausgewirkt hat und noch auswirkt.

Wir wenden uns der zweiten Frage zu, der nach dem Ursprung des Privateigentums in den Händen von Männern. Hier fällt bei Engels Erklärung auf, dass diese einschneidende Umwälzung offenbar sanft und stetig in die Welt kam, ohne größere dramatische Einbrüche in der Geschichte. Treibender Motor der Entwicklung ist nach ihm allein die zunehmende Arbeitsteilung und damit die Zunahme der Produktivkräfte. Das ist gewiss etwas Gutes, aber in wessen Hände der Gewinn der Zunahme der Produktivkräfte fließt, ist dann nichts Gutes. Deshalb kommt es laut Engels zur Entfaltung der sozialen Widersprüche in der Gesellschaft mit ihren verschiedenen Klassen von Reichen und Armen und den daraus folgenden auseinanderstrebenden Kräften.

Da Engels den unvereinbaren Gegensatz von matriarchaler und patriarchaler Gesellschaftsform nicht zu Ende denkt, bleiben mehrere Unklarheiten in seinen Gedankengängen bestehen: So bedeutet Gemeinschaftseigentum nicht, dass die Arbeitsteilung in einer solchen Gesellschaft gering sein muss. Beispielsweise zeigen matriarchale Stadtkulturen eine hohe Arbeitsteilung und entwickelte Produktivkräfte, aber noch keinen Privatbesitz in den Händen einzelner Männer. Höhere Arbeitsteilung erzeugt nicht automatisch Hierarchie als die verschiedenen Klassen von Reichen und Armen. Das ist ein erster Fehlschluss im Gedankengang von Engels, weshalb er mit seiner ebenfalls zu einfachen evolutionistischen Stufentheorie

---

12 A.a.O., S. 70.

den matriarchalen Gesellschaften nicht gerecht werden kann. Für ihn verbleiben sie auf der Stufe der guten, »kommunistischen«, aber doch leider »primitiven« matrilinearen Stammesgesellschaften stehen.

Engels formuliert es weit zutreffender, wenn er sagt, dass es das Privateigentum von Produktionsmitteln in den Händen Einzelner ist, die den Gewinn daraus für sich abschöpfen, was die Veränderungen in der Geschichte ausmacht. Diese Einzelnen sind, geschichtlich gesehen, immer *Männer*, so dass die marxistische Definition der Klassengesellschaft nur auf entwickelte patriarchale Gesellschaften – für die sie auch formuliert wurde – zutrifft.

Wenn wir näher hinschauen, sehen wir nämlich, womit der Privatbesitz an Produktionsmitteln in den Händen einzelner Männer zu tun hat. Sie verwenden das Privateigentum als Herrschaftsinstrument. Das erkennen die Theoretiker Marx und Engels sehr genau. Aber die Tatsache geht bei ihnen unter, dass Privateigentum als Herrschaftsinstrument erst dann eingeführt werden kann, wenn zuvor Herrschaft etabliert worden ist. Das geschah, wie wir wissen, in bestimmten historischen Situationen, wenn matriarchale Gesellschaften blutig erobert, unterworfen und von einer fremden Herrenschicht überlagert wurden. Diese Perspektive ist nicht mehr mit einer Evolutionstheorie zu vereinbaren, bei der sich das Privateigentum problemlos durch irgendwelche immanenten Mechanismen stufenweise gebildet haben soll. Es geht nämlich um die Suche nach einer Erklärung für die Entstehung von Gewalt, insbesondere von Herrschaft als organisierter Gewalt.

Aber die marxistische Charakteristik des Staates ist dafür umso treffender, der als eine Not der Klassengesellschaft beschrieben wird, um die unlösbaren ökonomischen Widersprüche in ihrem Inneren nicht zum gewalttätigen Ausbruch kommen zu lassen. Um das zu verhindern braucht es Gesetze und Strafen, Steuern und Staatsbeamte, Polizei und Gefängnis, eben die strukturelle Gewalt. Diese Zwangsmaßnahmen kennzeichnen patriarchale Staatsbildung, und eine andere Staatsbildung gibt es nicht. Doch Engels geht davon aus, als sei dieser patriarchale Staat auf einer bestimmten Stufe der ökonomischen Entwicklung einfach notwendig gewesen, als habe die Evolution, listig und gemein wie sie sein kann, von selbst dahin geführt. Das aber ist keine Erklärung. Ferner sieht es so aus, als habe sich erst das gefährliche Privateigentum gebildet und später sei, um es zu schützen, der Staat hinzuerfunden worden. Wie aber, wenn es umgekehrt gewesen wäre? Staatliche Herrschaft, aus Eroberung hervorgegangen, kam zuerst; die Herrschenden konfiszierten dann das Gemeinschaftseigentum, um ihre neue Ordnung aus Herren und Knechten zu zementieren. –

Erst der Marxist August Bebel, der sich in seinem Buch »Die Frau und der Sozialismus« (1913) auf die Thesen von Bachofen und Engels stützt, nennt die Dinge deutlich beim Namen.[13] Wenn Engels sich den Übergang vom Mutterrecht zum Vaterrecht sehr harmlos vorstellte, nur als einfache Abstimmung der Sippen, dass sie nun patriarchal sein wollen, so ist Bebel anderer Ansicht. Er verweist anhand

---

13 August Bebel: *Die Frau und der Sozialismus,* Köln 1967, Verlag Jakob Hegner (zuerst Stuttgart 1913).

der Amazonensagen auf den Kampf und Widerstand, den Frauen dieser neuen Ordnung entgegensetzten. Er nimmt Abschied von der unglaubwürdigen Evolution und nennt den Umbruch vom Matriarchat zum Patriarchat die erste große Revolution in der Menschheitsgeschichte. Zu Recht merkt er an, dass diese sich nicht überall gleichzeitig vollzog und dass sie auch nicht überall auf ein und dieselbe Weise vor sich ging, schon gar nicht aus einem einzigen Grund.

Wir stimmen ihm zu und sehen es noch schärfer: Sie ist nicht nur die erste, sondern die grundsätzliche Revolution in der Menschheitsgeschichte überhaupt. Der Übergang von der matriarchalen Kultur als einer auf Friedenssicherung achtenden Gesellschaftsform zum patriarchalen Staat, der auf Gewalt, Krieg, Herrschaft und Privateigentum beruht, bedeutet einen derart krassen Wechsel in der äußeren und inneren Lebensweise der Menschen, dass wir vom tiefsten und revolutionärsten Bruch sprechen müssen, den es in der Geschichte der Menschheit je gegeben hat. Bebel beantwortet auch nicht die Frage, wie es zu dieser Revolution kam, und in keiner Hinsicht wurden seine wichtigen Erkenntnisse aufgenommen. –

Neue marxistische Thesen zur Entstehung von Herrschaft hat Christian Sigrist in seiner Forschungsarbeit »Regulierte Anarchie« (1979) vorgelegt.[14] Er greift die Frage nach der Entstehung von Herrschaft, die bei Engels offengeblieben ist, auf und weist eine Richtung für ihre Lösung. Er zeigt auf dem Boden seiner ethnologischen Studien, dass es noch heute Stammesgesellschaften gibt, die herrschaftsfrei leben, und zwar nicht aus simpler Naivität, sondern auf dem Boden bewusster, sozialer Regeln. Dabei wird deutlich, dass es nicht das Privateigentum ist, das die Entwicklung von Herrschaft auslöst, sondern dass umgekehrt einmal etablierte Herrschaft das Privateigentum zu ihrer Festigung benutzt.

Die Beispiele, auf die Sigrist sich stützt, sind Stammesgesellschaften aus Afrika, deren Ökonomie auf Hirtentum beruht. Sie sind zwar patrilinear, aber noch nicht patriarchal organisiert. Er stellt ihre herrschaftslose und doch wohlgeordnete Sozialstruktur dar und weist damit das weitverbreitete Vorurteil zurück, dass Gesellschaften ohne Herrschaft ins Reich der Phantasie utopischer Autoren gehören. Gleichzeitig weist er die Primitivitäts-These zurück, die dem Engelsschen Evolutionismus noch anhängt, nämlich die Vorstellung, frühe Stammesgesellschaften seien nur deswegen herrschaftslos gewesen, weil sie keine Differenzierung in allen Lebensbereichen hätten. Sigrist zeigt, dass sich eine solche Auffassung auf dem Boden der modernen Ethnologie nicht halten lässt. Denn herrschaftsfreie Stammesgesellschaften weisen eine so große Vielfalt der sozialen Beziehungen und Muster auf, dass sie jede simple »Naturwüchsigkeit« hinter sich lassen.

Nach Sigrist beruht bei ihnen Führung ohne Herrschaft auf natürlicher Autorität, das heißt, die Anführer dieser Stämme können bei ihren Wanderungen mit den Herden keine soziale Kontrolle ausüben. Sie sind in ihren Entscheidungen nicht frei, sondern können nur Rat geben und müssen alle Entscheidungen im Konsens mit der Gruppe treffen. Sie gelten nur als Sprecher des Volkes, nicht als Entscheidungsträger. Sie genießen zwar Respekt und freiwillige Anerkennung, besitzen je-

---

14 Christian Sigrist: *Regulierte Anarchie,* Frankfurt/Main 1979, Verlag Syndikat.

doch keinen Erzwingungsstab um ihre Entscheidungen durchzusetzen. Das Fehlen dieses Erzwingungsstabes, den zum Beispiel Krieger, Polizei, kontrollierende und strafende Institutionen ausmachen, ist genau das Kriterium für Herrschaftsfreiheit.

Ihre innere Ordnung halten herrschaftsfreie Gesellschaften durch Selbststeuerung und Selbsthilfe aufrecht. Selbststeuerung ist, wenn ein Normbrecher, der die sozialen Spielregeln der Gegenseitigkeit nicht beachtet, von der Gegenseitigkeit der Gruppe ausgeschlossen wird. Da die Gruppe der einzige Schutz ist, bedeutet Ausgeschlossensein eine Gefahr fürs Überleben. Bei Selbststeuerung bleibt die Gruppe passiv, bei Selbsthilfe wird sie dagegen aktiv. Der Normbrecher, der sich der Pflicht zum Teilen entzieht, riskiert Übergriffe auf seine Person und sein Eigentum, das ihm weggenommen und unter den anderen verteilt wird. Daran wird offensichtlich, dass die Gleichheit der Mitglieder dieser Gesellschaften nicht naiv-unbewusst ist, sondern ein bewusstes Streben nach Aufrechterhaltung dieser Gleichheit. Gleichheitsbewusstsein als gesellschaftlich regulierender Faktor fehlt nämlich in der Engelsschen Analyse. Es ist jedoch der entscheidende Faktor bei sich selbst organisierenden Gesellschaften, die keine Herrschenden und keine Elite für ihre Organisation brauchen.

Dies ist umso interessanter, weil Engels seine Theorie der Bildung von Privateigentum genau auf Hirtenvölker gründet. Bei ihm scheint sich Herrschaft durch das Anwachsen von Reichtum als dem Anwachsen der Viehherde in den Händen weniger Männer automatisch von selbst zu ergeben. Daran kritisiert Sigrist, dass sich Reichtum an Vieh nicht beliebig vermehren lässt und dass er nur vorübergehend ist, weil es ständig ökonomisch ausgleichende Tendenzen zwischen allen Mitgliedern der Gesellschaft gibt. Dazu gehört die Verpflichtung zur Freigebigkeit ebenso wie das Heiratssystem, durch das Viehbesitz immer wieder geteilt wird. Auch die These von Engels, dass aus dem Privatbesitz von Herden politische Macht entstehe, ist nicht zu halten. Sich selbst organisierende Gesellschaften kennen politische Macht in diesem Sinne nicht. Außerdem ist einer, der gerade anführt, am meisten geachtet, wenn er am meisten mit den anderen teilt und am freigebigsten ist. Das kann darauf hinauslaufen, dass er nicht selten zum Ärmsten in der Gruppe wird.

Nach Sigrist entstehen erste Herrschaftsbildung und Hierarchie, wenn ein charismatischer Anführer eine treue Gefolgschaft um sich sammelt, die er als einen Erzwingungsstab gegen die anderen Mitglieder der Gesellschaft einsetzen kann. Dann kann er beginnen zu befehlen, und seine Befehle werden vom Erzwingungsstab durchgesetzt. Diese Herrschaftsbildung kann jedoch nicht aus dem normalen Leben von Stammesgesellschaften erwachsen, da hier jede Tendenz dazu verhindert und beendet wird. Sie geschieht also nicht durch innere Mechanismen, vielmehr ist es stets äußerer Druck, der dazu führt. Dieser kann verschiedene Ursachen haben, wie Druck durch Veränderungen der natürlichen Umwelt oder Druck durch die Veränderung der sozialen Umwelt, das heißt, vonseiten der Nachbargesellschaften. Solche Abläufe der Herrschaftsbildung unter sozialem Druck von außen schildert er aus der jüngsten Vergangenheit einiger afrikanischer Völker, wobei dieser Druck von den Kolonialmächten ausging. Die Formen von Herrschaft reichen dann bis zu militanten Männerbünden, die sich nach außen gegen den Feind, aber auch nach innen gegen die Menschen der eigenen Gesellschaft richten.

Diese Erkenntnisse sind äußerst interessant, aber der blinde Fleck in Sigrists Werk sind Frauen und von Frauen geprägte Gesellschaften. Von den Frauen in den patrilinearen Hirtengesellschaften, die er untersucht, ist nirgends die Rede, auch nicht, ob die Herrschaftsfreiheit sie einbezieht – was fragwürdig ist. Denn er untersucht nur die Herrschaftsfreiheit unter Männern. Damit entgeht ihm auch das weitaus interessantere Feld der Herrschaftsfreiheit in matriarchalen Gesellschaften, weil sie dort für beide Geschlechter gilt. Seine Auslassung wurde zur bewussten Missachtung, als er mit der modernen Matriarchatsforschung in Berührung kam, und damit verhält er sich genauso wie alle patriarchal geprägten Ethnologen.

Das Verdienst der marxistischen Diskussion ist zweifellos, dass hier erstmals das Problem des Patriarchats benannt wird und einige patriarchale Muster erkannt werden. Aber sie hat an dem Mangel an Wissen über matriarchale Gesellschaften und an der Geringschätzung der Matriarchatsforschung nichts geändert. Kamen Gedanken zum Matriarchat und der Begriff »Matriarchat« in der traditionellen Version dieser Diskussion wenigstens noch vor, so verschwinden sie gänzlich aus der modernen Version. In der traditionellen Version wurden sie allerdings nur zum Formulieren des eigenen marxistischen »Überbaus« benutzt. Die politische Konsequenz davon ist, dass in kommunistischen Staaten – getreu nach Engels Stufentheorie der Geschichte – matriarchale Gesellschaften zwar als existent betrachtet werden, aber man erklärt sie als »rückständig«. Das hat zur Folge, dass sie, falls sie innerhalb solcher Staaten existieren müssen, auch dort Konzepten von »Entwicklung« unterworfen werden, die ihre Kultur zerstören.[15]

1.3 Der anthropologisch-ethnologische Zweig

Die Forschungen aus dem ethnologischen Zweig haben den großen Vorteil, anhand lebender Gesellschaften eine Vorstellung von matriarchaler Ökonomie, Sozialordnung und Weltsicht geben zu können.

Was »Matrilinearität« ist und welche weit reichenden Konsequenzen sie hat, beschreibt der Ethnologe Bronislaw Malinoswki in einer eindrucksvollen Studie über die Gesellschaft auf den Trobriand-Inseln in Melanesien (1926).[16] Diese Studie ist sehr wichtig, weil sie zu einem großen Teil der Beziehung der Geschlechter bei diesen Menschen gewidmet ist, so dass Frauen nicht nur in einem Unterkapitel oder Nebensatz erscheinen. Die Frauen haben nach Malinowski einen großen Anteil am Gemeinschaftsleben des Stammes und spielen bei vielen Tätigkeiten eine führende Rolle. Sie prägen die Kultur der menschlichen Beziehungen und der Erotik, die Malinowski als viel höherstehend bezeichnet als bei den sogenannten »zivili-

---

15 Ein Beispiel dazu aus meiner eigenen Erfahrung ist die matriarchale Kultur der Mosuo. Sie wurde durch den chinesischen Staat vereinnahmt, um sie für den chinesischen Tourismus zu »entwickeln«, was sie gegenwärtig schrittweise zerstört.
16 Bronislaw Malinowski: *Das Geschlechtsleben der Wilden in Nordwest-Melanesien*, Frankfurt/Main 1997, Verlag Syndikat (zuerst in Englisch 1926).

sierten« Völkern. Deren Sitten seien im Vergleich zu der sozialen und erotischen Kultur der trobriandischen Frauen und Männer eher barbarisch, obwohl die wirtschaftliche Basis auf den Trobriand-Inseln beträchtlich einfacher sei. Das sind deutliche Worte, und Malinowski macht damit unmissverständlich klar, dass hohes ökonomisches und technisches Niveau nicht unbedingt mit hohem Niveau der menschlichen Beziehungen einhergeht.

Nach Malinowski gehören zur Matrilinearität in der Trobriand-Gesellschaft folgende soziale und kulturelle Muster: Abstammung, Verwandtschaft und soziale Beziehungen sind ausschließlich nach der Mutter geregelt. Die Mutter gilt allein als verwandt mit ihren Kindern, biologische Vaterschaft ist unbekannt. Die Schwangerschaft gilt als die entscheidende, prägende Phase. Kinder stammen nicht von einem Mann, sondern von den Ahnenseelen des Clans, die sich während der Schwangerschaft im Leib der Frau wieder verkörpern. Das zeigt, dass die Unbekanntheit der biologischen Vaterschaft nicht aus mangelndem Wissen entspringt, sondern aus einer anderen Wertung der Ereignisse: Der Grund der Empfängnis ist kein profaner, sondern ein sakraler. Die Matrilinearität zeigt sich hier unmittelbar mit einem Wiedergeburtsglauben verbunden, der sehr direkt ist. Denn nach dieser Auffassung kehrt jede Ahnin und jeder Ahn durch die Frauen der eigenen Sippe als Kind wieder ins Leben zurück.

In diesem System der Matrilinearität betrachten sich die Brüder als am nächsten mit den Schwesterkindern verwandt. Denn sie tragen nicht nur denselben Clannamen, sondern gehören zur selben Sippe wie die Ahnen, die als Kinder in den Clan zurückkehren. Deshalb umsorgen sie nicht nur ihre Schwestern liebevoll und erwirtschaften in den Gärten die Nahrung für sie, sondern sie ergreifen auch in der Rolle des *sozialen Vaters* die Mitverantwortung für die Schwesterkinder. Die Brüder setzen ihre Ehre dafür ein, es ihren Schwestern und Schwesterkindern gut gehen zu lassen.

Die matriarchale Grundstruktur besteht also aus Müttern und Töchtern, sowie Schwestern und Brüdern, und auf diesem Muster ist die gesamte Gesellschaft aufgebaut. Dies ist das matriarchale Verwandtschaftsnetz, das Malinowski auf den Trobriand-Inseln erforscht hat und nachzeichnete. Es wirkte sich bei seiner Anwesenheit auf den Inseln noch immer so aus, dass alle Künste, wie die sehr wichtige Magie, und alle Würden bis hin zur Position des Häuptlings nur in weiblicher Linie vererbt wurden. In jeder Generation pflanzt die Frau die Sippe fort und vererbt die Titel, aber der Mann als ihr Bruder repräsentiert die Sippe nach außen. Als Delegierter der Sippe seiner Mutter und Schwestern besaß er eine eigene Würde.

Malinowski beschreibt zugleich die spannungsgeladene Paradoxie in der trobriandischen Gesellschaft, denn die Eheform war bereits virilokal und – trotz öfter geübtem Partnerwechsel besonders aufseiten der Frauen – monogam.[17] Die Brüder versorgen also nicht nur ihre Schwestern und deren Kinder, sondern auch deren

---

17 »Virilokal« heißt, dass der Wohnsitz der Frau beim Gatten ist. Diese Regelung ist auf keinen Fall schon »patrilokal«, d. h. Wohnsitz beim Vater, da Vaterschaft hier unbekannt ist.

Gatten. Das wirkt sich bei der Stellung des Häuptlings gegen das sonst egalitäre System aus, denn er ist als einziger mit mehreren Frauen verheiratet, weil ihm jeder Clan eine Frau geben muss. Auf diese Weise sammeln sich beim Häuptling die Güter aus dem Gartenbau der Brüder seiner Gattinnen in großen Vorratshäusern an. Zwar muss er davon die großen Feste veranstalten und die Bootsreisen übers Meer ausstatten, so dass er nicht reich wird, aber dennoch gelingt es ihm, seine hierarchische Position zu erhalten. Dazu dient die zementierte monogame Ehe mit seinen Frauen, die am rechtlosesten sind, und die Unmöglichkeit den Häuptling abzusetzen.

Malinowski beschreibt hier mit Genauigkeit und Feingefühl eine völlig eigene Gesellschaftsform, er zeigt ihre Grundstruktur auf und weist auf ihre internen Spannungen hin. Die Frage ist allerdings, ob er sie auch erkennt. Leider kann man das nicht bejahen. Denn sein Werk leidet daran, dass er keine diachronen Überlegungen einschließt, was dazu führt, dass diese Struktur mit den internen Spannungen als unveränderlich da gewesen erscheint. Diese Betrachtungsweise versetzt eine Gesellschaft in einen geschichtslosen Zustand, gerade so, als wären indigene Gesellschaften immer gleich gebliebene, starre Gebilde. Damit erscheinen solche Fragen überflüssig, wie es denn zu diesem hierarchischen Häuptlingswesen gekommen ist, oder wie die eigenartige Verbindung von Matrilinearität und Virilokalität (Wohnsitz der Frau beim Gatten) entstand?

Gefangen in seiner a-historischen Sichtweise gleiten Malinowskis Überlegungen stattdessen ins Nebensächliche ab. So beschäftigt er sich mit dem tiefen Gefühlskonflikt für den Mann als Gatten in einer matrilinearen Gesellschaft, der seine »Vaterliebe« nicht leben und »seine Kinder« nicht bevorzugen kann, weil er den Schwesterkindern verpflichtet ist. Dieses einseitige Mitgefühl hat jedoch eher mit der westlich-sexistischen Vaterschafts-Ideologie als mit der trobriandischen Gesellschaft zu tun, in der Vaterschaft nicht bekannt ist oder keine Rolle spielt. Zugleich zeigt es rassistische Tendenzen bei dem Forscher, wenn er auf diese Weise indigene Gesellschaften als starr und mit unlösbaren Spannungen behaftet sieht – offenbar im Gegensatz zu westlichen Gesellschaften. Als Folge kann Malinowski die Eigenständigkeit und Andersartigkeit der Gesellschaft, die er erforscht, auch nicht benennen. Denn es ist charakteristisch für diese a-historische Sichtweise, dass jeder Gedanke an die Vergangenheit einer solchen Gesellschaft, die vollgültig matriarchal gewesen sein könnte, oder ihre Herkunft von anderen matriarchalen Gesellschaften ausgelöscht ist. Mit der Auslöschung von Geschichte gerät die Ethnologie ins andere Extrem, das nun als das Heilmittel gegen die alten Stufentheorien der Geschichte gilt. Doch beide Extreme spiegeln lediglich die patriarchale Weltsicht. –

In diesem Zusammenhang ist die Kritik der feministischen Ethnologin *Annette Weiner* (1976) von großer Bedeutung, die durch ihre Forschung eine gründliche Revision des Blicks auf die trobriandische Gesellschaft herbeigeführt hat.[18] Sie weist darauf hin, dass in der Ethnologie »Macht« bisher unreflektiert so definiert wird,

---

18 Annette B. Weiner: *Women of Value. Men of Renown: New Perspectives in Trobriand Exchange*, Austin-London 1976, University of Texas Press, S. 227–228.

wie sie in westlich-patriarchalen Gesellschaften gesehen wird, nämlich als säkulare, ökonomisch-politische Macht. Die eigene Sicht und Selbstdefinition der trobriandischen Frauen bleibt dabei völlig ausgeschlossen. Deshalb muss man sich nicht wundern, wenn man mit diesem Begriff von Macht bei der Vorstellung ankommt, dass der Status von Frauen universell gegenüber dem Status von Männern zweitrangig sei. Anhand ihrer Forschung bei den Trobriand-Frauen konnte sie zeigen, dass »Macht« dort vielmehr auf der sakralen Ebene gesehen wird. In diesem Sinne besitzen die Trobrianderinnen eine große Macht auf der spirituellen wie der soziopolitischen Ebene, die in ihrer Gesellschaft öffentlich anerkannt ist.

Diese Feststellung ist für die Erforschung matriarchaler Gesellschaften, die grundsätzlich sakralen Charakter haben, äußerst wichtig. Allerdings fasst Weiner diesen Gedanken nicht, sondern sie bleibt in derselben a-historischen, sogenannt »empirischen« Sichtweise befangen, die den größten Teil der modernen Ethnologie kennzeichnet. –

Thesen zum Ursprung der menschlichen Sozialgefüge gibt es in der Ethnologie und darüber hinaus viele. Dabei stehen sich zwei klassische Positionen gegenüber, die auf die Frage, was am Anfang der Geschichte stand: der männliche oder der weibliche Sozialinstinkt, diametral entgegengesetzte Antworten geben.

Claude Lévi-Strauss (1973) vertritt eine radikale Position hinsichtlich der Auffassung, dass dem männlichen Sozialinstinkt diese Rolle zukommt.[19] In seiner Theorie vom »Frauentausch« geht er von der Auffassung aus, dass es die Frau als Subjekt in der Gesellschaft nicht gibt, sondern lediglich als Tauschobjekt zwischen Männern. Er stellt sich die elementare Struktur von Verwandtschaft als Kerngruppe von einem Mann als Geber einer Frau und einem Mann als Empfänger der Frau vor. Das Geben der Frau wird von einer beträchtlichen Verlagerung der Güter, eben des Heiratsgutes, begleitet. Das gegenseitige, einem Vertrag entsprechende Geben von Frauen nennt Lévi-Strauss »Frauentausch«. Dieses Verwandtschaftsmuster hält er für universell.

Was seine patriarchale Perspektive noch verschärft ist, dass es auch hier keine Geschichte mehr gibt. Die Verneinung der Geschichte ist sogar ein Dogma der strukturalistischen Ethnologie, wobei außerdem die empirische Untersuchung fremder Gesellschaften durch die Konstruktion binärer Oppositionen ersetzt wird, in die nun alle gesellschaftlichen Fakten gepresst werden. Dennoch hindert seine Abscheu gegen die Geschichte Lévi-Strauss nicht daran, sich urgeschichtlichen Spekulationen hinzugeben, die an die Stelle der entsprechenden ur- und frühgeschichtlichen Forschung treten. Hier zeigt sich die Absurdität der Verneinung von Geschichte, die geradewegs in wilde Geschichtskonstruktionen führt. Damit fällt das Verständnis von anderen Gesellschaften weit hinter die Idee zurück, die Bachofen – immerhin auf dem Boden von kulturhistorischen Daten – formuliert hatte.

So kommt es, dass Lévi-Strauss die alte Theorie von den feindlichen Urhorden wieder aufleben lässt, nach der sich diese Horden gegenseitig überfallen, erschlagen

---

19 Claude Lévi-Strauss: *Strukturale Anthropologie,* Band 2, Frankfurt/Main 1975, Suhrkamp Verlag (zuerst Paris 1973), Kapitel 7.

und die Frauen geraubt haben sollen. Schließlich hätten sie sich zusammengeschlossen, wobei zur Sanktion wurde, was vorher durch Gewalt erzwungen war: die Einführung des Tauschs von Frauen und Gütern. – Hier wird so getan, als habe es Kampf und Totschlag unter männlicher Führung von Anfang der Geschichte an gegeben. Damit soll sich dauerhaftes menschliches Zusammenleben in größeren Gebilden erst durch Gewalt und dann durch deren Sanktionierung, also durch Krieg und Kontrakt, gebildet haben. Diese abstrakte und widersprüchliche Konstruktion dient dem Zweck, die erste größere Sozialbildung, den Stamm, aus den männlichen Sozialinstinkten abzuleiten. Dabei werden Kriegsführung, egoistisches Anhäufen von Gütern und Gewalt gegen Frauen von Lévi-Strauss – und nicht nur von ihm – als männliches Urverhalten angenommen, obwohl diese Verhaltensformen geschichtlich erst spät entstanden sind. Dies ist jedoch eher ein Problem nicht so sehr von Sozialinstinkten, sondern von a-sozialen Instinkten. Dennoch werden diese späten, deformierten männlichen Triebe in die Urgeschichte als Beginn von Gesellschaft zurückprojiziert. Auf diese Weise wird patriarchales Verhalten als universell und immerwährend hingestellt, was nichts anderes bedeutet als die Verherrlichung von Gewalt und Krieg. –

Die entgegengesetzte Antwort auf die Frage nach der Entstehung menschlicher Sozialgefüge hat Robert Briffault (1927) gegeben. Bei seiner Suche nach den Grundformen sozialen Verhaltens stieß er zu seiner Überraschung bald darauf, dass sie alle auf jene Instinkthandlungen zurückgehen, die den weiblichen und nicht den männlichen Funktionen entsprechen. Dabei bleibt aber unverständlich, dass das Sozialverhalten von Frauen in geschichtlich patriarchalen Gesellschaften einen derart fundamentalen Einfluss gehabt haben soll. Deshalb schloss Briffault, dass die frühe Entwicklung von größeren sozialen Gebilden von Frauen ausging und auf eine vorgängige matriarchale Gesellschaftsordnung hinweist.

In seinem umfangreichen Werk »The Mothers«, in welchem allein 60 engbedruckte Seiten die Aufzählung jener Stämme und Völker ausmachen, die in allen Kontinenten matrilinear und matrilokal organisiert waren, geht er diesem Gedanken nach.[20] Bei allen Gesellschaften dieser Art zeigt sich deutlich, dass es die Autorität der ältesten Mutter ist, die den weiblichen Clan zusammenhält und die Söhne zur Wechselheirat nach außen bewegt, um Verbindungen mit anderen Clans zu knüpfen. Das Exogamie-Gebot (Heirat nach außen) – bisher immer dem Mann als handelndem Subjekt der Geschichte zugeschrieben – ging von den Frauen aus, und damit fügten sie die Clans in friedlicher Weise zu einer matriarchalen Gesellschaft zusammen. Dies stellt Briffault eindeutig fest, und er weist an einer Fülle ethnologischer und historischer Beispiele nach, dass die Mütter die Basis und die handelnden Subjekte der Gesellschaftsordnung von Urzeit an sind, wie verschieden sich diese Ordnungen auch entwickelt haben.

Doch dieses Werk wurde ebenso wenig als eine Revolution der herrschenden Weltsicht ernst genommen wie schon Bachofens Werk. Es erlitt das Schicksal von Missachtung und Verschweigen wie alle Werke von Forschern, die der Ideologie vom Mann als

---

20 Robert Briffault: *The Mothers. A Study of the Origins of Sentiments and Institutions*, 3 Bände, New York 1927, The Macmillan Company.

dem ewig ersten Geschlecht widersprechen. Wie ist es sonst möglich, dass Lévi-Strauss in den siebziger Jahren des letzten Jahrhunderts noch seiner patriarchalen Urgeschichts-Konstruktion anhängen kann, fast fünf Jahrzehnte nach dem bedeutenden Werk von Briffault? Die Antwort auf diese Frage liegt auf der Hand, denn es ist Lévi-Strauss' Theorie von Gewalt und Krieg seit Urzeiten, die der patriarchalen Weltsicht entspricht. Daher wurde sie mit Absicht nicht nur in der westlichen Wissenschaft, sondern auch in der allgemeinen Öffentlichkeit durchgesetzt und hat das Wissen von friedfertigen Gesellschaften, von Müttern begründet, nahezu ausgelöscht.

1.4 Der Zweig der Urgeschichtsforschung

Zur Urgeschichtsforschung können sehr unterschiedliche Disziplinen beitragen wie zum Beispiel Höhlenforschung, Paläolinguistik und Soziobiologie. Das ist dann besonders interessant, wenn sich Forscher und Forscherinnen aus diesen verschiedenen Richtungen zusammenfinden und eine Kooperation miteinander eingehen, wie es 1979 geschah. Die Ergebnisse dieser Gruppe bestätigen die Auffassung von Briffault aus verschiedenen Perspektiven.

Die Prähistorikerin und Höhlenforscherin *Marie König* (1973, 1980) widmete sich hauptsächlich der Entzifferung des Zeichensystems der Eiszeitkultur in den Kulthöhlen Europas.[21] Auf dem Boden ihrer Erkenntnisse lässt sich die Vorstellung von dem eiszeitlichen »Mann als Jäger«, der die Urgeschichte bestimmt haben und die Kultur hervorgebracht haben soll, nicht mehr halten. Es gelang ihr, die Bedeutung der schriftartigen, abstrakten Zeichen, die entweder allein oder in Verbindung mit den Höhlenmalereien vorkommen, aufzudecken und das Weltbild der Altsteinzeitmenschen zu interpretieren.

Nach Marie König besaßen die Menschen in der Altsteinzeit mindestens seit 100.000 Jahren ein System der praktischen Orientierung in Raum und Zeit und ein vollständiges, religiöses Weltbild, das sie mit Intelligenz und künstlerischer Begabung zum Ausdruck brachten. Ihre Kultur ist anfänglich, das heißt, sie konnten noch nicht von vorhergehenden Generationen Erkenntnisse und Wissen erben, aber die Eiszeit-Kultur ist keineswegs »primitiv«. Im Herzen Frankreichs, auf der Île de France, hat Marie König eine Kulturprovinz mit über 2000 Kulthöhlen entdeckt und untersucht und mit anderen Kulthöhlen in Europa verglichen. Diese Epoche liegt noch weit vor jener, in der die kleinen Frauenskulpturen auftauchen. Doch diese Frauenstatuetten sind nicht aus dem Nichts entstanden, ihnen geht ein System symbolischer Zeichnungen und Ritzungen voraus, das an den Wänden der Höhlen angebracht ist.

Dabei fallen – so die Forscherin – zwei abstrakte Systeme auf: eins der Vierheit (Viereck, Raute, viergeteilter Kreis), das der Orientierung im Raum diente, und eins

---

21 Marie E. P. König: *Am Anfang der Kultur. Die Zeichensprache des frühen Menschen,* Berlin 1973, Gebr. Mann Verlag; dieselbe: *Unsere Vergangenheit ist älter. Höhlenkult Alt-Europas,* Frankfurt/Main 1980, Fischer Verlag (Lizenzausgabe Buchclub Ex Libris, Zürich).

der Dreiheit (drei Striche, Dreieck), das auf die Phasen des Mondes hinweist und zur ersten Zeitmessung gebraucht wurde. Diese Lunarsymbolik ist mit Zeichnungen von Frauen verknüpft, die mit einer Mondsichel in der Hand oder ebenfalls als Dreiheit dargestellt werden, was eine Verbindung zwischen ihnen und dem Mond als Kalendersystem herstellt. Auch die Tierdarstellungen dienten keinem »Jagdzauber«, sondern die Stiere sind durch die abstrakte und keineswegs naturalistische Zeichnung ihrer Hörner ebenfalls mit dem Mond als Zeitmesser verknüpft. Das weist auf die älteste Religion hin, die das Problem von Leben und Tod aufnahm und durch den Wiedergeburtsglauben löste. In dieser Religion waren die Frauen zentral. Die Zeichnungen von Frauen dienten keineswegs einem »Fruchtbarkeitskult«, wie es immer wieder verengend behauptet wird, sondern die Frau galt wegen ihrer Fähigkeit zur Geburt, die als Wiedergeburt der Verstorbenen aufgefasst wurde, als das Zentrum und die Trägerin dieses religiösen Systems. Erst später, zeitlich nach diesen abstrakten Zeichensystemen, traten die Frauenstatuetten auf, die Marie König anhand der Einritzungen als Trägerinnen des Raum- und Zeitsystems deutet und damit als machtvolle Symbolfiguren.

Auch die Erde mit ihren Spalten und Höhlen wurde als Ur-Mutter angesehen. Denn die Toten wurden seit ältester Zeit in embryonaler Hockerstellung in die Erde gelegt, um aus der Tiefe des Erdschoßes wieder ins Leben geboren zu werden.

Marie Königs Forschung wird bestätigt durch die paläolinguistische Arbeit von *Richard Fester* (1979).[22] Er weist nach, dass die in sämtlichen Sprachen der Erde verbreiteten Ursilben und Urworte das unmittelbar Weibliche bezeichnen oder die Wirkungen, die vom Weiblichen ausgehen. Vergleichbares für den Mann konnte er nicht finden. Das musste einen Grund haben.

Für Fester ist das zuverlässigste Kriterium der Menschwerdung in der Urzeit – neben aufrechter Haltung und Werkzeuggebrauch – die Sprache. Das Entstehen von Sprache sieht er nicht bei den Zurufen während der Jagd, was er für sehr unwahrscheinlich hält, da Jäger das Wild nicht durch lautes Reden und Schreien zu stören und zu verscheuchen pflegen. Er sieht die Entstehung der Sprache in der lautlichen Zweisamkeit von Mutter und Kind, woraus sich die sprachliche Formung und Sinngebung entwickelt hat. Das würde die überwältigende Fülle weiblich konnotierter Urworte erklären. Von Soziobiologen ist unterdessen herausgefunden worden, dass das Sprachvermögen von Frauen und Mädchen noch heute – nach ungefähr 6 Millionen Jahren menschlicher Entwicklungsgeschichte – weitaus höher ist als bei Männern und Knaben.

Auch den ersten Werkzeuggebrauch sieht Fester nicht beim »Mann als Jäger«, sondern dafür dürfte die mütterliche Versorgung des Kindes Pate gestanden haben. Um die Nahrung für das Kind zu zerkleinern, dürfte das Zerstampfen von Früchten und Wurzeln schon früh zu einfachen Werkzeugen geführt haben. Dafür spricht, dass die Bezeichnungen für »Hand« und »Halten« sowie die ersten Werkzeuge in vielen Sprachen Ableitungen von Urworten sind, die Weibliches benennen – wie

---

22 Richard Fester: »Das Protokoll der Sprache«, in: Fester, R./König, M. E. P./Jonas, D. F./Jonas, A. D.: *Weib und Macht,* Frankfurt/Main 1979, Fischer Verlag, S. 79–106.

1.4 Der Zweig der Urgeschichtsforschung

Fester nachweist. Gemäß ihm legten damit die Mütter den Grundstein für jede weitere Technologie. Sie sind außerdem der Anfang der menschlichen Gemeinschaftsbildung durch Geburten, der Anfang der Kultur durch die Erfindung der Sprache und die Schöpfung der Religion.

Fester sieht deshalb anhand seiner paläolinguistischen Befunde eine langdauernde und weit zurückreichende, gesellschaftlich zentrale Stellung der Frau, die entscheidend war für das Überleben der Gattung. Er schließt mit einer Würdigung Bachofens und der mutterrechtlichen Ordnung des Matriarchats, die Bachofen lange vor jeder Existenz prähistorischer, evolutionsbiologischer, genetischer und anderer modernen Forschungen herausgefunden hat. -

Das Forscher-Ehepaar *David A. Jonas*, Ethnologe und Psychologe, und *Doris F. Jonas*, Evolutionsbiologin, kommt auf seinem jeweiligen Fachgebiet zu entsprechenden Ergebnissen (1982, 1979).[23] Die beiden Jonas zeigen aus ihren Forschungen, dass Frauen der Beginn und für Jahrhunderttausende der Mittelpunkt der menschlichen Gesellschaftsbildung gewesen sein müssen. Sie weisen darauf hin, dass bei allen höheren Säugetieren der Kern der sozialen Organisation die Muttertiere sind und dass das Alpha-Weibchen die Herde anführt und den höchsten Rang genießt. Die dominanten Männchen haben demgegenüber eine ganz andere Rolle. Sie halten sich am Rand der Herde auf, weil alle geschlechtsreifen Männchen von den Müttern aus der Mitte der Herde verjagt werden. Am Rand kämpfen sie um den obersten Rang, der sich darauf beschränkt, wer die Herde begatten darf und wer sie beschützt. Bei vielen Tiergruppen werden die unterlegenen Männchen verjagt, bei anderen dürfen sie, wenn sie dem Alpha-Männchen den Rang nicht streitig machen, am Rand der Gruppe verweilen und werden dort als erste die Beute von Raubtieren. Damit haben sie eine indirekt schützende Funktion für das Zentrum der Gruppe, das aus den weiblichen und jungen Tieren besteht.

Dies ist noch deutlicher bei bestimmten Affengruppen zu beobachten, und daraus schließt das Ehepaar Jonas, dass es bei den frühen Menschengruppen nicht anders war, da sowohl Affen als auch Menschen von den Primaten abstammen. So sollen männliche Mitglieder am Rand der Menschengruppe ähnlich unfreiwillige »Beschützer« der Gruppe geworden sein, bis sie lernten, sich mit Werkzeugen gegen die Raubtiere zu wehren. Später wurden sie durch Weiterentwicklung der Verteidigungstechnik allmählich zu Jägern und erfanden den Angriff als beste Verteidigung. Aber nicht die Jagd war das, was die Menschen zu Kulturträgern machte, sie war eine sekundäre Erscheinung. Hingegen war das, was sich im Zentrum der Gruppe ereignete, wo Frauen mit gesammelter Nahrung eine stabile Versorgung sicherten, das tragende soziale Netz bildeten und mit den Kindern die Zukunft der Gruppe schufen, die Basis der Kulturentwicklung.

Das Forscher-Ehepaar kritisiert mit dieser Theorie ausdrücklich die maßlose Überbewertung der Jagd und damit der männlichen Rolle zu jener Zeit, was ein völlig verzeichnetes Bild der Urgeschichte ergeben habe. Doris Jonas meint dazu

---

23 Doris F. Jonas: *Das erste Wort. Wie die Menschen sprechen lernten,* Frankfurt/Main 1982, Ullstein.

wörtlich, dass in dieser Ordnung der höheren Säugetiere und Primaten der Kern einer gesellschaftlichen Organisation angelegt sei, die faktisch ein Matriarchat ist.[24] – So interessant diese Überlegungen von Doris Jonas sind, übersieht sie dabei allerdings, dass »Matriarchat« sich nicht mit der Tierwelt vergleichen lässt. Es ist ein gesellschaftlicher Begriff und daher keine Angelegenheit der Sozio- oder Evolutionsbiologie, er kann darum nicht auf die Tierwelt projiziert werden. Die matriarchale Gesellschaftsordnung ist auch kein Ergebnis von Instinkten, die aus der Tierwelt stammen, sondern eine bewusste menschliche Schöpfung, in der Mutterschaft als ein biologisches Faktum zu einem kulturellen Modell gemacht wurde.

Das interdisziplinäre Werk und die mutige Theorie dieser Forschungsgruppe hat in der offiziellen Wissenschaft viel zu wenig Beachtung gefunden. Ihre Werke wurden weitgehend ignoriert, weil sie die Ideologie vom ewig dominierenden Mann als falsch entlarven. Das gilt als gefährlich, was dieses Forscher-Team am ablehnenden Umgang mit seinen Erkenntnissen erfahren musste. Für diesen Umgang ist bezeichnend, dass zum Beispiel Marie König als eine von ganz wenigen Frauen zum Mitglied der berühmten »Académie Française« ernannt wurde – jedoch nur für ihre Spezialforschung zu keltischer Numismatik, d. h. Münzkunde, nicht aber für ihre bahnbrechenden Erkenntnisse zum urgeschichtlichen Zeichensystem.

1.5 Der religionswissenschaftliche Zweig

Obwohl auch Ethnologen sich der Erforschung von Mythologie und Ritualen bei verschiedenen Völkern widmen, werden ihre Arbeiten durch die Forschungen im religionswissenschaftlichen Zweig wesentlich ergänzt und erweitert.

Wie Bachofen liest auch *James George Frazer* in seinem Werk »Der Goldene Zweig« (1890) Mythologie als Bilderschrift mit historischem Kern damaliger sozialpolitischer Vorgänge.[25] Doch anders als jener bezieht Frazer dabei viel Material aus der Ethnologie seiner Zeit ein. Im Bund mit der Empirie wird Mythologie für ihn zu einer reichen Erkenntnisquelle über archaische Denkweisen. Seitdem hat sich diese Orientierung in der Religionswissenschaft durchgesetzt und die rein ideengeschichtliche Betrachtungsweise überwunden.

Frazer fand durch seine vergleichenden Studien ein sehr altes, religiös-rituelles Grundmuster heraus, das »rituelle Muster«, das er in seinem Werk beschreibt. Es ist das weit verbreitete Muster von der Göttin und ihrem Heiligen König, der Priesterkönig, Magier oder Schamane ist. Die Göttin verkörpert die ewig sich wandelnde Natur, während der Heilige König als menschliches Wesen den zyklischen Ablauf von Werden und Vergehen, dem alle Wesen unterworfen sind, an sich selbst erfährt. Sein Schicksal spielt sich ab im Kreislauf von Initiation als Einweihung, Heiliger

---

24 Doris F. Jonas: »Aufstieg und Niedergang weiblicher Macht. Biologische Faktoren«, in: Fester, R./König, M. E. P./Jonas, D. F./Jonas, A. D.: *Weib und Macht*, S. 166.
25 James George Frazer: *Der goldene Zweig. Eine Studie über Magie und Religion*, 2 Bände, Frankfurt/Main 1977, Ullstein Verlag (zuerst in Englisch, London 1890).

Hochzeit mit der Göttin bis zu seinem rituellen oder symbolischen Tod, der als Reise in die Unterwelt aufgefasst wird, bis sein Schicksal in die glückliche Wiedergeburt durch die Göttin mündet. Ein später geborener oder gewählter Nachfolger wird als Reinkarnation des Heiligen König betrachtet und nimmt nun dessen Platz ein. Im magischen Weltbild der Mythen wird der Heilige König für die Harmonie zwischen Menschenwelt und Natur verantwortlich gemacht, die er durch sein rituelles Leben und Sterben erhalten soll.

Mit diesem »rituellen Muster« deckte Frazer eines der am weitesten verbreiteten, religiösen Grundmuster bei Völkern auf allen Kontinenten auf. Aus diesem archaischen Muster sind sämtliche späteren Religionen hervorgegangen – diese Grundidee skizziert Frazer unter Einschluss des Christentums.

Allerdings krankt Frazers mythologische Analyse an einer durchgängigen Einseitigkeit. Obwohl er an mehreren Stellen andeutet, dass dieses »rituelle Muster« eine zweiseitige Angelegenheit zwischen Göttin und Heiligem König ist, ist er in seinem umfangreichen Werk von Anfang bis Ende allein mit dem Muster auf der männlichen Seite beschäftigt. Das Muster auf weiblicher Seite kommt bei ihm so gut wie nicht in den Blick.

Außerdem werden, wie schon bei Bachofen, seine bahnbrechenden Erkenntnisse durch eine der typischen Stufentheorien des 19. Jahrhundert überbaut und verdunkelt. Denn er bezeichnet das früheste, magische Weltbild als »primitiv« und Magie als eine rohe, praktische Philosophie, welche die Natur mit den falschen Mitteln zu beherrschen versucht. Als Folge davon reduziert er schließlich das Bild des Heiligen Königs, Magiers oder Schamanen auf das eines willentlichen Betrügers, der längst weiß, dass seine magischen Mittel nicht wirken, aber ihre Wirksamkeit seinem Volk vorgaukelt, um seine Machtposition zu behalten.

Als zweite Stufe erscheint bei ihm die Religion, welche die Natur unter Einschaltung von übernatürlichen Wesen zu beherrschen versucht. Wenn Magie nach Frazer nichts anderes als Manipulation ist, so ist Religion nichts anderes als Aberglaube. Dann aber folgt als dritte und höchste Stufe die Befreiung durch die neuzeitliche Wissenschaft, welche die Natur mit den richtigen Mitteln, nämlich kausal-analytisch zu beherrschen versucht und auch beherrscht.

Wir sehen, die gesamte, seinem Material übergestülpte Stufentheorie kreist um die klassisch patriarchale Idee von Beherrschung und Unterwerfung der Natur. Dass mittels Kolonialismus und Imperialismus die Unterwerfung und Beherrschung anderer Völker, der »Primitiven«, die noch immer am magischen Weltbild hängen, mitgemeint ist, versteht sich dabei von selbst. –

Demgegenüber hat der Religionswissenschaftler *Mircea Eliade* (1951) das Verständnis des magischen Weltbildes und des Magiers oder Schamanen in seinem Buch »Schamanimus und archaische Ekstasetechnik« um ein großes Stück weitergebracht.[26] Seit Sigmund Freud in seinem Werk »Totem und Tabu« (1913) Frazers Forschung und Ideologie für seine Zwecke benutzte, gibt es die naive Auffassung von der Parallelität zwi-

---

26 Mircea Eliade: *Schamanismus und archaische Ekstasetechnik,* Frankfurt/Main 1980, Suhrkamp Verlag (zuerst in Französisch, Paris 1951).

schen Magie und Neurose.²⁷ Der Psychologe Karl Kerény (1977) folgerte daraus kühn, dass archaische Völker, die in ihrem Kult magische Handlungen ausführen, sich in einem geschlossenen, kollektiv-neurotischen Weltbild befänden.²⁸ Schlicht und einfach ist bei ihm Magie ein neurotischer Sprössling des Mythos und der Magier ein öffentlicher Neurotiker. Kerény scheut sich nicht einmal, einen »neurotischen Zustand« auf einer »Frühstufe der ganzen Menschheit« zu sehen.

Eliade räumt mit diesen Ansichten gründlich auf, indem er ein ganz anderes und differenziertes Bild vom Magier oder Schamanen entwirft. Vor allem das Zerrbild vom raffinierten Betrüger weist er zurück. Auch er bezieht ethnologisches Material aus allen Kontinenten ein und belegt damit, dass Schamanimus ein weltweites Phänomen ist.

Aus seinen Forschungen geht hervor, dass der Schamane kein Hysteriker, Neurotiker oder Epileptiker ist, sondern im Gegenteil eine Person von übernormaler Nervenkonstitution und Konzentrationsfähigkeit. Die Intensität seiner Konzentration bleibt anderen Menschen unerreichbar. Außerdem verfügt er über eine überdurchschnittliche Intelligenz und Gedächtnisleistung, denn Schamanen sind in erster Linie die Bewahrer der mündlichen Überlieferung von Mythologie und Geschichte ihrer Völker, die sie bei festlichen Gelegenheiten rezitieren. Auch zum Heilungsritual, das als Reise durch die drei Zonen der Welt: Himmel, Erde und Unterwelt, vollzogen wird, gehört das kosmologische Weltbild ihrer Kultur hinzu, das sie singend oder rezitierend einbeziehen. In diesem Sinne sind sie als Kulturträger »das Gedächtnis« ihrer Völker.

Die Forschung Eliades kommt einer Rehabilitation des Magiers oder Schamanen und des magischen Weltbildes gleich. Es fehlt darin allerdings Entscheidendes: Bei ihm ist nur von männlichen Schamanen die Rede, als sei der Schamanimus ein durch und durch männliches Phänomen. Das Auftreten von Schamaninnen in vielen Kulturen und von frühester Zeit an, teilweise bis in die Gegenwart, ist ihm völlig entgangen. Etliche Züge beim männlichen Schamanimus weisen außerdem darauf hin, dass er eine vom weiblichen Schamaninnentum abgeleitete Erscheinung ist und letztlich seine Wurzeln im Weltbild matriarchaler Kulturen hat. Das ist eine Perspektive, die Eliade, der auf die männliche Hälfte der Welt fixiert ist wie die meisten männlichen Forscher, nicht in den Sinn kam. –

Der Religionswissenschaftler *Robert von Ranke-Graves* wagte den Schritt über diese Grenze hinaus. Als Schüler Frazers und beeindruckt vom Werk Bachofens machte er sich völlig frei von deren Vorurteilen gegenüber der von Frauen geschaffenen Gesellschaftsform, dem Matriarchat. In seinen Werken zur griechischen Mythologie und der Mythologie des Mittelmeerraumes (1955, 1958) gebraucht er diesen Begriff offen.²⁹ Er

---

27 Siegmund Freud: *Totem und Tabu*, Frankfurt/Main 1986, Fischer Verlag (zuerst 1913).
28 Karl Kerényi, Vorwort zu Frazer, S. XI–XXIII.
29 Robert von Ranke-Graves: *Griechische Mythologie. Quellen und Deutung*, Reinbek bei Hamburg 1994, Rowohlt Verlag (zuerst in Englisch, New York 1955); derselbe: *Die weiße Göttin. Sprache des Mythos*, Berlin 1981, Medusa Verlag (zuerst in Englisch, New York 1958). Ranke-Graves wurde für sein Werk angeregt von der grundsätzlichen Studie von Jane Ellen Harrison: *Epilegomena to the Study of Greek Religion, and Themis*, wieder erschienen New York 1962, University Books Inc.

verzichtet auf den unbegründeten Schlenker, das schließlich eingetretene Patriarchat für höher und besser zu halten, nur weil es zeitlich später ist. Stattdessen hat er seine Forschung mit einer leidenschaftlichen Patriarchatskritik verbunden.

Ranke-Graves liest wie seine Vorgänger Mythologie nicht als phantastische Geschichten, sondern als Quellen für kulturpolitische Vorgänge in frühen Epochen. Er unterscheidet erstens sehr genau zwischen falschen und echten Mythen, wobei die echten Mythen die erzählerische Kurzschrift von archaischen Kultdramen sind, welche die damalige Weltanschauung enthalten. Zweitens liest er die einzelnen Mythen nicht als geschlossene Erzählungen, sondern er zeigt anhand ihrer Varianten die verschiedenen zeitlichen Schichten, aus denen sie bestehen. Diese Schichten bezieht er drittens auf die verschiedenen kulturpolitischen Vorgänge in der Vergangenheit, soweit diese sich archäologisch auffinden lassen. Auf diese Weise kann er kulturhistorische Epochen mit bestimmten Schichten in der Mythologie in Zusammenhang bringen.

So kann er zeigen, dass diese Mythologien eine klare Sprache hinsichtlich der matriarchalen Gesellschaftsform sprechen, die der Mittelmeerraum und Europa vor dem Erscheinen der patriarchalen Eroberer besessen haben. Die Gestalt der Göttin erscheint bei ihm in ihrer vollen Bedeutung und Reichweite. Er weist nach, dass das frühe Europa keine männlichen Götter kannte, sondern die Große Göttin verehrte, die allein als unsterblich und allmächtig galt. Sie verkörpert die kosmische Natur, und Mond und Sonne sind ihre himmlischen Symbole. Der Mond mit seinen drei sichtbaren Phasen hatte dabei Vorrang und wurde zu einem wichtigen Symbol der dreifachen Göttin. Auch das damalige Stockwerk-Weltbild von Himmel, Erde und Unterwelt entsprach der Dreiheit der Großen Göttin. Sie erschien in den drei Gestalten der Mädchengöttin, der Göttin als erwachsene Frau und der Göttin als weise Alte. Ranke-Graves erkennt diese Dreiheit der Göttin als das Grundmuster matriarchaler Mythologie. Der dreifachen Göttin zugeordnet ist der Heros oder Heilige König als ihr Gefährte und Geliebter, der durch ihre Führung die drei Stadien von Initiation, Heiliger Hochzeit und Umwandlung durch Tod und Wiedergeburt erfährt. Damit hat Ranke-Graves das unvollständige »rituelle Muster« von Frazer um die wichtigere weibliche Seite ergänzt und dessen einseitige Interpretation aufgehoben.

Darüber hinaus gibt er nicht nur eine mythologische und religionswissenschaftliche Studie, sondern schreibt anhand des Reichtums seines Materials politisch-kritische Kulturgeschichte. Er zeigt, dass die Welt der frühen Menschen eine vollständig sakrale war und dass es vor dem Patriarchat die sakralen matriarchalen Kulturen gab, die in der patriarchalen Geschichtsschreibung ausgelassen werden. Dieses Weltbild wird bei ihm nicht aus der Perspektive einer eurozentristischen Gegenwart abgewertet, im Gegenteil, er wertet die bestehenden patriarchalen Werte ab, indem er die matriarchale als die überlegene Kultur betrachtet. Er stellt klar fest, dass sie durch eine männliche, militärische Aristokratie umgestürzt und ihr friedlicher, sakraler Charakter durch Gewalt und Herrschaft abgelöst wurden – mit zunehmend katastrophalen Folgen bis heute.

Es liegt auf der Hand, dass Ranke-Graves dieses mutigen Vorstoßes wegen von seinen Kollegen als Außenseiter abgestempelt wurde. Die Angriffe gegen ihn dienten zum größten Teil dazu, seine unbequemen Erkenntnisse als »Dichtung« abzuqualifizieren und seine Kritik an der patriarchalen Kulturgeschichte zum Schweigen zu bringen – es ist das übliche Vorgehen. Er hat jedoch mit seinem Werk und seiner Kritik an der patriarchalen Zivilisation die amerikanische und europäische Zweite Frauenbewegung, insbesondere deren kulturell-spirituellen Teil, stark beeinflusst. –

Fast zur gleichen Zeit erschien das Buch von *Edwin O. James* mit dem Titel »Der Kult der Großen Göttin« (1959).[30] James ist zwar ein konventioneller Forscher, weshalb er zusammenhängende, mythische Strukturen nur andeutet und sich auf keinerlei Kulturkritik einlässt. Aber auf dem Boden seiner genauen Quellenstudien konnte er den Kult der Großen Göttin für einen noch weitaus größeren Kulturraum nachweisen, als Ranke-Graves es tat. In seinem gut fundierten Werk verfolgt er die Religion der Göttin zeitlich von der Altsteinzeit über die Jungsteinzeit bis in die späte Bronzezeit hinein. Er zeigt ihn in Palästina und Anatolien auf, ebenso in Mesopotamien und Ägypten, in Persien und Indien, auf Kreta, in Griechenland und in anderen Teilen Europas. Auch thematisch ist sein Werk weitgespannt, denn er stellt die Große Göttin nicht nur als die Urmutter dar, sondern auch in der Verbindung mit dem »jungen Gott«, das heißt, dem sterblichen »Heros«. Ebenso zeichnet er den Göttinnenglauben über die hellenistische und römische Epoche nach, bis hin zur christlichen Madonna, deren Attribute und Feste im Rahmen der Kirche von der Großen Göttin abgeleitet sind. Sein Werk bestätigt das von Ranke-Graves, doch es ist nur unter Religionswissenschaftlern bekannt und für die allgemeine Diskussion folgenlos geblieben. –

Eine Weiterentwicklung des Göttin-Heros-Musters erfolgte durch eine meiner eigenen Arbeiten, die sich auf Ranke-Graves und James stützt und zusätzlich die internationalen Zaubermärchen sowie Teile der mittelalterlichen Literatur in die Analyse einbezieht.[31] Damit konnte ich zeigen, dass dieses Muster, welches das matriarchale Weltbild enthält, noch über Jahrhunderte in patriarchalen Zusammenhängen weiter existierte, wenn auch unterschwellig.

1.6 Der volkskundliche Zweig

Der volkskundliche Zweig erforscht den Bereich mündlicher Traditionen, wie Sitten, Bräuche, Lieder und Sprichwörter, aber auch später verschriftlichte Volkserzählungen, wie Mythen, Sagen und Märchen. In diesen sind noch Reste der matriarchalen Kulturinhalte vorhanden, und solche Inhalte aus einer viel älteren Kulturepoche hatten in der patriarchalen Zeit noch eine enorm lange Dauer; sie reichen bis an den Rand der Gegenwart. Sie wurden in verschiedenen sozialen Schichten, die nicht zur herrschenden Klasse gehören, weitergegeben, ohne dass ihre Träger über die Herkunft der Inhalte noch etwas wussten. In diesen Subkulturen hatten Frauen als

---

30 Edwin O. James: *Der Kult der Großen Göttin,* Bern 2003, Edition Amalia (zuerst in Englisch, London 1959).
31 Göttner-Abendroth: *Die Göttin und ihr Heros.*

Weiterträgerinnen von Elementen aus matriarchalen Traditionen nicht zufällig eine wichtige Rolle inne.

Diese matriarchalen Elemente sind also »heißes Material« für die patriarchale Weltsicht; darum ist es interessant zu sehen, wie damit umgegangen wird. Erst im 19. Jahrhundert wurden Teile dieser mündlichen Traditionen mit dem Aufkommen des nationalen Selbstbewusstseins verschriftlicht. Dieser Nationalismus hatte sich aus der Romantik entwickelt, die »das Volk« als den wahren Träger der Kultur einer Nation hochhielt, als einen kollektiven Repräsentanten der nationalen Kreativität. Man hat die mündlichen Traditionen sogar zum Ausdruck einer numinosen nationalen »Volksseele« hochstilisiert, was zu Sammlungen von Märchen verschiedener Völker führte, die diese Volksseele enthalten sollen. Dabei kam die Gattung »Märchen« erst in der Romantik auf, vorher waren diese Erzählungen Mythen gewesen. Als »Märchen« wurden sie nun fiktionalisiert, das heißt, sie wurden zur Phantasie oder gar zum Aberglauben des Volkes erklärt, womit die matriarchalen Elemente darin jeden Realitätsgehalt verloren.

Volkskunde als ernsthaftes Studium begann im 19. Jahrhundert und hat sich auf diesem Weg aus der Romantik entwickelt. Die Ernsthaftigkeit machte jedoch Halt vor den inhaltlichen Aussagen dieser Überlieferungen, denn diese galten ab jetzt als fiktional, eben als unwahre »Mythen und Märchen«, aus denen man nichts erschließen könne. So kam es dazu, dass im 20. Jahrhundert und noch bis heute die Inhalte, mit denen die Volkskunde umging, in den Dienst des »Zeitgeistes« gestellt wurden. Die verschiedensten intellektuellen und politischen Strömungen benutzten und missbrauchten sie für ihre Zwecke: die patriarchale Ideen- und Religionsgeschichte, die ihre Ideologie darüber stülpte; die Richtung des Ästhetizismus und Formalismus, die sich nicht für den Inhalt interessierte; die symbolische Psychologie, die sie zu individuellen und kollektiven Träumen machte; bis hin zur nationalsozialistischen Vereinnahmung im »Dritten Reich«. Die matriarchalen Elemente darin wurden auf diese Weise immer mehr verwischt und unsichtbar, nämlich in patriarchale Denkmuster eingespeist.

Jedoch gibt es auch Forschungen in der Volkskunde, welche die Inhalte ernst genommen haben. So hat der deutsche Volkskundler Wilhelm Mannhardt (1905) die enge, nationale Sichtweise überschritten und die vergleichende Volkskunde gepflegt. Sein Werk über die bäuerlichen Feld- und Waldkulte in der griechisch-römischen Antike, die er mit den Feld- und Waldkulten in Mittel- und Nordeuropa vergleicht, ist eine hervorragende Sammlung uralten Glaubens, alter Riten und mythischer Gestalten, die in den Bauerntraditionen Europas überlebten.[32] Dabei gibt es überraschende Parallelen zwischen griechischen Baum- und Quellnymphen, Faunen und Satyrn und mitteleuropäischen Baumfrauen und Wasserfeen sowie Getreidegeistern und Kornwölfen. Auf diese Verwandtschaft der gesamten europäischen, subkulturellen Tradition hingewiesen zu haben, ist zweifellos das größte Verdienst Mannhardts. Er hat damit, ohne es selbst wahr zu haben, gezeigt, dass

---

32 Wilhelm Mannhardt: *Antike Feld- und Waldkulte in der bäuerlichen Tradition in Mitteleuropa*, 2 Bände, Berlin 2004, Nachdruck Elibron Classics (zuerst 1904/1905).

im gesamten patriarchalisierten Europa: bei Griechen, Thrakern, Römern, Kelten, Germanen und Slawen, abgesunkene Gottheiten matriarchaler Herkunft in der bäuerlichen Schicht weitergelebt haben. Der matriarchale Gehalt blieb ihm allerdings verborgen, weil sein diffuser Begriff von »Naturgeistern«, eine sehr allgemeine Bezeichnung ohne historischen Hintergrund, seine Erkenntnisse wieder verdunkelt hat. –

Die Sagen von Weißen Frauen, die auf Bergen und Schlössern wohnen und meist dreifach auftreten, würden ohne Boden bleiben, hätte nicht Friedrich Panzer (1848) noch früher ein einzigartiges Sammelwerk geschaffen.[33] Darin hat er diese Sagen im ganzen deutschsprachigen Raum aufgezeichnet und sie mit über hundert konkreten »Frauenbergen« und »Jungfernbergen« verknüpft – was doch ein sehr auffälliger Befund im patriarchalen Mitteleuropa ist! Allerdings weiß auch er sie nicht recht zu deuten. Er ordnet diese Sagen von den Drei Schicksalsfrauen der germanischen Zeit zu, ohne dies weiter differenzieren zu können. Ihre Geschichte reicht jedoch zurück bis in die Epoche des jungsteinzeitlichen Europa mit matriarchaler Kultur, als diese Berge rituelle Kultstätten der dreifachen Großen Göttin gewesen waren. In dieselbe Richtung weisen auch die Sagen von der Frau Holde oder Holla, die in Bayern Frau Percht und im Märchen Frau Holle heißt. Auch hier hat Panzer vorbildlich zu sammeln begonnen, ohne zu wissen was er fand, nämlich die Große Göttin Mitteleuropas.[34]

Allerdings fehlt es diesen älteren, deutschen Forschern noch an erklärender Theorie, aber wir finden theoretische Reflexion bei englischen Volkskundlern, welche diese Inhalte zu verstehen versuchten. Dabei sind sie von der keltischen Volkstradition ausgegangen. So widmet sich Evans Wentz (1911) den zahlreichen Erscheinungsformen des Feenglaubens, den er selbst auf einfühlsame Weise von der keltischen Landbevölkerung erfragt hat.[35] Er zählt verschiedene Theorien auf, die helfen sollen, ihn zu erklären: Erstens stellt er ihn in den Rahmen eines weltweiten Animismus, des Glaubens an die Beseeltheit aller natürlichen Erscheinungen. – Das ist jedoch eine schwierige These, da man mit »Animismus« meist primitive Vorstellungen von unverstandenen Naturerscheinungen meint, was Völker mit sogenanntem »Animismus« herabsetzt. – Zweitens versucht Wentz, den Feenglauben mit der »Pygmäentheorie« zu erklären, nach der die oft geschilderte Kleinheit und Zartheit des Feenvolkes sich auf eine kleinwüchsige Rasse in prähistorischer Zeit beziehen soll – wofür er aber keinerlei archäologische Zeugnisse sieht. Drittens zitiert er die Druidentheorie, nach der die Feen eine Volkserinnerung an Druidenpriesterinnen sein sollen – was Wentz aber bezweifelt. Viertens nennt er die mythologische Theorie, nach der Feen abgesunkene und verkleinerte Gestalten alter Gottheiten seien. – Hier ist Wentz auf der richtigen Spur, allerdings reicht sein historischer Zeitraum nur bis zu keltischen Gottheiten zurück. – Fünftens bietet er seine eigene Theorie

---

33 Friedrich Panzer: *Bayerische Sagen und Bräuche. Beiträge zur deutschen Mythologie*, 2 Bände, Will-Erich Peuckert (Hg.), Göttingen 1954, 1956, Verlag Otto Schwarz & Co. (zuerst 1848).
34 Siehe dazu eine weiterführende Studie von Heide Göttner-Abendroth: *Frau Holle. Das Feenvolk der Dolomiten*, Königstein/Taunus 2005, Ulrike Helmer Verlag.
35 Evans Wentz: *The Fairy Faith in Celtic Countries*, London, 1977, Colin Smythe (zuerst 1911).

an, nach der Erfahrungen mit sympathetischer Energie im Austausch zwischen Mensch und Natur die Wurzel für diesen Glauben sein sollen – Was immer man dazu denkt, so respektiert Wentz hier die Aussagen seiner Gewährsleute über solche sympathetischen Erscheinungen, was ihn als Forscher ehrt.

Trotz dieser Bemühungen gelingt es ihm aber nicht, einen Schlüssel für die Erklärung des Feenglaubens zu finden. Alle theoretischen Ansätze scheinen wie die Steine eines Puzzles, das er nicht zusammensetzen kann, da ihm ein weiter zurückreichender kulturhistorischer Hintergrund fehlt.

Lewis Spence (1946) weist in seinem Buch auf genau dieses Problem hin.[36] Er kritisiert zu Recht, dass vereinzelte Theorieansätze die Frage nach der Herkunft des Feenglaubens eher verzerren, weil sie Fragen aus den vereinzelnden, herausschneidenden, konkurrierenden Perspektiven moderner Wissenschaftler sind. Die Widersprüche liegen nicht in der Sache, sondern im Geist der Forscher. Darum sucht er nach einer historisch umfassenden Erklärung und findet sie in einem kulturellen Zusammenstoß verschiedener Völker in der frühen Geschichte. Den Konflikt sieht er sich in der Bronzezeit abspielen, als eine neue Kultur auf eine ältere, steinzeitliche traf. Die Menschen der Eisenzeit bewahrten diese Ereignisse später in ihren Erzählungen auf.

Mit dieser Überlegung stößt Spence weit vor, da er die immensen geschichtlichen Zeiträume, durch die sich mündliche Traditionen hinziehen, ernst nimmt. Die Verschiedenheit der frühgeschichtlichen Epochen und die Konflikte, die damals ausgetragen wurden, werden nicht zugedeckt. Seine umfassende Erklärung ist jedoch nicht in der Lage, die inhaltlich verschiedenen Sozialordnungen und Weltbilder, die hier zusammengestoßen sind, zu benennen; er hat keine Begriffe dafür. Deshalb bleiben die inhaltlichen Elemente des Feenglaubens noch immer unerklärt. Obwohl Spence, ebenso wie Mannhardt und Wentz, so wichtige Forscher wie Bachofen und Morgan als Vorgänger hatte, bezieht er sich nicht auf sie. Deshalb bleibt auch bei ihm die matriarchale Kulturepoche im Dunkeln, so dass der Konflikt, um den es bei ihrer Zerstörung gegangen ist, von ihm nicht wirklich verstanden werden kann.

Diese Inhalte kommen erst durch die Forschung von Michael Dames (1976, 1977) klar zur Sprache, womit es ihm gelingt, die einzelnen Bausteine zum Ganzen zu fügen.[37] In seinen Büchern über die großartige Megalith-Anlage von Avebury und die künstliche Rundpyramide von Silbury verbindet er Archäologie mit vergleichender Kulturforschung und die Untersuchung heimischer Volksbräuche mit Namenskunde. Dadurch gelangt er vom Feenglauben zu den Glaubensinhalten um die Große Göttin, die bis in die Jungsteinzeit zurückreichen. Er entdeckt, dass der Silbury Hügel selbst die Form einer Göttin hat, das heißt, so erbaut wurde, dass er im Wechsel der Jahreszeiten in der Landschaft die Gestalt einer liegenden Göttin ergibt: eine »Landschaftsgöttin«. Auch die mächtigen Steinmonumente der Avebury-Kreise kann er als Elemente für die Verehrung der Großen Göttin erschließen,

---

36 Lewis Spence: *British Fairy Origins*, London 1946, Watts & Co.
37 Michael Dames: *The Silbury Treasure. The Great Goddess rediscovered*, London 1976, Thames & Hudson; derselbe: *The Avebury Cycle*, London 1977, 1996, Thames & Hudson.

wobei nach ihm die verschiedenen Steine den verschiedenen Aspekten des agrarischen Jahres entsprechen. Er macht damit die harmonische Verbindung von menschlichen Kulturbauten und lebendiger Landschaft sichtbar, was die enorme geistige Höhe nicht nur jungsteinzeitlicher Technik, sondern auch jungsteinzeitlicher Religiosität erweist. Im Volksglauben werden die Feen mit solchen Megalith-Bauten verknüpft, wodurch sie auf einfache Weise als eine Reminiszenz an eine vergangene, matriarchale Kulturepoche erklärt werden können. Michael Dames scheut sich nicht, das offen zu benennen, und das hat ihm – wie schon Ranke-Graves – unter den Akademikern den Ruf eines »Dichters« eingetragen.

Das Beispiel von Michael Dames zeigt, dass es für das Verständnis dieser matriarchalen Elemente in der Volkskunde den Rahmen der modernen Matriarchatsforschung braucht, mit dem sie in jene kulturelle Epoche zurückgestellt werden können, aus der sie stammen. Nur so ist ihre angemessene Interpretation möglich. Auf diese Voraussetzung gestützt, die ihm den Schlüssel in die Hand gibt, hat gegenwärtig Kurt Derungs (1997, 2000) den volkskundlichen Zweig weiterentwickelt.[38] Er zeigt anhand von zahlreichen Einzelstudien, die er hauptsächlich in der Schweiz unternommen hat, dass matriarchale Gesellschaften eine großartige Landschaftsgestaltung und Landschaftsmythologie besaßen. In der symbolischen Benennung von Bergen, Hügeln, Flüssen, Seen, Tälern und Schluchten, aber auch in künstlichen Landschaftszügen wie den Megalith-Anlagen und Grabstätten, ist eine alte Weltsicht dokumentiert, die sich durch Sagen und Bräuche wieder erschließen lässt. Sie kreist um die Verehrung der zentralen Gestalt einer Ahnfrau, die in den Naturerscheinungen als Landschaftsgöttin betrachtet wird.

Derungs nennt seine Arbeit »Landschaftsmythologie«, und seine komplexe Methode entspricht der von Michael Dames. Noch deutlicher wurde dieses Gebiet von mir als »Matriarchale Landschaftsmythologie« bezeichnet und in Arbeiten zu verschiedenen Landschaften in Deutschland und den Alpenländern herausgearbeitet.[39] Auf diese Weise ist es gelungen, den Mythen und Sagen nicht nur buchstäblich ihren Boden zurückzugeben und ebenso ihre Kulturgeschichte, sondern auch den symbolischen Zusammenhang und die sakrale Bedeutung einzelner Landschaften für die Menschen in der jungsteinzeitlichen Epoche zu erkennen.

1.7 Der archäologische Zweig

Der archäologische Zweig führt uns mit den Bodenfunden die erstaunliche Kulturhöhe matriarchaler Gesellschaften vor Augen und gleichzeitig die erstaunliche Dau-

---

38 Kurt Derungs: *Mythologische Landschaft Schweiz*, Bern 1997, Verlag Amalia; derselbe: *Landschaften der Göttin. Avebury, Silbury, Lenzburg*, Bern 2000, Verlag Amalia; nebst vielen weiteren Studien.
39 Göttner-Abendroth: *Matriarchale Landschaftsmythologie. Von der Ostsee bis Süddeutschland*; dieselbe: *Berggöttinnen der Alpen. Matriarchale Landschaftsmythologie in vier Alpenländern*; dieselbe: *Frau Holle*.

er der matriarchalen Kulturentwicklung. Die Bodenfunde haben für die Annahmen in den kulturgeschichtlich ausgerichteten Zweigen die größte Beweiskraft, obwohl sie sich ohne kulturhistorische Erkenntnisse nicht interpretieren lassen.

So ist, seit Heinrich Schliemann im Vertrauen auf die mythischen Epen von Homer die Städte Troja, Mykene und Tyrins ausgegraben hat, durch die Archäologie bewiesen, dass Mythen und mythische Epen keine Hirngespinste sind, sondern einen kulturhistorischen Kern haben. Wenig später tat Arthur Evans dasselbe: Er vertraute den Erzählungen der kretischen Mythologie und fand die Paläste der Minoischen Kultur auf Kreta. In seinen umfangreichen Werken berichtet er über seine Ausgrabungen.[40]

Im ersten Buch (1901) beschreibt er eine Fülle von Funden religiöser Symbolik mit großer Genauigkeit, aber seine Deutung ist patriarchal belastet. So hält er den Kult heiliger Steine, heiliger Bäume und heiliger Säulen und den Kult der Doppelaxt noch für den einer männlichen Gottheit. Große, bestimmende Frauengestalten auf Siegelringen heißen »Adorantinnen«, d. h. »Anbeterinnen«, während kleine, unbekleidete, männliche Figuren, die beziehungslos in der Höhe schweben, »Gott« genannt werden. Dreißig Jahre später hat Evans seine Ansicht vollständig revidiert (1931), was für seine wissenschaftliche Redlichkeit spricht. Seine weitere Forschung führt ihn dazu, Kreta nicht mehr von einem winzigen, nackten Kriegsgott beherrscht zu sehen, sondern von der Großen Muttergöttin, die uns auf allen Wandbildern, Siegelringen und in vielen Statuetten entgegentritt. Über heilige Pfeiler und Säulen, heilige Steine und Bäume und das religiöse Symbol der Doppelaxt vertritt Evans nun die gegenteilige Ansicht, was seiner Aufrichtigkeit Ehre macht. Er sieht sie, zusammen mit den großen Höhlen auf Kreta, als Kultgegenstände der frühen minoischen Muttergöttin, deren Name von den Griechen mit »Rhea« angegeben wurde.

Er kommt zu der Schlussfolgerung, dass seit der Jungsteinzeit bis in die Bronzezeit Kretas eine weibliche Gottheit den hervorragenden Platz in der kretischen Religion einnahm, ganz so wie es in Anatolien, Palästina und Syrien zu dieser Zeit war. Männliche Götter gab es noch nicht, sondern der junge, männliche Begleiter der Göttin war ihr Sohn oder Gefährte und Geliebter. Er bezeichnet ihn als den sterblichen kretischen Zeus, der zur Göttin, die das Land verkörpert, in einer Kindbeziehung steht. Die Minoische Kultur auf Kreta hat eine erstaunliche Dauer gehabt. Wegen der Insellage hat sich hier eine matriarchale Gesellschaft länger halten und weiterentwickeln können als auf dem griechischen Festland.

Gerade weil die Archäologie mit den Bodenfunden Beweiskraft hat, wird diese Disziplin strengster, patriarchaler Kontrolle unterworfen. Man kann es daran sehen, wie mit den Werken von Archäologen und Archäologinnen umgegangen wird, welche die patriarchale Ideologie durchbrechen. Das begann bereits im Umgang mit Arthur Evans' bahnbrechender Forschung, und es zeigt die in der patriarchalen

---

40 Arthur Evans: *The Mycenaean Tree and Pillar Cult and its Mediterranean Relations*, London 1901, MacMillan; derselbe: *The Earlier Religion of Greece in the Light of Cretan Discoveries*, London 1931, MacMillan.

Wissenschaft übliche Methode der Verzerrung und Verdrängung unliebsamer Ergebnisse. Zunächst wird nach einem alles beherrschen König Minos, dem »Big Man« gesucht, um den alles kreist, der sich aber in der kretischen Kultur nicht finden ließ. Geschmückte Handelsschiffe werden als Kriegsschiffe umgedeutet und der Minoischen Kultur expansionistischer Imperialismus im ganzen Ägäischen Meer unterstellt. Für letztere Annahme gibt es keine Anhaltspunkte.

Die Frau wird wie stets in die zweite Reihe verwiesen, indem alle Bilder sakralen Inhalts als profaner Schmuck abgetan werden. Frauen sind demnach nur zur Zierde da, und ihre sakralen Tänze werden als beiläufige Verschönerung der kultischen Feier missdeutet. Selbst wenn eine gewisse mutterrechtliche Organisation der kretischen Kultur angenommen wird, dann verweist man sofort darauf, dass es sich auf keinen Fall um ein »Matriarchat« handelt, sondern um eine nicht näher definierbare Kultur, die eine Obsession mit dem »Ewig Weiblichen« hat. Dieses »Ewig Weibliche« ist eine Methode, mittels eines a-historischen Schlenkers lästige geschichtliche Tatsachen zum Verschwinden zu bringen.[41] –

Ganz anders hingegen *James Mellaart,* der Ausgräber der Steinzeitstadt Çatal Höyük in Anatolien, der sich nicht von patriarchaler Ideologie hat beirren lassen. Er hat in seinem reichen Werk (1967, 1975) ein völlig anderes Bild der Jungsteinzeit entworfen, als es im westlichen Bildungssystem gelehrt wird.[42] Er beklagt, dass die Geschichtsinterpretation mit den letzten großen Fortschritten der Archäologie keineswegs Schritt gehalten hat, sondern beklagenswert überholt sei. So kommt er auf dem Boden seiner eigenen archäologischen Arbeit zu dem Ergebnis, dass schon in der Altsteinzeit ein Austausch von Gütern und Wissen über weite Distanzen stattgefunden hat und dass die altsteinzeitlichen Höhlen, Felsunterkünfte und Lagerstätten bereits eine gewisse Sesshaftigkeit anzeigen. Besonders die wundervoll bemalten Kulthöhlen sind undenkbar ohne dauernde Anwesenheit.

Was die Jungsteinzeit betrifft, so geht Mellaart hier nicht nur von Dorfkultur, sondern von der Gründung erster Städte aus. Er weist das Kriterium der Größe für »Stadt« zurück, da es allein zu oberflächlich ist. Stattdessen geht es um die ökonomische und kulturelle Differenziertheit in solchen Zentren, wo Handel und Industrie, Politik und Religion hoch entwickelt sind. Dies zeigt er am Beispiel von Çatal Höyük und weist darauf hin, dass alle jungsteinzeitlichen Siedlungen in Anatolien als Städte in diesem Sinne zu gelten haben, von denen die Dörfer eher Dependenzen sind. So stehen diese Städte um 10.000 bis 9.000 vor u. Z. am Beginn der Jungsteinzeit und nicht an deren Ende.

Ebenso deutlich wendet sich Mellaart gegen jede Stufentheorie der Geschichte, nach der die Menschheit angeblich vom Primitiven zum Höheren fortschreitet. Er bestreitet dabei nicht, dass es eine Entwicklung nach Anzahl, Ausbreitung und Grö-

---

41 Siehe zur Minoischen Kultur auf Kreta: Göttner-Abendroth: *Geschichte matriarchaler Gesellschaften,* Kapitel 7.
42 James Mellaart: *Çatal Hüyük. Stadt aus der Steinzeit,* Bergisch Gladbach 1967, Gustav Lübbe Verlag (zuerst in Englisch, London 1967); derselbe: *The Neolithic of the Near East,* London 1975, Thames & Hudson.

ße gab, denn die menschliche Gattung hat sich von ihren Anfängen an erheblich vermehrt. Damit ist aber nicht zugleich eine Höherentwicklung an Qualität gegeben. Größe entspricht nicht unbedingt Qualität. Seine Ausgrabungen im westlichen Asien, besonders in Anatolien, haben das Vorurteil von der Primitivität der jungsteinzeitlichen Kulturen endgültig widerlegt. So ist Çatal Höyük ein bemerkenswertes Zentrum von Kunst und Handwerk gewesen und reich an Heiligtümern, auf der Grundlage von fortgeschrittener Ökonomie und blühendem Handel. Während seiner Existenz von 1200 Jahren gibt es keine Spuren von Hierarchie, Aggression und Krieg.

Besonders auffallend sind die riesigen Gipsreliefs in den Kulträumen, die nach Mellaart Göttinnenfiguren in Gebärhaltung zeigen. Dieser Vorrangstellung der Göttin entspricht die Vorrangstellung der Frau, was Mellaart aus dem Begräbniskult erschließt und klar ausspricht. Dennoch ist seine Reaktion auf das, was er gefunden hat, verwunderlich. Die Gefahr, dass er damit ein »Matriarchat« entdeckt haben könnte – wobei dies als Herrschaft der Frau über den Mann missverstanden wird – hat ihn sehr beschäftigt. Mit gewisser Ratlosigkeit sucht er eine wichtige Rolle für den Mann, sei es als Handwerker oder Priester oder gar als Vater, um der so sichtbaren, großen Bedeutung der Frau ein Gegengewicht zu geben. Doch immer wieder spricht das archäologische Fundmaterial dagegen, mit dem Mellaart in seinem Verständnis ringt. So ist sein Vorgehen zwar möglich, aber dennoch seltsam: Denn würde ein Archäologe, wenn das Material eindeutig den Vorrang des Mannes dokumentiert, ähnlich verzweifelt nach der Bedeutung der Frau in einer solchen Gesellschaft suchen, um die Balance herzustellen?

Die Funde Mellaarts ließen auch die Zunft der Archäologen nicht ruhen. Seine Erkenntnisse sind – trotz seiner Selbstzweifel – für das patriarchale Weltbild zu gefährlich, also blieb die Revision nicht aus. Diese Aufgabe hat der heute amtierende Chef-Archäologe von Çatal Höyük, *Ian Hodder,* übernommen. Unter seiner Leitung geht es darum, was die Interpretation dieser Stätte betrifft, Mellaart zu widerlegen. In einem sehr bezeichnenden Artikel diskutiert Hodder die Frage, was es in Çatal Höyük wirklich bedeutet hat, als Mann oder als Frau geboren zu sein (2004).[43] Dazu legt er neuste Forschungsergebnisse zusammenfassend vor und versucht so zu beweisen, dass das »Matriarchat« von Çatal Höyük ein Märchen ist. Durch verschiedene Methoden wurde nämlich nachgewiesen, dass in Çatal Höyük Gleichberechtigung bestand: bei Tisch, bei der Raumaufteilung und den Tätigkeiten, auch bei den Bestattungsbräuchen. Nochmals stellt er ausdrücklich fest, dass es keine Spuren von Kampf und Krieg in der langen Siedlungsgeschichte von Çatal Höyük gibt. Aus soviel Egalität der Geschlechter schließt Hodder dann, dass es in Çatal Höyük niemals ein Matriarchat gab. Mit dieser Argumentation und den neuesten Befunden beweist er jedoch gerade das, was er zu widerlegen glaubt, nämlich eine geschlechter-egalitäre, matriarchale Gesellschaft. Was er dabei unter »Matriarchat«

---

43 Ian Hodder: »Çatal Hüyük – Stadt der Frauen?« in: *Spektrum der Wissenschaft,* Heidelberg, September 2004 (zuerst in Englisch, Januar 2004).

versteht, ist lediglich ein altes, überholtes Vorurteil und keine wissenschaftliche Definition.⁴⁴

Doch seine Stimmung ändert sich schnell, sobald von Kultur und Glaubenswelt in Çatal Höyük die Rede ist. Hier stellt Hodder fest, dass Darstellungen von Männern bei der Jagd und von männlichen Tieren mit erigiertem Glied dominieren. Die Darstellungen von Frauen seien hingegen weitaus weniger zahlreich – eine erstaunliche Argumentation, da nun sogar männliche Tiere als Zeugen für eine patriarchale Gesellschaft angeführt werden! Dann setzt die Leugnung ein, dass diese Frauenfiguren Göttinnen sind, selbst wenn sie auf einem Thron aus Leoparden sitzen. Stattdessen werden absurde Interpretationen angeboten, beispielsweise werden die großen Reliefs mit Göttinnen in Gebärhaltung, welche die Kulträume schmücken, als Tiere interpretiert. Der Grund ist, dass ein winziges Stempelsiegel einer Bärin in dieser Haltung gefunden wurde, das nun als Prototyp aller weiblichen Figuren gilt – aber vielleicht ist es eher umgekehrt? Dieses Verfahren der lückenhaften Angabe, der ständigen Verkleinerung der Frau und Vergrößerung des Mannes und der Verzerrung der Tatbestände hat in der patriarchal geprägten Wissenschaft allerdings Methode. –

Der Streit bricht dann offen aus um das Werk der Archäologin *Marija Gimbutas*. Aufgrund ihrer Grabungstätigkeit in Griechenland und ihres umfangreichen Wissens weist sie nach, dass die Frau in der Jungsteinzeit den Rang einer Muttergöttin und Priesterin sowie eine hervorragende soziale Bedeutung innehatte. Das sind ihre Forschungsergebnisse, die sie in ihren beiden bedeutendsten Werken darstellt (1989, 1991).⁴⁵

In Südost-Europa, dessen Zentrum die Kulturen entlang der Donau mit ihren reichen jungsteinzeitlichen Stadtkulturen sind, hat sie über 3000 Fundstätten vergleichend erforscht. Hier sind über 30.000 weibliche Miniaturskulpturen gefunden worden, welche die längste Zeit unbeachtet in Museen und Magazinen lagen; diese hat Gimbutas erstmals eingehend untersucht. Schon die ungeheure Fülle der Figurinen spricht für sich. Sie sind unter dem Namen »Idole« bekannt, was nichts über sie aussagt. Marija Gimbutas nennt sie nicht – wie die meisten ihrer männlichen Kollegen – verkleinernd und abwertend »Idole« oder »Anbeterinnen«, sondern bezeichnet diese Skulpturen als »Göttinnen«. Denn sie tragen festgelegte Chiffren als Ritzung oder Bemalung, die auch auf Schreinen, Kultobjekten und bemalter Keramik vorkommen, die Gimbutas als eine uralte Symbolschrift deutet und entziffert. Die Symbole haben sakralen Charakter und sind für sie Ausdruck des religiösen Glaubens jener Epoche.

---

44 Siehe die Kritik zu Hodder von Heide Göttner-Abendroth: »Gab es eine matriarchale Gesellschaftsordnung in Chatal Hüyük? Eine kritische Analyse der jüngsten Argumentation zu diesem Thema«, in: dieselbe: *Am Anfang die Mütter. Matriarchale Gesellschaft und Politik als Alternative*, Stuttgart 2011, Kohlhammer Verlag; diese Kritik erschien zuerst in Englisch in: *Journal of Archaeomythology*, 2006.

45 Marija Gimbutas: *Die Sprache der Göttin. Das verschüttete Symbolsystem der westlichen Zivilisation*, Frankfurt 1995, Zweitausendeins Verlag (zuerst in Englisch, San Francisco 1989); dieselbe: *Die Zivilisation der Göttin. Die Welt des Alten Europa*, Frankfurt 1996, Zweitausendeins Verlag (zuerst in Englisch, San Francisco 1991).

Anhand dieser Göttinnen-Figuren erschließt die Forscherin eine Dauer der Göttinnenverehrung, die mehr als 40.000 Jahre zurückgeht, sie reicht von der Altsteinzeit bis in die Jungsteinzeit und noch darüber hinaus. Über diesen immensen Zeitraum stellt Gimbutas eine Kontinuität von verschiedenen Serien stereotyper Göttinnenbilder fest, deren Aspekte sie klar benennt: Sie treten als »Schenkerin des Lebens und der Fruchtbarkeit« sowie als »Bringerin von Tod und Regeneration« deutlich hervor. Deshalb stellen diese Miniaturskulpturen nach ihr den jahreszeitlichen Ablauf und den Lebenszyklus dar und wurden in dieser Bedeutung rituell in Zeremonien gebraucht. Durch diese Analyse gelingt es ihr, einen fortdauernden Zusammenhang zwischen der alt- und jungsteinzeitlichen religiösen Symbolik herzustellen, die noch die späteren, durch geschichtliche Quellen bekannten Göttinnen umfasst. Sie nennt diese Methode »Archäomythologie«.

Gimbutas zeigt darüber hinaus, dass die jungsteinzeitliche Kultur in ganz Europa von einer tiefen Religiosität gekennzeichnet ist, die der Göttin gewidmet war, und von der zentralen, gesellschaftlichen Stellung der Frau als der Quelle des Lebens. Sie bezeichnet diese Kultur als matrilinear und matrifokal, egalitär und friedlich. Außerdem stellt sie einen scharfen Kontrast zu der nachfolgenden, indoeuropäischen Kulturschicht fest, die patriarchalen Charakter hatte und die vorherige Kultur auf barbarische Weise zerstörte. Diese indoeuropäische Kriegerkultur brach – gemäß archäologisch festgestellten Daten – von außen aus den östlichen Steppen mit Reiterhorden herein, unterwarf die einheimische Bevölkerung und überlagerte sie als eine neue Herrenklasse.

Das sind deutliche Worte, die aussprechen, was sich männliche Forscher trotz der überwältigenden Evidenz aus solchen Funden nicht einzugestehen wagen. Marija Gimbutas ist eine Forscherin, die kein schwieriges, männliches Selbstwertgefühl angesichts ihrer Resultate bewahren muss. Darum entwickelte sie ihre Gedanken mit überzeugender Klarheit und ohne die sonst üblichen Windungen und Selbstwidersprüche, die unter patriarchal geprägten Wissenschaftlern angesichts matriarchaler Kulturen üblich sind. Was daran erschreckend ist: Es geschah mitten in der streng bewachten Disziplin Archäologie – und noch dazu durch eine Frau! Außerdem geschah es zu einer Zeit starker internationaler Frauenbewegungen, die offen das patriarchale Weltbild kritisierten. Das Werk von Gimbutas hat daher unter feministischen Forscherinnen eine große Resonanz gefunden. Aber das ließ es der herrschenden Wissenschaft umso gefährlicher erscheinen. So brach der Kampf der Weltanschauungen anhand des Werkes dieser Archäologin offen aus, und er wurde – wie nicht anders zu erwarten war – mit unfairen Mitteln geführt.

Eine Kampagne von äußerster Gehässigkeit wurde gegen Gimbutas angefacht, die sie als Forscherin diskreditieren und das gefährdete patriarchale Geschichtsbild retten sollte. Diese Kampagne ging von *Colin Renfrew* (1987) aus, einem Fachmann für indoeuropäische Archäologie.[46] Er hatte miterleben müssen, wie sein Gebiet durch die Entdeckungen und die meisterhafte Übersicht von Marija Gimbutas von Grund auf umgeformt wurde. Darauf setzte er sich zum Ziel, mit einer Gegentheorie

---

46 Colin Renfrew: *Archaeology and Language,* London 1987, Jonathon Cape.

ihr Werk zunichte zu machen. Darin behauptet er, dass nicht erst durch die Reitervölker aus den östlichen Steppen das matriarchale Europa indoeuropäisiert wurde, sondern viel früher durch die ersten Bauernkulturen, die schon in der Jungsteinzeit aus Westanatolien nach Südosteuropa einwanderten und die bereits indoeuropäisch und damit patriarchal gewesen sein sollen. Damit verlegt er die patriarchale Epoche um Jahrtausende zurück und lässt die matriarchale Epoche verschwinden – ein trickreiches, typisches Verfahren, womit er die Ideologie vom ewigen Patriarchat bedient. Renfrews Theorie legt jedoch keine Rechenschaft über den abrupten Wandel in den Begräbnissitten ab, ebenso nicht über das plötzliche Verschwinden des vor-indoeuropäischen Symbolsystems und das neue Auftreten von Befestigungsanlagen. Ebenso missachtet er alle ihm widersprechenden sprachwissenschaftlichen Belege.

Dies blieb seinen Fachkollegen nicht verborgen, doch weil Renfrew in der Archäologie eine machtvolle Position innehatte, konnte er seine unhaltbaren Thesen damit durchsetzen. Auf dem Niveau der politischen Manipulation war seine Kampagne erfolgreich, besonders in Nordamerika, England und Deutschland.[47] Viele junge Archäologen und Archäologinnen kennen nur noch verächtliche Zerrbilder von Gimbutas' Werk, und manche glauben sogar, es öffentlich lächerlich machen zu müssen, um ihre Karriere zu bedienen. Allerdings haben jüngste DNA-Analysen bewiesen, dass Gimbutas mit ihrer Theorie vom Einfall kriegerischer, indoeuropäischer Reiterhorden und der Zerstörung der nicht-indoeuropäischen Vorgänger-Kulturen Recht gehabt hat.

An solchen Beispielen werden jedoch die Definitionsmacht und die strukturelle Gewalt sichtbar, mit denen in den westlichen Wissenschaften eine Atmosphäre von Denunziation und Hass gegen abweichende Erkenntnisse aufgebaut wird, womit die ewig gestrige, patriarchale Ideologie durchgesetzt wird.

1.8 Feministische und indigene Matriarchatsforschung

Heute sind es feministische und indigene Forschungen zum Thema Matriarchat, die in den letzten Jahrzehnten einen paradigmatischen Perspektivewechsel brachten. Sie überschneiden sich in vielen Punkten und entwickeln sich schnell weiter, sowohl hinsichtlich der Quantität wie auch der Qualität.

Es stellt eine Wende von nicht zu unterschätzender Brisanz dar, dass feministische und indigene Wissenschaftlerinnen in den letzten Jahrzehnten die Erforschung der matriarchalen Gesellschaftsform selbst in die Hand genommen haben. Sie treten damit in scharfen Gegensatz zur traditionellen Matriarchatsforschung, die trotz interessantem Material noch immer patriarchale Werturteile enthält und damit dem patriarchalen und kolonialistischen Weltbild zudient. Feministische und indigene Forscherinnen sind durch ihr erwachtes Selbstbewusstsein, das solche Denk-

---

47 Siehe die Kritik von Renfrews Theorie bei: Charlene Spretnak: »Die wissenschaftspolitische Kampagne gegen Marija Gimbutas«, in: *Die Diskriminierung der Matriarchatsforschung*.

blockaden kritisch hinterfragt und zurücklässt, am besten in der Lage, diese von Frauen geprägte Gesellschaftsform in ihrer Eigenheit zu erfassen, und zwar aus folgenden Gründen:

Erstens macht es ihnen keine Mühe, sich Frauen als handelnde Subjekte in Geschichte und Gesellschaft vorzustellen – eine Betrachtungsweise, mit der patriarchal geprägte Forscher große Mühe haben. Denn die Forscherinnen sind selbst solche denkenden und handelnden Subjekte, sei es im Rahmen ihrer traditionellen Kulturen oder sei es im Protest gegen patriarchale Gesellschaften, in denen sie leben. Zweitens können sie sich in die Bedingungen, die sozialen Wirkungen und die symbolischen Bilder der Mutterschaft sowie in die mütterlichen Werte, die in Matriarchaten ökonomisch, sozial und kulturell eine strukturgebende Rolle spielen, eher hineinversetzen als Männer. Denn im Gegensatz zu Männern, die daran nicht teilhaben können und sich auch nicht damit beschäftigen, kennen viele von ihnen diese grundlegende Lebenssituation selbst. Drittens wird dies besonders wichtig bei ethnographischer Arbeit in den matriarchalen Gesellschaften der Gegenwart. Für feministische Forscherinnen ist es leichter, mit den Frauen matriarchaler Kulturen in Kontakt zu kommen und dabei aus einem ganz anderen Blickwinkel zu anderen Ergebnissen zu kommen als die patriarchal geprägten Ethnologen vor ihnen mit ihrem einseitigen Blick. Diese neue Perspektive wird entscheidend vorwärtsgebracht durch indigene Wissenschaftlerinnen und Wissenschaftler, deren Forschung innerhalb ihrer eigenen matriarchalen Gesellschaften am tiefsten reicht und am weitesten trägt, wie es Außenstehenden nicht möglich ist. Zugleich verschärfen sie die Patriarchatskritik durch die Geschichte des äußeren Kolonialismus, dem ihre Gesellschaften unterworfen waren und sind, und des inneren Kolonialismus, den die Forscherinnen als indigene Frauen erfahren haben.

Deshalb sind feministische und indigene Matriarchatsforschung notwendig immer von Patriarchatskritik verschiedenen Grades begleitet. Alles zusammen bedeutet einen so radikalen Perspektivewechsel, dass die Matriarchatsforschung damit – seit den traditionellen Theorien und Ansätzen in diesem Gebiet – an einem neuen, historischen Ort angekommen ist und sich als ein neues, sozio-kulturelles Paradigma entfaltet.

Diese Forschung begann in den siebziger Jahren des vorigen Jahrhunderts im Rahmen des westlichen Feminismus und litt in ihren Anfängen an einer naiven, methodenlosen Verarbeitung des Themas durch Laienforscherinnen. Es spielten eine Reihe theoretisch unreflektierter Konstrukte eine Rolle, die heute auf höherem Niveau gelegentlich wiederkehren. Solche sind:

- die Umkehrthese, nach der ein »Frauenstaat« als platte Umkehrung zum »Männerstaat« gedacht wird;
- die biologistische These, bei der Frauen von Natur aus für das bessere Geschlecht gehalten werden, woraus sich das Matriarchat als die bessere Gesellschaftsform von selbst erklärt;
- die Ergänzungsthese, bei der Matriarchat und Patriarchat sich ergänzen können sollen, um die optimale Gesellschaft zu ergeben; hier wird der sich ausschließende Charakter beider Gesellschaftsformen übersehen;

- die Durchmischungsthese, bei der Matriarchat und Patriarchat angeblich vermischt sind, so dass immerwährendes Matriarchat auch innerhalb des Patriarchats angenommen wird, aber nicht analysiert wird, wie sich das verhält;
- die Überschreitungsthese, bei der von einer geschlechteregalitären und gerechten Gesellschaft ausschließlich jenseits von Matriarchat und Patriarchat die Rede ist, wobei diese Art von Gesellschaft völlig diffus bleibt.

Alle diese Konstrukte beruhen auf einer gewissen Unkenntnis matriarchaler Muster. Sie sind noch dem veralteten Begriff von Matriarchat als »Frauenherrschaft« verhaftet, der als ein Teil undurchschauter, patriarchaler Ideologie mitgeschleppt wird, oder sie haben einen sehr unklaren Begriff von Matriarchat. Deshalb können sie nicht zu einer wissenschaftlich begründeten Matriarchatsforschung führen, ganz zu schweigen von einer neuen Perspektive von paradigmatischer Kraft.

Das beginnt erst mit der *modernen Matriarchatsforschung*. Sie ein wissenschaftlich begründetes Gebiet, das in den letzten Jahrzehnten entstanden ist und sich rasch weiter entwickelt. Durch meine eigene Arbeit hat sie ein definitorisches, methodologisches und theoretisches Fundament erhalten, ohne das sie ihre weitgespannte Aufgabe nicht bewältigen könnte. Diese besteht darin, die enorme geschichtliche und geographische Reichweite der matriarchalen Gesellschaftsform angemessen, das heißt: interdisziplinär, systematisch, ideologiekritisch und sensibel zu untersuchen und darzustellen.

Sie hat Ansätze in verschiedenen Fachgebieten, in denen gute Einzelstudien zu gegenwärtigen matriarchalen Gesellschaften entstanden sind, deren Zahl noch weiter zunimmt. So haben sich in der Ethnologie feministische Forscherinnen mit großem Einfühlungsvermögen der Rolle von Frauen und Männern in indigenen matriarchalen Gesellschaften gewidmet und interessante Ergebnisse vorgelegt: zum Beispiel *Veronika Bennholdt-Thomsen* über die Gesellschaft von Juchitàn, einer Stadt am Isthmus von Tehuantepec in Mexiko;[48] *Peggy Reeves Sanday* über die Gesellschaft der Minangkabau in West-Sumatra;[49] *Hélène Claudot-Hawad* über die Gesellschaft der Tuareg (Imazighen) in der Zentral-Sahara,[50] und viele andere.[51]

---

48 Veronika Bennholdt Thomsen: *Juchitàn Stadt der Frauen. Vom Leben im Matriarchat*, Reinbek bei Hamburg 1994, Verlag Rowohlt; dieselbe: *FrauenWirtschaft. Juchitàn - Mexikos Stadt der Frauen*, Bennholdt-Thomsen, Müser, Suhan (Hgs.), München 2000, Frederking&Thaler.
49 Sanday: *Women at the Center*.
50 Hélène Claudot-Hawad: »Femme Idéale et Femme Sociale chez les Touaregs d l'Ahaggar«, in: *Production pastorale et société*, Nr. 14, Paris 1984; dieselbe: »Femmes Touaregues et Pouvoir Politique«, in: *Peuples Méditerranées*, Nr. 48/49, 1989; dieselbe: *Eperonner le monde. Nomadisme, cosmos et politique chez les Touaregs*, Aix-en-Provence 2001, Edisud.
51 Siehe die Veröffentlichungen zu den Weltkongressen: Heide Göttner-Abendroth (Hg.): *Gesellschaft in Balance. Dokumentation des 1. Weltkongresses für Matriarchatsforschung 2003 in Luxemburg*, Stuttgart-Winzer 2006, Verlag Kohlhammer und Edition HAGIA; dieselbe (Hg.): *Societies of Peace. Matriarchies Past, Present and Future* (Selected papers of the First and Second World Congresses on Matriarchal Studies 2003 and 2005), Toronto 2009, Inanna Press, York University; ferner die weltweite Oxford-Bibliographie, publiziert 2019: www.matriarchatsforschung.com

Die Studien indigener Forscherinnen und Forscher aus heute noch existierenden matriarchalen Ethnien über ihre Gesellschaften bedeuten einen wesentlichen Schritt vorwärts für die moderne Matriarchatsforschung. Sie stellen ihre eigenen Traditionen dar, soweit diese noch nicht zerstört sind, oder soweit sie diese unter den Schichten von Überfremdung wieder rekonstruieren können. Ihre persönliche Verbundenheit mit ihrer Kultur geben ihren Stimmen größte Authentizität: zum Beispiel *Barbara Alice Mann* vom Bären-Clan der Seneca-Irokesen in Ohio/USA über die irokesische Frauen und Gesellschaft;[52] der Ethnologe *Lamu Gatusa* von den Mosuo in Südwestchina über die sozialen Formen und traditionellen Riten bei den Mosuo;[53] *Wilhelmina J. Donkoh* von den Asante (Aschanti) in Ghana/Westafrika über die bedeutende Rolle der Frauen in dieser Gesellschaft;[54] *Malika Grasshoff* als Kabylin über die zentrale Rolle der Frauen in ihrer eigenen Berber-Gesellschaft in Nordafrika,[55] und viele andere.

Auch in der Kulturgeschichte und Archäologie gibt es unter feministischer Perspektive unterdessen theoretische Entwicklungen, die in den Bereich der modernen Matriarchatsforschung gehören, auch wenn die Autorinnen diesen Begriff nicht gebrauchen, sondern Ersatzbegriffe gewählt haben: zum Beispiel *Riane Eisler* mit ihrer Theorie der kulturellen Evolution aus der Perspektive zweier grundlegend verschiedener Modelle von sozialen Systemen, dem dominatorischen Modell und dem Partnerschafts-Modell;[56] insbesondere *Marija Gimbutas*, deren großes Werk über das jungsteinzeitliche Europa auf archäologischen Fakten beruht und daher tragfähiger ist. Gimbutas verstand sich allerdings nicht als feministische Matriarchatsforscherin, und sie nannte diese Gesellschaften, die sie erforschte, »matristisch«. Doch auf dem Boden ihres Werkes entstanden viele interessante kulturhistorische Einzelstudien von Forscherinnen, von denen sich manche der feministischen Matriarchatsforschung zugehörig fühlen.[57]

Ein wichtiger Teil der modernen Matriarchatsforschung ist die wissenschaftliche Erklärung der Entstehung der patriarchalen Gesellschaftsform. Es gibt zu diesem Thema zahlreiche naive und spekulative Theorien, die jedoch weder die Quellen aus den verschiedenen relevanten Disziplinen beachten, noch ein methodisches

---

52 Barbara Alice Mann: *Iroquoian Women: The Gantowisas,* New York 2002, 2004, Peter Lang.
53 Lamu Ga tusa. Verschiedene Monographien wie: *Reise ins Königreich der Frauen; Lugu-See, Mutter-See; Die Frauen der Mosuo; Die Daba Kultur bei den Mosuo* (alle in Chinesisch), Yünnan Akademie für Sozialwissenschaften, Kun ming, China; derselbe: »A Sacred Place of Matriarchy: Lugu Lake – Harmonious Past and Challenging Present«, in: Goettner-Abendroth (Hg.): *Societies of Peace.*
54 Wilhelmina J. Donkoh: *Osei Tutu Kwame Asibe Bonsu (The Just King),* Accra 2000, Woeli publishers; dieselbe: »Female Leadership among the Asante«, in Goettner-Abendroth (Hg.): *Societies of Peace.*
55 Makilam: *Die Magie kabylischer Frauen und die Einheit einer traditionellen Berbergesellschaft,* Bremen 2007, Kleio Humanities (zuerst in Französisch, Paris 1996).
56 Riane Eisler: *Kelch und Schwert. Von der Herrschaft zur Partnerschaft,* München 1993, Bertelsmann/Goldmann Verlag (zuerst in Englisch, New York 1987).
57 Siehe in: Joan Marler (Hg.): *From the Realm of the Ancestors. An Anthology in Honor of Marija Gimbutas,* Manchester 1997, Knowledge, Ideas & Trends.

Vorgehen besitzen und deshalb wissenschaftlich nicht relevant sind. Einige seriöse Ansätze zu einer solchen Erklärung sind in dem Sammelband »The Rule of Mars« zusammengetragen worden.[58] Eine tragfähige Erklärung auf dem Boden archäologischer Befunde habe ich für Westasien und Europa in meinem eigenen Werk gegeben, nachdem ich den vorher notwendigen Schritt getan habe, die Geschichte matriarchaler Gesellschaften in diesen großen Kulturregionen herauszuarbeiten.[59]

1.8.1 Die Politik der modernen Matriarchatsforschung

Die moderne Matriarchatsforschung in ihrer feministischen und indigenen Variante ist aus heutigen patriarchatskritischen Bewegungen entstanden: der feministischen Bewegung, die für die Selbstbestimmung von Frauen kämpft, und der indigenen Bewegung, die für die Selbstbestimmung indigener Völker und Kulturen kämpft. Mit diesen Bewegungen nehmen sich Frauen und indigene Völker das Recht der Selbstinterpretation ihrer Gesellschaften und ihrer Geschichte zurück.

Als geistig revolutionäre, weil die patriarchale Gesellschaftsform und Denkweise überschreitende Forschung hat die moderne Matriarchatsforschung natürlich nur bedingt, wenn überhaupt, einen Platz in deren Bildungssystem, insbesondere der Universität. So arbeiten einige dieser Forscherinnen und Forscher innerhalb der Universität, wobei sie sich in dieser Institution am Rande befinden und kaum Einfluss auf die Inhalte, Lehrpläne und Weltsicht haben. Andere arbeiten außerhalb der Universität in mehr oder weniger riskanten, autonomen Zusammenhängen.

Eine wichtige Rolle spielt hier die freie, unabhängige *Internationale Akademie HAGIA für Moderne Matriarchatsforschung und Matriarchale Spiritualität* in Deutschland, die 1986 von mir gegründet wurde und seither geleitet wird. Sie wird in ihren Funktionen von Frauen getragen und ist zurzeit die einzige Akademie ihrer Art. Denn nur hier wird die moderne Matriarchatsforschung mit ihren internationalen und interkulturellen Ausweitungen gelehrt und weiterentwickelt. Durch die Initiative und die Trägerschaft der Akademie HAGIA fanden in den Jahren 2003, 2005 und 2011 drei Weltkongresse für Matriarchatsforschung unter meiner Leitung statt, die diese junge Wissenschaft zum ersten Mal in ihrer Vielfalt und Reichweite für eine internationale Öffentlichkeit sichtbar machten. Sie stellten auf ihre Weise einmalige Ereignisse dar und bedeuteten für die moderne Matriarchatsforschung einen Schritt von großer Tragweite.

Der erste Weltkongress für Matriarchatsforschung mit dem Titel »Gesellschaft in Balance« wurde 2003 in Luxemburg/Europa abgehalten. Er wurde hauptsächlich unterstützt von der Ministerin für Familie und Frauen dieses Landes, Marie-Josée Jacobs. Er war ein bahnbrechendes Ereignis: Zum ersten Mal brachte er Wissenschaftlerinnen aus Europa, den USA und China zusammen, die bis dahin in relativer

---

58 Cristina Biaggi (Hg.): *The Rule of Mars. Readings on the Origins, History and Impact by Patriarchy*, Manchester 2005, Knowledge, Ideas & Trends.
59 Göttner-Abendroth: *Geschichte matriarchaler Gesellschaften*.

Isolierung zu diesem Thema gearbeitet hatten. In ihren hochqualifizierten Vorträgen entfalteten sie ein breites Spektrum von gegenwärtigen matriarchalen Gesellschaften in Amerika, Afrika und Asien, ergänzt durch Studien zur Geschichte und Symbolik der matriarchalen Kultur Europas. Durch ihre Begegnungen kam eine alternative Wissenschaftsgemeinschaft zum Thema Matriarchat ins Leben. Im Jahr 2006 erschien die Dokumentation dieses ersten Weltkongresses in deutscher Sprache.[60]

Der zweite Weltkongress für Matriarchatsforschung mit dem Titel »Societies of Peace« fand an der Texas State University in San Marcos/USA statt. Er wurde großzügig von Genevieve Vaughan unterstützt, der Gründerin und Direktorin des »Center for the Study of the Gift Economy« in Austin/Texas, welche die Überschneidung der modernen Matriarchatsforschung mit der von ihr entwickelten »Ökonomie des Schenkens« (»Gift Economy«) erkannt hatte. Der Kongress wurde zu einem weiteren Meilenstein der modernen Matriarchatsforschung, denn dieses Mal brachte er indigene Wissenschaftlerinnen aus heute noch lebenden matriarchalen Gesellschaften aus der ganzen Welt zusammen. Sie kamen aus Nord-, Zentral- und Südamerika, aus Nord-, West- und Südafrika, von China, Sumatra und Indien aus Asien, und das machte diesen zweiten Weltkongress zu einem bedeutenden interkulturellen Ereignis. Die indigenen Forscherinnen sprachen nicht nur über die matriarchalen Muster, die ihre Gesellschaften bis heute bewahrt haben, sondern auch über die gesellschaftlichen und politischen Probleme, die Kolonisierung und Missionierung ihren Gemeinschaften gebracht haben. Auf diese Weise korrigierten sie die verzerrte Perspektive, die nicht-indigene Menschen oft haben, und belehrten die Öffentlichkeit über die gewaltfreie Sozialordnung ihrer verschiedenen, matriarchalen Kulturen.

Beide Kongresse sind in englischer Sprache dokumentiert, das Buch ist 2008 erschienen.[61]

Der dritte Weltkongress für Matriarchatsforschung und Matriarchatspolitik, genannt »Die Zeit ist reif«, fand in der Schweiz/Europa statt und war insbesondere den politischen Möglichkeiten aus der Matriarchatsforschung gewidmet. Denn diese hat Lösungen für die drängenden Probleme unserer Zeit anzubieten. Immer mehr Menschen suchen danach und nehmen die Anregungen aus der modernen Matriarchatsforschung auf, um Wege zu einer geschlechter-egalitären und auf allen Ebenen ausgewogenen Gesellschaftsform zu finden, die zudem die Erde als unseren Heimatplaneten achtet. Die Resonanz auf diesen Kongress reichte weit über die deutschsprachigen Länder hinaus, sie umfasste andere europäische Länder, die USA, Lateinamerika, Indien und Südafrika.[62]

---

60 Göttner-Abendroth (Hg.): *Gesellschaft in Balance;* siehe auch den Film von: Uschi Madeisky/ Gudrun Frank-Wissmann: *Gesellschaft in Balance.* Luxemburg 2003, Frankfurt 2005, Produktion UR-KULT-UR.
61 Goettner-Abendroth (Hg.): *Societies of Peace.*
62 Die Beiträge des 3. Weltkongresses wurden publiziert auf der Webseite: www.kongress-matriarchatspolitik.ch

Bei diesen Weltkongressen trat der schöpferische Anteil von Frauen an der menschlichen Kulturentwicklung in allen Kontinenten glänzend hervor. Die Nachwirkungen dieser außergewöhnlichen Ereignisse sind zum jetzigen Zeitpunkt noch nicht abzusehen. Doch der große Erfolg, den alle drei Kongresse hatten, gibt Hoffnung auf eine gute Weiterentwicklung der modernen Matriarchatsforschung und auf die notwendigen politischen Schritte, die durch die gesellschaftsverändernde Kraft dieser Forschung angeregt werden. Sie soll durch ihre Lehren die Umwandlung der gegenwärtigen Zustände hin zu einer menschenwürdigen Gesellschaftsform stimulieren. Das ist in den tiefen politischen, wirtschaftlichen und ökologischen Krisen, in denen wir uns heute befinden, höchst notwendig.

Zu Band I: Indigene matriarchale Gesellschaften in Ostasien, Indonesien und dem Pazifischen Raum

Die Darstellung indigener matriarchaler Gesellschaften beginnt in Nordost-Indien (früher »Assam«), Nepal, Tibet und China und folgt dann dem ungefähren Weg, den matriarchale Kulturen in sehr früher Zeit entlang der großen Ströme aus den Gebirgen Ostasiens nach Südosten und Osten genommen haben, bis sie sich in der Inselwelt des Pazifischen Ozeans ausbreiteten. Dabei wird sich zeigen, dass dieses riesige Gebiet einen gewissen kulturellen Zusammenhang besessen hat.

In diesem ersten Teil werden insbesondere die Eigenschaften der inneren sozialen und kulturellen Ordnung matriarchaler Gesellschaften betont. Diese Eigenschaften werden in ihren Grundzügen und ihrer Variabilität Schritt für Schritt aus der Analyse der einzelnen matriarchalen Gesellschaften und Kulturen erschlossen. Der ostasiatische Raum ist hierfür besonders geeignet, da er noch einige wenige indigene matriarchale Gesellschaften besitzt, die diese Muster vollständig zeigen. Sie konnten bis vor kurzem ihre klassisch-matriarchalen Züge bewahren. Das heißt jedoch nicht, dass sie in ihrer langen Geschichte nicht auch Überformungen durch den Jahrhunderte lang währenden Druck vonseiten ihrer patriarchalen Umgebung erlitten haben. Solche Überformungen sind jedoch historisch lokalisierbar und leicht zu erkennen. Heute sind ihre Muster in rapidem Zerfall begriffen, ein Schicksal, mit dem wir bei fast allen noch lebenden matriarchalen Gesellschaften in der Gegenwart konfrontiert sind.

Es soll die Leser und Leserinnen nicht verwirren, dass später (in Band II) ein Kapitel über Indien insgesamt und besonders über die indigene matriarchale Gesellschaft Südwest-Indiens folgt. Diese Trennung hat gute Gründe, denn die nordöstliche matriarchale Kultur Indiens gehört zum sino-tibetischen und damit zum ostasiatischen Typus. Das wird deutlich in den Kapiteln über Tibet und China und über Ostasien insgesamt. Die südwestliche matriarchale Kultur Indiens weist dagegen auf die historisch sehr frühe Indus-Zivilisation zurück und damit nach Westasien; sie hat eine andere Geschichte und ist ein ganz anderer matriarchaler Kulturtypus. Man muss diese Verschiedenheit berücksichtigen, denn der heutige Nationalstaat Indien umfasst etliche höchst unterschiedliche Kulturen. Seine jungen nationalen Grenzen sind, verglichen mit den kulturgeschichtlichen Zusammenhängen, äußerst willkürlich. Das gilt auch für alle anderen Kapitel: Die Bezeichnungen verweisen eher auf geografisch-kulturelle Regionen als auf moderne staatliche Gebilde.

Kapitel 2: Matriarchat in Nordost-Indien

Für jede Ka Jawbei Tynrai, »Großmutter der Wurzeln«,
die Ahnfrau jeder Khasi-Sippe

2.1 Die Khasi: Land und Leute

In den Khasi-Bergen in dem Gebiet, das früher Assam hieß und heute als Meghalaya ein Bundesland Indiens ist, wo die Berge zwischen den großen Strömen Brahmaputra und Irawadi ungefähr 2000 m aufragen, wohnt das Volk der *Khasi*. Sie haben ein uraltes und konsequentes Matriarchat bis an den Rand der Gegenwart bewahrt. Ihre Gesellschaftsordnung und Lebensweise sind ein gutes Beispiel, um die Eigenschaften der klassisch-matriarchalen Sozialstruktur erkennen zu können.

Die Khasi sind ein Teilvolk der *Wa*, die einst ganz Indochina bewohnt haben. Die Wa gelten als die Ureinwohner des gesamten Gebietes, das sich von den Gebirgen Ostindiens bis zu den Hochgebirgsketten Westchinas erstreckt. Heute leben sie nur noch in vereinzelten Stämmen in bergigen Rückzugsgebieten, nachdem sie von den nachrückenden Völkern der Thai, Schan, Laoten und Siamesen verdrängt, vernichtet oder aufgesogen worden sind. Ein solches Teilvolk der Wa sind die Khasi, die vor undenklicher Zeit von Nordosten über die Bergströme des Himalaya herabgekommen sind und weite Teile Ostindiens besiedelten. Das bestätigen archäologische Funde und Mythen aus der Khasi-Tradition. Mit ihnen verwandt sind die Stämme der *Palaung, Bahnar, Stieng, Koch* und *Kha*, ebenso die *Khasi* und *Moi* in Laos, ferner alle Stämme, die der ostasiatischen Sprachgruppe angehören. Das heißt, was wir für die Khasi sagen, hat in der Jungsteinzeit und lange Zeitphasen danach für ganz Ostindien und Teile Indochinas gegolten (Karte 1).[1]

Sie sind nicht nur mit den alten Bergvölkern Burmas verwandt, sondern auch mit den Bergstämmen Tibets. Sie sind mongolischer Herkunft, haben aber wenig ausgeprägte mongolische Merkmale, vielmehr recht helle Haut, große, runde Augen

---

1   Zum Ursprung der Khasi: R. Heine-Geldern: *Kopfjagd und Menschenopfer in Assam und Birma und ihre Ausstrahlungen nach Vorderindien*, Wien 1917, Anthropologische Gesellschaft Wien; Hamlet Bareh: *The History and Culture of the Khasi People*, Kalkutta 1967, Baba Mudran Privarte; Shadap Sen: *The Origin and Early History of the Khasi-Synteng-People*, Kalkutta 1981, KLM; Alois Bucher, in: *Anthropos*, Nr. 59, Fribourg/Schweiz 1964, Paulusdruckerei und -verlag.

2.1 Die Khasi: Land und Leute

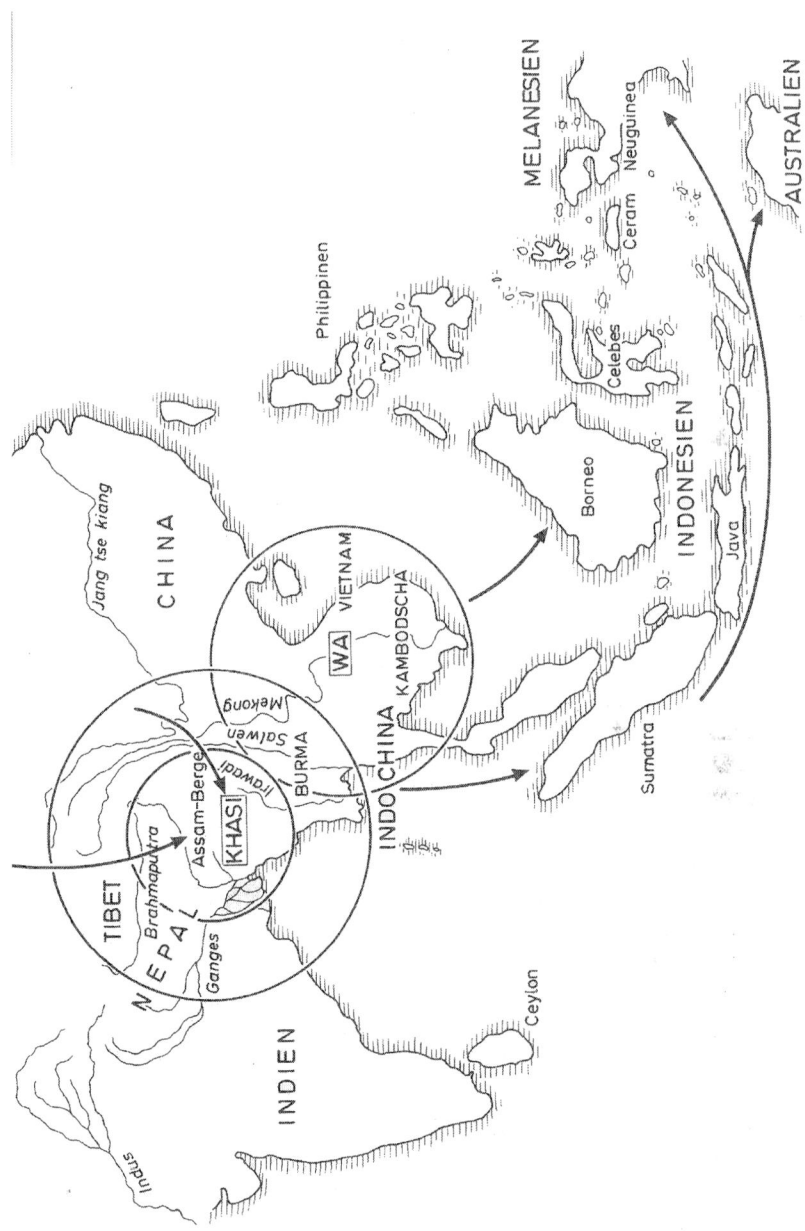

Karte 1

ohne Mongolenfalte und eine stolze Haltung.² Auch das verweist auf ihr sehr altes Erbe, denn die Ausprägung mongolischer Züge ist eine spätere Spezialisierung der Völker Innerasiens, während die Khasi – wie viele andere Völker – schon vor dieser Spezialisierung aus Innerasien ausgewandert sein müssen.³

Abb. 1: Khasi-Frau und Khasi-Mann in Festtagstracht.

---

2   Shadap Sen: *The Origin*.
3   William Howells: *Die Ahnen der Menschheit*, Rüschlikon-Zürich 1963, Albert Müller Verlag (zuerst New York 1959).

Das traditionelle Gewand der Khasi-Frauen ist lang und farbig, und bei ihren Festtänzen schreiten sie in kostbaren Roben und mit filigranen Silber- und Goldkronen wie Königinnen einher (Abb. 1). Sie werden als ebenso stark beschrieben wie die Männer, denn sie sind fähig, Lasten zu ihren Märkten zu tragen, die kein Hindu-Mann aus der Ebene auch nur hochheben kann. Ähnliches wird von den Frauen Tibets berichtet: Sie können unvorstellbare Lasten, an langer Stange über den Schultern balanciert, über hohe Pässe und durch reißende Flüsse tragen, während Khasi-Frauen solche Lasten in konischen Körben mit einem Stirnriemen tragen, und auf den Rücken setzen sie noch ihr Kind. Europäer waren ohne Lasten allein von der Wegstrecke erschöpft, die Khasi-Frauen und Tibeterinnen täglich ohne Ermüdungserscheinungen zurücklegen können. Frauen gelten bei diesen Völkern daher keineswegs als schwach, sondern als gleichstark oder sogar stärker als die Männer.[4]

Die Khasi-Berge sind eine karge, heute kahle und felsige Berglandschaft. In der Trockenzeit herrschen Nachtfröste und unaufhörlicher Wind, und die Regenzeit überschüttet dieses Vorgebirge des Himalaya mit der höchsten Regenmenge der Erde. Es regnet dann monatelang ohne Pause, darum heißt die Gegend »die Heimat der Wolken«. Die Dörfer der Khasi suchen Schutz vor Wind und Kälte in den steilen Tälern der Gebirge, wo auf terrassierten Hängen Reis angebaut wird, oder es werden im tiefer gelegenen Bergwald im Brandrodungs-Feldbau Maisfelder bepflanzt. Bei jedem Dorf gibt es einen heiligen Hain, meist aus Eichen, wo kein Baum gefällt werden darf. Bei den Häusern werden Schweine und Hühner gehalten, auch Ziegen sind sehr wichtig, und nur an tiefer gelegenen Orten kommen gelegentlich Rinder dazu.

Die Khasi sind von ihrem Ursprung her ein Ackerbauvolk. Aber sie haben im Lauf ihrer Geschichte einen lebhaften Handel entwickelt, der bis zu den Völkern der Brahmaputra-Ebene reicht. Das Märktewesen, an dem Frauen und Männer teilhaben, spielt eine große Rolle. Jedes Jahreszeitenfest ist begleitet von einem ausgedehnten Markt, zu dem viele Menschen zusammenkommen, vor allem die Sippenmitglieder aus allen Himmelsrichtungen. Wir können diese Märkte mit ihrer lebhaften Kommunikation und dem allseitigen Austausch mit »Messen« im doppelten Wortsinn vergleichen, denn sie sind zugleich Volksfeste, das heißt, zugleich profane wie sakrale Ereignisse.[5] Deshalb haben sie mit unseren heutigen kapitalistischen Märkten, bei denen es nur um den Gewinn von maximalem Profit geht, nichts gemeinsam.

2.2 Das soziale Gefüge

»Khasi« ist die allgemeine Bezeichnung für alle Teilstämme wie die *Khynriam, Pnar* (oder *Jaintia), Bhoi, War, Lynngam* und ihre Nachbarvölker, die *Garo* und *Mikir.* Das

---

4 Robert Briffault: *The Mothers.*
5 Bareh: *The History.*

soziale Gefüge der Khasi hat die Aufmerksamkeit vieler Forscher auf sich gezogen.[6] Es besteht aus großen Sippen oder Clans, deren wichtigste Person die Sippenmutter ist.

»Kha-si« heißt »von einer Mutter geboren«. Die älteste Mutter ist nicht nur Ursprung und Oberhaupt der Sippe, sondern verkörpert auch das einigende Band in ihrer Rolle als Familienpriesterin. In ihrer Hand liegen alle häuslichen Rituale bis hin zu den sehr wichtigen Ahnenzeremonien. Darüber hinaus ist sie Hüterin des gesamten Sippenbesitzes, nämlich des gemeinschaftlichen Hauses und Landes und des Einkommens aus der Arbeit aller Sippenmitglieder. Sie erbte diese Position als Amtsnachfolgerin von ihrer Mutter, falls auch diese eine Sippenmutter war. Aber sie hält die Güter des Clans nicht als »Privatbesitz« in den Händen, mit dem sie machen könnte, was sie wollte. Sie ist nur die Hüterin dieser Güter im Sinne des Wohlergehens der Sippe, für die sie verantwortlich ist. Sie lenkt die Verteilung des gemeinsamen Reichtums und achtet darauf, dass er an jede Person gleich verteilt wird, gemäß den Bedürfnissen in der Art einer Ökonomie des Gebens, die man die innere Schenke-Ökonomie des Clans nennen kann.[7] Ihre Verantwortung ruht auf natürlichen Bindungen und muss daher nicht abstrakt bestimmt werden, denn alle Mitglieder der Sippe sind ihre Schwestern und Brüder, ihre Töchter, Söhne und Enkelkinder, für die sie sorgt. Sie genießt im Sippenhaus unter ihren engsten Verwandten natürliche Autorität, ohne Befehlsmacht im Sinne patriarchaler Herrschaft, bei der die Bedürfnisse und Wünsche der Menschen nicht berücksichtigt werden. Natürliche Autorität heißt Ratgeben von ihrer Seite und freiwillige Akzeptanz auf der Seite der Sippenmitglieder, die auf dem Boden des familialen Respekts gewachsen ist. Sie hat im Sippenhaus ohnehin keinen »Erzwingungsstab« (Krieger, Polizei, Militär), um aus ihren Ratschlägen Befehle zu machen.

Die Khasi haben vollkommene Matrilinearität, das heißt, die Kinder erhalten den Namen des mütterlichen Clans und gehören zu dieser Sippe. Heute ist der väterliche Clan auch bekannt und wird geehrt, aber die Vaterlinie spielt keine Rolle, denn die Khasi betonen immer wieder die matrilineare Verwandtschaft und Solidarität. Das Sippeneigentum bleibt in der mütterlichen Sippe und wird von der Mutter auf die Tochter vererbt. Bei den Khasi ist es die jüngste Tochter, die »Ka Khatduh«, die nach dem Tod der Mutter das gesamte Erbe und die materielle wie spirituelle Verantwortung für die Sippe übernimmt (Prinzip der Ultimogenitur). Sie wird von ihrem Mutterbruder, das heißt dem Onkel mütterlicherseits, unterstützt, der das aktuelle Management des Glanbesitzes innehat und gemäß den Entscheidungen aller Clanmitglieder handelt. Die Ka Khatduh ist nun das neue Oberhaupt und die

---

6 Siehe für dies und das folgende P.R.T. Gurdon: *The Khasis,* Neu Delhi 1975, Cosmo Publication (zuerst London 1907), darin besonders die Einleitung von C.J. Lyall; Bareh: *The History*; G. Bertrand: *Geheimnisvolles Reich der Frauen,* Zürich 1957, Orell Füssli; C. Becker: »Die Nongkrem-Puja in den Khasi-Bergen«, in: *Anthropos,* Nr. 4, St. Augustin 1909; A.P. Sinha: »Statusrole of the matrilineal Pnar (Synteng-)husband«, in: *Tribe, Caste and Peasantry,* Lucknow/India, 1974, Ethnographic & Folk Culture Society U.P.; Majumdar, D.N./Roy, D.: *A Tribe in Transition,* Neu Delhi 1981, Cosmo Publication.

7 Siehe für die Theorie der Ökonomie des Schenkens Genevieve Vaughan: *For-Giving.*

Priesterin der Sippe und beginnt ihre Aufgabe mit den Bestattungszeremonien für die verehrte, verstorbene Mutter, deren liebevolle Stütze sie bis zuletzt gewesen ist. So verwendet sie die Güter der Sippe zuerst für die Kremation und die Bestattungsrituale, die in der traditionellen Khasi-Kultur in drei Stadien über mehrere Jahre hinweg stattfinden: Niederlegen der Knochen zuerst im Grab der Linie, dann werden die Knochen ins Beinhaus der Untergruppe des Clans gebracht, zuletzt werden sie endgültig im großen Gemeinschaftsgrab des Clans bestattet. Jedes Mal werden alle fernen Verwandten, die woanders wohnen, zu diesen Totenfeiern eingeladen.[8]

Die Position der Ka Khatduh scheint eine sehr privilegierte zu sein. Sie trägt jedoch eine große Last, denn sie muss die Fürsorge für ihre alternde Mutter bis zu deren Tod übernehmen, ebenso für alle Mitglieder des Clans, wenn diese in Not sind. Das wiegt umso schwerer, wenn sie nicht aus einer reichen Familie kommt – was die Regel ist – sie muss dann oft Hilfe bei entfernten Verwandten suchen. Außerdem sind ihre persönliche Freiheit und Mobilität stark eingeschränkt, denn ihre Aufgaben verlangen ihre Anwesenheit im Clanhaus.[9]

Zur Matrilinearität tritt die Matrilokalität hinzu, die besagt, dass die direkten Verwandten, auch wenn sie erwachsen sind, im Sippenhaus der Mutter wohnen bleiben. In einem Khasi-Haushalt leben gewöhnlich die Großmutter, ihre Töchter und Söhne und die Kinder der Töchter unter einem Dach zusammen. Sie nennen es »Ing Kur«, das Geburtshaus oder Mutterhaus. Diese Häuser sind nicht allzu groß, sie sind schlicht, ohne jede Dekoration, ihr Zentrum ist der mütterliche Herd. Es ist klar, dass mit dem Anwachsen der Sippe nicht mehr alle Personen im Sippenhaus untergebracht werden können, obwohl die Sippen der Khasi nur langsam wachsen, so dass die Bevölkerungszahl wohlüberlegt nahezu konstant bleibt.[10] Die jüngste Tochter, ihr Gatte und ihre Nachkommen leben permanent im Mutterhaus, und wenn es möglich ist, leben die älteren Töchter auch hier. Im anderen Fall werden den älteren Schwestern der Ka Khatduh neue Häuser in der Nähe des Mutterhauses errichtet oder Anbauten ans Sippenhaus.[11] Dorthin ziehen sie bei der Geburt ihres ersten Kindes, und nun beginnt die Khasi-Frau mit ihrem Mann und Kind eine neue matrilineare Familie zu gründen.[12]

Die Männer sind als Brüder und Söhne im Haus der Ka Khatduh, der Sippenmutter, daheim, ebenso die Mutterbrüder aus der älteren Generation (die »Onkel mütter-

---

8 Gurdon, S. 132–134.
9 Siehe die indigenen Khasi-Forscherinnen Patricia Mukhim: »Khasi Matrilineal Society – Challenges in the 21th Century«, in: Goettner-Abendroth (Hg.): *Societies of Peace*, S. 193–204; Valentina Pakyntein: »The Khasi clan: Changing religion and its effects«, in: *Kinship and Family in the North-East*, Bd. II, J.S. Bhandari (Hg.), Neu Delhi 1996, Cosmo Publications, S. 347–372; dieselbe: »Gender Preference in Khasi Society: An Evaluation of Tradition, Change and Continuity«, in: *Indian Anthropologist*, Nr. 30: 1&2, 2000, S. 27–35.
10 Majumdar/Roy: *A Tribe in Transition*.
11 Gurdon: *The Khasis*.
12 Sinha: »Statusrole«; Chie Nakane: *Khasi and Garo: Comparative Study in Matrilineal System*, Paris 1967, Mouton & Co., S. 131.

licherseits« in unserer Verwandtschaftsterminologie). Bei den Khasi-Pnar wohnen sie sogar zeitlebens dort und arbeiten auf den Feldern der Sippe. Sie gehen zur Jagd oder auf den Markt, aber alles, was sie erwerben, übergeben sie der Sippenmutter.[13] Als Gatten besuchen sie das Sippenhaus ihrer Gattinnen lediglich nachts, sie haben dort kein Wohnrecht. Sie kommen am Abend und warten, bis die Abendmahlzeit vorüber ist. Sie selber rühren nichts an, denn ihr Recht ist es im Haus der Mutter zu essen, für das sie arbeiten, aber nicht im Haus der »fremden« Sippe ihrer Gattinnen. Sie weilen über Nacht bei ihren Gattinnen, und am Morgen verlassen sie möglichst heimlich das Sippenhaus wieder (sog. »Besuchsehe«). Sollten sie nicht rechtzeitig gehen, kann es Schwierigkeiten für sie mit den Brüdern ihrer Gattinnen geben. Bei anderen Khasi-Stämmen wohnt der Gatte der Ka Khatduh länger im Sippenhaus, er arbeitet in ihrem Clan mit. Auch die älteren Schwestern, wenn sie eigene Häuser haben, wohnen mit ihren Gatten zusammen, so lange es beiden Seiten gefällt.

Von den Garo, dem Nachbarstamm der Khasi, ist die Sitte der Frauenwerbung bekannt. Sie besagt, dass nicht der junge Mann um die junge Frau wirbt, sondern sie wirbt um ihn. Bei den Garo hat diese Werbung durch die Frau eine außergewöhnliche Form: Hat sie auf einen jungen Mann ihr Auge geworfen, so lässt sie ihn von ihren Brüdern entführen, denn oft hat er ihre Liebe gar nicht bemerkt. Gefesselt wird er in ihr Dorf gebracht und für längere Zeit im Männerhaus festgehalten. Dann wird er der jungen Frau, die sich prächtig geschmückt hat, in ihrem Haus vorgestellt. Das Gesellschaftsspiel schreibt nun vor, dass er noch dreimal entfliehen darf. Wird er wieder eingefangen, setzt es Schläge vonseiten der Brüder, und er wird ins Dorf zurückgeschleppt. Beim dritten Mal nimmt er in der Regel die Wahl der jungen Frau an, entflieht er aber ein viertes Mal, so hat er die Wahl ausgeschlagen, und die Sache ist erledigt.[14]

So lose wie die Ehe, so einfach ist die Scheidung bei den Khasi. Es genügt eine einfache Geste des Nicht-mehr-Mögens von der einen oder der anderen Seite, und die Partner trennen sich. Die Frau bleibt im Haus ihrer Mutter oder in ihrem eigenen, der Mann kehrt ins Haus seiner Mutter zurück, das er nur zeitweise verließ. Manche Khasi-Frau bringt es in ihrem Leben daher auf eine stattliche Zahl an Gatten. Etliche Forscher reden von »Monogamie« bei den Khasi, weil in der Regel nur ein Gatte bei der Gattin weilt.[15] Doch bei diesem leichten Wechsel der Partner ist »Monogamie« im strengen Sinne eine Fiktion. In Gebrauch ist bei Frauen und Männern »serielle Monogamie«, wenn man es denn so nennen will. Nach der Trennung oder Scheidung – die nicht notwendig legal sein muss, sondern nur von den Verwandten und Nachbarn anerkannt – kann jede Person wieder heiraten; es gibt kein Hindernis für wiederholte Heiraten.

An diesem matrilinearen System ist zu sehen, dass der Mann als »Gatte« keine Rolle spielt und als »Vater« nicht anerkannt ist; die Beachtung der väterlichen Linie ist eine spätere Entwicklung. Aber das geschieht nicht, weil er verachtet wird,

---

13 Gurdon: *The Khasis*; Sinha: »Statusrole«.
14 Bertrand: *Geheimnisvolles Reich*.
15 Zum Beispiel Gurdon: *The Khasis*.

sondern weil er mit den Kindern seiner Geliebten oder Gattin als nicht verwandt gilt, denn er stammt aus einer anderen matrilinearen Sippe. Er wird als am nächsten verwandt betrachtet mit den Kindern seiner Schwestern, seinen »Nichten und Neffen« (in unserer Verwandtschaftsterminologie). Er betrachtet die Schwesterkinder als seine Töchter und Söhne, weil er denselben Clannamen wie diese trägt. In der Rolle als ältester Bruder und Beschützer seiner Schwestern, als der »U Kni«, genießt er hohes Ansehen. Denn er ist der »soziale Vater« der Schwesterkinder (in unserer Verwandtschaftsterminologie) und der Mitpriester in familialen Angelegenheiten.

Die Rolle des U Kni ist von europäischen Forschern maßlos übertrieben worden, weil sie sich nicht von der Vorstellung lösen konnten, dass ein Mann das Oberhaupt der Familie sein muss. Weil der U Kni auf den Ratsversammlungen, den »Durbar«, die Sippe nach außen vertritt und auch sonst repräsentative Funktionen hat, wird sogleich auf Männerdominanz und Abwesenheit von Matriarchat geschlossen. Andere Forscher geben das Matriarchat bei den Khasi zu, bedauern aber sofort das Leben der Männer. Diese Ambivalenz geht auf ein grundsätzliches Vorurteil bei den Ethnologen zurück, nämlich dass es Männern im Matriarchat nicht gut geht. Wenn es aber Männern dem Augenschein nach dennoch gut geht, wie zum Beispiel dem U Kni, dann muss logisch daraus folgen, dass diese Gesellschaft kein Matriarchat ist! Hier stoßen wir nicht auf ein sachliches Problem, sondern auf eine Grenze ihres patriarchal geprägten Denkens.

Ein anderes klassisches Ethnologen-Vorurteil ist die Rede von »nur« matrilinearen Völkern, die den Frauen angeblich nicht mehr einräumen als nur noch die Namensgebung in weiblicher Linie. Auch hier wird das Matriarchat, das nicht in ihr Weltbild passt, methodisch zum Verschwinden gebracht. Denn irgendwo taucht neben der »Nur-Matrilinearität« dann doch das Erbrecht auf den Clanbesitz in weiblicher Linie auf, und auch die Matrilokalität wird verschämt zwischen den Zeilen zugestanden. Mit diesen wesentlichen Zügen ist aber die »Nur-Matrilinearität« bei weitem überschritten, und wir haben eine matriarchale Gesellschaft vor uns. Die methodischen Probleme sind dabei in der Regel sehr unklare Vorstellungen über die Struktur der matriarchalen Gesellschaftsform, verbunden mit einer oberflächlichen Betrachtungsweise. Dabei werden nur einzelne agierende, meist männliche Personen berücksichtigt, unter Ausschluss der anderen wichtigen Agierenden und der Verknüpfungen des gesamten sozialen Gefüges. Mit einem solchen Vorgehen können Sippengesellschaften, in denen die Funktionen niemals individualistisch, sondern gemeinschaftlich sind und die Verwandtschaftslinien mit politischen Funktionen zusammenfallen, nicht angemessen verstanden werden.

2.3 Die politischen Muster

Ein Beispiel für die Überschneidung von Verwandtschaftslinien mit politischen Linien ist bei der Rolle des U Kni zu sehen, der die Sippe öffentlich nach außen auf den größeren Ratsversammlungen oder »Durbar Schnong« vertritt. Nur weil bei diesen lokalen Räten ausschließlich Männer zusammensitzen, stellen sich europäische Ethnologen vor, dass der Schlüssel aller Politik bei ihnen liegt. Sie werden von ihnen als souveräne Entscheidungsträger und Macher der Politik betrachtet. Einheimische Khasi-Ethnologen wissen es genauer: Jedes Sippenhaus ist die grundlegende politische Einheit, wo die Entscheidungen beim »Durbar Ing« oder Familienrat durch Konsens fallen. Dieser häusliche Rat entsendet dann ein älteres, männliches Clanmitglied zum »Durbar Kur« oder Sippenrat, und jeder Sippenrat sendet wiederum einen männlichen Delegierten zum lokalen Rat, dem »Durbar Schnong«. Die britische Kolonialregierung setzte dann einen Distrikt-Rat darüber, der eine formale Rechtsinstitution ist; damit nahm sie den lokalen, einheimischen Räten die Macht weg, strittige Fälle durch Konsens selbst zu lösen.[16]

Bei den traditionellen politischen Mustern ist jeder Mann bei einer Ratsversammlung in erster Linie Sohn seiner Mutter oder Bruder seiner Schwester, der Ka Khatduh, die im Sippenhaus tätig ist und der er verantwortlich ist. Jede Ratsversammlung muss den Konsens der Frauen haben, über die Frauen hinweg kann gar nichts entschieden werden. Das folgt unmittelbar aus der Struktur dieser Gesellschaft: Die Frauen geben den Männern die tägliche Nahrung, den Schutz des Hauses, die ethnische Identität in der Sippe im Leben, später durch die Beisetzung im Sippengrab auch im Tod. Deshalb gilt der Mann als Helfer und Mitwirkender in allen wichtigen Angelegenheiten des Lebens, aber er ist nie sein eigener Souverän. Auch die Frau ist als Ka Khatduh nicht persönlich Souveränin, sondern sie hat Entscheidungsmöglichkeiten nur im Verband der Sippe, nach deren ungeschriebenen Regeln sie sich richtet. Nur in diesem nicht-patriarchalen Sinne ist die Ka Khatduh das Oberhaupt der Sippe, und sie übt ihre Macht nie mit Gewalt aus. Sie wird von den Sippenmitgliedern respektiert, ihren Schwestern und Brüdern, ihren Töchtern und Söhnen. Im heutigen Klima der politischen Bewusstwerdung halten viele Khasi-Männer diese matriarchale Struktur für die Stärke ihres Volkes, mit dem es Jahrtausende überleben und seine Identität bewahren konnte.[17]

Die Politik matriarchaler Stammesgesellschaften kann man nicht einfach »demokratisch«, oder besser: »basisdemokratisch« nennen, obwohl genau dies praktiziert wird. Es ist jedoch ein späterer politischer Begriff mit seinen eigenen Konnotationen, daher bezeichnet man sie am besten als »Konsensgesellschaften« auf dem Boden von Sippen. Das heißt, die Entscheidungsfindung liegt bei allen Sippenmitgliedern gemeinsam; sie wird zusammengefasst und zum Abschluss gebracht von der Sippenmutter als Matriarchin und danach von ihrem Bruder im Dorfrat vertreten. Er hat dabei die Rolle eines Delegierten, nicht aber eines Entscheidungsträgers. Die Sippe wird ihm niemals gestatten, die rein exekutive Funktion zu überschreiten und eigenmächtige Schritte zu tun. In diesem Sinne sind Matriarchate *herrschaftsfrei*. Das heißt, sie zeigen die *Nicht-Herrschaft von Frauen bei ihrer gleichzeitigen vollen ökonomischen und sakralen Autorität*.

Daran ändert sich auch nichts, wenn sie nicht auf dem Stand der einfachen Stammesgesellschaft bleiben, sondern eine Art einheimischen »Adel« entwickeln,

---

16 Patricia Mukhim: »Khasi Matrilineal Society«.
17 Siehe dazu die klare Stellungnahme von Majumdar/Roy, S. 44, 49 f., 155 f.

wie es bei den Khasi der Fall ist. Mit diesem sogenannten »Adel« kommt bei ihnen aber keine Klassengesellschaft nach dem Muster des europäischen Feudalismus auf. Der Grund ist, dass dieser »Adel« nicht aus einer Schicht von fremden Eroberern hervorging, sondern er besteht aus den ältesten einheimischen Sippen. Von ihnen stammen die jüngeren Sippen durch Teilung ab, oder es sind fremde, angegliederte Sippen, welche die einheimische Kultur übernommen haben. Deshalb genießen diese ältesten Sippen das höchste Ansehen. Aber sie haben nicht mehr Macht und Reichtum als die anderen Sippen, sondern nur eine Ehrenstellung. So bleiben matriarchale Gesellschaften trotz »Adel« homogene Verwandtschaftsgesellschaften.

Dieses Muster zeigt sich bei den Khasi deutlich: Die ältesten Sippen dürfen in den verschiedenen Regionen, in die das Khasi-Land gegliedert ist, die Häuptlinge oder Könige, die »Siems«, stellen. Am Beispiel der gut untersuchten Region von Khyrim können wir das Muster dieser »Siemschaft« erkennen. Der Siem von Khyrim ist der Sohn der »Siem Sad«, der Hohen Priesterin von Khyrim. Nicht er, sondern sie ist das aktuelle Oberhaupt des Volkes, sie lässt einen ihrer Söhne oder Neffen als ihren Delegierten agieren.[18] Sie besitzt das große, königliche Haus, in dem eine heilige Säule oder Achse steht, die den Mittelpunkt der Welt darstellt. So wohnt sie symbolisch in der Mitte der Welt, der Khasi-Welt. Jede offizielle Opferzeremonie beginnt durch sie an dieser heiligen Säule und schließt auch dort.[19] Sie bewahrt die heiligen Symbole auf, die Krone und die Opfergeräte, ohne die kein Opfer gefeiert werden kann, ebenso die Opfertiere. Stets vollzieht sie die erste Opferhandlung im Haus, danach übergibt sie dem König, ihrem Sohn, Geräte und Tiere und lässt ihn mit der Zeremonie draußen fortfahren. Dabei schaut sie ihm von der Tribüne ihres Hauses zu.

Der versammelte Stamm feiert dann das Opferfest auf dem Platz vor ihrem Haus wie vor einem Tempel. Der Siem und andere Männer köpfen Ziegen mit einem einzigen Schlag ihrer langen Messer für die höchste Göttin, die »Ka Blei Synschar«, dann wird der große Erntetanz, der »Nongkrem-Tanz«, ausgeführt. So haben alle wichtigen offiziellen Feste die Siem Sad als Mittelpunkt, sie ist das spirituelle Zentrum und verantwortlich für die Wohlfahrt des Volkes. Im Gegensatz dazu hat der Siem nur eine exekutive und zeitlich vorübergehende Macht, denn er kann in seiner Funktion durch einen anderen Sohn oder Neffen abgelöst werden, die Siem Sad hingegen nicht.[20] Außer der spirituellen besitzt die Siem Sad auch die ökonomische Autorität, denn sie ist die Hüterin des königlichen Schatzes. Alle Einkünfte aus dem besonderen Landanteil, der dem König zusteht, kommen in ihre Hände, ebenso das, was er persönlich erwirbt.[21]

Dies zeigt, dass die Sippenstruktur auch bei der Siemschaft keine Ausnahme macht, und darin liegt eine zweifache Begrenzung für den Siem. Er ist nicht nur

---

18 Gurdon, Einleitung von C.J. Lyall; Bareh: *The History*.
19 Becker: »Die Nongkrem-Puja«.
20 Ibidem; Gurdon, Einleitung von C.J. Lyall; Bareh: *The History*.
21 Becker, ibidem.

abhängig von seiner Mutter, sondern auch mit Aufgaben belastet. Er lebt so einfach wie alle Leute und wohnt nicht separat, sondern mitten im Dorf bei seiner Mutter. Er kann keinerlei Tribut oder Steuern erheben, er hat lediglich Anrecht auf einen bestimmten Anteil Land. Davon muss er die Jagdunternehmen organisieren und ebenso die Abwehrfehden gegen Stämme aus dem Tiefland. Die Ausgaben dafür und für seine offiziellen Handlungen kommen aus dem königlichen Schatz. Nicht selten wird er im Verlauf seines Amtes arm. Dann geht er arbeiten um Geld zu verdienen wie jeder gewöhnliche Mann, oder er muss Geld bei reicheren Sippen leihen. Bei jedem Anzeichen von unpassendem Benehmen ist er absetzbar und kann durch die Siem Sad von einem anderen männlichen Verwandten abgelöst werden. Es gibt daher Khasi-Männer, die das Amt des Siem, als es ihnen angeboten wurde, glatt ablehnten, wegen der damit verbundenen strengen Verpflichtungen.[22] Erst als die Engländer die Khasi-Berge militärisch vereinnahmt hatten, installierte ihre Administration die Häuptlinge dauerhaft und machten sie gleichzeitig zu ihren Marionetten.

Die Siem Sad von Khyrim ist nicht der einzige Fall einer einflussreichen Priesterin, die lenkend hinter dem Siem steht. Dieselbe Rolle der Siem Sad ist auch von den Regionen Bhoi und Cherra bekannt, und es gibt geschichtliche Hinweise darauf, dass früher in allen Regionen sowohl eine Siem Sad wie ein Siem gewählt wurden.[23] Wir dürfen also davon ausgehen, dass es das generelle Muster der Siemschaft war, das außerdem mit der Sippenstruktur der Khasi völlig übereinstimmt. Von geschichtlichen Völkern gibt es zudem eine Fülle von Belegen, die dasselbe Muster des matriarchalen Königtums zeigen.

Die Macht von Frauen in der offiziellen matriarchalen Struktur war aber nicht auf das Amt der Siem Sad begrenzt. In der Geschichte der Khasi hat es auch weibliche Siems oder Königinnen gegeben, die beide Funktionen, die sakrale und die exekutive, innehatten oder auch einflussreiche Töchter einer Siem Sad gewesen waren. Diese Königinnen heißen »Siem Synschar«, und eine von ihnen ist sogar noch von 1869 bekannt.[24] Eine andere Königin ist berühmt als Gründerin der Hauptstadt Schillong.[25] Aus den Mythen der Khasi geht hervor, dass es in frühester Zeit die Ahnfrauen selbst waren, die als Königinnen alle Städte und Regionen gegründet haben. Damals waren Frauen als Thronfolgerinnen die Regel, erst später ging unter dem Einfluss benachbarter patriarchaler Königreiche die Thronfolge auf männliche Personen über, und Königinnen wurden die Ausnahme.[26] Konstant blieb es aber bei der sakralen Macht der Siem Sad, der Königin-Mutter. In matriarchalen Gesellschaften liegt, wie bei den Khasi, der höchste Rang eben nicht bei der administrativ-politischen Gestalt des Siem, sondern in der sakralen Würde der Siem Sad. Im Gegensatz dazu ist es in unserer Gesellschaft und in unseren profanen Zeiten genau umgekehrt.

---

22 Gurdon: *The Khasis*; Shadap-Sen, S. 186 f.
23 Majumdar/Roy, S. 43; Bareh, S. 237.
24 Bareh, ibidem.
25 Ibidem.
26 Majumdar/Roy, S. 43.

Ähnlich wie beim Siem verhält es sich bei den »Lyngdoh«, den männlichen Dorfpriestern, die das Ziegen- oder Hahnopfer auf jedem Dorfplatz ausführen. Der Forscher Gurdon hat auch hier mit aller Deutlichkeit die abhängige Rolle des Priesters erkannt, der ein Ritual oder Opfer nur ausführen kann, wenn die »Ka Lyngdoh«, seine Mutter oder Schwester, ihm die heiligen Geräte und Opfertiere übergibt. Denn in ihren Händen sind die Gegenstände und Tiere, sie gehören zum Clanbesitz, den sie hütet. Ihre Handlung der Übergabe kann nicht als »Assistenz oder Vorbereitung für *sein* Opfer« bezeichnet werden, wie es irreführend beschrieben wird, sondern sie erteilt ihm damit den Auftrag, damit er seine Funktion ausüben kann. Nur als ihr Delegierter darf er das Opfer ausführen, das er niemals allein vollziehen kann. Mit der Übergabe führt sie die erste und entscheidende Handlung aus, ohne die es gar kein Opfer gäbe. Alle heiligen Geräte und die Sippengüter können, genauso wie beim königlichen Schatz, nur von Personen aufbewahrt werden, die mit der wichtigsten sakralen Macht ausgestattet sind, und das sind bei den Khasi die Frauen.

2.4 Glauben und religiöse Feste

Die Khasi haben traditionellerweise keine Religion im patriarchalen Sinne mit organisierter Theologie und Kirche, darum tun sich die Forscher sehr schwer, ihren Glauben zu charakterisieren. Es wird von »Animismus«, »Polytheismus« und »Ahnenkult« geredet, und das alles stimmt nicht. Dies sind Begriffe, die von den Europäern geprägt wurden und abfällig gemeint sind, sie zeugen nur von deren Arroganz und Ignoranz.

Der am meisten hervorstechende Zug der Khasi-Religion ist die Verehrung der weiblichen und männlichen Ahnen und die damit verknüpften, ausführlichen Zeremonien für sie. Das ist kein bloßer »Kult«, sondern ein eigenes religiöses Denken, das sich auf den Glauben an die Wiedergeburt der Ahnen in der eigenen Sippe bezieht. Statt »Animismus« (Geisterglauben) und »Polytheismus« (Vielgötterei) praktizieren die Khasi Naturverehrung, die sehr eng mit ihrer Ahnenverehrung zusammenhängt.

Eine weitere Erscheinung, die mit der Ahnenverehrung verbunden ist, stellt die faszinierende Megalith-Kultur der Khasi dar, die es ebenso bei anderen, mit den Khasi verwandten Stämmen Südostasiens gibt. Megalith-Kultur ist Architektur aus riesigen Steinblöcken. Sie hat die englischen Forscher angesichts der Menhire-Reihen und Dolmen bei den Khasi zu dem erstaunten Ausruf verführt, sie fühlten sich wie zu Hause! Sie hatten damit nicht Unrecht, obwohl die Megalith-Kultur in Europa zur Vergangenheit gehört, zur historischen Schicht der Jungsteinzeit, deren Reste in England noch reich vertreten sind. Bei den Khasi Ostindiens hat diese kultische Bauweise, obwohl sie längst Eisenwerkzeuge und andere neue Techniken besitzen, bis in die Gegenwart angedauert. Daher können wir hier von ihnen am lebendigen Beispiel erfahren, was eine Megalith-Kultur bedeutet.

Mit den einfachsten Mitteln, nämlich mit Seilen und auf Holzrollen, schleppen die Khasi-Männer geduldig die mächtigen Steinblöcke heran. Sie richten sie zu Menhiren (Stehende Steine) auf, indem sie eine Grube ausheben und den Stein mit einem Ende hineingleiten lassen – so jedenfalls berichten es Augenzeugen.[27] Nicht anders dürften es die Megalith-Erbauer im jungsteinzeitlichen Europa gemacht haben. Es gibt eine feste Anordnung für die Steinegruppe; sie besteht aus drei stehenden, meterhohen Steinen (Menhire), und vor ihnen liegt ein mächtiger Block auf Steinstützen wie ein Tisch (Dolmen). Manchmal werden die Menhire auf Gruppen von fünf, sieben oder mehr erweitert, stets von ungerader Anzahl und alle in einer Reihe beim Dolmen in ihrer Mitte (Abb. 2). Die Auskunft der Khasi zu diesen Formen lautete, dass die Steine die verstorbenen Ahnen verkörpern, für die sie erbaut wurden. In dieser unvergänglichen Gestalt weilen sie nun für immer bei den Lebenden. Deshalb werden manche dieser Steine mit einem eingehauenen Gesicht versehen. Der große, horizontale Stein verkörpert die Ahnfrau der Sippe, die »Ka Jawbei Tynrai«, die sich nun von ihrer harten Arbeit ausruhen und daher liegen darf. Jeder Dolmen ist daher ein weiblicher Stein. Die Ka Jawbei Tynrai ist zugleich eine irdische Urgroßmutter und die mythische Ahnfrau des Clans. Die aufrecht stehenden Menhire sind männlich, aber nicht aufgerichtete Phalli – wie von manchen Forschern behauptet wird –, sondern Verkörperungen des ganzen Mannes. Der mittlere Stein, der größte Menhir der Reihe, repräsentiert den ältesten Bruder der Ka Jawbei, den »U Suidnia«, den Wächter und Beschützer ihrer Ruhe. Darum steht er aufrecht! Auch hier verschmilzt ein irdischer Ur-Mutterbruder mit dem mythischen Beschützer der Sippe. Die anderen Menhire stellen weitere Brüder oder Söhne der Ahnfrau dar.[28]

Diese Steinegruppen sind Kultstätten für viele Zwecke. Hier bittet man die Seelen der Ahninnen und Ahnen um Schutz und Segen für die Sippe, da sie in den Dolmen und Menhiren leibhaftig, wenn auch »versteinert«, anwesend gedacht werden. Zu den Ahnenfesten werden sie mit grünen Zweigen geschmückt, und auf die Dolmen werden Speisen wie auf Tische gestellt. Wie die Gottheiten erhalten die Ahnenwesen auch Tieropfer: Ziegenböcke oder Hähne werden auf dem Dolmen geköpft, die Steine mit ihrem Blut bestrichen. Sinnfällig werden die Ahnen so von den Lebenden ernährt, genießen ihre Gesellschaft und segnen sie dafür. Vor allem bleiben sie auf diese Weise lebendig, bis sie als Kinder in der eigenen Sippe wiedergeboren werden. Der Stein der Ka Jawbei Tynrai empfängt die Gaben stellvertretend für die anderen Ahnen, so wird im Leben wie im Tod noch alles zur Sippenmutter gebracht. Die steinerne Ahnfrau wird dabei selbst zum Altar.

---

27 H.H. Godwin-Austen: »On the Stone Monuments of the Khasi-Hills«, in: *Journal of the Royal Anthropological Institute,* London 1872, 1876, Trübner; C.B. Clarke: »The Stone Monuments of the Khasi-Hills«, in: *Journal of the Royal Anthropological Institute,* London 1874, Trübner.
28 Godwin-Austen, ibidem; Clarke, ibidem; Gurdon: *The Khasis*; Shadap-Sen: *The Origin*; R. Heine-Geldern: »Die Megalithen Südostasiens und ihre Bedeutung für die Klärung der Megalithenfrage in Europa und Polynesien«, in: *Anthropos,* Nr. 23, Mödling bei Wien 1928, Missionsdruckerei St. Gabriel; P. Gerlitz: »Die Bedeutung der Steinmonumente in den Khasi-Hills«, in: *Symbolon,* Nr. 6, Köln 1982, Brill Verlag; D. Roy: »The Megalithic Culture of the Khasis«, in: *Anthropos,* Nr. 58, Fribourg/Schweiz 1963, Paulusdruckerei und -verlag; M. Schuster: »Zur Diskussion des Megalithproblems«, in: *Paideuma,* Nr. 7, Wiesbaden 1959, 1961, Steiner; Hutton, in: *Journal of the Royal Anthropological Institute,* Nr. 56, London, Royal Anthropological Institute.

2.4 Glauben und religiöse Feste

Abb. 2: Menhire und Dolmen der Khasi bei Schillong.

Zugleich ist sie auch, mit dem großen Menhir hinter ihr als Lehne, die Urform des ersten Thrones. Denn der Stein der Ka Jawbei Tynrai ist der Platz, auf dem sich ihre Nachkommen niedersetzen und ausruhen dürfen. Früher durfte auf ihm aber nicht jeder Platz nehmen, sondern nur dem Siem, dem König, war es erlaubt. Er gebrauchte diesen Sitz, um bei den großen Festversammlungen Recht zu sprechen.[29] Sicherlich wurde er auf diesem Dolmen auch in seine Würde eingeführt, eben inthronisiert. In der Geschichte Ägyptens galt Isis, die Göttin des Landes und Mutter allen Lebens, ebenfalls als der »Thron« des Pharao. Gleichermaßen war die Ka Jawbei Tynrai der Thron, von dem der Siem im Auftrag seiner realen Mutter und seiner Ahnin-Mutter, auf ihrem steinernen Leib sitzend wie ihr Kind, Recht sprach und seine königlichen Pflichten erfüllte. Die Kultstätte war darum zugleich Versammlungsstätte und Gerichtshof, der multifunktionale Ort der Ahnenverehrung, der Opferhandlungen und der Rechtsausübung. Dies zeigt wiederum, dass es in dieser Kultur keine Trennung von Sakralem und Profanem gab.[30]

Die mythische Ahnfrau im Jenseits wird für die Ahnenseelen zur Hüterin von Tod und Wiedergeburt, wie es am deutlichsten bei »Ka Meikha«, der mythischen Urmutter aller Khasi hervortritt. Sie ist die Urmutter des ganzen Volkes und in den Rang einer Göttin aufgestiegen, in früher Zeit war sie die Große Göttin von ganz Assam. Der Ort ihrer Kultstätte, die später in einen hinduistischen Tempel umgewandelt wurde, gilt als der Platz der frühesten Khasi-Siedlung in Assam: der Kamakhya-Hügel bei Gauhati. Dort wohnten Khasi und Garo miteinander, nachdem sie in der Jungsteinzeit über den Himalaya herabgekommen waren und die Ebene entlang des Flusses Brahmaputra zu

---

29 Heine-Geldern, ibidem; Gurdon, ibidem.
30 Gerlitz, S. 67 f.; Heine-Geldern: »Die Megalithen Südostasiens«, S. 303 f.

besiedeln begannen. Das war lange vor der Ankunft der patriarchalen Indoeuropäer in diesem Gebiet. Vor diesen gewalttätigen Eroberern flohen sie dann in die Khasi-Berge, wo sie heute noch leben.[31] Ka Meikha, die Urmutter im Jenseits wurde selbst zur Todesgöttin, zur Hüterin aller Ahnenwesen, aber auch zur Wiedergeburtsgöttin, denn sie schenkt ihnen regelmäßig die Wiedergeburt. Sie galt als die Göttin der Tiefe und der Umwandlung, des Abgrunds, aus dessen Erdspalten und Wasserströmen neues Leben geboren wird. Sie ist der Prototyp der archaischen Muttergöttin schlechthin und verweist auf die ostindische Ka-li, als deren Vorgängerin sie betrachtet werden kann. Das zeigt das Khasi-Wort für »Göttin«, es heißt »Ka Blei«, was später zu »Ka Li« vereinfacht wurde. In minderem Maße gelten die Eigenschaften der Ka Blei für die Ka Jawbei Tynrai jeder Sippe.[32]

Für diese älteste Göttinnen-Verehrung, die folgerichtig aus der Ahninnen-Verehrung hervorging, ist charakteristisch, dass die Totengründe mit den Megalith-Bauten und die Flüsse, die aus der Tiefe hervorsprudeln, heilig gehalten werden. Diese Heiligkeit führte dazu, dass – wie es in den Berichten heißt – es noch zu Beginn der englischen Kolonialherrschaft vorkam, dass sowohl auf dem Stein der Ka Jawbei Tynrai manchmal ein Mann geköpft wurde und auf dem Dolmen-Altar der Flussgöttin Kopili zwei Männer, deren Köpfe und Körper dann in den Fluss geworfen wurden.[33] Dieses Ritual ist für Europäer schwer zu verstehen, besonders weil christliche Missionare, wann immer sie diesem religiösen Brauch begegneten, ihn als äußerst barbarisch darstellten um zu beweisen, wie primitiv und grausam dieses Volk ist und wie sehr es das Christentum nötig hat. Doch bevor man Urteile fällt, muss man versuchen, die Bedeutung dieses Rituals im eigenen Kontext dieser matriarchalen Kultur zu verstehen. Die Beschreibungen der Forscher weisen deutlich darauf hin, dass die Männer keine unfreiwilligen Opfer waren. Sie kamen aus sehr angesehenen Sippen und gingen gemäß den Berichten freiwillig die Begegnung mit der Todesgöttin ein, in der Hoff-

---

31 Bareh: *The History.*; B.K. Kakati: *The Mother Goddess Kamakhya,* Gauhati 1948, 1967, Lawyer's Book Stall.
32 Ich gebrauche hier das Wort »Göttin«, obwohl es die Khasi selbst nicht gebrauchen. Ich bin mir dessen bewusst, dass es ein Begriff aus der westlichen Kultur ist. Damit möchte ich den hohen Rang des weiblich Göttlichen bezeichnen, das in der Khasi-Religion im Zentrum steht. Bei ihnen ist das Wort für »Göttin« hingegen »Ka« im Sinne von »Hohe Frau, Fürstin, Herrin«. »Ka Jawbei« heißt deshalb genauer »Hohe Ahnfrau« oder »Fürstin der Anderswelt«, »Ka Meikha« bedeutet »Hohe Mutter« oder »Herrin der Toten«, »Ka Blei« bedeutet »Hohe Göttin«.
33 Siehe zur Religion der Khasi und dem Köpfen von Männern: Gurdon: *The Khasis*; Bareh: *The History*; Gerlitz: »Die Bedeutung«; S.N. Barkataki: *Tribal Folk-Tales of Assam Hills,* Gauhati 1965, 1983, Publication Board; B.C. Gohain: *Human Sacrifice and Head-Hunting in North-East India,* Gauhati 1977, Lawyer's Book Stall; S.C. Mitra: »Note on Another Recent Instance of the Khasi Custom of Offering Human Sacrifice to the Snake Deity Thlen«, in: *Man in India,* Nr. 12, Ranchi 1932, Catholic Press; R. von Ehrenfels: »Doppelgeschlecht und Götterpaar in der Religion der Khasi«, in: *Paideuma,* Nr. 4, Wiesbaden, 1954, 1958, Steiner; F. Stegmiller: »Aus dem religiösen Leben der Khasi,« in: *Anthropos,* Nr. 16, 17, Fribourg/Schweiz, 1921, 1922, Paulusdruckerei und -verlag; Soumen-Sen: *Social and State Formation in Khasi-Jaintia Hills,* Delhi 1985, B.R. Publications, Kapitel IV.

nung, dass die Göttin oder die vergöttlichte Ahnfrau ihrem Volk ein glückliches Weiterleben schenken würde. Das ist eine sakrale Würde, die in früheren Zeiten vermutlich allein dem König zukam: Am Tag seiner Inthronisation auf dem Dolmen überantwortete er sich selbst seinem künftigen rituellen Tod. Dieser weit verbreitete Brauch, den Heiligen König zu opfern, bedeutet ein Nehmen und Geben zwischen den Menschen und der Erde: Ihr, die soviel Leben geschenkt hatte, wurde ein Leben zurückgegeben, und zwar des beste von allen, das des Königs.[34]

Die großen Ströme Indiens gelten insbesondere als Urmütter, wie beispielsweise »Ma Ganga«, die Gangesmutter. Sie lassen die Pflanzen gedeihen und spenden damit allen Lebensreichtum. Ihre Wasser sind Wasser des Lebens und zugleich des Todes und der Wiedergeburt. Man stellt sie im Symbol der Schlange dar, die je nach Größe des Wasserlaufs winzig wie ein Fädchen oder riesig wie ein Wasserdrache sein kann, der Hunderte von Gliedern hat, die seine Nebenflüsse symbolisieren. Der Schlangenkult als Verehrung der Leben spendenden Kraft des Wassers ist ebenfalls uralt, er gehört zur ältesten und auf der Erde am weitesten verbreiteten religiösen Schicht. Nicht anders verhält es sich bei den traditionsbewussten Khasi-Pnar (Khasi-Synteng): Bei ihnen heißt die Schlangengöttin »Ka Taro«, und sie bringt Krankheit und Tod genauso wie Gesundheit und Leben – eine Eigenschaft, die alle großen Ströme haben.[35] Denn sie können mit ihren reißenden Überschwemmungen den Menschen Krankheit und Tod bringen oder durch ihr regelmäßiges Fließen auch Wachstum, Gesundheit und Leben. Bei den Khasi heißt der Schlangengeist »U Thlen«, er kann Gesundheit und Wohlstand schenken und ist ein Abgesandter der hinter ihm stehenden Göttin »Ka Kma Kharai«, ursprünglich selbst eine Wassergöttin.[36] Bis in die jüngste Vergangenheit wurden ihm durch schwarzmagische Mittel noch Menschenopfer gebracht.

Als allumfassende Göttin hinter den vergöttlichten Ahnfrauen und den Wasser- und Schlangengöttinnen erscheint »Ka Blei Synshar«, sie ist die Große Mutter Natur, die Himmel und Erde verkörpert. Ihre drei Töchter sind die transformierenden Kräfte des Feuers, »Ka Ding«, und des Wassers, »Ka Um«, sowie die strahlende Sonne, »Ka Sngi«. Der Mond ist dagegen ihr ungezogener Sohn, »U Bnai«, den seine Schwester Sonne wegen unpassender erotischer Werbung um ihre Person zurechtweisen muss.[37] In dieser Urmythe kommt kein wichtiger Mutterbruder vor und erst recht kein Urvater. Ein mythisch anwesender männlicher Hochgott, »U Blei«, mit Ka Blei zu einem Paar vereinigt, geht auf späteren hinduistischen Einfluss zurück. Wenn U Blei allein auftritt, ist er jüngsten Datums und gehört zum Glauben der christianisierten Khasi. In keiner Hinsicht entspricht er der ursprünglichen

---

34 Siehe zum rituellen Tod des Heiligen Königs: James Frazer: *Der goldene Zweig*; Robert von Ranke-Graves: *Griechische Mythologie*.
35 »Ka Taro« heißt »Herrin Schlange«.
36 Soumen-Sen: *Social and State Formation*.
37 »Ka Blei Synshar« heißt »Große Herrin Natur«, »Ka Ding« und »Ka Um« bedeuten »Fürstin Feuer« und »Fürstin Wasser«, »Ka Sngi« ist »Hohe Frau Sonne«, »U Bnai« bedeutet »Hoher Herr Mond«.

Khasi-Tradition.[38] Alle anderen männlichen Götter oder Geister haben die Funktion von Wächtern und werden vom Volk weit weniger verehrt als die weiblichen Göttinnen der Elemente und der Lebens- und Todeskräfte.[39]

Diese Mythologie ist jedoch nicht etwas für sich, sondern sie lebt in den konkreten Kultfesten und Bräuchen. Die Jahreszeitenfeste der Khasi kreisen im Grunde um zwei Themen: die Ahnen und die Ernten.[40] Der Mittelpunkt dieser Feste waren einmal die Megalith-Anlagen; früher fanden dort alle Feiern statt, heute sind sie zum Teil auf den Dorfplatz und ins Sippenhaus verlegt. Auch die Gebeine der Ahnen haben ihre Ruhestätte nicht beim Kultplatz, sondern in großen »Hünengräbern«, die keine Hünen beherbergen, sondern die Knochen der Toten der ganzen Sippe (Abb. 3). Die Ka Khatduh als Familienpriesterin ist auch die Hüterin der Verstorbenen, sie übt die verschiedenen Bestattungszeremonien über Jahre hinweg aus und pflegt die Verehrung der Ahninnen und Ahnen. Die kostspieligste ihrer Pflichten ist die Errichtung der Gräber, Menhire und Dolmen, was sich aber nicht jede Sippe für ihre Verstorbenen leisten kann. Bei Nachbarstämmen der Khasi, wie den Garo, sind deshalb statt der Menhire auch Ahnenstelen aus Holz gebräuchlich, V-förmige für eine Ahnin und I-förmige für einen Ahn.[41]

Dieses religiöse System der Ahnenverehrung ist uralt, wir können in ihm die früheste Form von spirituellem Glaubensinhalt überhaupt sehen. Ursprünglich ist damit immer der Glaube an die Wiedergeburt jeder Ahnin und jedes Ahnen in die

Abb. 3: Megalithgräber der Khasi bei Schillong.

---

38 Ehrenfels: »Doppelgeschlecht und Götterpaar«; Shadap-Sen, S. 207.
39 Soumen-Sen: *Social and State Formation*.
40 Ibidem.
41 Heine-Geldern: »Die Megalithen Südostasiens«; Bertrand: *Geheimnisvolles Reich;* Gerlitz: »Die Bedeutung der Steinmonumente«.

eigene Sippe verknüpft. Dieser sehr konkrete Wiedergeburtsglaube, in dem Kinder als tatsächlich wiedergeborene Ahnenwesen betrachtet werden – wofür die Familienähnlichkeiten in den Augen der Leute sprechen –, darf aber nicht individualistisch in unserem Sinne missverstanden werden. Zwar kehren Ahnin und Ahn wiedergeboren immer zurück, aber sie wandeln durchaus die Gestalt. Es ist kein Widerspruch dazu, dass der Ka Jawbei Tynrai und ihren Brüdern steinerne Monumente gesetzt werden. Denn auch diese meinen nicht nur ein historisches Individuum, sondern viel eher die Energie der Begründerin der Sippe, die in der einzigartigen Situation des Anfangs wirkte.

Die Verehrung der Ahnen ist daher kein isolierter »Kult«, sondern lediglich die äußere Hülle einer Wiedergeburtsreligion. In einem solchen religiösen Denken ist die Frau notwendig das zentrale Geschlecht. Sie wird nicht so sehr wegen ihrer Fähigkeit zu gebären verehrt, sondern wegen ihrer Fähigkeit, die verstorbene Ahnin, den verstorbenen Ahn als Kind wiederzugebären. Im Gegensatz zu den Männern, die beispielsweise auf der Jagd Leben in Tod umwandeln können, kann sie Tod wieder in Leben umwandeln. Deshalb richten sich die spirituellen Hoffnungen aller Familienmitglieder auf die Frauen der Sippe. So ist es eine völlige Fehlinterpretation zu meinen, in matriarchalen Gesellschaften gäbe es einen »Fruchtbarkeitskult« oder »Mutterkult«, wie oft behauptet wird. Es ist dagegen die spirituelle Rolle als Wiedergebärerin, die sehr konkret verstanden wird, die der Frau im Matriarchat ihre besondere Heiligkeit gibt.

Auch die verbreitete, archaische Sitte der jährlichen Hingabe eines Mannes an die Urahnin oder Todesgöttin ist nur auf dem Boden dieses Wiedergeburtsglaubens zu verstehen – spontane, emotionale Reaktionen der Europäer führen hier nur zu Fehlinterpretationen. Der Tod ist in einer Wiedergeburtsreligion kein Ende, sondern ein Übergangsstadium, das ins Zwischenreich der Seelen und Geister führt, eine Reise durch die Gefilde der Anderswelt. Diese Reise endet ohne Ausnahme in der Wiedergeburt. Das Sterben ist deshalb nicht derart mit Angst besetzt wie Tod und Sterben in den westlichen Kulturen. Der freiwillige Gang eines Mannes zu seiner Urahnin sichert ihm die Wiedergeburt zu einem glücklichen Leben. Das Selbstopfer an die Ahnfrau oder Göttin hatte deshalb für jene, die es wählten, keine Schrecken. Die Khasi haben viele Geschichten von solchen freiwillig sich opfernden Männern überliefert, die vor ihrem Tod noch alle Freuden des Lebens auf den Märkten genießen durften.[42]

Ein erster Verfall dieses religiösen Ethos ist es, wenn durch Fehden der Clans gegeneinander Gefangene gemacht und geopfert wurden. Hier ist es kein Selbstopfer mehr, sondern ein wirkliches Opfer, denn es geschieht unfreiwillig, und das Ritual verliert seinen tieferen Sinn. Ein weiterer Sinnverlust tritt ein, wenn das Mannesopfer zum Schädelopfer und zur Kopfjägerei verkommt, die alle diese Stämme betrieben haben. Solche Opfer waren immer unfreiwillig, sie trafen fremde Reisende genauso wie Mitglieder von Nachbarstämmen, die auf dem Weg zu den Märkten waren. Daraus entstanden dann endlose Blutrache-Fehden.[43] Natürlich

---

42 Gurdon: *The Khasis*.
43 Heine-Geldern: »Die Megalithen Südostasiens«.

traute sich wegen dieser Sitten kaum jemand in die Gegend der Völker in den Khasi-Bergen – wenigsten das war ein Schutz für sie.

Als die Khasi-Kultur erstmals ethnographisch erforscht wurde – 1905 durch den Kolonial-Ethnologen Gurdon –, war sie bereits im Niedergang begriffen. Die Khasi hatten sich in ihrem Rückzugsgebiet, den Khasi-Bergen, erfolgreich gegen die patriarchalen Indoeuropäer verteidigt, danach gegen die Hindus und die Moslems aus der Ebene gewehrt und dadurch ein Verteidigungswesen ausgebildet. Sie galten als mutige Kämpfer. Aber so getreu sie ihre matriarchale Kultur durch die Jahrtausende auch bewahrt hatten, so waren durch diesen Druck von außen doch Veränderungen in Gang gekommen. Die Veränderungen hatten eben auch die genannten Sitten zur Folge, wie Kriegsgefangene zu opfern und die Kopf- und Schädeljagd zu betreiben. Das sollte abschreckend wirken – und war es in der Tat!

2.5 Die gegenwärtige Situation

In dem bisher Gesagten wurde die traditionelle Kultur der Khasi in allgemeinen Zügen beschrieben, soweit sie aus den Quellen erschlossen werden konnte. Diese Situation änderte sich dramatisch ab dem Jahr 1826. Als erste wurden die Khasi vom indischen Bundesland Cherra aus der englischen Herrschaft unterworfen, und bis zum Jahr 1924 waren alle Khasi-Stämme durch das britische Militär erobert und entwaffnet worden. Obwohl sie keine Kolonialdienste leisten mussten, hatten sie ihre Autonomie verloren. Den britischen Militärs auf dem Fuße folgten die englischen Missionare, die seit 1841 – und ohne Ende bis heute – die Christianisierung der Khasi betreiben. Um 1951 waren 55% der Khasi Christen, heute sind es 70% und mehr, mit weit verbreitetem Glauben an den männlichen Vatergott und die männliche Dreifaltigkeit und die von Männern bestimmte Monogamie. Den nachfolgenden europäischen Ethnologen wurden als Gewährsleute stets christlich gebildete Khasi-Männer an die Seite gestellt, die Englisch sprachen und als beste Quelle für die Forschung ausgegeben wurden. Deswegen erfahren wir fast nichts über den »ketzerischen«, unchristlichen Wiedergeburtsglauben der Khasi und sehr wenig über ihre Göttinnen, und wir haben keine Informationen als ziemlich gruselige, horrorfilmartige Schnipsel über ihre »Menschenopfer«. Wir müssen sehr genau zwischen den Zeilen lesen und einzelne Hinweise beachten, um den eigentlichen Zusammenhang dieser Kultur wieder aufzudecken.[44]

Die ökonomische Zerrüttung der matriarchalen Sippen setzte ein, als durch die britische Kolonialregierung das Land zu käuflichem Eigentum gemacht wurde; sie brauchte es selbst für die Errichtung ihrer Regierungs-Infrastruktur. In der ur-

---

44 Siehe zur Auflösung und Zerstörung der traditionellen Khasi-Kultur durch den europäischen Kolonialismus bis zur Situation heute: Bareh: *The History*; P. Roy: »Christianity and the Khasi«, in: *Man in India*, Nr. 44, Ranchi 1964, Catholic Press; N. Natarajan: *The Missionary among the Khasi*, Gauhati 1977, Sterling. Diese Autoren sind gebildete Christen und schreiben naiv und affirmativ über die Auflösung der traditionellen Khasi-Kultur.

sprünglichen Ökonomie der Khasi war Land eine gemeinschaftliche Ressource, die niemand besitzen konnte. Nach den traditionellen Regeln erhielten die einzelnen Sippen in den Dörfern einen Landanteil vom Dorfrat zugewiesen, um es für den Hausbau und Ackerbau für eine Weile zu nutzen, dieses Land wurde »Ri-Raij« genannt. Statt Besitzrecht galt nur Nutzungsrecht. Doch jetzt galt Land auf einmal als Privatbesitz, eine ziemlich neue Vorstellung für die Khasi. Leider fasste dieser Trend schnell bei ihnen Fuß, nachdem die Briten das Land zur Ware gemacht und ihm einen Geldwert zugeschrieben hatten. Dieses individuell käufliche Land heißt »Ri-Kynti«. Es waren Khasi-Männer, die bei der Kolonialmacht Karriere gemacht hatten, die nun Land kauften und Einzelhäuser darauf errichteten, um monogame Kleinfamilien nach europäischem Vorbild zu gründen. In anderen Fällen nahmen Khasi-Clans freies Land einfach an sich und erhoben Besitzanspruch darauf. Das stürzte andere Clans ins Unglück, die bei Missernten nun ihr Land an reiche Geldgeber verpfänden oder abtreten mussten, um zu überleben. Auf diese Weise entstand eine ständig wachsende Schicht von Landlosen, und die einst egalitäre, bäuerliche Gesellschaft der Khasi zerfiel in Klassen von Reichen und Armen. Am schnellsten wurden jene alteingesessenen Clans reich, welche die Institution der Siemship besaßen und sich nun den europäischen Kolonialherren andienten. Diese Siems wurden zuerst zu Vertretern der Kolonialmacht gegen ihr eigenes Volk, dann zu neuen Machthabern, und auf diese Weise verwandelte sich das Gesellschaftssystem der Khasi in die heutige Oligarchie.[45]

Ganz allgemein wurden nur Khasi-Männer zu den Ansprechpartnern der Briten, und so gewannen sie in den lokalen Räten und den Räten der Distrikte eine Macht, die sie vorher nicht besessen hatten. Gebildete Khasi sind jetzt in der Regel durch christliche Schulen und christliche Universitäten in Schillong oder außerhalb des Khasi-Landes in Bengalen (Ostindien) gegangen. Die Folge ist, dass viele von ihnen ihre Wurzeln in der eigenen Kultur ignorieren, dem Prestige des europäischen oder hinduistischen Denkens zuliebe. Die Einzelhaus- und Kleinfamilienstruktur unter Führung des Mannes wird gefördert, eine Praxis, welche die matriarchale Sippenstruktur zerstört und die Frauen auf schleichendem Wege entrechtet. So ist das Clanhaus nicht länger eine Quelle der Sippensolidarität und lokaler Politik, und die Matrilinearität erodiert rasch. Das hat zwei äußerst negative Folgen für die Frauen: In ländlichen Gegenden verrichten sie noch immer den Hauptanteil der Arbeit auf den Feldern, in den Gärten, im Haushalt und bei der Fürsorge für Kinder, Kranke und Alte, aber ihre Mitsprache bei Entscheidungen ist drastisch gesunken. Die städtischen Kleinfamilien zeigen dieselben Probleme, wie sie auch aus der westlichen Welt bekannt sind, nämlich die Abhängigkeit der Frauen von den Männern, ihre Verarmung, wenn sie verlassen werden, mit der Folge, dass sie die Ausbildung ihrer Kinder abbrechen müssen. So hat eine neue Verantwortungslosigkeit aufseiten der Männer zu einer hohen Zahl an allein erziehenden Müttern geführt. Die christliche Kirche, die diese Familienform propagiert hat, kommt den verlassenen Frauen kei-

---

45 Siehe den kritischen Artikel der indigenen Forscherin Patricia Mukhim: »Khasi Matrilineal Society«.

neswegs zu Hilfe, sondern es sind noch immer die matrilinearen Verwandten, die helfen, soweit sie können. Bei der heutigen, allgemeinen Auflösung der Sippen ist Hilfe allerdings selten geworden. So befindet sich die Khasi-Gesellschaft in einem dramatischen Übergang von einer unabhängigen, bäuerlichen Subsistenz-Ökonomie zu einer vom globalen Markt beherrschten Geld-Ökonomie mit allen negativen sozialen und kulturellen Folgen.[46]

Als Reaktion darauf entwickelte sich eine autonome Khasi-Bewegung, welche die traditionelle matriarchale Kultur gegen die westliche Überfremdung als die Identität und Stärke dieses Volkes zu bewahren versucht. Insbesondere Khasi-Frauen denken heute über die Nachteile und Vorteile des matrilinearen Sippenwesens nach, das von allen Seiten durch patriarchale Einflüsse in die Enge gedrängt wird, aber letztlich für Frauen vorteilhaft ist. Denn es beinhaltet die Wertschätzung der Mutter, den Schutz der unverheirateten Frauen, die freie Wahl einer Ehe durch gegenseitiges Einverständnis, die gleiche Anerkennung für eine freie Liebesbeziehung, die Abwesenheit des in Indien üblichen Mitgift-Systems und den Schutz der Kinder.[47]

Gegenwärtig ist die Situation für die Khasi gefährlicher denn je: einerseits durch die »Entwicklungsprojekte« des globalen Kapitalismus mit ihren negativen Folgen für die Rechte indigener Völker auf Selbstbestimmung, auf ihr Land und seine Ressourcen, andererseits durch eine wachsende Zahl von Siedlern aus Bangladesch, eine Infiltration, welche die Eigenständigkeit der Khasi und die anderer Völker in Assam bedroht.[48]

2.6 Zur Struktur der matriarchalen Gesellschaftsform

Anhand des Beispiels der Khasi, hier der besonders traditionellen Khasi-Pnar (Synteng), werden die strukturellen Merkmale von »Matriarchat« jetzt definitorisch zusammengefasst:

Auf der ökonomischen Ebene:

- Matriarchate beruhen in der Regel auf Ackerbaukultur. Die Felder und Häuser sind Sippeneigentum, es besteht gemeinsames Nutzungsrecht an Land, kein Privatbesitz.
- Die Sippenmutter als Oberhaupt des Clans ist die Hüterin des Sippeneigentums; die gesamte Ernte und das Einkommen aus anderweitiger Arbeit der Clanmitglieder werden ihr in die Hand gegeben. Sie hat das Recht der Verteilung aufgrund gemeinsamer Beschlüsse.

---

46 Ibidem und persönliche Kommunikation mit Mukhim.
47 Ibidem.
48 Amiya Kumar Das: *Assam's Agony,* New Delhi 1982, Lancers.

2.6 Zur Struktur der matriarchalen Gesellschaftsform

Auf der sozialen Ebene:

- Die Sippe ist matrilinear: Die Kinder sind nur mit der Mutter verwandt und tragen ihren Sippennamen. Die jüngste Tochter erbt die Würde, Rechte und Pflichten des Sippenoberhauptes von der Sippenmutter (Ultimagenitur). Ihre Brüder sind ihre Helfer und Beschützer, von denen einer gewählt wird, um die Sippe als Delegierter auf den Ratsversammlungen außerhalb des Hauses zu vertreten.
- Die Sippe ist matrilokal: Kinder und Enkelkinder leben bei ihrer Mutter im Sippenhaus. Der Mann ist als Gatte für kurz oder länger nur Gast im Sippenhaus der Gattin; er wird nicht als mit den Kindern seiner Gattin verwandt betrachtet (keine biologische Vaterschaft). Seine mit ihm am nächsten verwandten Kinder sind die seiner Schwestern, da er denselben Sippennamen wie sie trägt. Er erfüllt die Rolle des »sozialen Vaters« für seine Nichten und Neffen (in unserer Terminologie). Diese große Bedeutung des Mutterbruders (des Onkels mütterlicherseits) wird »Avunculat« genannt.

Auf der politischen Ebene:

- Bei den Ratsversammlungen im Sippenhaus diskutieren alle darin Wohnenden so lange, bis sie Konsens gefunden haben. Bei den außerhäuslichen Ratsversammlungen sind Männer die gewählten Delegierten oder Sprecher ihrer Sippen. Sie sind keine Entscheidungsträger aus eigener Macht, sondern handeln im Konsens mit ihren Sippen. Sie sind den Sippenmüttern und den anderen Sippenmitgliedern Rechenschaft schuldig.
- In der Regel stellen die ältesten einheimischen Sippen die Häuptlinge oder Könige. Der Häuptling/König ist der Sohn oder Neffe der Hohen Priesterin. Sie ist das tatsächliche Oberhaupt des Volkes im Rahmen ihrer sakralen Würde, der Häuptling/König ist ihr administrativer Delegierter und nicht berechtigt, allein zu entscheiden. In früheren Zeiten dieser Gesellschaft waren Königinnen als Ahnfrauen, die Siedlungen und Städte gründeten, eine allgemeine Erscheinung.
- Jede Sippenmutter und ebenso jede Hohe Priesterin hat nur Rat gebende Macht, aber keine Befehlsgewalt; ihr Rat wird angenommen auf dem Boden freiwilliger Akzeptanz. Sie kann niemanden zwingen, denn sie besitzt keinen Erzwingungsstab (z. B. ein Kriegergefolge, Polizei, Militär, Kontrollinstitutionen).
- Die Häuptlinge/Könige können keinen Tribut und keine Steuern erheben. Ihre Position ist ein Ehrenamt, bei dem sie nicht selten durch große Feste und Unternehmungen, die sie finanzieren müssen, verarmen. Sie leben so einfach wie ihre Stammesgenossen und sind jederzeit absetzbar. Das heißt, trotz dieser Ehren-Ränge handelt es sich nicht um eine Klassengesellschaft.

Auf der kulturellen Ebene:

- Männliche Priesterschaft ist nicht ohne weibliche Priesterinnenschaft möglich. Die Priesterin verwahrt die heiligen Geräte und vollzieht die erste Opferhand-

lung, der Priester führt das Opfer in ihrem Auftrag zu Ende. Das gilt sowohl für die gewöhnlichen Priester wie für die Priesterkönige.
- Die Religion ist praktisch-ritualistisch und nicht theoretisch-theologisch. Die Verehrung der weiblichen und männlichen Ahnen, verbunden mit ausführlichen Bestattungszeremonien und einer Megalith-Kultur, ist die äußere Hülle für einen uralten Wiedergeburtsglauben. Die Frau ist heilig als Wiedergebärerin der Ahnenwesen.
- Die Ur-Ahnfrau wird als Urmutter vergöttlicht. Diese ältesten Göttinnen sind Göttinnen des Lebens, Todes und der Wiedergeburt, sie werden im Zusammenhang gesehen mit den Kräften der Tiefe (Erde und Wasser, Flusskult und Schlangenkult).
- Die Religion wird in Jahreszeitenfesten gefeiert, die zyklisch wiederkehren. Ihr Hauptthema sind die Ahnen und die Ernten. Sie sind verbunden mit Märkten, die gleichzeitig abgehalten werden. Im Sinne von »Messen« sind dabei das Sakrale und das Profane nicht getrennt.
- Religiös bestimmte Megalith-Architektur ist charakteristisch für matriarchale Kulturen. Bei den Khasi gibt es zwei Grundformen der Megalith-Bauten: die Kultstätte und das große Sippengrab. Die Kultstätte ist multifunktional, nämlich der Platz, wo Ahninnen und Ahnen verehrt und Speise- und Tieropfer dargebracht werden, ebenso der Ort der Ratsversammlungen und der Inthronisation und Rechtsprechung des Königs.
- Die liegenden Steine (Dolmen) der Kultstätten gelten als weiblich und verkörpern die Ahnfrau, die älteste Sippenmutter. Sie dienen zugleich als Tisch, Altar, Sitz und Königsthron. Die stehenden Steine (Menhire) gelten als männlich und verkörpern die männlichen Ahnen, die Mutterbrüder, als Wächter und Beschützer der Ahnfrau und der Sippe. Die Ahnenwesen werden als in den Steinen verkörpert betrachtet.

Kapitel 3: Matriarchale Religion in Nepal

Für die Vier Kalis vom Kathmandu-Tal in Nepal

3.1 Die Newar vom Kathmandu-Tal

Nepal, Tibet und die westlichen Gebirge Chinas sind die Assam umgebenden Landschaften. Sie sind durchzogen von den Oberläufen der großen südostasiatischen Ströme, die ideale Wasserwege durch die sonst schwer zu überwindenden Gebirge darstellen (siehe Karte 1). So ist der Oberlauf des Brahmaputra unter dem Namen Tsangpo die große Wasserader Tibets. In der Nähe seiner Quelle liegen die Quellflüsse des Ganges, die Nepal durchziehen, und des Indus, des großen Stromes Vorderindiens mit der frühgeschichtlichen Indus-Kultur. Das westliche Bergland Chinas ist zerfurcht von den Oberläufen der Ströme Indochinas, des Mekong, des Salwen und des Irawadi, und der Ströme Chinas selbst, des Jang tse kiang und des Hoang ho.

Es ist nicht schwer zu begreifen, warum die frühgeschichtlichen matriarchalen Völker diese Oberläufe trotz der steilen Täler, durch die sie brausen, bevorzugten. Denn die Ebenen Indochinas und Südchinas waren damals unwegsame, mückenverseuchte Sümpfe, in denen die Wassermassen der Riesenströme jährlich das Bett wechselten und flossen, wo sie wollten. Sie waren ebenso unwirtlich zum Wohnen wie die hochragenden, eisigen Gebirge. Aber die tief eingeschnittenen Täler zwischen den Gebirgsketten boten wärmenden Schutz vor den kalten Winden der Höhe und frisches Klima gegenüber den schwülen Sümpfen des Tieflands. Außerdem besaßen sie wegen ihres unerschöpflichen Wasserreichtums aus den Gletschern des Himalaya ein üppiges Pflanzenwachstum. So ist es kein Wunder, dass die ältesten archäologischen Zeugnisse für die Pflanzenbaukultur Ostasiens hier anzutreffen sind.

Hier wurde auch ein spezieller Haustyp erfunden, es ist das Rechteckhaus, das halb auf Pfählen und halb auf der Erde steht. Diese Bauweise hat sich bei der Bodenknappheit in steilen Gebirgen bewährt und ist den engen Tälern mit Flüssen, die bei Monsunregen reißend anschwellen, gut angepasst. Die Bauernhäuser sind aus Holzbalken errichtet und oft nicht mehr als große Holzgestelle auf Pfählen, deren hinterer Teil an den Berghang gelehnt oder hineingesetzt ist. Die Pfahlbauweise bewährt sich als sehr praktisch, denn sie stellt mit Pfählen von ungleicher Höhe am Schräghang eine für die Menschen bewohnbare, ebene Fläche her. Dabei kann das Regenwasser von der Bergseite her zwischen den Pfählen zum Fluss hin abrinnen. Auch das Überschwemmungswasser vom Fluss fließt zwischen den Pfählen hindurch und erreicht nicht die Wohnfläche. Diese Bauweise kann sehr flexibel angewendet werden: Die Häuser werden in flachen, sumpfigen Gebieten vollständig in Pfahlbauweise errichtet, oder in flachen, trockenen Gebieten stehen sie gänzlich auf der Erde.

Außer dem Wasser von unten sind die sturzartigen Regenfälle von oben das andere Problem, so dass ein einziges Dach nicht ausreicht. Bereits die einfachen Bauernhäuser zeigen daher die Pagodenbauweise: Zwei bis drei ausladende, aus Reisstroh geflochtene Dächer werden übereinander gesetzt. Nun kann kein Regen mehr durchdringen, und die weit vorspringenden Dächer bieten Schutz für Gartenfrüchte, die darunter getrocknet werden. Zuletzt werden die Wände aus geflochtenen Matten eingesetzt, die je nach Wetter abgenommen oder angehängt werden können. So entsteht ein äußerst variabler, an Gelände und Wetter anpassungsfähiger Haustyp, der als eine sehr alte Hausbauform gilt. Schon die früheste matriarchale Pflanzerinnenkultur dieser Gegend soll ihn entwickelt haben, und von hier wurde er auf dem Wasserweg über ganz Südostasien, Indonesien bis in den Pazifischen Raum verbreitet.[1]

In diesen frühen Zeiten hatten Pflanzenbau treibende Volksgruppen das gebirgige Nepal über die Nebenflüsse des Ganges in ihren Booten erreicht. Sie stapften sicherlich nicht durch Sümpfe und Bergurwälder oder gar über Pässe zwischen schneebedeckten Gipfeln, denn die leichteste Art sich in unwegsamem Gelände fortzubewegen ist die auf dem Wasserweg. Das Boot ist das älteste und eins der angenehmsten Reisemittel der Menschheit.

Mein Reisemittel, mit dem ich in das kulturelle Zentrum Nepals, das Kathmandu-Tal, gelangte, war allerdings ein modernes Düsenflugzeug. Es kreiste über dem tiefen, runden Tal und schraubte sich allmählich zwischen den Bergketten auf den Boden hinunter. Es war ein kitzliges Manöver, aber es erlaubte mir, dieses Tal, das einst der Grund eines riesigen Sees gewesen war, weithin zu überblicken. Wir flogen über seine steilen Umgrenzungsberge so knapp hinweg, als ob das Flugzeug die Baumkronen und ein Gipfelheiligtum streifen würde, und erblickten den Talboden mit seinen in unaufhörlichen Linien terrassierten Hügeln und Kanälen für den Reisanbau. Dazwischen lagen verstreut die Dörfern und kleinen Städte wie Gebilde von Ameisenvölkern. Kein Meter Boden war nicht bebaut oder kultiviert, sichtlich war es ein Tal mit uralter, gedrängter Siedlungsgeschichte.

Die Bewohner des Kathmandu-Tales zählen zu dem großen Stamm der *Newar*. Sie gehören, wie die Khasi der Assam-Berge, zur tibetisch-burmesischen Völkergruppe und gelten als das älteste Volk in den Bergen Nepals.[2] Sie sind faktisch die indigenen Bewohner Nepals, nach denen das Land seinen Namen bekam, und die Träger der Jahrtausende alten Kultur im Kathmandu-Tal, dem Herzstück dieser Region des Himalaya-Gebirges.[3] Bis 1956 war Nepal für alle fremden Besucher ver-

---

[1] Wilhelm Schmidt: *Das Mutterrecht,* Mödling bei Wien 1955, Missionsdruckerei St. Gabriel, S. 36–38.
[2] Jean-Francois Véziès : *Les fêtes magiques du Népal,* Paris 1981, Rancilio, Tabelle S. 20.
[3] Koch/Stegmüller: *Geheimnisvolles Nepal,* München 1983, List Verlag.

schlossen und konnte deshalb seine teils archaische, teils mittelalterliche Lebensweise bis in die Gegenwart bewahren.

Im Gegensatz zu den melancholischen Nord-Indern und den dort häufig schmalen, ausgemergelten Gestalten erlebte ich die Newar als kleine Menschen von schönem Wuchs und mit tiefbraunen, runden Gesichtern, denen es trotz der harten Landarbeit nicht schlecht zu gehen scheint. Sie werden nicht bis aufs Letzte von Großgrundbesitzern ausgebeutet wie die Landbevölkerung Indiens, sondern behalten den größten Teil der Früchte ihrer Arbeit in den eigenen Sippen. Die Frauen, die ich in Gruppen mit Hacken die Äcker bearbeiten sah, hatten fröhliche Gesichter unter dem langen, kräftigen Haar, und ihre schmalen Augen blitzten beim Reden und Lachen. Sie zeigten keinerlei Verschüchterung oder Scheu, auch uns Fremden gegenüber nicht. Die Männer blickten dagegen nicht auf, sondern arbeiteten, einzeln oder zu zweit, mit ihren schweren Grabscheiten weiter, schwangen sie wie Hacken an kurzem Stiel. Aus religiösen Gründen lockern sie auf diese Weise den Boden ohne Pflug, denn der Stier ist dem Schiva heilig. Ein hinduistischer Tempel Schivas steht im Kathmandu-Tal, darum muss kein Stier hier die schwere Arbeit des Pflügens tun.

Der Hinduismus ist die Religion, die den Newar durch einen langen, geschichtlichen Prozess der Brahmanisierung aufgepfropft worden ist. Die ersten, unabhängigen Newar-Männer und -Frauen kamen vermutlich vor mehr als 3000 Jahren ins Kathmandu-Tal.[4] Aber im Laufe der Zeit hat der massive Einfluss aus dem großen Nachbarland Indien die Sozialstruktur der Newar grundsätzlich zum Nachteil der Frauen verändert. Diese Situation geht insbesondere zurück auf die Einwanderung vieler Brahmanen-Priester auf der Flucht vor dem Islam in Nordindien und auf den Druck vonseiten der eigenen hinduisierten Könige.[5] Von einem gegenwärtigen Matriarchat kann deshalb bei den Newar keine Rede mehr sein, dennoch weisen viele Züge in ihrer Kultur darauf hin, dass sie noch lange eins besessen haben.

3.2 Die Religion der Göttin Kali

Die Verehrung der Göttin Kali stellt die älteste Schicht in der synkretistischen Religion der Newar dar, es ist eine archaische Naturverehrung, die ausschließlich der Muttergöttin gewidmet ist.[6] Diese uralte Schicht ist die angestammte Religion der

---

4 A. a. O., S.122.
5 Siehe zur Situation der Frauen in Nepal: Lynn Bennett: *Dangerous Wives and Sacred Sisters*, New York 1993, Columbia University Press; dieselbe: »Maiti-Ghar: the dual role of high caste women in Nepal«, in: James F. Fisher (Hg.): *Himalayan Anthropology. The Indo-Tibetan Interface*, The Hague 1978, Mouton, S. 121–140; Meena Acharya: *The Status of Women in Nepal*, Kathmandu 1979, Tribhuvan University; siehe auch: *Status of Women Project Team*, Official Report of the Public Service Library, Kathmandu 1979; I. Majapuria: *Nepalese Women*, Kathmandu 1982, M. Devi; I. Majapuria/T.C. Majapuria: *Marriage Customs in Nepal - Ethnic groups, their marriage, customs and traditions*, Kathmandu 1978, International Book House.
6 K.R. van Kooij: *Religion in Nepal*, Leiden 1978, Brill Verlag, Kapitel 2.

Newar. Sie wird noch heute lebhaft und mit großer Hingabe ausgeübt, bezeichnenderweise von der bäuerlichen Bevölkerung auf dem Land und den unteren Kasten in den Städten. Es erinnert an das europäische Mittelalter, in dem die Religion des einfachen Volkes noch lange eine andere war als die der unterdessen christianisierten Adligen und Bürger.

Zu dieser ältesten Schicht der Newar-Religion gehört eine interessante Erscheinung. Das Kathmandu-Tal mit seinen drei alten, ehemaligen Königsstädten in der Mitte: Kathmandu, Patan und Bhaktapur, ist in den vier Haupthimmelsrichtungen von archaischen Stein-Heiligtümern umgeben. Darin werden »Pithas«, runde oder vulva-förmige Steine, verehrt, welche die Muttergöttin Erde selbst darstellen. In der Hasrat-Chronik werden sie die »Vier Kalis« genannt und als die ältesten Gottheiten im Kathmandu-Tal bezeichnet.[7] Es sind die »Maha Kali«, das heißt »Große Kali«, die »Guhya Kali« in der Bedeutung »Geheime Kali«, die »Dakschin Kali«, das heißt »Südliche Kali«, und die Göttin Vatsalā-Kali bei der sehr alten Tempelanlage Paschupatinath.

Ihre vier Heiligtümer wurden mit zusätzlichen Kultstätten in den Zwischenhimmelsrichtungen auf acht ergänzt. Auf diese Weise umgeben Pitha-Plätze, die als die »Acht Matrikas« oder »Acht Mütter« bezeichnet werden, das gesamte Tal wie ein riesiger Steinekreis. Damit ist das Tal selbst in einen natürlichen Tempel der Muttergöttinnen verwandelt worden, und sie beschützen es von allen Seiten. Die Menschen darin leben beständig in ihrer irdischen Gegenwart, symbolisiert durch die Steine, und ihrer kosmischen Gegenwart, symbolisiert durch die Himmelsrichtungen.[8] Dieselbe sakrale Anordnung wiederholt sich bei der alten Königsstadt Bhaktapur, die von acht Kultstätten der Matrikas auf ihren Hügeln umgeben ist, wobei unbehauene Steine und riesige Bäume die höchste Verehrung als Erscheinungen der Muttergöttinnen genießen.[9] Auch das Städtchen Deopatan, ebenfalls eine Newar-Siedlung, ist von vier Muttergöttin-Kultplätzen in einem magischen Kreis umgeben. Das macht es wie Bhaktapur insgesamt zu einem heiligen Tempel der Matrikas.[10] Bei der Königsstadt Patan setzt sich diese sakrale Anordnung in buddhistischer Gestalt durch vier offene Stupas aus Erde fort, sehr alte Begräbnisplätze, die ein Mandala um die ganze Stadt bilden.[11]

Diese Stätten sind keineswegs, wie bei uns, nur noch archäologische Ausgrabungsplätze, sondern Kultorte in vollem Gebrauch. Alle Epochen der religiösen Geschichte Nepals existieren hier Seite an Seite, und verschiedene Kultpraktiken werden an denselben Plätzen ausgeübt. So kann man in ein und demselben Tempelbezirk archaische weibliche und männliche Steine, auch eine kunstvoll geschnitzte hinduistische Pagode und ebenso einen buddhistischen Erd-Stupa, mit

---

7 Axel Michaels: »Shiva's Wild and Wayward Calf, The Goddess Vatsalā«, in: *Kailash. A Journal of Himalayan Studies,* Bd. XI, Nr. 3/4, Kathmandu 1984, Ratna Pustak Bhandar.
8 Michaels, S. 116.
9 Kooij, S. 18.
10 Michaels, S. 115.
11 Kooij, S. 7 f.

weißer Farbe übermalt, zusammen vorfinden. Die rote Farbe anstelle von Blut auf den Steinen, die Butteröl-Lämpchen in der Pagode, die Blumen zu Füßen der vier Buddhas um den Stupa zeigen an, dass diese Sitze göttlicher Kräfte alle gleichzeitig Verehrung genießen und keine Konkurrenz zwischen den verschiedenen Religionen besteht.

Ich stattete dem Matrika-Heiligtum der Dakschin Kali am südlichen Ausgang des Kathmandu-Tales zweimal einen Besuch ab. Dieser Ort gilt bei den Newar als so alt, dass kein Mensch seinen Beginn kennt – nicht einmal die Archäologen, wie man mir versicherte. Kali wird als eine Urgöttin betrachtet, die niemals mit einem Gott vermählt war, im Gegensatz zur hinduistischen Version, die sie mit Schiva verbindet.[12] Ich wies bereits darauf hin, dass »Ka Li« auf das Khasi-Wort »Ka Blei« (Hohe Göttin) zurückgeht; so ist es kein Zufall, dass die Großstadt im Mündungsdelta des Ganges südlich der Khasi-Berge »Kal(i)kutta«, die »Stadt der Kali«, heißt und ihr wichtigster Kultort ist.

Europäer haben den Kult der Kali, der uralten Großen Göttin Indiens, soweit er ihnen überhaupt zugänglich war, als äußerst blutrünstig beschrieben. Wie viele Fehldeutungen und westliche Vorurteile in dieser Meinung stecken, konnte ich im Heiligtum der Dakschin Kali feststellen. Die schmale Straße dorthin führte rasch bergauf, und wenn man hinunterblickte, breitete sich das Kathmandu-Tal in seiner ganzen exotischen Schönheit aus. Hinter dem weiten Ring seiner Umgrenzungsberge erschienen die unfassbar hohen, blendend weißen Mauern der Himalaya-Riesen im Morgendunst. Nach und nach zeigte sich, dass die Form des Tales eine Muschel darstellt, die ein Symbol für den fruchtbaren, schöpferischen Schoß der Göttin ist. Genau da, wo der Bagmati-Fluss im Süden durch eine Bergschlucht bricht und das muschelförmige Tal verlässt, wie das Lebenswasser aus der Vulva der Göttin, liegt seitwärts in den Hügeln der Kultort der Dakschin Kali. Er liegt sehr verborgen, denn erst am Ende der Straße sah ich einen rundlichen, nach innen gewölbten Berg, überwuchert von üppigstem Grün, das sich kräftig vom dürren Gelbbraun der weiten Umgebung abhob. Zwei wasserreiche Bäche strömen über diesen konkaven Berg herunter, auch jetzt in der Trockenzeit, und sie vereinigen sich V-förmig in einer kleinen Schlucht. Nicht nur in der Naturreligion der Khasi, sondern in ganz Indien gilt der Ort, wo sich zwei Wasserläufe vereinigen, als heiliger Platz.[13] Denn auch die V-Form ist ein Zeichen für das Schoßdreieck der Göttin Erde, aus dem unerschöpflich das Wasser des Lebens strömt.

Der Tempel der Dakschin Kali selbst unterscheidet sich beträchtlich von den hinduistischen Pagoden und buddhistischen Stupas, denn er bewahrt noch heute die Form eines uralten Naturheiligtums. Es ist ein kleiner, offener Platz genau im Dreieck des Zusammenflusses der zwei Bäche, schattig, frisch, geheimnisvoll im grünen Dämmer der Schlucht. Ich musste zur Göttin in die Tiefe hinabsteigen statt

---

12 Persönliche Kommunikation mit dem Gewährsmann Agni, einem Newar-Prinzen.
13 Das gilt ebenfalls für uralte Kultplätze in Europa, die an solchen V-förmigen Vereinigungen von Flüssen errichtet wurden und sie heiligten. Vgl. dazu Göttner-Abendroth: *Matriarchale Landschaftsmythologie*, Kap. 7.

in die Höhe hinaufsteigen zum imposanten Gebäude eines Gottes. Denn hier gibt es kein sakrales Bauwerk, das die Natur ausschließt; die Schlucht mit den Gewässern ist selbst der Tempel. Der Platz ist nur kniehoch von einer kleinen Mauer umgeben und mit einem Tor geschmückt, über dem ein vergoldetes Yoni-Symbol prangt wie ein großer Tropfen: Zeichen des Uterus und der weiblichen Kraft. Saubere, schwarzweiße Kacheln bedecken den Boden, und das große Zeichen eines Sechszacksterns ist darin eingelassen, von Kacheln gebildet. Der Sechszackstern besteht aus der Verbindung zweier Dreiecke, die ineinander geschoben sind als das Symbol für alle polaren Kräfte, die sich vereinigen, um die Welt zu erschaffen. Ein goldener Baldachin überspannt wie ein Schirm den Platz, und vier goldene, schräg vom Boden aufragende Schlangen, die genau aus den vier Himmelsrichtungen kommen, tragen ihn. Auch hier sind die Schlangen, die heiligen »Nagas«, das Symbol für das Wasser, das klare Blut der Erde, für die Fruchtbarkeit, die es spendet, und für göttlichweibliche Energie. Die Kraft der Tiefe gilt auch hier als die »Schakti«, die Energie der Göttin Kali, die Umwandlung von Leben in Tod gibt und ebenso von Tod wieder in Leben.

Ein kleines Kultbild der Göttin steht an der hinteren Mauer, und davor saß ein Priester gebeugt und ins Gebet versunken. Das Kultbild ist aus einem schwarzen Stein gehauen, der früher wohl ein unbehauener Pitha war; er ist eine Erscheinungsform der Schwarzen Göttin. Unter dem Einfluss indischer Kunst wurde eine Skulptur daraus geschaffen, und wie üblich wird Kali mit grimmigem Gesicht dargestellt, mit einer Kette von Totenschädeln um den Hals, umgeben von ihren acht Armen, welche die Symbole ihrer vielgestaltigen Kräfte tragen. Sie ist gleichzeitig Göttin der Zerstörung und des Todes wie der Erneuerung und Wiedergeburt. Sie dürfte die Gottheit sein, die auf die längste Dauer menschlicher Verehrung zurückblickt. Ihr Kultbild war, als ich es sah, über und über mit Silberschmuck behängt, besonders auffallend ein halbmondförmiger Brustschmuck. Um ihren Kopf stieg neunfach ein Schlangennimbus auf, und der Zierbogen über ihr bestand aus zwei im Liebesspiel ineinander gewundenen Schlangen. Gesicht und Arme waren unbedeckt, aber verkrustet von einer dicken Schicht roter Farbe. Diese rote Farbe gilt als Farbe des Lebens und wird heute anstelle von Blut von Tieropfern gebraucht.

Bei meinem zweiten Besuch wohnte ich einem solchen Tieropfer bei, das den Vorurteilen von blutrünstiger Schlachterei widersprach. Der kleine Platz wimmelte diesmal von Menschen, so dass die architektonischen Symbole kaum mehr zu sehen waren. Frauen zur Linken und Männer zur Rechten standen in langen Reihen noch außerhalb des geöffneten Tores auf Wegen und Terrassen um den Platz. Es waren einfache Bauersleute aus der Umgebung, Angehörige niederer Kasten; sie warteten friedlich und andächtig, bis jede Person an die Reihe kam, ihr Opfer der Göttin zu überreichen. Mir als ersichtlich Fremder begegnete keine Aggression. Die Frauen in ihren festlichen schwarz-roten Saris lächelten mir zu, in den Händen hielten sie die weiblichen Opfergaben: Schalen mit Blumen, besonders dem roten Weihnachtsstern, der wild wachsenden Berg-Lotosblüte, Symbol der Göttin, und einem Ei in der Mitte. Die Männer boten mir freundlich Raum, damit ich über die Geländer auf den Platz hinuntersehen konnte. Niemand sprach, denn sie waren mit Gebeten beschäftigt, die sie ihren Opfertieren ins Ohr flüsterten. Diese waren auf der Männerseite ganz passend ausschließlich männliche Tiere: Hähne und Ziegenböckchen, alle unkastriert. Niemals wurde ein weibliches Tier geopfert, diese männlichen aber waren der jährliche Überschuss, den jeder Bauernhof hat. Wohlhabende Bauern pflegen der Kali ein fünffaches Tieropfer zu bringen: Büffel, Schafbock, Ziegenbock, Hahn und Gänserich.[14]

Die Tiere wurden sehr freundlich, sogar zärtlich behandelt. Unter häufigem Streicheln raunten die Männer ihnen Botschaften an die Göttin ins Ohr, welche die Tiere in der Unterwelt ausrichten sollten. Vor dem Opfer waren sie gefüttert und selber verehrt worden. Der Priester hatte sie in einem Reinigungsritual mit geweihtem Wasser besprizt, und wenn sie sich danach schüttelten, so war das ein Zeichen ihres freiwilligen Einverständnisses mit der Unterweltreise. Schüttelte ein Tier sich aber nicht, betrachtete man es als der Göttin geweiht und ließ es am Leben.[15] Auch hier sehen wir aufgrund der Annahme, dass die Tiere ihre eigene Sprache sprechen, dass man ihnen eine Wahlmöglichkeit zugestand, ohne die kein Opfer möglich ist.

Zuletzt wurde das Tier vor das Kultbild der Kali gebracht und das Opfer vollzogen, indem es mit einem einzigen Säbelhieb geköpft wurde, eine schnelle Todesart. Nur das Blut wurde der Göttin geopfert; es floss durch einen gekachelten Kanal zur Erde hin ab. Der Kopf des Tieres wurde vor das Kultbild gelegt und ein Lichtchen darauf gestellt, was bedeutete, dass es nun seine Botschaften an die Göttin ausrichtete. Nach dem Glauben der Menschen würde es durch seinen freiwilligen Gang in den Tod im nächsten Leben nicht mehr in tierischer Natur wiedergeboren werden.[16] Das Fleisch des Opfertieres wurde sorgfältig zerlegt, von den Bauern im Wasser des Baches gewaschen, in Blätter oder Tücher gehüllt und mit nach Hause genommen. Dort gab es dann für die ganze Familie einen Braten und ein fröhliches Fest.

So hatte ich als Augenzeugin erlebt, was diese Tieropfer bedeuten: Sie sind in keiner Hinsicht überflüssig oder schrecklich, sondern sie vollziehen das normale Schlachten überschüssiger, männlicher Tiere, die auf jedem Bauernhof aufwachsen, als Ritual. Im Gegensatz zu unserem rein profanen Schlachten auf den Bauernhöfen oder dem grausigen Massengemetzel verängstigter Tiere in europäischen Schlachthäusern ist das Töten eines Tieres hier eine heilige Handlung, sein Leben ein Geschenk an die Göttin, es selber ein sakraler Bote der Familie.

3.3 Paschupatinath: Kult von Tod und Leben

Haben die Tieropfer bei den Newar schon verblüffende Ähnlichkeit mit dem Opferkult der Khasi, so gibt es noch andere Parallelen. Es ist eine der wichtigsten Pflichten jedes Nepali, den Bedürfnissen der Seelen der verstorbenen Ahnen gerecht zu werden und ihnen zu opfern. Nur so bleiben die Ahnenwesen in der Anderswelt

---

14 Dhurba K. Deep: *The Nepal Festivals,* Kathmandu 1978, Ratna Pustak Bhandar, zu Dakschin Kali S. 21 f.
15 Koch/Stegmüller, S. 136–141.
16 Deep, S. 24, 125.

lebendig, begleiten die Familie und finden schließlich eine gute Wiedergeburt. Die Ahnen werden als Hausgottheiten verehrt, kein Frühstück wird eingenommen, bevor nicht den Ahnenseelen Essen angeboten wurde.

Oft ist die familiäre Ahnenverehrung mit Steinen verbunden, die »Dhoka« genannt werden. Sie sind keine mächtigen Megalithen wie bei den Khasi, sondern eher unscheinbare Steine: runde weibliche Steine in Yoni-Form, die bei den Häusern und im Hof liegen, und aufgerichtete männliche Steine an Haus- und Straßenecken. Sie liegen oder stehen oft unbeachtet da, doch bei verschiedenen Familienereignissen werden sie als Sitz der Familiengottheiten verehrt, mit Farbe bestrichen, mit Blumen geschmückt und mit Lämpchen versehen. Viele dieser Steine sind den »Matrikas«, den Müttern, zugeordnet, die als Urahninnen heilig geworden sind. Besonders intensiv wird die Verehrung der weiblichen und männlichen Ahnen beim großen Totenfest gefeiert, dem Bala Chaturdasi-Fest, das bei Paschupatinath stattfindet.[17]

Paschupatinath ist die größte und berühmteste Tempelanlage Nepals, es hat ähnlich hohe religiöse Bedeutung wie Benares (Varanasi) am Ganges in Indien. Die ausgedehnten Bezirke von Heiligtümern sollen allein Schiva gewidmet sein, dem hinduistisch-brahmanischen Gott. Doch zwei wichtige Göttinnen-Tempel zeigen, dass vor dem patriarchalen Schiva die gesamte Anlage zu einer älteren Glaubensschicht der Newar gehörte, nämlich ihrer matriarchalen Religion. Als ich Paschupatinath besuchte, erkannte ich beim Umherwandern erst nach und nach die konsequente Symbolik der gesamten Anlage. Sie mag dem Unerfahrenen als ein »exotisches Gewirr« erscheinen, aber sie ist das Gegenteil davon. Der Bagmati-Fluß bildet hier eine große Schleife um einen wohlgeformten Hügel, der als »Berg Meru« gilt, als der Nabel der Erde in dieser Gegend. Er liegt genau in der Mitte zwischen der großen Tempelanlage des Paschupati, des »Herrn der Tiere«, im Westen und der Tempelanlage der Guhyeschvari, der großen Muttergöttin, im Osten. Guhyeschvari wurde ursprünglich »Guhya Kali«, die Geheime Kali, genannt. Während der hinduistischen Vereinnahmung dieser Anlage wurde Paschupati zu Schiva, dem unsterblichen Herrn der Welt, gemacht und die Guhya Kali, die hier in der Rolle als Große Wiedergebärerin auftritt, zu seiner hingebungsvollen, anschmiegsamen Gattin Parvati. Davon zeugt folgende Hindu-Legende:

Schiva hatte die Göttin Sati als seine Gemahlin gewonnen, die ihm getreu überallhin folgte. Als ihr Gemahl von ihrem Vater beleidigt wurde, stürzte sie sich verzweifelt in die Flammen des Festfeuers, um sich zu opfern. So starb Sati, aber ihr Körper verbrannte nicht, weil sie durch ihre Tat zu heilig geworden war. In übergroßem Schmerz trug Schiva seine tote Gattin auf den Schultern in der Welt umher. Damit er wieder zu Sinnen käme, ließen die Götter Satis Körper schließlich verwesen. In Einzelteilen fiel er von Schivas Schultern herab, und überall, wo eins ihrer Glieder hinfiel, entstand ein Göttin-Heiligtum. Aber da, wo ihre Yoni (Vulva) zu Boden fiel, wurde der Tempel der Guhyeschvari errichtet. »Guhya« bedeutet »das Geheime«, weil das Sexualorgan das Geheimste jeder Frau ist. Dem göttlichen, aber gattinlosen Asketen Schiva erschien später Parvati als Wiederverkörperung

---

17 Koch/Stegmüller, S. 171 f.

der Sati, und diese blieb bei ihm als eine bedingungslos ergebene, rührende Gattin, die ihm nur Söhne gebar.[18]

Abgesehen davon, dass diese klassisch-patriarchale Hindu-Legende Parvati als das Idealbild einer Hindu-Frau preist, wird dabei auch Sati als das absolute Vorbild der Gattinnen-Treue vorgeführt, was in Indien Jahrhunderte lang zur grausigen Sitte der Verbrennung von Witwen bei lebendigem Leib geführt hat. Außerdem werden in dieser Legende sämtliche älteren Göttinnen-Heiligtümer vereinnahmt und deren ursprüngliche Bedeutung verdreht. Denn als Tempel der Guhya-Kali, die nie die Gattin des Hindu-Schiva war, hatte der östliche Tempelbezirk von Paschupatinath einst eine ganz andere Bedeutung.

Als ich den lokalen »Berg Meru« hinaufstieg, enthüllte sich mir die uralte Symbolik dieser Anlage, die nicht von den Hindus stammt, immer deutlicher. Ich überblickte zuerst den Tempelbezirk des Paschupati im Westen. Inmitten einer Einfriedung steht eine wunderbare, hölzerne Pagode, ihre Spitze glänzte von Gold, und das Gebäude erschien mir wie eine glockenartig umgestülpte Lotosblüte. Es ist deutlich ein männlicher Tempel, spitz aufragend, mit einem goldenen Stier im Innenhof und – wie könnte es anders sein – einem stehenden Stein, einem Menhir, im Zentrum. Unter Hindus gilt der Menhir als hochheiliger »Schiva-Lingam«, als Phallus, das Zeichen der erotischen Kraft des Gottes. In den vier Himmelsrichtungen sind Gesichter in Steine gehauen, und die Gläubigen legen durch einen amtierenden Priester Blumengirlanden darauf. Vor der goldenen Pagode stieg feiner Rauch auf, denn auf den Stufenterrassen, die vom Tempel zum Flussufer hinabführen, werden ständig Tote verbrannt. Ihre Asche wird nach der Kremation in den heiligen Fluss gestreut, was den Verstorbenen eine glückliche Wiedergeburt sichert. Der Westen, wo die Sonne untergeht, gilt in vielen Kulturen als die Himmelsrichtung des Todes – so auch hier! Die Himmelsrichtung des Todes ist klar dem Männlichen zugeordnet, denn vor dem unsterblichen Schiva gab es hier vermutlich noch keinen Gott, sondern Paschupati, den »Herrn der Tiere«. War Paschupati deshalb Herr der Tiere, weil es Angelegenheit der Männer ist, der Göttin Tiere zu opfern? Oder war Paschupati ein Heros der Göttin, also sterblich, und beschritt in Gestalt eines Tieres, wahrscheinlich als Stier, selber den Weg in die Unterwelt?

Als ich auf die höchste Kuppe des Hügels gelangt war und nach Osten blickte, war ich sehr überrascht: Zu meinen Füßen erschien plötzlich der Tempel der Guhya Kali oder Guhyeschvari, klar gegliedert und nicht umbaut. Denn er ist selber eine Anlage in sich, keine Pagode, sondern ein von schmalen, lang gestreckten, niedrigen Gebäuden geformtes, riesiges Yoni-Symbol. Diese Yoni-Form ist nach Osten hin, zur Himmelsrichtung des aufgehenden Lichtes und des wiederkehrenden Lebens, geöffnet. Die Gebäude umrahmen einen großen, inneren Platz, der zum Himmel hin offen bleibt. In seiner Mitte sah ich die goldenen Leiber von vier schräg aufgerichteten Schlangen, die einen Baldachin tragen, genauso wie in Dakschin Kali. Unter dem Baldachin verbirgt sich das Geheimste, die Vulva der Göttin, zu der man hinab in die Tiefe steigen muss. Denn es ist ein tiefes Felsloch, oben ziemlich klein, doch unendlich tief, am Rand von einer silbernen Lotosblüte eingefasst und immer mit Quellwasser gefüllt. Man er-

---

18 Bennett, S. 281 f.

zählt, dass einmal ein König die Tiefe dieses Loches mit einem Bambusstock versuchte auszumessen, aber er fand den Grund nicht. Stattdessen drang Blut aus dem Loch, und der König wurde fortan von Unglück heimgesucht. Nur ein Priester darf sich in die Nähe des Allerheiligsten wagen; die Gläubigen opfern ein paar Tropfen Milch oder Reisschnaps, die der Priester unter Gebeten in das Loch fallen lässt.

Diese Beschreibung der Tempel – ich durfte als Nicht-Hindu sämtliche Tempel nicht betreten – klang sehr archaisch.[19] Sie erinnerte mich an den uralten Kult der Verehrung der Göttin Erde in Felsspalten, Schluchten und Wasserlöchern, den es weltweit gab. Darüber hinaus erfuhr ich, dass im Guhyeschvari-Tempel keinerlei Totenzeremonien gefeiert werden, sondern stattdessen die Zeremonien der Geburt und des Lebens. Denn Osten gilt als die Himmelsrichtung der Leben schenkenden Göttin. So pflegen Hochzeitsgesellschaften hierher zu pilgern, insbesondere die Frauen, welche die Göttin um Kindersegen bitten. Vor ihrem Besuch im Tempel baden die Frauen in den Wassern des Bagmati, der soeben die Asche der Toten aufnahm, in der Hoffnung, dass sie durch eine Ahnenseele, die dort schwimmt, sicher schwanger werden würden. Dann bringen sie der Göttin, angetan mit ihren purpurroten Hochzeits-Saris, Schalen mit wunderschönen Blumen und brennenden Öllämpchen dar.[20]

Uralte Bräuche haben hier angedauert, und die Symbolik des Ortes spricht eine klare Sprache. Es ist eine matriarchale Sprache, die in krassem Widerspruch zu der späteren, oben zitierten Hindu-Legende steht, die den männlichen, sterblichen Begleiter der Göttin zum unsterblichen Gott macht, die Leben schenkende Göttin hingegen zum stückweise zerfallenden Leichnam.

So deutlich die Göttin Kali als die Guhyeschvari den Aspekt der liebevollen, mütterlichen Wiedergebärerin besitzt, so klar tritt sie in Paschupatinath zugleich als die wilde Kali auf, die Todesgöttin. Der älteste Tempel der riesigen Anlage liegt im Südwesten und gehört der Vatsalā Kali. Er steht etwas abseits, meist für sich und unbeachtet, doch am Festtag der Göttin Vatsalā ist er das Zentrum einer alten, religiösen Feier. Dieser Aspekt der Göttin hat sich der Hinduisierung als liebevolle Gattin entzogen, sie ist eine unabhängige Kraft und die eigentliche »Kali« des Ortes geblieben.[21] Ihr Tempel ist mit geschnitzten Dachbalken geschmückt, welche die acht Matrikas oder Mütter darstellen. Die neunte Matrika ist Vatsalā selbst, repräsentiert in einem weiblichen Stein im Zentrum des Tempels. Kleine Glöckchen und Öllämpchen hängen darüber, deren Ruß den Baldachin in der Höhe, der einmal purpurrot war, schwärzte. Ganz im Gegensatz zum Guhyeschvari-Tempel, der für Fremde verboten ist, lässt sich Vatsalā Kali so ungehindert betrachten wie schon ihre Schwester Dakschin Kali. Dieser uralten Göttin sind sexistische Tabus fremd. Das Schnitzwerk der Dachbalken trägt die in Indien typischen Szenen von Paaren,

---

19 Das Innere dieser Tempelanlagen wurde mir vom Gewährsmann Agni beschrieben.
20 Kooij, S. 16 f.; Mary M. Anderson: *The Festivals of Nepal*, London 1971, Allen & Unwin, S. 192; S. Lienhard: »Religionssynkretismus in Nepal«, in: Heinz Bechert (Hg.), *Buddhismus in Ceylon and Studies on Religious Syncretism in Buddhist Countries: Report on a Symposium in Goettingen*, Göttingen 1978, Vandenhoeck & Ruprecht, S. 166.
21 Michaels: »Shiva's Wild and Wayward Calf«.

die sich in verschiedenen Positionen lieben, sowie eine Reihe dämonischer Figuren, die den Tod darstellen. Das alles charakterisiert Vatsalā Kali als eine archaische, tantrisch-orgiastische Göttin, deren Religion die Feier der Liebe, des Todes und der Wiedergeburt durch die Urmütter umfasst.

Die Feier am Vatsalā-Tempel ist beim Volk sehr beliebt, das heißt, bei den Angehörigen niederer Kasten, wie Bauern, Handwerker, Straßenfeger, Blumenbinder und andere. Bei diesem Fest gibt es alles, was die hinduistisch-asketischen Anhänger Schivas verabscheuen, nämlich Tieropfer, alkoholische Rauschgetränke, Zwiebeln, Knoblauch, Aufhebung der Kastentrennung und früher vermutlich auch offene, orgiastische Erotik – und das in dem Schiva-Heiligtum von Paschupatinath! Schiva wird in Gestalt seines Priesters sogar zu diesem Fest eingeladen, und es droht der Bruch des sozialen Friedens, wenn er nicht kommt. Das spiegelt deutlich ein historisches Ereignis wider, nämlich die Auseinandersetzung des alten tantrischen Kultes der Urgöttin der Newar mit dem späteren hinduistisch-brahmanischen Kult des Schiva als angeblichen Herrn der Welt.

Das Fest beginnt mit dem Treffen von drei Schwester-Göttinnen an einem geheimen Ort, eine von ihnen ist Vatsalā Kali. Diese Drei sind stets vom Typ der Weißen Göttin: Maha Sarasvati, Göttin von Kunst und Wissen, vom Typ der Roten Göttin: Maha Lakschmi, Göttin der Liebe und der Fülle, und vom Typ der Schwarzen Göttin: Maha Kali oder Vatsalā Kali, Göttin des Todes und der Wiedergeburt. Ihr besonderes Treffen – das dem Muster der Dreifachen Göttin der matriarchalen Mythologie entspricht – wird einmal jährlich als Prozession gefeiert.[22] Dabei tragen die Gläubigen unter massenhafter Beteiligung die Pithas oder Kultsteine dieser drei Göttinnen durch die Straßen, entweder zu einem geheimen Kultort unter der Erde oder zu einer nächtlichen Begegnung auf einem Platz; es ist das Pahachare-Fest in Kathmandu.[23] Vermutlich beraten die drei Göttinnen bei ihrer Zusammenkunft das Schicksal der Welt und vielleicht auch das ihres Gefährten, des Heiligen Königs oder Heros in Gestalt des goldenen Stieres. Am Ende der Prozession kehrt Vatsalā Kali in der Form ihres Steines wieder zu ihrem Tempel zurück, in rote Tücher gehüllt und über und über mit Blumen bedeckt. Sobald nun Schiva als Gast bei ihr erscheint, ebenfalls in Form seines Kultsteines, beginnt das Ritual des sakralen Opfers. Es hat denselben Ablauf wie in Dakschin Kali, doch hier werden am häufigsten Wasserbüffel und schwarze Ziegenböcke geopfert. Das Opfer findet an der westlichen Ecke des Tempels statt, in der Himmelsrichtung des Todes.

Durch mehrere Überlieferungen ist bezeugt, dass Vatsalā Kali an dieser Stelle früher Mannesopfer dargebracht worden sind.[24] Das Hauptopfer des Büffels oder Stieres mitten im Kathmandu-Tal, wo er so heilig ist, dass er nicht arbeiten muss, und obendrein vor den Augen Schivas, gibt uns einen Hinweis, wer dieses Mannesopfer ursprünglich war. Paschupati, der »Herr der Tiere«, vielleicht mit einer Maske den Stier

---

22 Siehe zum weit verbreiteten Muster der Dreifachen Göttin: Göttner-Abendroth: *Die Göttin und ihr Heros*.
23 Michaels, S. 116 f.; Koch/Stegmüller, S. 20 f.
24 Michaels, S. 109; Kooij, S. 16.

verkörpernd, Heroskönig der Göttin Kali, wird hier wohl selbst seinen Tod gefunden haben. Das Opfer des Gefährten und Heiligen Königs der Großen Muttergöttin, der in vielen Kulturen als Stier dargestellt wird, ist ein sehr alter matriarchaler Brauch. Es weist, ob nun real oder nur symbolisch ausgeführt, zurück auf die großen historischen Kulturen am Indus, in Anatolien, Mesopotamien, Ägypten und auf Kreta.

Schiva, der nicht zu diesem geopferten »Stier« werden wollte, verbot dieses Ritual energisch. Aber Vatsalā Kali hörte nicht auf ihn; so kam es zu einem heftigen Kampf, in dem sie unterlag. Das Mannesopfer wurde durch das Büffelopfer ersetzt, bei dem aber Schiva als »Paschupati«, als Vertreter des vorigen Heroskönigs, zwingend anwesend sein muss, damit es gültig ist. Noch immer erfreut sich Vatsalā Kali jedoch an den Toten, die in ihrer Nähe beim Schiva-Tempel verbrannt werden. Damit ist Kalis Charakter als Todesgöttin auf der westlichen Seite des Flusses deutlich, im Gegensatz zu ihrem Charakter als liebreiche Göttin der Wiedergeburt und Mutter auf der östlichen Seite.

Ihr Fest hat außerdem eine sehr interessante soziale Komponente: Nach dem Tieropfer werden die Büffelköpfe der Göttin dargebracht und das Fleisch bis in den Abend hinein in großen Töpfen auf offenem Feuer gekocht. In der Zwischenzeit versammelt sich eine Gruppe von neun Mädchen, die sich auf der westlichen Seite des Tempels niederlassen. Sie sind schön geschmückt und sprudeln vor Aufregung, sie schwatzen und kichern, unbeeindruckt von der Heiligkeit ihrer momentanen Würde. Denn sie stellen die neun göttlichen Mädchen dar, die Matrikas in ihrer verjüngten Form, und agieren als die jugendliche, neunfache Kali selber. Sie sind Mädchen noch vor der Menstruation und stammen ausdrücklich aus allen verschiedenen Kasten der Gegend. Sie werden in dieser einen Nacht vom Priester der Vatsalā Kali als die Göttin selbst verehrt und essen vom gekochten Fleisch der Opfertiere, in völliger Gleichheit. Symbolisch wird damit jede Kastentrennung durch die Kraft der Göttin in dieser Nacht aufgehoben, denn nach dem Willen der Matrikas oder Urmütter darf es keine soziale Hierarchie und die damit verbundene Unterdrückung geben. Der hinduistisch-brahmanische Schiva, der oberste Herr der Welt, muss sich die Aufhebung aller seiner Prinzipien persönlich ansehen und wird wütend darüber.[25]

Am zweiten Tag des Festes ist der Zorn Schivas auf Vatsalā Kalis Sitten so groß geworden, dass es zu einem Streit zwischen ihm und der Göttin kommt, was rituell von den Priestern beider Gottheiten in Szene gesetzt wird. Er beschimpft sie, weil sie Blutopfer und Alkohol und die Vermischung der Kasten erlaubt. Sie weist seine Vorwürfe brüsk zurück, und das bringt ihn in Verlegenheit, denn als die hinduisierte Guhyeschvari ist sie zugleich seine liebe Gemahlin, seine »wilde, widerspenstige, junge Kuh«, nach der seine Liebe verlangt! Dafür ist es nötig, dass sie ihm bereitwil-

---

25 Einige Gelehrte behaupten, dass Schiva nicht von Kali verschieden ist: wild, sexuell, erleuchtet, nicht-dualistisch, anarchisch. Das ist jedoch eine spätere Interpretation Schivas durch Hindu-Philosophen. Wie die Tradition der Newar besagt, ist Kali viel älter als er, während Schiva durch die erste Hinduisierungswelle als »Herr der Welt« in Nepal eingeführt wurde. Abgesehen davon ist der Ablauf dieses Festes eine Tatsache und nicht meine persönliche Auffassung, und dieser Ablauf spricht deutlich für sich.

lig in seinen Tempel folgt, und so gebraucht er schließlich süße, nachgiebige Worte zur Versöhnung. Endlich ist Vatsalā Kali bereit, ihn als Zeichen der Vergebung zu seinem Tempel zurück zu begleiten, aber nur bis zur Schwelle. Dort macht sie kehrt und geht nach Hause in ihren eigenen Tempel.

Dieser grundsätzliche Streit zwischen zwei religiösen Welten, der ohne Lösung und ohne Vereinnahmung offen endet, wird jedes Jahr unter großer Volksbeteiligung beim Vatsalā-Fest aufgeführt. Dabei werden geschichtliche Ereignisse in einem rituellen Drama in Szene gesetzt. Das ist bei Völkern mit mündlicher Tradition durchaus üblich, denn so wie hier stellen sie auf diese Weise ihre Geschichte dar. In Nepal war es der Kampf der Anhängerinnen und Anhänger der matriarchalen Urreligion gegen die neue patriarchale Hindu-Religion, welche die alten Lebensprinzipien des Volkes verbot und veränderte. Der Ausgang blieb unentschieden, und das führte in Nepal zu der synkretistischen Koexistenz beider Religionen.

3.4 Kumari, die lebende Göttin

Alle großen, öffentlichen Volksfeste, welche die Newar im Verlauf eines Jahres feiern, sind genauso zu verstehen: als ihr in mythisch-ritueller Form dargestellter Bezug zur Natur einerseits und zur eigenen Geschichte andererseits. Jeder Monat hat sein bestimmtes, mehrtägiges Fest, jede Stadt noch ihre besonderen Feiern, so dass es nicht schwierig ist, die Newar irgendwo massenhaft in fröhlicher Feststimmung auf den Beinen zu sehen. Die Stimmung gleicht den großen »Fiestas« in Spanien oder Brasilien. Das wichtigste dieser Feste, das im ganzen Land gefeiert wird, ist das zehntägige »Durga Puja« zu Ehren der Göttin Durga.[26]

Durga, die Große Muttergöttin, trägt in Nepal den Namen »Taleju«, und sowohl die sanfte Lakshmi-Parvati (Guhyeschvari), Göttin der Liebe und glücklichen Ehe, wie die wilde, unbezwingbare Kali sind ihre Erscheinungen. In der Kumari verkörpert sie sich als kleines, aber deshalb nicht weniger mächtiges Mädchen.

Beim Durga Puja kommen alle diese Aspekte der Großen Göttin in eindrucksvoller Weise zusammen, und zugleich scheint der Hinduismus wie außer Kraft gesetzt. Denn nun werden überall im Land Tieropfer dargebracht, es gibt Alkohol, Karten- und Würfelspiele, und diese irdischen Genüsse tragen erheblich zum Vergnügen der Bevölkerung bei. Während der ersten acht Tage des Festes werden nacheinander alle acht Matrikas bei ihren Pithas – den heiligen Steinen, welche die Städte im Kreis umgeben – besucht. Man beginnt im Osten, beim Pitha und Schrein der Göttin der Neuschöpfung. Jeder Tag beginnt mit einem reinigenden Bad in einer heiligen Quelle oder einem heiligen Teich und endet mit der Prozession zu je einer Stätte der mütterlichen Schutzgöttinnen, besonders ausgeprägt in der bäuerlichen Stadt Bhaktapur.

Der neunte Tag des Durga Puja ist der Haupttag der Großen Göttin. Nun erscheint sie höchstpersönlich in Gestalt der Kumari, eines Mädchens vor der Puber-

---

26 Koch/Stegmüller, S. 121–142; Anderson: *The Festivals*; Machapuria/Gupta: *Nepal – The Land of Festivals*, New Delhi 1981, S. Chand.

tät, unter den Menschen in der Stadt. Der Kult der Kumari ist der einzige, in dem noch heute eine lebende Göttin gefeiert wird; er erhellt für uns die archaischen matriarchalen Feste, in denen Frauen als Priesterinnen die Göttin verkörperten.

Die Kumari ist die Durga in Kindgestalt (Abb. 4). Jede Stadt hat ihre eigene Kumari als Stadtgöttin, so wie jede Stadt früher ihren eigenen König besaß. Doch seit dem 18. Jahrhundert, als Nepal durch die hinduistischen Gurkha-Krieger erobert und zentralisiert wurde, ist nur noch der Gurkha-König in Kathmandu übrig geblieben. So gilt die Kumari von Kathmandu als königliche Kumari und ist die Göttin des ganzen Landes.[27] Auch ich pilgerte zu ihrem schönen Palast mitten in der Stadt,

Abb. 4: Kumari, die lebende Kindgöttin der Newar, eine Verkörperung der Durga-Kali-Taleju

---

27 Siehe zum Kult der Kumari: Koch/Stegmüller, S.121–142; Kooij: *Religion in Nepal*; Anderson: *The Festivals;* Lienhard: »Religionssynkretismus«.

wo sie verborgen lebt und sich nur einmal täglich kurz zeigt. So kam ich in den Genuss eines Augenblicks vis-a-vis mit der königlichen Kumari, sah ihr wohlgeformtes Gesichtchen mit den dunklen Augen für einen Moment hinter einem kunstvoll geschnitzten Fenster. Die Gläubigen im Hof huldigten ihr mit Blumen und anderen kleinen Geschenken und drückten ihre Freude lauthals aus. Sie ist es, die einmal jährlich beim Kumari-Yatra-Fest, das vor dem Durga-Puja-Fest stattfindet, den König selber segnet. Ohne diesen Segen der Kumari, die als Taleju seine persönliche Schutzgöttin ist, kann der König nicht regieren. Um diesen Segen in Form eines roten Tika-Zeichens auf der Stirn zu empfangen, begibt sich der König in den Palast der Kumari: Er geht zu ihr, nicht sie zu ihm, was auf eine alte Rangordnung hinweist. Es bedeutet, dass er nicht über sie, sie aber über ihn Macht hat.

Bei der Segenshandlung wird ihr Gesichtsausdruck genau beobachtet, denn jeder Zug ihres Mienenspiels wird als Omen für das nächste Jahr gedeutet. An den seherischen Fähigkeiten der Kumari besteht bei den Nepali kein Zweifel, wie ein Ereignis von 1971 dokumentiert: Damals besuchte der regierende König Mahendra zusammen mit dem Thronfolger Prinz Birendra die Kumari in ihrem Palast, um sich das Tika-Zeichen als Bestätigung für sein Amt um ein weiteres Jahr geben zu lassen. In Gedanken ging die lebende Göttin auf die beiden zu und drückte dann dem Prinzen statt dem König das Zeichen auf die Stirn. Die Priester machten die Kumari behutsam auf ihren Irrtum aufmerksam, aber sie beharrte auf ihrer Entscheidung. Wenige Monate später starb König Mahendra überraschend, und Prinz Birendra folgte ihm auf den Thron.[28]

Am neunten Tag des Durga Puja erscheint also die Kumari für alle Gläubigen in den Straßen der Stadt. Die königliche Kumari von Kathmandu wird von vielen Männern in einer Sänfte getragen, die Ekanta-Kumari von Bhaktapur einfach auf den Armen ihres Vaters, doch immer begleitet von einem Priester. Die Menschen umringen sie und machen ihr kleine Geschenke, und stets führt ihr Weg in den jeweiligen Taleju-Tempel der Stadt, der als ihre göttliche Wohnstätte gilt und den nur Hindus der höchsten Kasten betreten dürfen. Zur gleichen Zeit wird ein junger, mit Alkohol aufgeputschter Büffel durch die Straßen der Stadt getrieben und von einer lärmenden Menge durch das Tor in den Innenhof des Taleju-Tempels gejagt. Dort wird er mit einem einzigen Säbelhieb geköpft, als Opfer für die Durga-Kali, obwohl die kindliche Kumari das Blut nicht sehen darf. Man sagt, dass es sich um eine Freudenfeier zum Sieg der Durga-Kali über den Büffeldämon Mahisa handelt – aber diese Dämonisierung zeigt bereits die hinduistische Interpretation, denn dieser Büffeldämon soll »das Böse« verkörpern. In der ursprünglichen Religion war das Durga Puja ein Anlass für das heilige Stieropfer und vielleicht für ein Mannesopfer.[29] Vermutlich schloss es manchmal den Tod des Heiligen Königs und Gefährten der Grossen Göttin ein, dessen Schutzgöttin die Durga-Taleju ist und dessen Schicksal allein bei ihr liegt.

---

28 Koch/Stegmüller, S. 113; Kooij, S. 14.
29 Koch/Stegmüller, S. 136.

Dieses einzigartige Ritual der Mädchenverehrung, das nur auf einem matriarchalen historischen Hintergrund verständlich ist, hat Folgen über das Ende des Göttindienstes des Mädchens hinaus. Sie bleibt bis zu ihrer ersten Menstruation im Amt und kehrt danach in ein normales Leben zurück. Aber diese Mädchen sind als Heiratskandidatinnen später wenig beliebt, da die Männer fürchten, dass noch ein Rest der Macht der Durga in ihnen stecken könnte. Doch für die Mädchen ist das angesichts des unterdrückten Lebens einer Hindu-Ehefrau nicht unbedingt ein Nachteil. Es steht ihnen nun die Möglichkeit von Ausbildung offen, ein Ausnahmeweg, den nicht wenige der ehemaligen Kumaris zu ihrem Vorteil ergreifen.

Doch kehren wir noch einmal zum Durga Puja zurück: Am neunten Tag des Durga-Puja-Festes weitet sich die Mädchenverehrung aus. Nun werden in den Tempeln anderer Städte und in den Dörfern Gruppen von Kumaris aus neun Mädchen gebildet, die von den Priestern verehrt und mit dem Fleisch der Opfertiere verköstigt werden. Diese Gruppen lösen sich bald wieder auf, doch nun wird das Darbringen von Opfertieren, ebenso die Verehrung der Göttin in Gestalt eines Mädchens erst recht allgemein. Jede Familie bringt jetzt ein Opfertier zum Tempel, große Gruppen von Büffeln und Ziegenböcken werden herbei getrieben und getötet. Keine Familie will sich ausschließen, um die Durga fürs nächste Jahr freundlich zu stimmen. Danach versammeln sich alle Familienmitglieder beim Festtagsbraten vom Opfertier, feiern ihre Zusammengehörigkeit in der Sippe und verehren das jeweils jüngste Mädchen in ihrem Kreis als die »Familien-Kumari«. Auf diese Weise kommt jedes Mädchen in seiner Kindheit einmal in die Situation, als Familien-Kumari verehrt zu werden, denn jedes ist, auch wenn Schwestern folgen, einmal die jüngste gewesen. Diese Bräuche zeigen, dass das Durga Puja ein altes Sippenfest ist und dass die jüngste Tochter bei den Newar vor der Hinduisierung – wie bei den Khasi noch heute – einmal die Hoffnung und der Mittelpunkt der ganzen Sippe gewesen ist.

An diesem hohen Festtag tanzen neun Männer aus niederen Kasten durch die Straßen der Stadt Bhaktapur; sie tragen kostbar ausgearbeitete Masken der neun Matrikas. Mit ihren musikalisch-ekstatischen Ausbrüchen stellen diese Nava-Durga-Tänzer die neun Aspekte der Göttin dar, Aspekte, die einen Jahreszyklus und einen Lebenszyklus zugleich umfassen. Die Tänze sind den acht Pitha-Steinen um die Stadt gewidmet, ebenso dem neunten in der Mitte der Stadt. Während der nächsten neun Monate werden die Nava-Durga-Tänzer die einzelnen Heiligtümer besuchen und bei den Familienfesten und den Ahnenopfern dabei sein. So werden während dieser Feiern die Sippenbande zu den lebenden und toten Mitgliedern gefestigt.

Der zehnte Tag des Festes bringt den Abschluss, der wieder zum Ausgangspunkt zurückführt: Am Pitha der Göttin der Neuschöpfung und Wiedergeburt im Osten der Stadt wurde ihr in der letzten Nacht von den Nava-Durga-Tänzern ein Büffel geopfert. Am nächsten Tag besuchen alle Frauen und Männer der Stadt noch einmal den Ort der Schöpfergöttin und bringen zusammen mit den Tänzern den Kopf des Tieres in einer ausgelassenen Prozession zurück in die Stadt. Damit ist die Macht der Göttin in der Stadt angekommen, die sie nun neun Monate lang vor allen Gefahren beschützen wird.

Diese Erscheinungen einer noch lebendigen matriarchalen Kultur bei den Newar sind von einer dicken Schicht hinduistisch-patriarchaler Mythologie und von der rein männlichen Priesterschaft der Brahmanen überlagert. Aber dagegen sprechen die symbolischen Handlungen bei diesen öffentlichen Mysterienfesten des Volkes ihre eigene Sprache. Nicht nur sie, sondern auch einige soziale Praktiken weisen darauf hin, dass es in Nepal einst eine matriarchale Gesellschaft gegeben hat. Denn die Newar haben nicht zugelassen, dass ihre Frauen dem Schicksal ausgeliefert werden, das Hindu-Ehefrauen in Indien erleiden. Dort ist eine Hindu-Gattin nicht mehr als die untergeordnete Dienerin ihres Gatten, den sie als Gott zu betrachten hat; sie ist die Sklavin ihrer Schwiegermutter, für die sie alle schweren Arbeiten verrichten muss. Ihre Ehe ist unauflösbar, und noch bis vor kurzem wurde sie beim Tod des Gatten der Hexerei verdächtigt. Das führte sehr oft dazu, dass sie im Brauch des Sati mit seinem Leichnam lebendig verbrannt wurde, und allein dieser Tod konnte eine Ehefrau vom Verdacht der Übeltat gegen den verstorbenen Gatten befreien. Dies geschah bis 1829, als der Brauch des Sati von den britischen Kolonialherren verboten wurde.

Dieses Schicksal der Frauen ist in Nepal geschickt umgangen worden: Jedes Mädchen im Alter von sechs Jahren wird symbolisch mit einem Gott vermählt, der die Gestalt der Baëlfrucht, die dem Granatapfel gleicht, annimmt. Zeitlebens bleibt sie Gattin des Gottes in der Frucht und kann daher nicht, wenn ihr irdischer Mann vor ihr stirbt, mit ihm verbrannt werden. Eine Frau wird nie die Witwe eines irdischen Mannes, so kennt Nepal überhaupt keine Witwen und auch keine Witwenverbrennungen. Die Vermählung mit dem Baël-Gott wird als die wahre Ehe jeder Frau angesehen, weshalb die irdische Ehe – anders als in Indien – von beiden Parteien aufgelöst werden kann. Überlebt eine Gattin in Treue ihren irdischen Mann, so übernimmt sie nach seinem Tod die Führung im Familienclan, manchmal auch schon zu seinen Lebzeiten. Das heißt, dass in bäuerlichen Regionen Großfamilien von fünfzig und mehr Mitgliedern oft von der Großmutter geführt werden, obwohl diese sich nicht mehr in ihrer eigenen Abstammungslinie und in ihrem eigenen Sippenhaus befindet. Trotz der Hinduisierung aus Indien ist auf diese Weise ein Spielraum für die Traditionen und die Stärke der nepalesischen Frauen erhalten geblieben.

3.5 Zur Struktur der matriarchalen Gesellschaftsform (Fortsetzung)

Auf der kulturellen Ebene:

- Matriarchale Mysterienfeste waren oder sind öffentliche Volksfeste und keine Geheimkulte. Sie spiegeln in neun Festen den Zyklus des Jahres und des Lebens. Sie stellen im rituellen Drama den Bezug der Menschen zur Natur und zu ihrer Geschichte her und sind den verschiedenen Erscheinungen der Großen Göttin gewidmet (Beispiel Nepal).
- Sie zeigen die alten Gleichheitsprinzipien der matriarchalen Gesellschaft und besitzen keine sozialen Hierarchien, oder sie kritisieren im Fall einer Patriarchalisierung solche sozialen Hierarchien durch bestimmte Rituale.

- Die Große Göttin erscheint als Mädchengöttin (in Nepal: Kumari), als die Frauen- und Muttergöttin (in Nepal: Guhyeschvari), als die Göttin des Todes und der Wiedergeburt (in Nepal: Kali). Es sind die Aspekte der Dreifachen Göttin, das heißt, als Drei in Einer.
- Mädchen und Frauen können im Matriarchat zu verschiedenen Stadien ihres Lebens die drei Aspekte der Großen Göttin verkörpern und werden als diese verehrt.
- Der Gefährte der Großen Göttin war der Heilige König oder Heros. Er organisierte in ihrem Namen die Administration (Exekutive), und am Ende seiner Regierungszeit wurde er zum gültigen Opfer für die Göttin. In matriarchalen Kulturen beruhte dies auf dem freien Willen des Königs und stellte ein Selbstopfer dar. Dahinter stand der Glaube an Wiedergeburt, wobei Wiedergeburt nicht als abstrakte Idee, sondern sehr konkret verstanden wurde.
- Anstelle des Heiligen Königs wurden auch männliche Tiere geopfert. Bei den Tieren wurde ebenso das Prinzip der Freiwilligkeit auf irgendeine Weise gewahrt, und man glaubte auch an ihre Wiedergeburt.
- Matriarchale sakrale Plätze und Tempel haben in der Regel eine symbolische Ordnung in Harmonie mit der Landschaft, zum Bespiel wurden weibliche Erd- und Wasserformen als der Körper der Göttin gesehen. Ebenso sind die Tempel den Himmelsrichtungen zugeordnet, wobei der Osten als die Richtung des Lebens und der Göttin, der Westen als die Richtung des Todes und des sterblichen Heroskönigs gelten.
- Solche symbolischen Anlagen wurden in verschiedenen Kulturen noch lange beibehalten, auch nach einer Phase der Patriarchalisierung.

Kapitel 4: Alte Königinnenreiche und Gruppenehe in Tibet

Für Sa-trig er-sans, die »Große Mutter des Raumes«
und für kLu-mo, die Urmutter von Tibet

4.1 Ackerbau- und Hirtenkultur

Tibet liegt von Nepal aus gesehen im Norden jenseits der riesigen Eismauer des Himalaya mit seiner Kette von Achttausender-Gipfeln. Dahinter öffnet sich tief eingeschnitten das lange Tal des Tsang po, welcher der Oberlauf des Brahmaputra ist, und dieser wasserreiche Strom ermöglicht im südlichen Tibet den Ackerbau. Wie in den steilen Flusstälern Nepals werden auch hier die Felder auf den Hängen angelegt, in unzählige Terrassen gegliedert. Das erlaubt einen großen Reichtum an Feldfrüchten, denn die Wärme liebenden Pflanzen gedeihen am Grund der Täler und die Kühle gewohnten wachsen weiter oben, so dass hier die Vegetation verschiedener Klimazonen von unten nach oben gestaffelt gleichzeitig vorkommt.

Wie in Gebirgsländern üblich ist die Hausbauweise Platz sparend, und in Tibet ist sie wegen des kalten Klimas aus Stein. In diesem Gebiet wurde das Stockwerkhaus erfunden, bei dem möglichst viele Stockwerke übereinander gesetzt werden. Die Felder reichen bis an die Mauern der Häuser heran. Das steinerne, mehrstöckige Haus ist seit langer Zeit für Tibet typisch, wo sich auf Hügelrücken nicht nur Bauernhäuser, sondern auch Klöster und Paläste mit vielen Fensterreihen übereinander türmen, am bekanntesten beim Potala-Palast in Lhasa.

Jenseits des Transhimalaya, der Bergkette, die sich parallel zum Himalaya erstreckt, aber auf der nördlichen Seite des Flusses Tsang po, liegen die ausgedehnten Hochebenen von Tibet. Hier fehlen tiefe, wärmende Flusstäler, und die Menschen können nicht mehr vom Ackerbau leben. Sie besitzen keine Häuser mehr, sondern wohnen in Zelten. Hier ging, weil die wirtschaftliche Grundlage der rauen Hochweiden so kärglich ist, aus der bäuerlichen Haustierzucht eine nomadisierende Hirtenkultur hervor, in der Yaks und Schafe gezüchtet werden. Sie stellt eine Spezialisierung und Vereinseitigung gegenüber der Ackerbaukultur dar. Zwar ist die Lebensweise in Zelten beweglicher, gleichzeitig aber auch ökonomisch wie kulturell ärmer gegenüber der reicheren Ackerbaukultur.[1]

---

1 Heute werden viele tibetische Frauen und Männer, die vorher nomadisch lebten, durch die Regierung Chinas zwangsweise in Dörfern angesiedelt und rigoroser Kontrolle unterworfen.

Die in älteren Geschichtsbüchern vorkommende Verherrlichung der Hirtenkultur, die der Ackerbaukultur geistig und kulturell überlegen sein soll, entbehrt jeder sachlichen Grundlage – wie die Situation in Tibet und woanders zeigt. Erst recht ist es verfehlt, in ihr eine eigene Kulturstufe zu erblicken, denn Hirtenkulturen treten in den konkreten Fällen mit Ackerbaukulturen verbunden auf. Beide ökonomischen Formen können zur selben Kultur gehören oder zu verschiedenen Kulturen, wobei die notwendige pflanzliche Nahrung durch Handel erworben wird, ebenso bestimmte Handwerksgüter. In dieser Hinsicht sind Hirtenkulturen abhängig. Sie breiten sich nur in Gebieten aus, die keinen Ackerbau mehr erlauben, und dort können sie praktisch ohne die Güter der Ackerbaukulturen nicht überleben. In der neueren Forschung, die mit dem phantasievollen Vorurteil von dem unabhängigen, geistig hochstehenden, patriarchalen Hirtennomadentum aufräumt, wird es klar als einseitige Spezialisierung bezeichnet. Es ist ein Ableger der Ackerbaukultur mit entsprechend kultureller Verarmung.[2] Unter extremen Bedingungen entwickeln sich Hirtennomaden zu Hirtenkriegern, eine weitere Spezialisierung mit erheblichen kulturellen Folgen. Diese leben parasitär, denn nun erwerben sie die benötigten Güter nicht mehr von benachbarten Ackerbaukulturen, sondern rauben sie einfach. Geschichtlich gingen die jungsteinzeitlichen, matriarchalen Ackerbaukulturen den Hirtennomaden oder Hirtenkriegern in jedem Fall voraus; insbesondere die Hirtenkrieger stellen eine viel spätere Entwicklung dar.[3]

Tibet ist ein Beispiel für eine solche Entwicklung, denn geschichtlich geht die Kultur der *Tibeter* zurück auf eine jungsteinzeitliche Ackerbaukultur.[4] Sie hatte die typischen Kennzeichen von intensiver Bodenkultivierung durch kunstvollen Terrassenbau mit Bewässerungskanälen für die Trockenzeit im Winter.[5] Die tibetische Hirtenkultur entstand erst später.

4.2 Die Bon-Religion

Tibet besitzt ebenfalls eine alte Megalithkultur, die Steinverehrung ist hier noch archaischer als in Nepal. Sie weist auf die Verwandtschaft mit den Khasi hin, die in ihrer Mythologie davon berichten, dass sie einstmals über den Himalaya herab

---

Siehe Ulrich Delius: »Zwischen Jurten und sozialistischen Dörfern«, in: *Für Vielfalt*, Nr. 319, Heft 4/2020, Hg.: Tilman Zülch, Gesellschaft für bedrohte Völker e.V., Göttingen.
2 Grundsätzlich dazu Gordon Childe: »Old World Prehistory«, in: *Anthropology Today*, Chicago 1953, University of Chicago Press, S. 197 f.; K. Dittmer: *Allgemeine Völkerkunde*, Braunschweig 1954, Vieweg & Sohn, S. 260 f.
3 Siehe Göttner-Abendroth: *Geschichte matriarchaler Gesellschaften*.
4 R.B. Ekvall: *Cultural Relations on the Kansu-Tibetan Border*, Chicago 1939, University of Chicago Press, S. 79; F. Sierksma: »Sacred Cairns in Pastoral Cultures«, in: *History of Religions*, Nr. 16, Chicago 1976, 1977, University of Chicago Press, S. 230–241.
5 Sierksma, S. 231; S. Hummel: »Die tibetischen Mani-Mauern als megalithisches Erbe«, in: *Internationales Archiv für Ethnographie*, Nr. 50, Leiden 1966, Brill Verlag.

gekommen sind.⁶ So sind die mächtigen Himalaya-Berge für die Tibeter nicht Throne von Göttern wie bei den Hindus, sondern Sitze ihrer Ahnen und Ahninnen und werden bei lokalen Stämmen mehr verehrt als die buddhistischen Heiligtümer.⁷ Manche gelten auch als Muttergöttinnen wie »Chomolung-ma«, die »Göttinmutter« aller Berge und Lebewesen, die höchste Berggestalt der Erde.⁸ (In der westlichen Kultur wird sie »Mount Everest« genannt).

Im allgemeinen Gebrauch sind Mani-Mauern, welche die Tibeter auf erhöhten Plätzen zum Gedächtnis der Verstorbenen noch heute errichten. Bei jedem weiteren Todesfall wird ein neuer Gedenkstein zum Segen der verstorbenen Person und des Stifters an eine Mani-Mauer angefügt. Sie gelten als Wohnstätten der Ahnenseelen, als Bindeglied zwischen den Lebenden und der Jenseitswelt, und sie werden gern von Vorüberziehenden als Sitzgelegenheit benutzt.⁹ Später wurden diese Mauern mit buddhistischen Segenssprüchen verziert, nun sollen diese Sprüche allein den religiösen Gewinn bringen. Genauso wie Nepals alte Kultur durch die Schicht des Hinduismus überlagert wurde, spielte der Buddhismus eine ähnliche Rolle für die ursprüngliche Kultur Tibets. Mani-Mauern wurden nicht nur bei tibetischen Bergstämmen gefunden, sondern auch bei den in Nepal lebenden Tibetern wie den *Scherpa* und den *Rai*. Darüber hinaus gibt es die alte Form des Ehrenfestes, verbunden mit der Setzung eines Steindenkmals für einen verstorbenen Menschen, im gesamten Gebiet vom Karakorum über den Himalaya bis Assam und Südostasien.¹⁰

Außer den Mani-Mauern findet man in Tibet ausgearbeitete, groß angelegte Steinstrukturen aus archaischer Zeit. Eine wird von einem Forscher beschrieben als aus 18 Reihen großer Menhire bestehend, die parallel von Ost nach West verlaufen. Am westlichen Ende münden sie in einen Steinkreis, der aus zwei konzentrischen Ringen gebildet ist. In der Mitte des Kreises stehen drei besonders hohe Menhire mit einem Dolmen direkt davor.¹¹ Dieser Mittelpunkt hat dieselbe Konstruktion wie die Megalithbauten der Khasi. Lange Steinreihen mit großen Kreisen entstehen durch Anfügungen, die über Generationen hinweg errichtet werden: je ein Stein für eine bedeutende, verstorbene Person, bis solche gigantischen Anlagen entstanden sind. – Wir können völlig pa-

---

6 Für einen Vergleich von Stammesgruppen in Nepal und Tibet siehe Véziès: *Les fêtes magiques du Nepal*, S. 20; Shresta/Singh/Pradan: *Ethnic groups of Nepal and their way of living*, Kathmandu 1972, HMG Press; D.N. Majumdar: *Himalayan Polyandry*, Bombay-New Delhi-London 1962, Asia Publishing House.
7 Hummel, S. 116; Sierksma, S. 233.
8 Mehr über die Vorstellung von Bergen als Muttergöttinnen bei Lienhard: »Religionssynkretismus in Nepal«, S. 156.
9 Hummel: »Die tibetischen Mani-Mauern«; H. Hoffmann: *Symbolik der tibetischen Religion und des Schamanismus*, Stuttgart 1967, Verlag Hiersemann, S. 72.
10 R. Heine-Geldern: »Zwei alte Weltanschauungen und ihre kulturgeschichtliche Bedeutung«, in: *Anzeiger der philosophisch-historischen Klasse der österreichischen Akademie der Wissenschaften* 17, Wien 1975, S. 257.
11 J.N. Roerich: *The Animal Style among the Nomad Tribes of Northern Tibet*, Prag 1930, Seminarium Kondakovianum.

rallele Konstruktionen auch in Europa bewundern, sie stehen bei Carnac in der Bretagne in Frankreich. – Auch die Ahnenspeisung gehört zur Megalithkultur in Tibet. Zu Beginn des neuen Jahres bringen die Angehörigen noch heute Speisen auf die Friedhöfe und legen sie auf eine Steinplatte nieder, um ihre Ahnen zu nähren. Gelegentlich werden bei diesem Fest bei den großen Megalithen auch Tieropfer dargebracht.[12]

Unregelmäßige Steinhaufen, auf die immer ein weiterer Stein gesetzt wird und auch gegabelte Hölzer mit Gebetsfahnen, gelten ebenfalls als Sitz von Geistern und Ahnenseelen. Diese Form des Steinhügels wurde später von der buddhistischen Architektur in den »Stupa« umgewandelt, in den schön geformten, mächtigen Grabhügel, der zugleich ein Tempel ist (»Stupa« heißt »Grab«). In diesen Stupas ruhen allerdings die Reliquien von nur einem einzigen Toten, von Gautama Buddha, dem »Erleuchteten«. Doch noch immer umgibt auch den prächtigsten buddhistischen Stupa ein uralter magischer Kreis, ein Ring mit den Punkten der vier Himmelsrichtungen, die den vier Elementen entsprechen.[13] Die Himmelsrichtungen werden allerdings statt durch Steine durch vier Buddhafiguren markiert, die jetzt den Elementen entsprechen sollen: im Osten ein blauer Buddha für die Luft, im Süden ein gelber für das Feuer, ein roter im Westen für das Wasser und ein grüner im Norden für die Erde. Statt des weißen Buddha in der Mitte, der den Himmel oder Äther bedeutet – wie auf Mandalas zu sehen ist, die selber Bilder von magischen Kreisen sind –, ist es hier der weißgekalkte Grabhügel oder Stupa, der in der Mitte ragt. Jeder Stupa ist in seiner symbolischen Bauweise daher selbst ein Mandala mit dieser kosmischen Bedeutung. Dass mit diesen Grabtempeln für Buddha eine Vereinnahmung vorliegt, wird am Stupa von Swayambhu Nath (Nepal) deutlich, denn es hat hier um 3500 v. u. Z. eine früheste Begräbnisstätte gegeben, was den jungsteinzeitlichen Ursprung erkennen lässt.[14]

Die Sitte, Ahnenwesen in Steinen, Megalithbauten und sogar auf Berggipfel zu verehren, gehört zur alttibetischen Volksreligion, der Bon-Religion. Sie wurde später durch den Buddhismus überlagert und verdrängt. Die Bon-Religion hat ihre Wurzeln in einem Land, das in tibetischen Texten »Žan-Žun« genannt wird; es bezieht sich auf eine frühe Epoche in der Kulturgeschichte Tibets. Diese Epoche hatte eindeutig matriarchale Züge, worauf die übrig gebliebenen Elemente der Bon-Religion, die im späteren Buddhismus noch vorhanden sind, hinweisen. Darin erscheint eine Urgöttin, die »Große Mutter des Raumes«, deren Name »Sa-trig er-sans« nicht tibetisch ist, sondern aus der Žan-Žun-Sprache stammt. Sie wird als die Schöpferin aller späteren Göttinnen und Götter betrachtet, die aus ihr durch Emanationen hervorgegangen sind. Sie selbst wird goldfarben und auf einem Löwen thronend dargestellt. Als erste gingen aus ihr fünf Göttinnen hervor: eine weiße, eine grüne, eine rote, eine türkisblaue und eine gelbe. Es

---

12 Hummel, S. 233 f.; Majumdar, S. 252; M. Hermanns: *Die Familie der A-mdo Tibeter,* Freiburg-München 1959, Verlag Alber, S. 283–285.
13 Beispiele sind Bodnath und Swayambhu Nath in Nepal (tibetischer und newarischer Stupa im Kathmandutal).
14 Siehe dazu und zum Folgenden: Hoffmann, S. 23–26, 33–50, 75–76, 83–84, 90–97; Tsültrim Allione: *Women of Wisdom,* Henley-on Thames/Oxfordshire, England, 1984, Routledge & Kegan; Miranda Shaw: »Blessed are the birth-givers: Buddhist views on birth and rebirth«, in: *Parabola,* Bd. 23, Nr. 4, Einsiedeln/Schweiz 1998, Daimon Verlag, S. 48–53.

ist nicht schwer zu erkennen, dass diese fünf Göttinnen den magischen Kreis mit der Mitte darstellen, den Ur-Raum, der Sa-trig er-sans selbst ist; diesen Raum teilen sie zur Orientierung in die vier Himmelsrichtungen ein. Dasselbe Muster wird mit einem Urgott und fünf verschiedenfarbigen Göttern wiederholt, wobei der Urgott eindeutig eine Hinzufügung zu den alten Bon-Texten ist und eine spätere Vermännlichung darstellt.[15] – Mit Sa-trig er-sans haben wir den Ursprung für die magischen Kreise um die buddhistischen Stupas und für die Mandalas gefunden.

Es gibt noch eine zweite Bon-Mythe von einer Urgöttin, welche die körperlich-sinnliche Welt erschaffen hat: »kLu-mo«, die Urmutter, die aus dem Ur-Raum geboren wurde und aus ihrem Körper Erde und Himmel formte. Aus dem Scheitel ihres Hauptes entstand der Himmel, aus dem rechten Auge wurde der Mond, aus dem linken die Sonne, aus den Zähnen die Planeten. Öffnete kLu-mo ihre Augen, war es Tag, schloss sie die Augen, war es Nacht. Ihre Stimme machte den Donner, ihre Zunge die Blitze, ihr Atem die Wolken, aus ihren Tränen wurde der Regen, aus ihren Nasenlöchern kam der Wind. Aus ihrem Fleisch entstand die Erde, aus ihren Knochen die Berge, aus ihrem Blut die Ozeane und aus ihren Adern die Flüsse. Die sinnliche Welt ist also der Körper der Urmutter selbst, während die geistige Welt die Göttin Sa-trig er-sans ist.

Trotz der vielen Umwandlungen der alten Volksreligion der Tibeter haben sich diese beiden Schöpfergöttinnen erhalten. Sa-trig er-sans wurde zur Großen Himmelskönigin, der später ein Himmelsgott an die Seite gestellt wurde. Im Buddhismus wurde sie dann zur Blauen Tara gemacht, dem erlösenden weiblichen Geistwesen, wobei aber Buddha und seine Emanationen die alles überragende Rolle einnehmen. Die symbolische Bauweise des Stupa von Swayambhu Nath macht diese Verkehrung ihres Status sichtbar. Dort sind die Haupthimmelsrichtungen (Ost, Süd, West, Nord) von Buddhas besetzt, während die Tara mit ihren Emanationen nur noch die Zwischenhimmelsrichtungen (Nordost, Südost, Südwest, Nordwest) einnehmen darf. Dennoch ist auch in diesem späten synkretistischen Buddhismus die Welt mit Emanationen dieser himmlischen Urgöttin bevölkert, die als »Dakinis« oder Feen überall wohnen. Dakinis sind »Luftwandlerinnen«, inspirierende Geistwesen, die als Göttinnen der Initiation die Suchenden auf ihren spirituellen Weg führen. Dabei ist ihre Wohnung nicht nur das Element Luft, sondern auch das Wasser, die Erde und der Wald. Ihre Feennatur bindet sie nicht an einen speziellen Platz. Das tibetische Wort für Dakini ist »Lama« und geht auf das alttibetische Wort »Lhamo« zurück, das allgemein »Göttin« heißt. Früher waren es Frauen und nicht Männer, die als Schamaninnen selber diese vom Geist beseelten Dakinis waren, die »Lamas«, welche die Suchenden initiierten.

Im Gegensatz zu den ätherischen Dakinis wurde kLu-mo, die sinnlich-irdische Urmutter, zu Sri Devi, zur Göttin der Unterwelt, des Todes und der Umwandlung. In der Bon-Religion residiert sie als »Königin der Geister« im Totenreich, leitet das Totengericht und ist die Schützerin und Schicksalsgöttin des Königs. Die Geister in der Tiefe sind die »kLu«, Tote, die zu Geistern wurden und in Quellen, Seen und

---

15 Hoffmann: *Symbolik der tibetischen Religion*.

Flüssen wohnen, wo sie verborgene Schätze hüten. Von dort bringen sie Krankheit und Tod oder Glück und Reichtum – wie die Ahnengeister, von denen sie sich nicht unterscheiden. Später wurden sie mit den Nagas, den Schlangen als Unterweltgeistern, gleichgesetzt.

Mit den kLu verwandt sind die »Ma-mo«, Geister von Frauen, die gewaltsam getötet wurden. Sie suchen das Land als hässliche, schwarzhäutige Weiber mit Zottelhaar heim und kommen in den roten oder schwarzen Sandstürmen. Ähnlich wie die griechischen Erinnyen rächen sie Eidbruch, Treulosigkeit und Mord, die Männer an Frauen begangen haben; sie suchen die Täter mit schwerem Unheil heim. Sie gelten als so mächtig, dass sie, wenn sie erst einmal Unwetter und Erdbeben, Hungersnot und Seuchen ausgelöst haben, durch kein Zauberritual besänftigt werden können.[16]

Es ist klar, dass die Ahnenverehrung viel mit den Wesen um die Göttin kLu-mo zu tun hat. Es wurden auch regelmäßig Tieropfer und sogar Mannesopfer – im oben besprochenen Sinne – für diese Geister dargebracht, die bei den megalithischen Anlagen ausgeführt wurden; darauf weisen Textzeugnisse hin. So galt während des langen Zeitraums der früheren Geschichte Tibets die Bon-Religion. Die Situation änderte sich dramatisch, als der Buddhismus mit seiner Kultur der Männerklöster nach Tibet kam. Von den tibetischen Königen aus politischen Gründen eingeführt – es ging um die Vorherrschaft über den Adel – wurde der Buddhismus dem Volk aufgezwungen, bis er wie ein Bumerang auf das Königshaus zurückfiel: Im 15. Jh. wurde der König abgesetzt und ein theokratisch-lamaistischer Staat unter der Führung des Dalai Lama gegründet. Er war der Herr über die Klöster voller Krieger-Mönche und konnte sich nun selbst als Priester-Herrscher über Tibet einsetzen. Aber ohne die weitgehende Vereinnahmung der Volksreligion des Bon hätte sich der Buddhismus in Tibet niemals durchsetzen können.[17]

Diese Überlagerungsform aus Buddhismus und Bon nennt sich »Tantrischer Buddhismus« oder »Lamaismus«, eine magische Form des Buddhismus, worin etliche vor-buddhistische religiöse Ideen eingeflossen sind. Das »Tantrische« stellt dabei eine verzerrte Weiterführung uralter Glaubensinhalte und Praktiken dar. So gibt es viele Elemente in den Mysterienfesten der Lamaklöster, in denen noch heute schamanische Kostüme und Techniken in Gebrauch sind und Rituale der Fruchtbarkeit und Wiedergeburt gefeiert werden. Diese stammen aus der Bon-Religion und gehen auf die frühere Žan-Žun-Kultur zurück.

4.3 Alt-tibetische Königinnenreiche

Chinesische Chroniken berichten von großen Frauenreichen an der tibetisch-chinesischen Grenze; sie waren vermutlich die alt-tibetische *Žan-Žun-Kultur*. Die Chroniken beschreiben die Lebensweise und Sitten dort so genau, bis hin zur Kleidung,

---

16 Ibidem; Allione: *Women of Wisdom;* Shaw: »Blessed are the birth-givers«.
17 H. Hoffmann: *Die Religionen Tibets,* Freiburg-München 1956, Verlag Alber, S. 22, 30 f.

dass die Berichte keine Legenden sein können, zu denen manche europäische Forscher sie machen wollen.[18] Es ist derselbe unwissenschaftliche Umgang mit Geschichte, mit dem auch antike Geschichtsschreiber abgekanzelt werden, wenn sie von Frauenkulturen im Mittelmeerraum berichten. Diese heutigen Forscher, die sonst antike Quellen akzeptieren, zweifeln in diesem Punkt die Quellen an, obwohl die antiken Chronisten um Jahrtausende näher an den Ereignissen sind. Die Zeugnisse der Chronisten wollen einfach nicht ins eigene patriarchale Weltbild passen!

Die chinesischen Annalen der Sui-und Tang-Dynastien (905–581 v. u. Z.) berichten von einem Königinnenreich im Nordwesten, das damals noch das Gebiet der Quellflüsse der großen südostasiatischen Ströme umfasste und weit nach Osten reichte. Es wird das »Reich der Su-pi« genannt, da die Königin den Titel (nicht den Familiennamen) »Su-pi« führte. Die Chroniken geben eine klare Ortsangabe mit den damaligen geographischen Bezeichnungen und eine Aufzählung der benachbarten Stämme. Auch Klima und Wirtschaftsform werden genau beschrieben: Es sei ein raues, kaltes Klima, das nur in wenigen Gebieten Landwirtschaft erlaube. Yaks, Schafe und Pferde würden gezüchtet und diese Nahrungsquellen durch die Jagd ergänzt. Das stimmt weitgehend mit der noch heute üblichen Wirtschaftsform des tibetischen Hochlandes überein. Ein nicht unbedeutender Reichtum sei in das Königinnenreich der Su-pi durch den Handel mit wertvollen Bodenschätzen wie Zinn, Kupfer und Salz gekommen, die bis nach Indien transportiert worden seien. Das erlaubte offenbar trotz der Kargheit des Landes eine bessere Existenz als heute, denn es lebten dort 40.000 Familien mit 10.000 »Soldaten«, das heißt verteidigende Männer, in mehr als 80 Städten. Das klingt unwahrscheinlich, ist es aber keineswegs, wenn wir »Stadt« nicht in unserem Sinne als riesige, massenhafte Ansammlung von Menschen verstehen. Wenn man die Familien nur mit fünf bis sechs Personen rechnet, kommt man auf 2500–3000 Menschen pro Siedlung. Das ist, wie Ausgrabungen früher matriarchaler Stadtkulturen zeigen, eine damals durchaus übliche Größenbegrenzung. Die Anzahl von 3000 Bewohnern pro Ort wurde aus ökologischen und sozio-politischen Gründen nicht überschritten. Denn nicht die Größe machte eine Stadt aus, sondern die Differenziertheit der Funktionen in Handwerk, Handel, Religion und Kunst. Das war im Reich der Su-pi klar gegeben.[19]

Diese Städte – so berichten die Chroniken weiter – lagen an den Steilhängen der Flusstäler und bestanden aus sechs- bis achtstöckigen Steinhäusern; auch das ist im heutigen südlichen Tibet noch genauso. Die Stadt der Königin mit ihrem neunstöckigen Palast lag im Kangyen Tal, einer wilden Schlucht, wo der Jo-Fluss nach Süden fließt. Während ihr Volk Lederkleidung und Fellstiefel zu tragen pflegte und sich das Gesicht mit farbigem Lehm bemalte, trug die Königin ein grob geknüpftes, schwarzes Hemd mit einem schwarzen Mantel darüber, dessen Ärmel den Boden streiften. Im Winter warf sie ein besticktes Lammfellgewand darüber, dazu trug sie Fellstiefel wie ihr Volk. Mit Ohrringen und einer Fülle von Zöpfchen als Frisur muss sie ausgesehen

---

18 Hermanns, S. 297 f.
19 Siehe für diese Definition von »Stadt« in der Frühgeschichte: Mellaart: *The Neolithic of the Near East*.

haben wie eine prächtige, mongolische Amazone! Traditionelle tibetische Frauen kleiden sich noch auf diese Weise, auch mit den Zöpfchen und allem anderen. Die Königin regierte das Reich zusammen mit einer »Kleinen Königin«, die beim Tod der Königin Su-pi sofort an deren Stelle trat. Stets hatte eine von beiden einen Prinzgemahl, ledig durften nie beide sein, damit die Dynastie nicht ausstarb. In dieser Kultur beachteten die Frauen ihre Gatten nicht sonderlich und kannten keine Eifersucht. Reiche Frauen waren von mehreren Männern umgeben, die ihnen bei ihren Frisuren und Gesichtsbemalungen halfen. Das müssen nicht unbedingt »Diener« gewesen sein, sondern waren vermutlich ihre Gatten. Denn Polyandrie, das heißt »Vielmännerei«, ist eine alte Sitte in Tibet und existiert noch heute.

Um die regierende Königin gab es mehrere hundert Frauen, die alle fünf Tage mit ihr zum Regierungsrat zusammenkamen. Europäische Forscher, die auf diese Beschreibung in den chinesischen Chroniken stießen, haben völlig verfehlt von »Dienerinnen« um die Königin geredet.[20] Diese Frauen waren eher die bedeutendsten Sippenmütter der matrilinearen Sippen, die mit der Königin zusammen die Geschicke des Landes bestimmten. Die Chroniken überliefern klare Matrilinearität, die Töchter und Söhne trugen den »Familiennamen« der Mutter. Da es in Tibet aber keine Familiennamen gibt, bedeutet das wohl, dass sie zur Sippe der Mutter gehörten. Ferner heißt es in den Berichten, dass ausgewählte Männer die Beschlüsse aus dem Inneren des Palastes empfingen, sie weiterleiteten und ausführen ließen. Diese Männer waren im Königinnenreich als »Abgesandte der Frauen« anerkannt.

Der Forscher und Missionar Hermanns aber meint, die Chroniken würden auf eine »erniedrigte Stellung des Mannes« hinweisen, die für Tibet so untypisch sei. Deshalb schloss er daraus, dass die Berichte vom Königinnenreich der Su-pi keine Glaubwürdigkeit besäßen – eine sehr interessante Logik! Glücklicherweise gibt es andere Forscher, die sich weniger vorurteilsvoll auf diese Berichte beziehen und sie durch ihre Kenntnis ergänzend bestätigen.[21]

4.4 Polyandrie als geregelte Gruppenehe

Polyandrie gab es nicht nur im alt-tibetischen Königinnenreich der Su-pi, sondern es gibt sie als gut geregelte Institution noch im heutigen Tibet. Gemeint ist damit die Ehe einer Frau mit mehreren Männern gleichzeitig. Über diese soziale Einrichtung ist von europäischen Forschern viel Unsachliches aus verletzter Eitelkeit geschrieben worden; die Skala der empörten männlichen Abwehr reicht so weit, diese soziale Praktik als »monströses Übel« zu bezeichnen. Darin spiegelt sich jedoch nur ihre Verständnislosigkeit gegenüber einer uralten und allem Anschein nach matriarchalen Ordnung, nämlich der von der Frau geformten und bestimmten Gruppenehe.

---

20 Z.B. Hermanns: *Die Familie.*
21 A. a. O., S. 297 f.; siehe zum hohen Status der tibetischen Frau: Briffault: *The Mothers,* Bd. III, S. 23 f.; Sierksma, S. 232; Hermanns, S. 296.

4.4 Polyandrie als geregelte Gruppenehe

Bereits Morgan hat in seiner Geschichte der Entwicklung der Familienformen gezeigt, dass die Entstehung der individuellen Ehe als dauerhafte Paar-Beziehung (Monogamie) eine viel spätere Erscheinung als die Gruppenehe ist und mit patriarchalen Tendenzen einhergeht.[22] Verglichen damit ist die geregelte Gruppenehe die älteste, am längsten andauernde und früher allgemein verbreitete Form der Ehe. Der Grund dafür ist, dass in diesen frühen und langen geschichtlichen Zeiträumen die Sippe und nicht die Einzelperson die grundlegende Einheit war. Die Ehe war noch nicht zum abstrakten, religiösen Wert oder zum privaten Selbstzweck verbogen worden. Stattdessen diente sie dem Zusammenhalt der Sippen zur gegenseitigen wirtschaftlichen und menschlichen Hilfe. Bei diesem wechselseitigen Sippen-Heiratssystem gab es keine verlassenen und verarmten Personen, die bei uns durch Waisenhäuser, Obdachlosenasyle und Altersheime aufgefangen werden müssen. Denn die Mitglieder aller Sippen waren in ein Netz des gegenseitigen Gebens und Nehmens von Hilfeleistungen einbezogen.

Fassen wir nun die widersprüchlichen Forschungsberichte über die Polyandrie in Tibet zusammen und lassen die ebenso widersprüchlichen Begründungsversuche beiseite, so kommen wir zu folgendem Bild: Besonders bei den alt-tibetischen Stämmen im Südosten, Süden und Westen Tibets, die Ackerbau auf terrassierten Hängen in den Flusstälern betreiben, ist die Polyandrie sehr verbreitet. Aber auch bei den Stämmen mit Hirtenkultur im tibetischen Hochland wird diese Eheform praktiziert. Außerdem teilen die Tibeter die Polyandrie mit den tibetischen Volksgruppen in Nepal, die in den Hochtälern an der Himalayakette wohnen, wie die *Bhotia, Scherpa, Gurung, Limbu, Rai, Kirat, Jaunsar-Bawar* und *Khasa*.[23]

Häufig wird die Polyandrie nicht als das erkannt, was sie tatsächlich ist. Denn sie ist nicht eine beliebige »Vielmännerei«, sondern eine geregelte Gruppenehe, was der Forscher Briffault glänzend aufgeschlüsselt hat.[24] So steht bei den Stämmen Tibets und den ihnen verwandten Stämmen hinter der Polyandrie die Grundform der *Schwestern-Brüder-Gruppenehe* als *Schwestern-Brüder-Polyandrie-Polygynie*. Was das bedeutet, sei jetzt näher erklärt: Die Polygamie, die »Vielehe«, kennt zwei verschiedene Formen, von denen uns aufgrund der männlich-einseitigen Sichtweise meist nur die Polygynie, die »Vielweiberei«, bekannt ist, bei der ein Mann gleichzeitig mehrere Gattinnen hat. Die andere, weniger fleißig beschriebene Form ist die Polyandrie, die »Vielmännerei«, bei der eine Frau gleichzeitig mehrere Gatten hat. Beide sind nicht an sich schon matriarchal oder patriarchal. Es kommt darauf an, wer diese Ehen arrangiert, ob die Frauen oder die Männer und ob die Menschen in der Gruppe der Gattinnen oder Gatten miteinander verwandt sind.

Bei der typisch patriarchalen Polygynie hat ein Mann mehrere untereinander nicht verwandte Frauen, die nicht nach ihrer Meinung über zusätzliche Gattinnen gefragt werden, sondern gezwungen sind, im selben Haushalt miteinander auszukommen. Dies ist in islamischen Ländern üblich, wo einem Mann bis zu vier Ehe-

---

22 Henry Lewis Morgan: *Die Urgesellschaft*.
23 Hermanns, S. 192, 193; Majumdar: *Himalayan Polyandry*.
24 Briffault, Bd. I, S. 647–650.

frauen erlaubt sind. Der Gatte ist ihr Herr, und die Frauen dürfen auf keinen Fall zusätzliche Liebhaber haben. Das kann sich bis zur Form des »Harems« von Herrschern steigern. Das weibliche Gegenstück zu diesem patriarchalen Muster, bei dem eine Frau mehrere Männer als Gatten im selben Haus hat, die nicht miteinander verwandt sind und nichts zu sagen haben, gibt es nicht. Doch es gibt bei den matriarchalen Nayar in Indien die polyandrische Eheform mit mehreren nicht-verwandten Gatten. Aber diese leben nicht im selben Haushalt, sondern kommen nur besuchsweise zur Gattin, wann sie wollen, und haben ihrerseits weitere Gattinnen in anderen Häusern – was ihnen nicht verboten ist.[25]

Von diesen beiden Formen unterschieden ist die weit verbreitete, traditionelle matriarchale Gruppenehe, bei der eine Gruppe von verwandten Frauen (Schwestern) aus der einen Sippe sich mit einer Gruppe von verwandten Männern (Brüdern) aus einer anderen Sippe vermählt. Das ist die vollgültige Schwestern-Brüder-Gruppenehe. Sie dient dem gegenseitigen Schutz beider Sippen und nicht egoistischen Motiven von Männern wie die patriarchale Polygynie.

Nach diesen Kriterien ist wahllose Vielmännerei nicht matriarchal, sondern eher eine moderne Erscheinung. Aber auch nicht jede Vielweiberei ist sogleich patriarchal, was man an Beispielen aus Afrika erkennen kann. Es gibt dort Völker, bei denen sich eine Gruppe von Schwestern zusammentut, um gemeinsam einen Mann als ihren Versorger mit besonderen Dingen und als Sprecher zu haben. Sie selbst bestimmen diese Eheform, die sie selbstbewusst führen und die jeder von ihnen ein beträchtliches Maß an Bewegungsfreiheit gibt, da sie sich die Arbeit für Feld, Garten, Haushalt und Kinder teilen. Sie bedauern europäische Frauen in Kleinfamilien, die eine solche Arbeitsbürde allein tragen müssen.[26]

In Tibet erscheinen nun die Verhältnisse besonders kompliziert, wenn man das dahinter stehende Prinzip der Schwestern-Brüder-Gruppenehe verkennt. Manchmal sieht es aus wie Polyandrie, manchmal wie Polygynie, manchmal sogar wie Monogamie – eine Situation, die viele Forscher verwirrt hat. Tatsächlich kommt es darauf an, wie viele Schwestern oder Brüder in den betreffenden Linien von Sippen (Familien) leben; dadurch ändert sich die Situation von Familie zu Familie (hier als einzelne Linien von Sippen zu verstehen). Aus ökologischen Gründen hat eine tibetische Familie nicht mehr als drei bis vier Kinder, so dass die Vermählung von einer Schwesterngruppe hier mit einer Brüdergruppe dort keine großen Ausmaße annimmt.[27] Hat eine Familie eine einzige Tochter, die eine Gruppe von Brüdern aus einer anderen Familie heiratet, so kommt es zu der Variante der Brüder-Polyandrie, zur Ehe einer Frau mit mehreren Brüdern. Gibt es umgekehrt in einer Familie nur einen einzigen Sohn, der eine Gruppe von Schwestern heiratet, so kommt es zur Variante der Schwestern-Polygynie, der Ehe eines Mannes mit mehreren Schwestern. Leben in den beiden betreffenden Familien sogar nur eine heiratsfähige Tochter und nur ein heiratsfähiger Sohn,

---

25 Siehe Göttner-Abendroth: *Das Matriarchat II*.
26 Gordian Troeller, Dokumentarfilm zur Polygynie in Afrika, die von Frauen bestimmt wird: *Vom Nutzen der Vielehe*, Reihe: *Frauen der Welt*, CON-Film, Bremen.
27 Hermanns, S. 205.

dann kommt es zu einer scheinbaren Monogamie oder Einzelehe. Sie ist nur scheinbar, weil es keine Regel oder ein Gesetz gibt, die sie vorschreibt; sie kommt allein durch Zufall auf dem Boden der Grundform der Schwestern-Brüder-Gruppenehe vor. Diese beiden etwas einsamen, monogamen Ehepartner werden von den Leuten eher bedauert, weil sie die Last aller Sippenpflichten allein tragen müssen.

Diese Situation, dass die Schwestern-Brüder-Gruppenehe immer wieder wechselnde Erscheinungsformen zeigt, hat dazu beigetragen, dass die Forscher kaum erkennen konnten, worum es sich handelt. Je nach subjektivem Blickwinkel wird dann die »Monogamie«, »Polygynie« oder »Polyandrie« als die gültige Eheform in Tibet hervorgehoben, oder es wird behauptet, es bestünden neben der »Brüder-Polyandrie« noch andere Eheformen. Beides ist falsch, denn alle diese Eheformen sind nicht unabhängig voneinander, sondern Teile derselben alten Tradition der Schwestern-Brüder-Gruppenehe. Diese alte Eheform gilt generell, denn sie ist die normale, legale und grundlegende Form der Ehe in Tibet.

Es ist Briffaults Werk, dem wir diesen Durchblick verdanken, und ebenso klar ist Majumdars statistische Studie über die Verbreitung dieser Eheform bei nepalesisch-tibetischen Bergvölkern.[28] Das Ergebnis zeigt in Prozenten, dass die Eheform der Schwestern-Brüder-Gruppenehe und die polyandrische Eheform einer Frau mit mehreren Brüdern beträchtlich überwiegen. Leider fehlt eine derartige Studie für Tibet selbst, so dass wir auf die Berichte verschiedener Forscher beschränkt sind. Nach ihnen können wir davon ausgehen, dass die Schwestern-Brüder-Gruppenehe in Tibet bei den Ackerbauern allgemein und teilweise auch bei den Hirten verbreitet ist.

Es ist weder eine wirtschaftliche Armut noch eine andere Not, welche die Schwestern-Brüder-Gruppenehe in Tibet hervorgebracht hat. Solche falschen Gründe, von Forschern vorgegeben, dienen der Abwertung dieser Eheform als eines vorübergehenden Übels, als einer Not-Ehe armer Leute statt einer alten, etablierten Struktur. Diese Auffassung wird direkt widerlegt durch die Tatsache, dass die Schwestern-Brüder-Gruppenehe gerade bei den alt-tibetischen Stämmen am häufigsten vorkommt, die wohlhabende Ackerbauern sind. Ferner kommt sie am deutlichsten ausgeprägt bei den alten und angesehenen Familien vor, die diese Eheform als nationales Erbe hüten. Dasselbe gilt für einige den Tibetern verwandte Bergstämme in Nepal, welche die Gruppenehe als eine ihrer wichtigsten Praktiken wertschätzen. Genau bei diesen Stämmen diesseits und jenseits des Himalaya ist auch die Bon-Religion mit ihrem weit entwickelten Ahnenkult und Wiedergeburtsglauben noch am lebendigsten.[29]

Die Regeln der Schwestern-Brüder-Gruppenehe sind sehr genau, und das unterscheidet sie von den dekadenten Formen von Gruppensex in den westlichen Zivilisationen der Weißen.[30] Die Ehezeremonie wird zwischen der ältesten Schwester

---

28 Briffault, Bd. I, S. 647–650; Majumdar: *Himalayan Polyandry.*
29 Hermanns, S. 192, 199, 232; Majumdar, S. 75–77; Tank Vilas Varya: *Nepal, the Seat of Cultural Heritage,* Kathmandu 1986, Educational Enterprise, S. 94.
30 Siehe für das Folgende: Briffault, Bd. I, S. 372, 445–448, 485, 491, 647–673, und Bd. II, S. 152; ebenso die Forscher Rockhill, Ahmad Shah, Rowney, Dalton, Gait, Fisher, Biddulph, bei Briffault zitiert.

und dem ältesten Bruder in Stellvertretung für die anderen Mitvermählten gefeiert, als »Stellvertreterhochzeit«, wobei alle anderen bei der Zeremonie anwesend sind. Von nun an sind auch die jüngeren Schwestern und jüngeren Brüder wechselseitig miteinander verheiratet, oder – im Fall der sehr häufigen Brüder-Polyandrie der Frauen – alle jüngeren Brüder mit der Gattin des ältesten Bruders. Der gemeinsame Haushalt, der sich daraus ergibt, hat außerordentliche Vorteile: Das knappe Ackerland und die Herden, die im kargen Hochland Tibets begrenzt werden müssen, bleiben ungeteilt und sichern einen bescheidenen Wohlstand. Man kann hier weder Land noch Vieh beliebig vermehren, sondern die Menschen müssen sich an die Gegebenheiten der Landschaft anpassen. Das ist geschickte, gelebte Ökologie. Auf ihrer Grundlage finden die Menschen ihr Auskommen, ohne Überfluss am einen Ort und Verarmung am anderen.

In wirtschaftlicher Hinsicht besonders günstig ist dabei die Form der Brüder-Polyandrie, die Ehe einer Frau mit mehreren Brüdern, denn sie begrenzt die Kinderzahl. Eine Frau mit mehreren Männern schränkt deren Zeugungspotenz ein, denn sie wird nicht mehr Kinder haben, als wenn sie nur einen Mann hätte, nämlich zwei bis vier. Die ungünstigste Form ist die Schwestern-Polygynie, wo ein Mann mit mehreren Frauen vielfachen Nachwuchs zeugen kann und die Familie auf eine beträchtliche Kinderzahl steigt. Dies mag der Grund sein, weshalb die Brüder-Polyandrie, eben die Ehe einer Frau mit mehreren Brüdern, auf dem Boden der Schwestern-Brüder-Gruppenehe entschieden bevorzugt wird und am häufigsten vorkommt. Ein zweiter Grund für ihre Beliebtheit mag sein, dass mehrere Brüder, die nur eine Frau und deren Kinder versorgen, durch ihre gemeinsame Arbeit leichter den Wohlstand bewahren können, als wenn ein Mann allein für mehrere Schwestern und deren Kinder arbeiten muss. Daher ist die Brüdergruppe, die in der Regel aus zwei Gatten besteht, sehr stolz auf ihre gemeinsame Gattin, die Verwalterin ihrer Arbeit, der sie einen guten Status schaffen können. Eine Frau ist umso angesehener, je mehr Brüder sie als Gatten hat. Die Kinder, die sie gebiert, gelten als gemeinsame Kinder aller Brüder. Aber nur durch die Mutter allein werden sie als Schwesterngruppe oder Brüdergruppe bestimmt, nicht durch die Väter, und dies geht zurück auf die alte Matrilinearität.

Es kommt niemals vor, dass die Brüder der Gattin sexuell gemeinsam beiwohnen, sondern sie besuchen sie nach genauer Reihenfolge, wobei der jeweils ältere Bruder immer vor dem jeweils jüngeren den Vorzug hat. Das ist sinnvoll bei der häufigen Abwesenheit der Männer, bedingt durch die harte Ackerbauarbeit oder die weiten Wanderungen mit den Herden. Verheiratete Hirten sind mit den Herden meist die Hälfte des Jahres fort. Aber da sie sich bei der Arbeit abwechseln und jeder seinen Teil übernimmt, muss die Gattin niemals ohne die liebende Anwesenheit und praktische Hilfe eines Gatten bleiben. Auch das erhöht das Ansehen einer Frau in der Brüder-Polyandrie im Vergleich zu dem oft einsamen Leben der Frauen in einer Ehe mit Schwestern-Polygynie. Obwohl die Frau mit allen Brüdern der Gruppe verheiratet ist, gilt der älteste Bruder als ihr eigentlicher Gatte, hinter dem die jüngeren Brüder als »Helfer-Gatten« zurückstehen müssen. Sollte es vorkommen, dass der eine oder andere Gatte unvorhergesehen beim Haus oder Zelt der Gattin eintrifft und den Stock seines Bruders als Zeichen vor der Haustür oder vor dem Zelt stehen sieht, dann zieht er sich dezent zurück. So kommt es weder zu Eifersucht noch zu Streit.

Häufig wohnen nicht einmal alle Brüder im gemeinsamen Haushalt, sondern die jüngeren von ihnen verbringen eine längere Zeit in den Lama-Klöstern. Diese sind voll von verheirateten jüngeren Brüdern, die aber das Klosterleben beim Tod ihres älteren Bruders sofort verlassen, um ihre Pflicht als nächster Gatte bei der gemeinsamen Gattin aufzunehmen. Das trifft auch auf höchste Ränge zu, sogar jeder Dalai Lama ist das Mitglied einer Schwestern-Brüder-Gruppenehe. Deshalb lässt sich nicht vom beobachteten Augenschein eines Haushalts ausmachen, ob er polyandrisch ist oder nicht, es muss die sorgfältige Erkundigung hinzutreten.

Abb. 5: Tiberterin aus der Provinz Ü (Hauptstadt Lhasa) im Festgewand.

Die Wohneinheit ist hier nicht mehr die Sippe im Sippenhaus, sondern die Familiengruppe. Daher ist die Wohnweise der Tibeter und Tibeterinnen weder patrilokal noch matrilokal, sondern neolokal, das heißt, die verheirateten Frauen und Männer ziehen in einen eigenen, neuen Haushalt. Nur bei sehr alten und wohlhabenden Familien kommen Sippenhaushalte von 20–30 Personen noch vor. Sowohl im Haus wie im Zelt ist die Gattin uneingeschränkte Herrin, sie ist das Symbol für Einheit und Eintracht der Familie (Abb. 5). Sie erhält das gesamte Erbe und Einkommen ihrer Brüdergatten als Verwalterin und geht damit selbständig um, in großer Verantwortung für die Familie. Sie wird von ihren Gatten außerordentlich respektiert, sogar geehrt, diese unternehmen nichts ohne den Rat ihrer Frau. Die Liebe und der Gehorsam der Männer gegenüber den Frauen sind erstaunlich, vor allem, weil Tibeter in jeder anderen Situation keinen fremden Autoritäten gehorchen. Von den ersten Tibetreisenden wird berichtet, mit welchem Mut und welch selbstverständlicher Würde sie von den Frauen in den Dörfern oder vor den Zelten empfangen wurden. Die Männer standen dagegen mit größter Scheu abseits und zogen sich bald zurück, um jeden Kontakt zu vermeiden. Als Herrin des Hauses steht es in manchen Gegenden der Tibeterin zu, sich zu ihren Brüdergatten noch weitere Gatten von außerhalb des Sippen-Heiratssytems zu suchen, wenn sie sich nicht genügend versorgt findet. Ein solcher Gatte wird gleichberechtigt in die Gruppe aufgenommen. Möchte ein jüngerer Bruder hingegen eine andere Gattin wählen, so muss er aus dem gemeinsamen Haushalt ausscheiden und seinen Anteil an den Gütern zurücklassen. Er wird dann Mitglied in einem anderen Haushalt.

Jede Tibeterin und jeder Tibeter ist ein Mitglied in diesem System der Gruppenehe, womit jede Person weiß, wo sie das Recht hat, Hilfe zu erhalten, und die Verpflichtung, Hilfe zu geben. Dennoch werden damit nicht notwendig freie sexuelle Abenteuer eingeschränkt. Da die Ehe ein gegenseitiges Hilfssystem darstellt, ist die Erotik davon teilweise unabhängig. So kann jede Person, ob weiblich oder männlich, nach Belieben noch individuelle Partner wählen, mit denen sie sich in Romanzen von der Dauer weniger Tage, Wochen oder Monate einlässt. Diese Verbindungen haben gesellschaftlich keinerlei Bedeutung, sie gelten als eine Art spielerisches Vergnügen. Den jüngeren Brüdern ist es jedoch streng untersagt, ihre Liebhaberinnen in die Gruppenehe zu bringen. Sie müssen in einem für sie ernsthaften Fall die genannten Konsequenzen ziehen und aus der Gruppenehe ausscheiden.

Trotz ihrer Mittelpunktstellung in der Familie sitzt die Tibeterin aber nicht im Hause fest und schon gar nicht im Zelt. Sie arbeitet auch außer Haus, und bis vor kurzem hatten die Tibeterinnen den gesamten Gütertransport zu den lokalen Märkten und ebenso den Verkauf in den Händen. In früheren Zeiten hat ein Frauenrat stets den ganzen Handelsverkehr geregelt. Durch diese Betätigungen, die Kraft erfordern, besonders der Lastentransport an langer Tragestange über den Schultern bis zum Markt, galten die Tibeterinnen körperlich sogar als fähiger als die Männer. Reisende Forscher haben berichtet, dass die Frauen größer und stärker sind als die Männer. Schon achtzehnjährige Mädchen tragen schwere Güterlasten über schwieriges Gelände und über hohe Pässe zu den Märkten und legen dabei Strecken zurück, die besagte Europäer kaum ohne Last bewältigen konnten. Man sagt, dass in Bhutan, Tibet benachbart, Frauen ihre Gatten, die sie zum Markt begleiten, bei der Durchquerung von reißenden Flüssen sogar auf ihre Schultern setzen, weil die Männer sonst nicht hinüberkämen, und beim Rückweg vom Markt tragen sie diese gleich ganz nach Hause.

Bedenken wir diese Überlegenheit der tibetischen Frau und ihre zentrale Rolle in der polyandrischen Gruppenehe, so verwundert es, dass viele europäische Forscher so rasch behaupten, die Verhältnisse in Tibet seien patriarchal. Sie gebrauchen den Begriff »patriarchal« dabei so ungenau, dass er sich als eine pure Behauptung ohne Substanz entpuppt. Es gibt noch nicht einmal Patrilinearität, denn die Tibeter kennen keine Familiennamen, auch keine maskulinen. Die Kinder nennen sich nach der individuellen Mutter und identifizieren sich über sie als Geschwister. Das ist folgerichtig, denn bei der polyandrischen Gruppenehe mit zusätzlichen freien Liebesbegegnungen lässt sich individuelle Vaterschaft gar nicht bestimmen, individuelle Mutterschaft durch die Geburt aber immer.[31] Auch das Erbrecht ist nicht patrilinear, sondern zweiseitig, es kann sowohl auf Söhne wie auf Töchter angewandt werden. Zum Beispiel kann eine Frau ins Haus ziehen, das ihren Gatten gehört, wenn diese Erben sind, aber das bringt – da sie die Güter allein verwaltet und das erste Bestimmungsrecht hat – noch längst keinen »patriarchalen« Haushalt hervor. Umgekehrt ziehen die Männer ins Haus ihrer Gattin, wenn sie die Erbin ist, und dann entsteht ein matriarchaler Haushalt. Denn dort hat sie nicht nur das letzte Wort, sondern obendrein den Familienbesitz.

Bei ihren Heiratsangelegenheiten hat die Frau einen Berater, und das ist nicht ihr Vater bzw. ihre Väter, sondern der Mutterbruder, ihr Onkel mütterlicherseits (in unserer Verwandtschaftsterminologie). Für die Heiratssituation ist typisch, dass nicht zwei beliebige Sippen ihre Töchtergruppe und ihre Söhnegruppe miteinander vermählen können, sondern es müssen immer dieselben zwei Sippen sein. Diese gepaarten Sippen praktizieren seit Generationen die *gegenseitige Sippen-Wechselheirat*; so heiratet eine Gruppe von Cousinen immer eine Gruppe von Cousins und umgekehrt. Der die Braut beratende Onkel mütterlicherseits ist dabei regelmäßig ein Vater der Bräutigame. Dieses Muster wird »Kreuz-Vettern-Basen-Heirat« genannt und ist ein altes matrilineares Erbe. So hat Briffault – dessen Beobachtungen wir hier gefolgt sind – sicher recht, wenn er auf dem Boden solcher Befunde sagt, dass die Zeiten, als die tibetischen Stämme noch vollständig matriarchal waren, nicht lange zurückliegen.[32]

Die Schwestern-Brüder-Gruppenehe als Sippen-Wechselheirat, verknüpft mit häufiger Brüder-Polyandrie der Frauen, ist keineswegs eine Besonderheit der tibetischen Stämme, sondern sie stellt ein sehr altes, weit verbreitetes Heiratsmuster dar. In der Forschung gibt es viele Hinweise auf die beträchtliche, geografische Reichweite der Brüder-Polyandrie, so dass wir annehmen können, dass auch in anderen Gebieten die

---

31 Es wird öfter behauptet, dass die polyandrischen Völker in Tibet patrilinear seien. Diese Patrilinearität ist jedoch ungesichert, wegen der eben genannten Abwesenheit männlicher Familiennamen, d. h. Familiennamen überhaupt. Außerdem wird in die (hier nicht vorhandene) Patrilinearität fälschlich »Patriarchat« hinein interpretiert, aus durchsichtigen ideologischen Gründen. Patriarchate sind Herrschaftsgesellschaften und haben völlig andere Strukturen als die egalitär organisierten tibetischen Völker. Hier mangelt es überall an genauen wissenschaftlichen Definitionen.
32 Briffault, Bd. I, S. 372, 445–448, 485, 491, 647–673, und Bd. II, S. 152.

Schwestern-Brüder-Gruppenehe dahinter steht. Sie kommt bei allen tibetisch sprechenden Völkern vor, die in einem Raum von China im Osten bis nach Kaschmir und Afghanistan im Westen wohnen.[33] Das heißt genauer, sie existiert oder existierte bis vor kurzem in Westchina, das die Oberläufe der großen Ströme Südostasiens umfasst; in Tibet; in den kleinen Himalaya-Staaten Bhutan und Sikkim; bei den tibetischen Bergstämmen in Nepal; in Kaschmir am Karakorum-Gebirge; in Ladakh beidseits des Indus-Oberlaufes; im Hindukusch-Gebirge in Afghanistan. In diesen Gebieten umfasste die Brüder-Polyandrie mindestens dreißig Millionen ehrenhafte Leute.[34] Polyandrie ist ebenfalls bei den Khasi und anderen Stämmen in Assam, wie den *Abor, Miri, Dafla*, welche die Vorgebirge des Himalaya bewohnen, üblich gewesen.[35] Unter dem Einfluss des Hinduismus aus der Ebene und des Wirkens christlicher und islamischer Missionare ist sie an vielen Orten jedoch verschwunden.

Diese tibetisch sprechenden Völker haben die Brüder-Polyandrie nicht deshalb bewahrt, weil sie besonders tibetisch ist, sondern weil sie besonders isoliert in schwer zugänglichen Hochgebirgen wohnen. So konnten sie diese sehr alte Institution für lange Zeit weiterführen. Es ist anzunehmen, dass sie als Schwestern-Brüder-Gruppenehe vor der Hinduisierung, Christianisierung und Islamisierung noch viel weiter verbreitet war. Gestützt auf alte arabische Schriften nimmt der Forscher Biddulph an, dass sie einmal im ganzen Hindukusch-Gebirge vorkam, so wie sie im Pamir-Gebirge noch heute bei den *Balor* vorkommt, und dass sie von da bis zum Kaspischen Meer verbreitet war.[36] Unter den Turk-Völkern Westasiens und den Mongolen Nordasiens soll sie nach chinesischen Berichten allgemein gegolten haben, in Form der Schwestern-Polygynie und sogenannter »Levirate«, hinter denen sich Brüder-Polyandrie verbirgt.[37] Bei den nordasiatischen, mongolischen Nomaden bis hin zum Amur gibt es sie bis in die Gegenwart. Diese Hinweise zeigen, dass die Schwestern-Brüder-Gruppenehe im hier beschriebenen Sinne eine uralte Eheform sein muss, die viele Völker über ein riesiges Gebiet praktiziert haben. Sie ist mit matriarchaler Sippen- und Stammesorganisation verknüpft und weist – wo immer sie vorkam oder vorkommt – auf eine frühere matriarchale Sozialordnung hin.

4.5 Zur Struktur der matriarchalen Gesellschaftsform (Fortsetzung)

Auf der sozialen Ebene:

- Die älteste Eheform, die mit matriarchalen Kulturen verknüpft war, ist die Schwestern-Brüder-Gruppenehe. Bei dieser Ehe verbindet sich eine Gruppe von

---

33 Wilson, zitiert bei Briffault, Bd. I, S. 668.
34 Ahmad Shah, zitiert bei Briffault, ibidem.
35 Rowney, Dalton, Gait, Fisher, zitiert bei Briffault, Bd. I, S. 669.
36 Biddulph, zitiert bei Briffault, Bd. I, S. 671.
37 Ibidem.

4.5 Zur Struktur der matriarchalen Gesellschaftsform (Fortsetzung)

Schwestern aus einer Sippe mit einer Gruppe von Brüdern aus einer anderen Sippe.
- Die Grundlage dieser matriarchalen Eheform ist die Wechselheirat zwischen zwei bestimmten, gleichbleibenden Sippen. Über Generationen heiratet die Töchtergruppe (Schwestern) der einen Sippe die Söhnegruppe (Brüder) der anderen Sippe und umgekehrt; es ist fortlaufende »Kreuz-Vettern-Basen-Heirat«.
- Es handelt sich dabei um ein gegenseitiges Hilfssystem zwischen je zwei Sippen des Stammes; jede Person erhält und gibt Hilfe, ihrem Alter und ihrer Position entsprechend.
- Die Schwestern-Brüder-Gruppenehe folgt ökonomischen Prinzipien, denn die Teilung von Ackerland und Herden wird vermieden. Ebenso schließt sie ökologische Prinzipien ein, denn sie begrenzt die Kinderzahl. Die Brüder-Polyandrie der Frauen (eine Frau mit mehreren Brüdergatten) ist besonders effektiv für die Bevölkerungsbeschränkung, weshalb sie weitgehend bevorzugt wird.
- Diese matriarchale Eheform wird nach genauen Regeln der sexuellen Begegnungen zwischen den Ehepartnern der Schwestern- und Brüder-Gruppe praktiziert; diese Regeln schließen Streit und Eifersucht wirksam aus.
- Dabei sind individuelle Liebesabenteuer der Ehepartner beiderlei Geschlechts nicht ausgeschlossen. Romanzen haben jedoch keine gesellschaftliche Bedeutung und können nicht in die Gruppenehe eingebracht werden; sie berühren das Sippen-Hilfssytem nicht.

Kapitel 5: Matriarchale Kulturen in China

Für Gan mu, die Bergmutter der Mosuo,
und Hsi wang mu, die Königin-Mutter im Westen auf dem Kunlun-Gebirge

5.1 Indigene Völker in China

Während ihrer langen Geschichte gerieten die alten Völker Chinas immer mehr unter den Druck vonseiten der patriarchalen, chinesischen Kultur des Tieflands und haben sich durch gewaltsame Vereinnahmung ins expandierende chinesische Riesenreich verändert. Dennoch kann, je weiter sie vom »Himmlischen Reich der Mitte« entfernt wohnen, ihre ursprüngliche Sozialordnung noch heute erkannt werden.

Die tibetische Kultur reichte einst von den Grenzen Indiens bis zur chinesischen Mauer, die das Bergland vom Tiefland abgrenzt. Heute liegen dort die drei westlichsten Provinzen Chinas, sie besitzen gewaltige Gebirgsketten mit tief eingeschnittenen Stromtälern, raue, unwegsame Gebiete, wie sie auch für Tibet typisch sind. So umfasst Kansu im Nordwesten Chinas einen Teil des Kun-lun-Gebirges mit dem Oberlauf des Hoang ho, des »Gelben Flusses«; es ist das Gebiet der schon erwähnten nördlichen Tibeter. Im Chinesischen heißen die tibetischen Völker *Chiang* (Karte 2). Südlich von Kansu liegt in den westlichen Gebirgen um den Oberlauf des Jang tse kiang die Provinz Szetschuan mit Resten der ältesten Bevölkerungsschicht, den *Wa*, die mit den Khasi in Assam eng verwandt sind und einst über ganz Südostasien verbreitet waren. Nochmals südlich liegt die Provinz Yünnan, durch welche die parallelen Oberläufe sämtlicher südostasiatischer Ströme fließen, auf denen die Südwanderung von Bergvölkern in der Vergangenheit stattfand und heute noch stattfindet (siehe Karte 2). Die soziale Organisation all dieser Völker war matriarchal und ist es teilweise noch heute, so dass diese Gegend in chinesischen Chroniken »Nü kuo«, das »Reich der Frauen«, genannt wird. Wie die Annalen berichten, soll es um 750 v. u. Z. und vorher und danach zwei Königinnenreiche an den tibetisch-chinesischen Grenzen gegeben haben, die sich weit nach Wesen ausdehnten (das heutige Tibet) und weit nach Osten (das heutige chinesische Bergland östlich von Tibet). Es ist nicht schwer, darin die Königinnenreiche der Su-pi zu erkennen.[1] Genau in diesen Gebieten liegen

---

1 Siehe Kapitel 4 in diesem Buch.

5.1 Indigene Völker in China

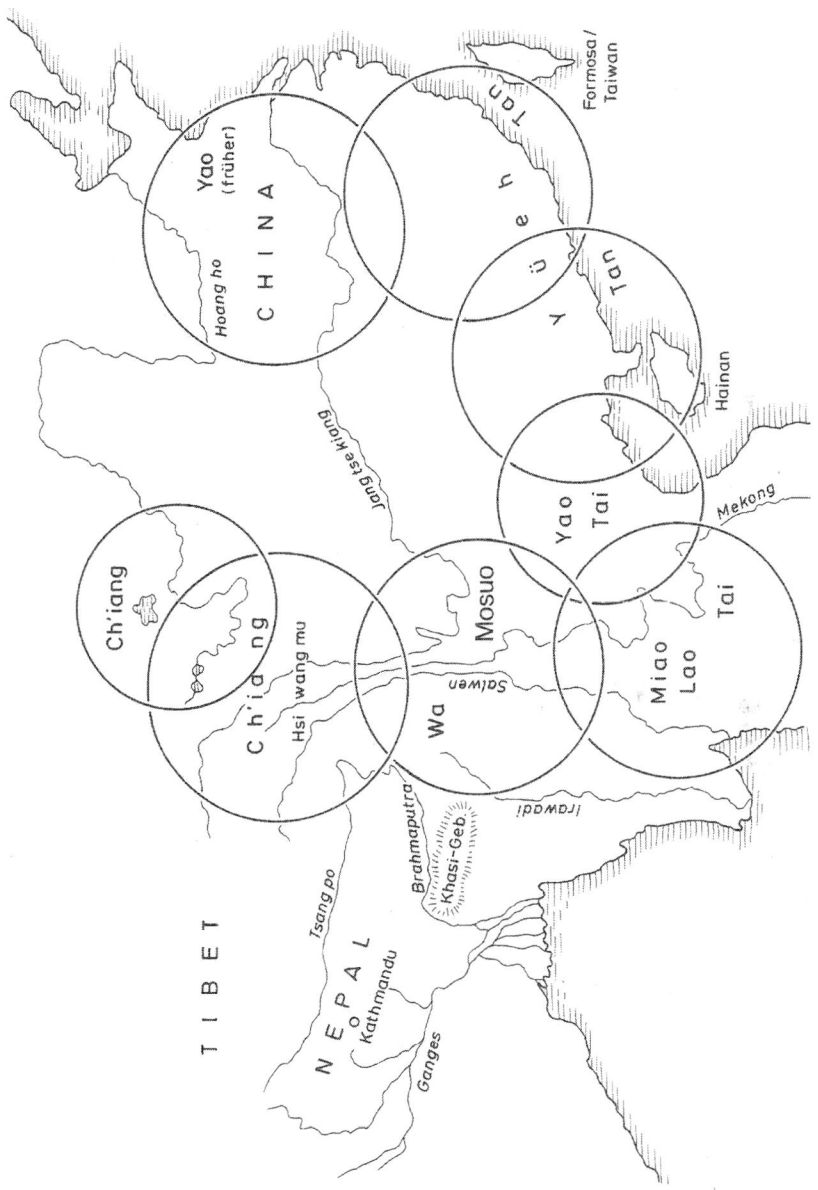

Karte 2

die meisten archäologischen Fundstätten der alten, matriarchalen Kulturen der Jungsteinzeit und Bronzezeit.[2]

Auch die alten Völker im Osten des chinesischen Tieflands, das an das Meer grenzt, haben Südwanderungen unternommen. So verließen die *Yao* das Kerngebiet der patriarchal-chinesischen Kultur: Honan im Tiefland und die vorgelagerte, große Halbinsel Schantung, und zogen entlang der Küste südwärts. Später bildeten sie zusammen mit den Völkern der *Tan* die südchinesische *Yüeh-Kultur*. Diese Kultur unterscheidet sich in wesentlichen Eigenschaften von der patriarchal-chinesischen Kultur im Norden. Heute befinden sich die Völker der Yüeh-Kultur im Gebiet des Golfes von Tonking (siehe Karte 2).[3]

Alle diese sogenannten »Randvölker« Chinas, die keineswegs immer Randvölker gewesen sind, sondern an den Rand gedrängt wurden, umfassen ungefähr 800 Stämme mit zusammen etwa 15 Millionen Menschen.[4] Diese Völker sind keine Chinesen. Wir bezeichnen sie hier deshalb nicht mit dem sinozentrischen Begriff »Randvölker«, sondern als die »indigenen Völker« Chinas. Die *Chiang* sind als Tibeter keine Chinesen. Die *Wa (La, Na)* sowie die *Lao, Naxi, Mosuo* (auch »Na« genannt) sind wie die Khasi tibetisch-burmesischer Herkunft und Reste der matriarchalen Völker, die hier lebten, bevor die Chinesen kamen. Sie wohnen auf den Berghängen und gehören zur sehr alten Mon-Khmer-Sprachgruppe. Wegen ihrer braunen Haut und andersartigen Kultur wurden sie in der Geschichte von den Chinesen abfällig »Wu-man«, das heißt »schwarze Barbaren«, genannt. Die *Tai (Dai),* die mit den malayischen Thai-Völkern verwandt sind und vorzugsweise die südlichen Täler und Ebenen bewohnen, wurden nicht besser behandelt: Sie ernteten wegen ihrer hellen Haut den herabsetzenden Namen »Pai-man«, das heißt »weiße Barbaren«. Die Völker der *Yao* und *Miao* bilden eine chinesisch-tibetische Mischgruppe mit eigener Sprache, aber auch sie werden »Man« genannt, eben »Barbaren«.[5] Genauso höflich gingen bekanntlich die antiken, patriarchalen Griechen mit den umliegenden Völkern des Mittelmeerraumes um! Im heutigen China wird diesen nicht-chinesischen, indigenen Völkern in den Bergen und an den Küsten nach den feindlichen Exzessen der kommunistischen, sogenannten »Kulturrevolution« (1966–1976), in der sie gezwungen werden sollten ihre Kultur aufgeben, etwas mehr wissenschaftliche Aufmerksamkeit geschenkt. Auch staatliche Fürsorge wird ihnen gegeben – was sich aber als durchaus zweischneidig erweist.

---

2 Siehe die historischen Übersichtskarten in: Albert Herrmann (Hg.): *An historical Atlas of China,* N. Ginsburg (Hg. der Neuerscheinung), Einleitung von Paul Wheatley, Edinburgh 1966, Edinburgh University Press (zuerst unter dem Titel: *Historical and Commercial Atlas of China,* Cambridge 1935); W. Eberhard: *Kultur und Siedlung der Randvölker Chinas,* Leiden 1942, Brill Verlag, S. 278.

3 Inez de Beauclair: *Tribal Cultures of Southwest China,* Taipeh 1970, Oriental Cultural Service, S. 3–8.

4 Für eine umfassende Übersicht über die 800 an den Rand gedrängten Völker Chinas siehe: W. Eberhard: *Lokalkulturen im Alten China,* Leiden 1942, Brill Verlag.

5 Ibidem; Herrmann: *An historical Atlas.*

5.2 Die Mosuo in Südwest-China

Im Jahre 1993 unternahm ich im Rahmen der Akademie HAGIA mit einem Team ausschließlich aus Frauen eine Forschungsreise zu den *Mosuo*.[6] Die Mosuo wohnen im Grenzgebiet von Szetschuan und Yünnan; in Yünnan zählen sie ungefähr 30.000 Personen mit weiteren 10.000 in Szetschuan. Auf Landstraßen und zuletzt auf Sandpisten durch wildes Gebirge ging es zur großartigen Landschaft des Lugu-Sees, der auf dreitausend Metern Höhe liegt. Die Grenze zwischen Yünnan und Szetschuan führt mitten durch den See, und Tibet ist nicht weit entfernt. Wir besuchten die gastfreundlichen Mosuo, die mit den Wa (Na) verwandt sind. Sie leben am Lugu-See, ebenso in den umliegenden Bergen und in dem benachbarten, weiten Hochtal von Yong ning. Durch Dolmetscher konnten wir mit ihnen sprechen und gewannen wichtige Einblicke in ihre Lebensweise. Die Ergebnisse dieser Forschung vor Ort wurden in dem Buch »Matriarchat in Südchina« veröffentlicht.[7]

Bei den Mosuo sind Männer und Frauen schlank, von gleicher Größe und ebenso hochgewachsen wie Europäer. Sie wohnen in schönen, großen Gehöften, die in Block-Bauweise aus ganzen Baumstämmen errichtet sind. Auch ihre Einbaumboote sind aus großen Stämmen gefertigt und schwierig zu manövrieren. So waren wir sehr erstaunt, dass Mosuo-Frauen sie allein über den großen See steuern konnten – und noch dabei Lieder sangen. Wir saßen obendrein zu mehreren als Passagiere darin und konnten uns nicht vorstellen, ein solches Boot zu handhaben.

Am Lugu-See leben die Mosuo von Fischfang und Gartenbau mit der Hacke, im Yong ning-Tal vom Ackerbau mit hölzernen Hakenpflügen. Die meisten ihrer Großfamilien und Sippen sind noch vollständig matriarchal. Das heißt, sie leben matrilinear, die Verwandtschaft und die Weitergabe von Erbe gelten nur in der Mutterlinie. Töchter und Söhne bleiben bei der Mutter wohnen, die Wohnweise ist also matrilokal. Die fähigste Frau in der älteren Generation wird als Sippenoberhaupt oder Matriarchin gewählt, sie trägt den Titel »Dabu«. Sie organisiert die landwirtschaftlichen Arbeiten und verteilt die Nahrung, denn sie verwaltet den gemeinschaftlichen Besitz der Sippe: die Güter und das Bargeld, und plant die Ausgaben. Sie bewirtet die Gäste und ist bei den familialen Zeremonien die Hauspriesterin. Dennoch hat sie keine Privilegien, die gegen das Gleichheitsprinzip verstoßen, auf dem matriarchale Gesellschaften beruhen. Sie arbeitet gleichermaßen hart wie die anderen Familienmitglieder und diskutiert alle wichtigen Angelegenheiten mit ihnen zusammen. Sie kann über das Gemeinschaftseigentum niemals allein entscheiden. Aber sie schlichtet bei Konflikten innerhalb der Sippe, und bis vor

---

6 *Internationale Akademie HAGIA für Moderne Matriarchatsforschung*, gegründet 1986, www.hagia.de. Die wissenschaftliche Leitung dieser Reise hatten die China-Expertin Iris Bubenik-Bauer und die Matriarchatsforscherin Heide Göttner-Abendroth.
7 Göttner-Abendroth: *Matriarchat in Südchina. Eine Forschungsreise zu den Mosuo*.

kurzem besaßen die Matriarchinnen der verschiedenen Sippen eine wichtige Position im Dorfrat.[8]

Als wir die Mosuo baten, die Eigenschaften der Frau zu beschreiben, die sie für die »Fähigste« halten und zur »Dabu« oder Matriarchin wählen würden, antworteten sie: Das sei diejenige, die am meisten für alle sorgt! Auf unsere drängende Frage, wie sie das herausfinden würden, lachten sie freundlich und antworteten: Das sehe man doch! In der Regel wird die Matriarchin aus der Gruppe von Schwestern im Alter zwischen 40 bis 65 Jahren gewählt. Aber wir trafen auch eine Matriarchin von 27 Jahren, die so jung diese Verantwortung übernommen hatte, weil sich ihre Mutter wegen Krankheit zurückgezogen hatte.

Die matriarchale Sippe lebt mit einer Anzahl von 12 bis 20 Personen im Sippenhaus der ältesten Mutter zusammen, das aus geräumigen Holzbauten um die vier Seiten eines großen Hofes besteht. Das Haupthaus nimmt die mittlere Seite des Vierseithofes ein; es ist mit schön geschnitztem und bemaltem hölzernen Mobilar ausgestattet. An einer anderen Seite erstreckt sich der Stall für die Tiere, während das Nebenhaus wieder eine andere Seite einnimmt, das die individuellen Kammern für die jungen Frauen enthält. Dort kann jede ihren »Azhu«, ihren Liebsten, empfangen. Diese Azhu-Männer betreten das Sippenhaus der Geliebten nur zu Besuch über Nacht, sie leben nicht hier. Die Männer der Sippe jedoch haben einen eigenen, gemeinsamen Männerraum; sie brauchen keine Einzelzimmer, da die meisten von ihnen nachts bei ihren Geliebten in anderen Sippenhäusern schlafen. Denn die Mosuo praktizieren die matriarchale Form der sogenannten »Besuchs-Ehe«, die eigentlich keine »Ehe«, sondern ein Liebesleben auf Besuch ist.

Im Mittelpunkt des Haupthauses befindet sich die große Haupthalle mit dem heiligen Herd, einem offenen Feuerplatz aus Stein, wo die Ahninnen und Ahnen verehrt werden. Hier kochen die Sippenmitglieder und nehmen die gemeinsamen Mahlzeiten ein, hier halten sie ihre Besprechungen ab und bewirten die Gäste. Die Verehrung der Ahnenwesen geschieht dabei ohne großen Aufwand, man schenkt ihnen Gaben von Mehl und Schnaps, die einfach ins Feuer geworfen werden (Abb. 6). Hier in der Nähe des warmen Herdes schlafen nachts die älteren, sehr geachteten Frauen und die Kinder in hölzernen Betten, die in die Wand eingebaut sind. Am heiligen Herd sitzen Frauen und Männer getrennt auf der rechten oder der linken Seite, wobei die Seite der Frauen die der »größeren Ehre« ist. Auch die symbolische Achse der Welt fehlt nicht: Neben der Feuerstelle gibt es zwei große Stützpfeiler, einen für die Frauen, einen für die Männer, wo gelegentlich die Hausrituale jeweils der Frauen oder der Männer stattfinden.

---

8 Siehe dazu und für das Folgende, außer meiner eigenen Forschung vor Ort: die chinesische Ethnologin Yan Ruxian: »Das Verwandtschafts-System der Mosuo in China« (Übersetzung aus dem Chinesischen); den indigenen Mosuo-Ethnologen Lamu Gatusa (Schi Gaofeng): »Matriarchale Heiratsmuster bei den Mosuo in China« (Übersetzung aus dem Chinesischen), beide in: Göttner-Abendroth (Hg.): *Gesellschaft in Balance*, S. 68–78 und S.79–89; die indigene Mosuo-Ethnologin Hengde Danschilacuo (He Mei): »Mosuo Family Structures«, in: Goettner-Abendroth (Hg.): *Societies of Peace*, S. 248–255.

5.2 Die Mosuo in Südwest-China

Abb. 6: Alte Mosuo-Frau beim Ahnen-Opfer am heiligen Herd.

Die traditionelle Tracht der Mosuo-Frauen, die heute nur bei besonderen Anlässen getragen wird, ist sehr schön und hat symbolische Bedeutung. Die jungen Frauen tragen bodenlange, weiße oder hellblaue Röcke, die mit bunten, gewebten Schärpen gehalten werden. Ihre Jacken sind aus roter Seide oder schwarzem Samt, auf dem Kopf sitzt eine schwarze Krone aus eigenem Haar, verflochten mit Wolle- und Seidenfäden, manchmal mit Perlen und Blumen geschmückt (Abb. 7). Die Farben der Tracht zeigen das Lebensstadium der Frau an: weißer Rock und rote Jacke für die ganz junge Frau, weißer oder hellblauer Rock und schwarze Jacke für die Frau, die schon Kinder hat. Die älteren Frauen tragen eine dunkle Tracht, denn bunte Kleider wären ihrer Verantwortung und Würde nicht angemessen. Die Würde der jungen Frauen ist es hingegen, die Liebe zu feiern und durch Kinder, wenn sie es wünschen, neues Leben in die Sippe zu bringen. Daher helfen die älteren Frauen den jüngeren, ihren Töchtern, die Tracht anzulegen und sich mit der kunstvollen Haarkrone zu schmücken.

Das »Azhu«-System der Mosuo ist heute eine sehr offene, nicht clan-gebundene Form des Liebeslebens aus freier Wahl. Das muss früher anders gewesen sein, denn nach ihrer Ursprungslegende entstanden die Mosuo aus ersten Großsippen, die sie »Er« nennen. Zwei dieser matriarchalen »Er« bildeten die erste, gepaarte Heiratsgruppe. Schließlich fächerten sich diese »Er« in mehrere »Siri« oder Toch-

Abb. 7: Junge Mosuo-Frauen in Festtracht.

tersippen auf. Dann taten sich stets zwei »Siri« als Heiratsgruppen zusammen und praktizierten die Gruppenehe, bei der die jungen Frauen der einen Sippe die jungen Männer der anderen Sippe als ihre gemeinsamen Gatten hatten, und umgekehrt. Diese Beschreibung belegt auch für die Mosuo, dass es die alte matriarchale Schwestern-Brüder-Gruppenehe als Wechselheirat zwischen je zwei Sippen gab, wobei die Schwestern-Gruppe der einen Sippe die Brüder-Gruppe der anderen Sippe heiratete. (In matriarchalen Verwandtschaftsbegriffen sind die jungen Leute von ein und derselben Sippe alle »Schwestern« und »Brüder«, selbst wenn sie durch verschiedene biologische Mütter nur Cousinen und Cousins sind. Denn ihre Mütter betrachten sie als ihre gemeinsamen Kinder.) »Siri« heißt »aus derselben Wurzel«, denn tatsächlich haben alle Mitglieder einer »Siri« dieselbe Großmutter oder Ahnfrau, denselben Sippennamen und werden im selben Sippengrab bestattet. Sie sind die engste, zur gegenseitigen Hilfe verpflichtete Gruppe.[9]

Seitdem sich die alte Schwestern-Brüder-Wechselheirat zwischen je zwei Sippen gelockert hat, treffen die jungen Leute ihre Liebesverbindungen in freier Wahl. Dabei heißt »Azhu« »Liebster« oder »Bettgenosse« und »Xiaobo« ist das

---

9 Yan Ruxian: »Das Verwandtschaftssystem«.

weibliche Gegenstück; die Begriffe »Gatte« oder »Gattin« gibt es nicht. Die Älteren mischen sich nicht in die Wahl der jungen Leute ein. Diese wählen sich gegenseitig für kurze oder auch für lange Zeit, und im Laufe des Lebens hat niemand nur eine einzige Liebesverbindung. Sie finden eine nach der anderen statt, nicht gleichzeitig, und das Anknüpfen wird leicht gemacht durch die Gabe von kleinen Geschenken beim großen, sommerlichen Tanzfest. In jedem Fall ist die Frau die Wählende und der Mann der Gewählte, der natürlich die Wahl annehmen oder ablehnen kann. Das Auflösen einer Verbindung ist für beide Liebespartner ebenso leicht: Entweder lädt die junge Frau den Liebhaber nicht mehr in ihre Kammer ein, oder er kommt einfach nicht mehr zu ihr. Aus solchen losen Verbindungen entstehen keinerlei Rechte oder Pflichten zwischen den Partnern. Denn die Frauen bleiben im Haus ihrer Mütter, und die Männer sind im Sippenhaus der eigenen Mütter zu Hause. Sie gehen in Besuchsehe zwischen ihrem Mutterhaus und dem Haus ihrer Geliebten hin und her, und zwar unabhängig von Alter und Status. Sie bleiben im Sippenhaus der geliebten Frau nur über Nacht, so kann man jeden Morgen viele Männer durchs Dorf nach Hause zu ihren Müttern gehen sehen. Die Kinder leben ohnehin bei den Müttern. Die Verpflichtung zu gegenseitiger Hilfe besteht hier nicht zwischen den Liebespartnern, sondern zwischen den Mitgliedern der »Siri«, der eigenen Sippe. In dieser gilt der Mutterbruder als der nächste männliche Verwandte der Kinder seiner Schwestern, denn er trägt denselben Clannamen wie sie. Sie sind seine »Nichten« und »Neffen« (in unseren Verwandtschaftsbegriffen), aber er betrachtet sie als »seine« Kinder, denn sie gehören zum selben Clan. Er ist mitverantwortlich für sie und ergreift die entsprechenden Pflichten. Manchmal kommt es vor, dass ein »Azhu« in das Sippenhaus seiner Geliebten zieht, besonders wenn Söhne mangeln, um auf den Feldern ihrer Sippe mitzuhelfen. Aber das geht nur für eine begrenzte Zeit. Wenn in einer Sippe dagegen Töchter mangeln – was schwerwiegender ist –, so werden Mädchen aus einer entfernt verwandten Linie derselben Sippe adoptiert.

Eine Übergangsform der matriarchalen Sippe, die auch bei den Mosuo vorkommt, ist die »koexistente Familie«, wo Matrilinearität und Patrilinearität nebeneinander bestehen. Sie entsteht, wenn »Azhus« auf lange Dauer in einem matrilinearen Sippenhaus wohnen und wenn sie an der Erziehung ihrer identifizierbaren Kinder teilnehmen wollen. Diese Kinder tragen dann beide Sippenamen. Diese Familienform ist nicht sehr alt, sie ist durch den Druck von chinesischer Seite zustande gekommen. Auch tut sie der matrilinearen Sippenstruktur insgesamt keinen Abbruch, denn ein solcher »Azhu« bleibt ein Gast in der Sippe seiner geliebten Frau. Er genießt gesellschaftlich kein Ansehen, weil er seine eigene Sippe verlassen hat, und etliche dieser Verbindungen lösen sich wieder auf. Dies zeigt, dass diese sog. »Patrilinearität« individuell und rudimentär bleibt, sie ist eher eine »Vaterschaft« von nur einem einzigen Schritt, was noch keine »Linie« ausmacht. Eine Linie braucht viele Schritte, um eine Genealogie zu werden. Erst recht ist sie auf diese Weise noch kein patriarchales Muster.

In der Gesellschaft der Mosuo leben 60% aller Familien in matriarchalen Clans mit reiner Matrilinearität. Wenn man noch die Familien hinzu zieht, bei denen die Matrilinearität und die sog. Patrilinearität – in dieser rudimentären Form – koexistieren, dann sind es 93 % aller Familien. Es gibt eine verschwindende Minderheit von tatsächlich patrilinear organisierten Familien, die vom patriarchalen China während seiner Feudalzeit eingeführt worden sind. Aus den Mosuo-Sippen wurde eine künstliche Aristokratie heraus entwickelt mit Männern als Familienoberhäuptern, damit sie für die adligen Herren Chinas als Sprecher überhaupt annehmbar wären. Denn diese verhandelten nicht mit Frauen. Dies zeigt deutlich, dass patriarchale Muster in matriarchalen Gesellschaften nicht einfach durch innere »Zersetzungsprozesse« entstehen, sondern durch Herrschaftsdruck von außen. Dieses patriarchale Familienmuster blieb unter den Mosuo sehr unpopulär, weil die Frauen sich weigerten, in eine fremde Sippe zu heiraten. So blieben die patriarchalen Familien kleine, isolierte, monogame Gruppen, »Yishe« genannt, während ihre gesamte Sippe die matriarchale Lebensweise und die Besuchsehe weiterführte. Auch auf diese Weise entstanden zwei koexistente Linien innerhalb einer Sippe, und dieses Beispiel zeigt, dass nicht einmal patriarchale Familien als Einzelelemente eine matriarchale Sippenstruktur von innen zu einer patriarchalen verändern können. Außerdem kann die Patrilinearität kaum vererbt werden, was sie als »Linie« bald wieder aufhebt. Denn die zwei koexistenten Linien zeigen deutlich die Neigung, innerhalb von ein bis zwei Generationen wieder rein matrilinear zu werden, vor allem wenn viele Töchter als Erbinnen da sind. Daran wird deutlich, dass der Entwicklungsprozess nicht automatisch einlinig von matriarchalen zu patriarchalen Mustern verläuft. Denn ein matriarchales Volk mit starkem Selbstbewusstsein, das patriarchalen Herrschaftsdruck von außen abwehren oder umgehen kann, stellt die alten Formen absichtlich wieder her. Gleichzeitig ist zu sehen, dass nicht naive »Naturwüchsigkeit« die Mosuo befähigt hat, ihre matriarchale Sippenstruktur bis in die Gegenwart zu regenerieren, sondern viel mehr die Anwendung bewusster sozialer Regeln.

Erst heute, im modernen China, ist sie gefährdet, und zwar wieder durch europäische Ideologien, die durch den Kommunismus in China eingedrungen sind. Ältere Frauen als Hüterinnen der Sippe und Verwalterinnen der Ökonomie gelten als Hindernis für die technologische »Entwicklung« des Gebietes, ebenso die Zeit und Energie, die junge Leute für ihre Liebespartnerschaften aufwenden. Seit die sozialistische Monogamie und männliche Macht gefördert werden, steigen Männer als soziale Akteure immer mehr auf. Einen Bruch mit der Tradition stellten die Exzesse der sog. »Kulturrevolution« dar, als den Mosuo ihre angestammte Lebensweise schlichtweg verboten wurde. Aber nach der Liberalisierung richteten sie sofort ihre matriarchalen Sippen wieder ein, was ein erstaunliches Beharrungsvermögen beweist. Dafür müssen sie sich heute ein solches Etikett wie »rückständig« von der chinesischen Regierung gefallen lassen.

Tatsache ist, dass dort, wo der chinesische Einfluss zunimmt, wie bei den benachbarten Naxi der Li chiang-Region, sich auch patriarchale Muster weitgehend durchgesetzt haben. Dort hingegen, wo Völker im abgelegenen Bergland wohnen wie die Mosuo, haben sie ihre matriarchalen Strukturen erhalten können. So ist es bei den Mosuo noch immer eine Beleidigung, einen Knaben nach seinem Vater zu fragen. Er wird antworten, dass er keinen Vater habe, dafür aber den »A-gv«, seinen Onkel mütterlicherseits, der für ihn der wahre »Vater« ist.[10]

Was die traditionelle Kultur der Mosuo trägt, sind ihre zentralen religiösen Feste. Die wichtigsten sind das Initiationsfest, besonders für Mädchen, und die umfangreichen Bestattungszeremonien. Wir hatten die Gelegenheit, sowohl einer Initiationsfeier wie einer Bestattung beiwohnen zu können. Bei der Initiation wurde dem Mädchen von seiner Mutter zum ersten Mal das Gewand einer jungen, erwachsenen Mosuo-Frau angezogen, und sie erhielt den Schlüssel für ein eigenes Zimmer. Nun konnte sie selbst »Azhu«-Freunde einladen. Das Gewand hat mehr als nur traditionelle Bedeutung: Bei den vielen Ritualen für die Bestattung einer alten Frau fiel mir ein Detail auf, dass nämlich unter den Gaben für ihren Weg in die Anderswelt auch das Gewand einer ganz jungen Frau war, ein gleiches, wie es die Initiantin erhalten hatte. Nach diesem Umstand befragt, gab der trauernde Bruder der Verstorbenen die einfache Antwort: Sie kehrt doch als junges Mädchen zu uns zurück!

Der Wiedergeburtsglauben ist bei diesen Zeremonien zentral, denn jede verstorbene Person reist zu den Ahninnen und Ahnen, die im Norden wohnen, aber nur um alsbald als kleines Kind in der eigenen Sippe im angestammten Haus wiederzukommen. Dem Kind sieht man noch nicht an, welche Ahnin oder welcher Ahn in ihm wiedergeboren wurde. Doch wenn es alt genug ist für die Initiations-Zeremonie zu Beginn der Pubertät, dann weiß es die ganze Sippe aufgrund der Ähnlichkeit mit einer verstorbenen Person. Das junge Mädchen erhält dann den Namen dieser Ahnin und das Kleid der jungen Mosuo-Frau. Nun wird sie als die Wiederverkörperung dieser Ahnin gefeiert, es ist ihr wahrer Wiedergeburts-Tag. Dasselbe gilt für die Knaben, wobei die Mädchen-Initiation ausführlicher gefeiert wird, denn die jugendliche Frau wird einmal durch Geburten die Linie des Clans in die Zukunft hinein weiter tragen.

Bei der Initiations-Zeremonie sieht man noch die alte Tradition, dass die Frauen die Hauspriesterinnen sind. Denn sie üben die Rituale im Sippenhaus aus, die mit dem Leben zu tun haben. Aber diese Volksreligion ist von einer dicken Schicht des

---

10 J.F. Rock: *The Ancient Na-khi Kingdom of Southwest China*, Cambridge/Mass. 1947, Harvard University Press, Bd. II, S. 388–391; derselbe: *The Zhi mä Funeral Ceremony of the Na-khi of Southwest China*, London 1972 (zuerst Wien-Mödling 1955). – Rock erkennt keineswegs, dass er bei den Mosuo (die er »Na-khi« nennt) auf matriarchale Strukturen gestoßen ist, um ihn als Beispiel für viele andere Forscher dieser Art zu nennen. Er erklärt sie so: Lamaistische Mönche würden teils im Kloster, teils zu Hause leben und Kinder zeugen, deren Mütter sie niemals heirateten. Die Folge wäre »eine Horde illegitimer Kinder, die nicht einmal ihren Vater kennen« (*Kingdom*, S. 391). Es folgt moralische Entrüstung des Autors über das allgemein freie Liebesleben der Leute. Diese Blindheit hat zwei Ursachen: einmal die üblichen christlich-patriarchalen Vorurteile, zum anderen Rocks sehr einseitige Forschungssituation. Denn er wohnte bei der patriarchalisierten Oberschicht und hatte keinen Blick für das matriarchal lebende Volk. – Die matriarchalen Strukturen der Mosuo wurden zuerst entdeckt von Prof. Wang Schu Wu (Yünnan Akademie der Sozialwissenschaften, Kun ming), der ab 1954 in diesem Gebiet forschte und als Pionier in dieser Richtung gilt (siehe das Interview mit ihm in: Göttner-Abendroth: *Matriarchat in Südchina*).

tibetisch-buddhistischen Lamaismus überlagert worden.[11] Doch die Mosuo fanden einen Kompromiss zwischen beiden Religionen, der besagt, dass die Lamas nicht für die Lebenden, sondern für die Toten zu sorgen haben. Deshalb ist es die Aufgabe der Lamas – und der Männer der Sippe – die Bestattungszeremonien zu leiten. Jedoch blieb die Lamaisierung oberflächlich, denn die Mosuo sind im Grunde ihrer alten Religion, welche die Natur als beseeltes Gegenüber betrachtet, treu geblieben: Berge und Quellen, Schluchten und Felder sind heilige Plätze. Auch der Lugu-See ist als »Schinami«, das heißt »Muttersee«, ihnen heilig geblieben, und der schöne Berg »Gan mu« an seinem Ufer ist ihre höchste Göttin.

Dieser Berg sieht aus wie eine ruhende Löwin, und seine Halbinseln ragen wie Tatzen in den See. Einmal jährlich pilgern die jungen Mosuo in ihren farbenfrohen Trachten auf diesen Berg, um ein großes Tanzfest zu Ehren der Göttin zu feiern. Nach einer Mythe der Mosuo sind die spitzen, eisigen Gipfel, welche die Landschaft umgeben, die zahlreichen Liebhaber von Gan mu. Deshalb wird sie von den Ethnologen als eine »Liebes- und Fruchtbarkeitsgöttin« bezeichnet, was jedoch zu eng gefasst ist. In Wahrheit ist sie eine umfassende Göttin der Wiedergeburt, die auf eine göttliche Ahnfrau zurückgeht. Doch passend zum Liebes-Aspekt von Gan mu findet das Tanzfest genau zur Sommersonnwende auf dem Berg statt, wobei die jungen Mosuo-Frauen neue »Azhu«-Verbindungen anknüpfen und sie feiern. Auch bei diesen Tänzen sind die Frauen stets die aktiv Wählenden, während die Männer zu ihren Tänzen die Musik machen und gewählt werden. Gan mu ist die Schützerin der gesamten Region, und die jungen Leute huldigen ihr bei dem Fest im Freien mit Gebetsfahnen, Speisegaben und Tieropfern von Schafen. Diese Opfergaben für Gan mu sind genau dieselben wie in den Zeremonien für die Ahninnen und Ahnen.

Diese klaren matriarchalen Strukturen der Mosuo-Gesellschaft waren vor nicht allzu langer Zeit in dieser ganzen Gegend noch allgemein. Sie verweisen auf ihre Verwandtschaft mit den ebenfalls matriarchalen *Wa* oder *Wang* (Abb. 8).[12] Weitere Stämme in Yünnan, von denen ausdrücklich bekannt ist, dass sie bis vor kurzem matriarchal organisiert waren, sind die *Lahu*,[13] die *Akha*, die *Jino*.[14] In anderen Forschungsberichten wird für sämtliche Völker der »Wu-man«-Gruppe matriarchale

---

11 Bevor die Lama-Priester, die in Tibet ausgebildet wurden, sie verdrängten, hatten die Mosuo ein älteres, indigenes Priestertum, die Daba-Priester. Diese waren die Hüter der mündlich überlieferten Tradition, die sie bei Festen rezitierten, und führten eigene Daba-Zeremonien aus. Die Rolle der Frauen als Hauspriesterinnen war davon nicht berührt, denn sie sind es noch heute. – Die heutigen Lama-Priester sind selber Mosuo, sie tradieren aber keine Daba-Zeremonien mehr; diese sind im Aussterben begriffen (siehe Göttner-Abendroth: *Matriarchat in Südchina*).
12 Eberhard: *Lokalkulturen*, S. 120.
13 Yan Ruxian: »A Living Fossil of the Family – A Study of the Family Structure of the Naxi Nationality in the Lugu Lake Region«, in: *Social Sciences in China: A quarterly Journal,* Bd. 4, S. 60–83, Peking 1982, Social Sciences in China Press, zu den Lahu S. 79 f.
14 Zhi Exiang: *Chinas Nationale Minderheiten,* Bd. I, Reihe *Die Große Mauer,* China im Aufbau (Hg.), Peking 1985, Chinesische Internationale Buchhandelsgesellschaft, zu den Akha und Jino S. 99 f.

Organisation angenommen, wegen ihrer engen Verwandtschaft mit den Wa und aufgrund historischer Zeugnisse (chinesische Chroniken). Die häufigen Berichte von »Frauen in offiziellen Stellungen« bei diesen Kulturen, von »Mutterfolge« (Matrilinearität) und »sexueller Freiheit der Frauen« lassen auf nichts anderes schließen.[15]

Abb. 8: Junge Frau der Wa.

Heute ändert sich die Situation bei diesen Völkern schnell. Wir konnten das bei den Mosuo beobachten: Vor wenigen Jahrzehnten wurde das schöne Gebiet am Lugu-See von der chinesischen Zentralregierung unter dem verlockenden Etikett »Land der Frauen« geöffnet; seitdem blüht dort der chinesische Massentourismus, und zwar ausschließlich der Männer. Das hat die Geld-Ökonomie und eine zunehmende Spaltung der Sippen zu diesen gastfreundlichen Menschen gebracht, vor allem bedeutet es eine patriarchal-sexistische Herabwürdigung der Mosuo-Frauen, die als frei verfügbar betrachtet werden. Dagegen haben diese sich energisch gewehrt. In den letzten Jahren wurden intensiv Hotels für den chinesischen Tourismus errichtet und auf diese Weise die schönsten Stellen des Lugu-Sees mit Beton verbaut. Chinesische Händler haben sich dort niedergelassen, insbesondere chinesische Huren, die sich als Mosuo-Frauen verkleiden, um den Männertraum vom

---

15 Eberhard: *Lokalkulturen,* S. 124–126, 128 f.

»Land der Frauen« zu erfüllen. Die Mosuo gewinnen dadurch nichts, stattdessen wird ihre Kultur ausverkauft.

Zusätzlich werden die Bedingungen für ihre Lebensgrundlage, den Ackerbau, immer härter. Eine massive Klimaverschlechterung hat in dieser Höhe eingesetzt, nicht zuletzt wegen des Rohstoffhungers der chinesischen Industrie im Tiefland, für die alle Wälder auf den Bergen flächendeckend abgeholzt wurden und werden. Wir sahen die Folgen: restlos kahle, ausgetrocknete Berge und verkarstete Täler, und den Oberlauf des Jangtse kiang schwammen ununterbrochen mächtige Baumstämme aus diesen Gebieten zu den Fabriken im Tiefland hinab.

Diese Zerstörung ihrer Landschaft und Beeinträchtigung ihrer Sozialordnung bringt vermehrt junge Mosuo dazu, in die chinesischen Städte abzuwandern, wo ihnen Fernsehen und Internet ein leichteres Leben vorgaukeln. Für die Widerstandsfähigkeit der matriarchalen Sippen bedeutet dies eine große Gefahr.[16] So ist die Situation für die Jahrtausende alte Mosuo-Kultur sehr bedrohlich geworden. Sie ist nicht weniger gefährdet als die tibetische Kultur seit der Besetzung Tibets durch die chinesische Staatsmacht – aber die Probleme der Mosuo werden in der Weltöffentlichkeit nicht beachtet.

5.3 Die Chiang in Nordwest-China

In den nordwestlichen chinesischen Provinzen Szetschuan, Schensi und Kansu wohnen am Oberlauf des Hoang ho und des Jangtse kiang die tibetischen *Chiang*-Völker (siehe Karte 2). Verglichen mit den westlichen Tibetern sind diese östlichen Tibeter, dank ihrer Abgeschiedenheit, in ihren Sitten noch traditioneller geblieben. Sie gelten als die Vorfahren der späteren Tibeter.[17] Sie leben, abgesehen von kleinen Ackerbauzonen, als Halbnomaden mit ihren Yak- und Schafherden. Die Frauen genießen hohes Ansehen (Abb. 9). Sie beraten die Männer in allen Angelegenheiten, diese unternehmen nichts, ohne die Frauen gefragt zu haben. In manchen Gegenden hüten die Männer die Kinder, während die Frauen den Geschäften nachgehen. Bei der Partnerschaft wird von den Männern die ältere Frau wegen ihrer Erfahrung bevorzugt, und die Frauen wählen sich jüngere Männer.[18] Über die Eheform finden sich bei den Forschern nur verschwommene Aussagen: Es wird von »Leviraten« und »Brüderheiraten« gesprochen, und hinter diesen Ersatzbegriffen dürfte sich bei den Chiang, wie bei den westlichen Tibetern, die Brüder-Polyandrie verbergen, als ein Teil der matriarchalen Schwestern-Brüder-Gruppenehe.[19] Denn es wird immer wieder betont, dass »Mutterrecht« oder »mutterrechtliche Einflüsse« sehr stark bei den Chiang vorhanden seien.[20]

---

16 Lamu Gatusa: »Matriarchale Heiratsmuster«; Hengde Danschilacuo: »Mosuo Family Structures«.
17 Beauclair, S. 3.
18 Eberhard: *Randvölker,* S. 275–277.
19 Siehe Kapitel 4 in diesem Buch.
20 Siehe Einzelheiten dazu in: Eberhard: *Lokalkulturen,* S. 83–87, 94–96.

Abb. 9: Östliche Tibeterin (Chiang) beim Melken ihrer Yak-Kuh.

Sie pflegen, wie viele indigene ostasiatische Völker, die Verehrung der Ahninnen und Ahnen in der Form von Steinen, wobei unbehauene weibliche und männliche Steine oder behauene Steine in der Form von Tigern (weiblich) und Büffeln (männlich) nebeneinander gesetzt werden. Sie sollen in erster Linie Regen bringen, manchmal auch Sonne, sehr häufig sind es Kinderwunschsteine, zu denen die Frauen pilgern. Dies sind archaische Vorstellungen, die kulturgeschichtlich weit zurückreichen. Ein alter Erd- und Wasserkult ist damit verbunden, denn man stellt sich weibliche Wassergeister in Flüssen schlangengestaltig vor, und in Quellen und Brunnen wohnen sie als Göttinnen. Es gibt Hinweise auf frühere Männeropfer an diese göttlichen Wasserwesen.[21] Diese archaischen Sitten sind uns aus den Traditionen der westlichen Tibeter und der Khasi schon vertraut, und die uralte Kultur der östlichen Tibeter war dafür der Ausgangspunkt.

Die Chiang von Szetschuan haben Traditionen und Legenden, die noch in anderer Hinsicht interessant sind. So gab es bei ihnen eine Seidenraupengöttin, die in Gestalt eines winzigen Räupchens die Menschen die Kunst der Seidengewinnung lehrte. Diese Legenden und die damit verbundenen, zahlreichen Feste um die Seidenraupenzucht gibt es nur bei den in dieser Gegend einheimischen »*Grünkleid*«-

---

21 Beispiele dazu bei Eberhard: *Randvölker,* S. 245, 347–355.

Chiang. Ihre Kultur ist die einzige, bei der die Seidengewinnung in einem alten Kult verankert ist.[22] Nach chinesischen Zeugnissen geht die Seidengewinnung und Seidenverarbeitung in China auf das 3. Jahrtausend v. u. Z. zurück und erscheint erst um 300 v. u. Z. durch Handel im Rest der Welt. Daher kann man zu Recht annehmen, dass sie ursprünglich von der alten, nicht-chinesischen Kultur der Chiang – insbesondere von den Frauen – erfunden und entwickelt worden ist, bevor sie von der chinesischen Han-Dynastie übernommen wurde und ihren Siegeszug um die Welt antrat.

Auch die Mythen um die Göttinnen der Chiang-Tibeter zeigen sehr archaische Züge. So wird von der Berggöttin »Hsi wang mu« erzählt, dass sie auf einem Gipfel im Kun-lun-Gebirge wohnt. Es ist ein Weltberg, der mythologisch verwandt ist mit dem west-tibetischen Weltberg Kailasch (tibetisch: Kuer-kun) in der Transhimalaya-Kette. Solche Berge gelten als Nabel und Mitte der Welt. »Hsi mu« heißt »Westliche Mutter« – was vom chinesischen Tiefland aus gesehen gilt. Der volle Name »Hsi wang mu« heißt »Westliche Königinmutter«, und das wird in den Quellen als Titel der Göttin wie auch der Königin eines matriarchalen Volkes betrachtet. In den Mythen heißen das Volk und sein Land ebenfalls »Hsi wang mu«, und es wird mit einem großen »amazonischen Königinnenreich« verknüpft gesehen.[23]

Als Göttin wird Hsi wang mu als wilde Gestalt mit aufgelöstem Haar, Tigerzähnen und Pantherschwanz geschildert, und sie gilt als eine Göttin der Dunkelheit, die täglich die großen Lichter Sonne und Mond am westlichen Himmel verschlingt. Zugleich hat sie auch die liebliche Seite der Göttin der Wiedergeburt. Denn sie hütet in ihren »hängenden Gärten« am Kun-lun, d. h. auf Terrassen an den Berghängen, Pfirsiche als die Früchte der Unsterblichkeit, die nicht zufällig Frauenbrüsten gleichen. Kaiser, Könige und Helden haben sie in ihrem Jadepalast auf dem Weltberg besucht, um ihr Ehre zu erweisen. Unter diesen waren auch Mu Wang, ein Kaiser aus der Dschou-Zeit, und Wu Di, ein Han-Kaiser. Vom Besuch des Kaisers Mu Wang wird berichtet, dass die Göttin ihn inspirierte und die Kräfte des Geistes in ihm weckte. Sie schenkte ihm auch ihre Liebe und ließ ihn so zum Manne reifen. Im Kreis von Göttern und Genien durfte er in ihrem westlichen Paradies so köstliche Speisen wie Drachenleber und Phönixmark genießen. Zuletzt übergab sie ihm die Pfirsiche als die Früchte der Unsterblichkeit, das heißt, die Gnade zur Wiedergeburt. Nachdem er »drei Jahre achtsam auf sie geschaut hatte«, nahm er ehrerbietig Abschied, um die Weisheit, die er in der Schule der Göttin gewonnen hatte, in seinem Kaiserreich im Osten anzuwenden. Es wurde eine lange und glanzvolle Regierungszeit, und als der Kaiser im Alter von hundert Jahren starb, holte Hsi wang mu den toten Herrscher heim in ihr westliches, paradiesisches Reich.[24] –

---

22 Zur Seidenraupen-Göttin: a. a. O., S. 335 f.
23 Siehe dazu und für das Folgende: a. a. O., S. 245, 253 f., 278; E. Rousselle: »Die Frau in Gesellschaft und Mythos der Chinesen«, in: *SINICA* 16, Frankfurt 1941, China-Institut, S. 145, 146.
24 Rousselle, S. 146 f.

Diese interessante Sage zeigt eine enge Beziehung zwischen frühen chinesischen Kaisern im Osten und den alten Königinnenreichen im Westen. Es ist nicht schwer, darin »Nü kuo« wieder zu erkennen, die alt-tibetische Žan-žun-Kultur der Su-pi-Königinnen, die genau in jener Gegend geblüht haben soll, welche die Chiang heute noch bewohnen.[25] Die Zuschreibung »amazonisches Königinnenreich« geht darauf zurück, dass die Verteidigung des Landes militärisch gut organisiert war und die Königinnen sich zu wehren wussten. Die Mythe vom Kaiser Mu Wang spiegelt außerdem den beträchtlichen Einfluss, den die tibetischen, matriarchalen Königinnenreiche auf die frühe chinesische Kultur hatten.

Die Große Schöpfergöttin des Reiches »Nü kuo« hieß entsprechend »Nü kua«, und in demselben Sagenkreis finden wir die Mondgöttin »Heng-o« und die Sonnengöttin »Hsi-ho«, ihre Kinder. Nü kua stellte man sich als große, schlangengestaltige Göttin vor, und sie wohnte wie Hsi wang mu auch auf einem heiligen Berg. Der Palast der Hsi wang mu auf dem Weltberg ist neunstöckig, und da er den Himmel abbildet, ist auch der Himmel neunstöckig. Nü kua selber ist es, die den neunstöckigen Himmel oder Himmelspalast schuf. Sie machte den Mondberg und den Sonnenberg zu seinen Grundpfeilern und die Beine der Wasserschildkröte zu seinen Säulen, damit der Himmel ordentlich hoch von der Erde getrennt bleibt, und sie erbaute die Welt aus gegossenen, fünffarbigen Steinen.[26] – Diese Kosmologie spiegelt die heilige Schöpfung der Welt, errichtet aus den fünf Elementen und dem Kreis der vier Himmelsrichtungen einschließlich seiner Mitte, was auch fünf zählt. Die Wasserschildkröte ist auch in der Mythologie der Khasi ein heiliges Tier, da sie bei der Weltschöpfung den zu tief hängenden Wolkenhimmel von der Erde trennte.[27] Neunstöckige Häuser aus Stein baut in Ostasien kein anderes Volk als die Tibeter, die solche Hochbauten schon in frühester Zeit errichteten. – Es heißt weiter, dass Nü kua auch das Wetter mit Regenfluten oder Dürre macht. Sie erschuf schließlich die Menschen aus gelber Erde, sie stiftete die Ordnung des sozialen Zusammenlebens, und zuletzt erfand sie die Musik.

Noch heute gibt es in diesem großen Gebiet, besonders in der Provinz Schensi, wo früher Nü kua verehrt wurde, den Kult einer weiblichen Gottheit – eine Rarität in Schensi, das schon sehr früh patriarchalisiert wurde. Es ist der Kult der »Alten Mutter vom Li-schan« oder »Li-schan lao-mu«, und Li-schan ist ein Berg, auf dem noch heute ihr Tempel steht. Frauen des Li-schan-Clans waren Regentinnen in dieser Region, was den alten Namen »Nü kua« und den jüngeren »Li-schan« wieder als Königinnen-Titel nahe legt. Eine Frau von Li-schan war sogar Kaiserin in China, und sie gebar einen Sohn namens »Nung«, der gut pflanzen konnte. »Nung« heißt nämlich »Ackerbau«.[28]

---

25 Siehe Kapitel 4 in diesem Buch.
26 Rousselle, S. 147–149; Eberhard, *Randvölker*, S. 255 f., 266 f., 278 f.; E. Erkes: »Das Primat des Weibes im alten China«, in: *SINICA* 10, Frankfurt 1935, China-Institut, S. 174.
27 Schmidt, S. 42 f.
28 Eberhard, *Randvölker*, S. 359–362.

5.4 Yao, Miao und andere Völker in Südchina

Die tibetisch-chinesischen Völker der *Yao* und *Miao* bewohnen heute gemeinsam die südlichsten Gebiete Chinas, nämlich die Hügelgegenden von Kwangsi, Hunan und Kweitschou, sowie des südlichen Yünnan. Die Yao sind ein sehr altes, indigenes Volk auf chinesischem Boden, sie besiedelten einst das gesamte Mittel- und Südchina einschließlich des Kerngebietes der patriarchal-chinesischen Kultur, die Halbinsel Schantung und das Tiefland von Honan. Im Verlauf ihrer langen Geschichte wurden sie aus Mittelchina immer mehr nach Süden abgedrängt und, gezwungen durch die han-chinesische Expansion, von vielen Kriegsereignissen zersplittert. Dennoch haben sie ihre traditionelle Lebensweise nicht aufgegeben, denn der Verzicht darauf würde für sie das Ende ihrer Geschichte bedeuten. In Südchina bildeten sie, in Verbindung mit den Tan-Stämmen und später den Tai, die südchinesische *Yüeh-Kultur* (siehe Karte 2), bis auch diese von dem sich ständig ausdehnenden, patriarchal-chinesischen Reich teilweise aufgesogen oder zerstört wurde.

Auch die Miao haben eine wechselhafte und leidvolle Geschichte gehabt, in der sie es in ihrem starken Bestreben nach Selbständigkeit stets vorzogen, ihre Häuser und Felder zu verlassen und sich in unzugängliche Gebiete zurückzuziehen statt sich zu unterwerfen. Sie sind dennoch oft unterdrückt worden und haben sich in Aufständen dagegen gewehrt. Wie die Yao sind sie aus ihren ehemals umfangreichen Wohngebieten vertrieben und nach Süden abgedrängt worden.[29] Bis heute hat diese Südwanderung der Yao und Miao im Hochland auf den flachen Bergrücken, wo sie Brandrodungsfeldbau betreiben, nicht aufgehört. Darum sind ihre Stämme über mehrere Staaten wie Südchina, Nordvietnam, Laos und Thailand zerstreut und ringen noch immer um politische Anerkennung, die sie in China teilweise erreicht haben.[30]

Ein ähnliches Schicksal hatten die *Lao,* die zur ostasiatischen Urbevölkerung gehören, aber schon lange von Yao und Tai überlagert wurden. Auch sie wandern, auf den Bergkämmen wohnend, nach Süden (Laos). Die mit ihnen verwandten *Karen* zogen nach Thailand und Burma und wohnen ebenfalls auf den Höhenzügen.[31]

Diese Völker roden den Urwald auf den Bergrücken und legen dort ihre Felder an. Ihre Häuser sind nicht besonders ausgearbeitet, weil sie nach zwei bis drei Jahren weiterziehen, um neue Brandrodungsflächen zu suchen und das Dorf zu verlegen. Falls sie zu den vorigen Anbauflächen zurückkehren, tun sie es zeitlich in großem Abstand, damit sich der tropische Regenwald unterdessen regenerieren

---

29 Übersicht bei Beauclair, S. 4–8.
30 Jacques Lemoine: »Die Yao in Nord-Vietnam, Laos und Thailand«, in: *Bild der Völker,* Wiesbaden 1974, Brockhaus Verlag, Bd. 6, S. 174–177; derselbe: »Die Miao in Vietnam, Laos, Thailand und Birma«, in: *Bild der Völker,* Bd. 6, S. 220–225 (Erstausgabe der Reihe in Englisch, London 1972–1974).
31 Beauclair, S. 6; R. Kennedy Skipton: »Die Karen in Thailand und Birma«, in: *Bild der Völker,* Bd. 6, S. 254–257.

kann. Auf diese Weise haben sie Jahrtausende in ähnlicher Umgebung gewirtschaftet. Deshalb ist der politische Vorwurf völlig unbegründet, dass diese Völker ihre Umwelt schädigen würden. Das geschieht stattdessen durch die flächendeckende Abholzung der aufstrebenden Industriestaaten Ostasiens, insbesondere Chinas, die sich um die Nachfolgeprobleme für die Umwelt nicht kümmern.

Die Miao sind teilweise zum Pflanzenbau mit Nassreis auf Hügelterrassen übergegangen, wodurch ihre Lebensweise sesshaft wurde. Die Tai-Völker haben ebenfalls

Abb. 10: Junge Miao-Frau im Festtagskleid.

Nassreis-Anbau, aber in den Tälern, ebenso Ackerbau mit hölzernen Pflügen, und darin unterscheiden sie sich deutlich von den Bergvölkern.

Alle diese Völker sind vollkommene Selbstversorger, auch in handwerklicher Hinsicht; sie praktizieren eine perfekte Subsistenz-Ökonomie. Die Männer arbeiten als Handwerker mit Holz und als Schmiede mit Metall, die Frauen stellen Stoffe her und schneidern noch immer ihre traditionellen Trachten. Bei den Miao sind es die schön geschnittenen, schlanken Gewänder aus schwarzem Stoff, der mit farbigen Tüchern geschmückt wird. Nur die Festtagstracht wird bunt bestickt und fließt über von Silberschmuck (Abb. 10). Auch die Tracht der Yao-Frauen ist schwarz, zugleich reich mit roten Borten und weißen Stickereien verziert. Auch hier ist der Schmuck nur aus Silber und wird wie Perlenschnüre in die Stickereien eingefügt (Abb. 11). Diese Farbgebung der Tracht in Weiß, Rot, Schwarz gibt es ebenso bei den Frauen der Lahu, Lisu und Akha, wie auch bei den Mosuo-Frauen, von denen wir es schon beschrieben haben. Das ist sicher kein Zufall, denn die Kombination von Weiß, Rot und Schwarz sind die drei heiligen Frauenfarben in matriarchalem Zusammenhang. Sie können auf der ganzen Welt gefunden werden, und Silber gilt als das heilige Metall des Mondes. Die Miao werden sogar nach der Kleidung ihrer Frauen die »Weißen«, »Roten« oder »Schwarzen Miao« genannt, und wenn Blumenstickereien zusätzlich die Tracht schmücken, nennt man sie die »Blumigen Miao«. Gleiches gilt von den Tai-Stämmen, die nach der Kleidung der Frauen »Weiße«, »Rote« oder »Schwarze Tai« heißen.[32] Das ist nicht erstaunlich, denn die Frauen dieser und verwandter Stämme sind nicht nur die Erfinderinnen exquisiter Gewebe und wundervoller Stickereien, sondern auch der Brokatgewebe und der Batik-Technik.

Im sozialen Leben der Miao ist vielen Beobachtern die Intelligenz und Musikalität dieses Volkes aufgefallen. Sie haben ein ausgezeichnetes Gedächtnis für die Geschichten ihrer Tradition, und sie lernen mit größter Leichtigkeit fremde Sprachen. Berühmt sind die Miao als Luscheng-Spieler, einer Mundorgel aus Bambusröhren, die alle ihre Feste und das tägliche Leben begleitet. Die jungen Frauen und Männer der Miao genießen ein freies Liebesleben, sie treffen sich besonders an den Frühlingsfesten bei Musik und Tanz und drücken ihre Gefühle in anmutigen Wechselgesängen aus. Es gibt für ihre Begegnungen spezielle Plätze, früher waren dies eigene Langhäuser für die Jugend. Wie bei den Mosuo gilt auch bei den Miao Frauenwerbung, das heißt, die jungen Frauen wählen ihre Liebhaber selbst und werben um sie. Sie errichten an einsamen Orten Liebeslauben aus Bambus und empfangen dort ihre Auserwählten. Auf gleiche Weise feiern und lieben die jungen Leute bei den Yao und Tai.[33]

---

32 Siehe dazu die Abbildungen und Hinweise in: *Chinas nationale Minderheiten*, Bd. I, Reihe: *Die Große Mauer*, China im Aufbau (Hg.), Peking 1985, Chinesische Internationale Buchhandelsgesellschaft, S. 114f., 130–132; Lemoine, S. 174–177, 220–225, 283; R. Kennedy Skipton: »Die Bergvölker von Yünnan. China«, in: *Bild der Völker*, Bd. 7, S. 197–201; G. Fochler-Hauke: »Sitten und Gebräuche einiger Urvölker Süd- und Südwestchinas«, in: *SINICA* 10, Frankfurt 1935, China-Institut, S. 244 f.

33 Beauclair, S. 113 f., 121–123; *Chinas nationale Minderheiten*, Bd. I, S. 191 f., 204 f.

5.4 Yao, Miao und andere Völker in Südchina

Abb. 11: Yao-Frauen in ihrer weiß-rot-schwarzen Tracht mit Silberschmuck.

Über die Sippenorganisation der Miao, Yao und Tai sind sowohl die chinesischen Quellen wie die modernen Forscher sehr widersprüchlicher Meinung; dies lässt darauf schließen, dass etwas verdrängt oder nicht verstanden wird. Den Miao werden in chinesischen Chroniken Sippenstrukturen einmal zugesprochen, einmal abgesprochen. Der Grund ist, dass für chinesische Schreiber nur patriarchale Sippen als solche gelten. Der Schluss ist dann einfach: Die Miao hatten höchstwahrscheinlich matriarchale Sippen während ihrer ganzen Geschichte. Kreuz-Cousinen-Heirat und die Autorität des Mutterbruders sind bei den Miao bekannt, und beides weist auf matrilineare Sippenorganisation hin.[34] Für die Yao und Tai ist eine zweiseitige Organisation mit koexistenten matrilinearen und patrilinearen Familien nachgewiesen[35] – wobei die matrilinearen Muster wohl die älteren sind, die von den patrilinearen überlagert wurden.

Je ein Dorf stellt bei diesen Völkern eine Sippe dar; die Sippen-Wechselheiraten sind daher zwischen zwei Dörfern üblich. Hier findet sich die Spur der Schwestern-Brüder-Gruppenehe, was durch die vagen Hinweise der Forscher auf »Levirate« (Brüder-Gruppenehe) und »Sororate« (Schwestern-Gruppenehe) bestätigt wird.[36] Ein weiteres Indiz für Matriarchat sind die Reste der matrilokalen Ehe bei den Miao

---

34 Beauclair, S. 7.
35 A. a. O., S. 130 ; Eberhard: *Randvölker,* Serie 53.
36 Beauclair, S. 130, 133.

und Yao. Sie haben die Sitte, dass die Braut gleich nach der Hochzeit ins Elternhaus zurückkehrt und dort noch drei bis fünf Jahre wohnen bleibt. In dieser Zeit hat sie noch immer freie Liebeswahl. Bei der Geburt des ersten Kindes, das der Gatte als sozialer Vater annimmt – da er bei Matrilinearität als nicht mit dem Kind verwandt gilt und es biologisch oft auch nicht ist – zieht das Paar dann in ein eigenes Haus. Aber sie leben nie völlig herausgelöst aus ihren jeweiligen Sippen. Von anderen Völkern Südchinas, wie den Tai und den Karen, wird berichtet, dass der Bräutigam für mehrere Jahre ins Elternhaus der Braut zieht und dort mitarbeitet, bis das Paar einen eigenen Haushalt gründen kann.[37]

Die Lao, deren Linien sich mit den Yao und Tai seit langer Zeit gemischt haben, besaßen einstmals vollständig matriarchale Sozialorganisation, genauso wie sie bei den ihnen eng verwandten *Wa* in Westchina und den *Palaung, Karen* und *Moi* in Burma und Thailand noch erhalten ist.[38]

Ahnenverehrung, Ahnenopfer und feierliche Begräbniszeremonien sind die verbindenden, religiösen Elemente in der Gesellschaftsorganisation bei allen diesen Völkern.[39] Erst später haben Miao, Yao und Tai einen volkstümlichen Taoismus zu ihrer Ahnen- und Naturverehrung hinzugefügt.[40] Auch die Verehrung von Gottheiten ist bei ihnen noch lebendig; insbesondere die gütige und mitfühlende Göttin Kuan yin wird von den Frauen gepriesen, und sie stecken vor ihren Statuen viele Räucherstäbchen auf. Ich konnte es auf meiner Reise im südlichen Yünnan selbst sehen.

Alle diese Völker zeigen deutliche Spuren des Niederganges ihrer sozialen Ordnung, was sie dem jahrtausendelangen Druck, verbunden mit Vertreibungen und Ausrottungen, vonseiten des patriarchalen, chinesischen Reiches verdanken. Seit langen, geschichtlichen Zeiten befinden sie sich im Widerstand oder entkamen dem Druck auf den fluchtartigen Nord-Süd-Wanderungen, die sich bis heute fortsetzen. Ein allmählicher Verlust der alten, matriarchalen Kultur, die sie einst verband und noch verbindet, ist trotz ihrer tapferen Gegenwehr die Folge. Heute sind sie teilweise in die Guerillakämpfe Indochinas verwickelt oder den verschiedenen nationalen Regierungen ausgeliefert, die sie unterdrücken.

5.5 Die Völker der Yüeh-Kultur in Südost-China

Der Name »Yüeh« für die sehr alte, hochstehende Kultur Südost-Chinas, die vom chinesischen Reich teils zerstört, teils vereinnahmt wurde, ist ein Sammelname für mehrere verschiedene Völker, die diese Yüeh-Kultur geschaffen haben. Wir haben

---

37 Briffault, Bd. I, S. 298; Eberhard: *Lokalkulturen,* S. 176 f., 196 f., 250 f., 326; Beauclair, S. 133, 184 f.; S.R. Clarke: *Among the Tribes in South-West China,* London 1911, China Inland Mission, S. 131; W. Koppers: »Die Frage des Mutterrechts und des Totemismus im alten China«, in: *Anthropos,* Nr. 25, 1930, Missionsdruckerei St. Gabriel, S. 993–997.
38 Beauclair, S. 173 f.; Koppers, S. 996 f.
39 Beauclair, S. 131.
40 Lemoine, S. 176, 224.

diese Völker schon kennen gelernt, aber wir wollen sie unter der historischen Perspektive nochmals betrachten.

Das wichtigste Trägervolk der Yüeh-Kultur sind die *Yao*; die chinesischen Quellen nennen sie »Berg-Yüeh«, weil sie auf den Bergrücken wohnen. Der Begriff »Yüeh-Kultur« ist direkt von ihnen übernommen worden. Die *Tan* sind ein Zweig der Yao; sie haben sich schon früh auf eine bestimmte Lebensweise spezialisiert, denn sie leben auf dem Wasser. Sie wandelten sich von ursprünglichen Bergsiedlern zu Flussfahrern und wagten sich mit ihren Booten allmählich auf die Küstengewässer hinaus. Dort wurden sie zu tüchtigen Seefahrern und besiedelten die Küstengebiete sowie die Inseln Hainan und Taiwan/Formosa (siehe Karte 2). Auf Hainan sind ihre Nachkommen das Volk *Li*, auf Taiwan die Völker *Paiwan* und *Bunun*. In den Küstengebieten spezialisierten sich die Tan noch weiter: Der kleinere Teil blieb auf dem Lande und wurde zu Holz- und Bambusverarbeitern, was vermutlich aus ihrer Kenntnis des Bootsbaues hervorging. Der andere Teil entwickelte sich vollständig zu Bootsfahrern, so dass sich noch heute ihr gesamtes Leben auf den Booten, die ihr Haus sind, abspielt. Eine geschichtliche Ursache dafür ist ihre Vertreibung vom Land durch die erobernden Chinesen, so dass sie aufs Wasser hinausgedrängt worden sind wie andere Völker in die unwegsamen Berge. Sie entwickelten sich ausschließlich zu Bootsvölkern und leben vom Fischen und Perlentauchen. Die dritte Volksgruppe in der historischen Yüeh-Kultur sind die *Tai,* von den chinesischen Quellen »Chuang« genannt. Von den Tai wird vermutet, dass Kwangsi ihr Herkunftsgebiet ist, von dem sie sich im Lauf ihrer Geschichte nach Osten (Yüeh) und nach Süden (Thailand) ausbreiteten. Sie wohnen in diesen Gegenden zusammen mit den Yao, allerdings die einen oben auf den Kämmen, die anderen unten in den Tälern. Diese klaren Trennungsgrenzen lockerten sich erst, als die Tai von den kolonisierenden Chinesen aus den Tälern vertrieben wurden und höher in die Berge hinaufziehen mussten. So kam es in Südchina zu einer Verbindung der Yao mit den Tai, aus der die besondere Yüeh-Kultur hervorging (siehe Karte 2).[41]

Die Yüeh-Kultur war aller Wahrscheinlichkeit nach vollständig matriarchal. Ihre hervorstechenden Kennzeichen waren Natur- und Ahnenverehrung. Die Naturverehrung manifestierte sich insbesondere in einem Drachen- und Schlangenkult. Schlangen und die vielarmigen Drachen sind Symbole für die teils Fruchtbarkeit bringenden, teils zerstörenden Kräfte des Wassers, besonders der riesigen Ströme Chinas, die das Tiefland beherrschen. Für die Yüeh-Leute waren diese Flüsse und das Meer ihr Lebensraum und Lebensspender, und bei den Bootsvölkern der Tan ist der Schlangenkult bis heute erhalten geblieben, z. B. pflegen sie Schlangentätowierungen. Später ist dieser Kult eine kreative Verbindung mit dem Taoismus, der die südchinesische Kultur prägte, eingegangen.

Die Ahnenverehrung spielte auch hier die wichtigste Rolle, sie ging einher mit den Bauten großer Megalith-Anlagen. Die typische Form ist eine Kombination von Erdaltar und Ahnentempel. Im Ahnentempel wurden und werden noch heute die Tafeln mit den Namen der männlichen und weiblichen Ahnen aufgestellt, die regel-

---

41 Eberhard: *Lokalkulturen,* zu den Tan S. 176 f., 306 f., 326–331, zu Yüeh S. 331 f., 342–346; Beauclair, S. 5–8.

mäßig Verehrung genießen. Das Grab selbst galt und gilt als die Residenz der Toten, wo sie wohnen, nachdem die feierliche Mehrfachbestattung ausgeführt worden ist. Auf den Friedhöfen finden noch immer Ahnenspeisungen statt, indem man Speisen auf die Gräber stellt, ein Brauch, der mit fröhlichen Festen verbunden ist, bei denen die Familien am Grab zu schmausen pflegen.[42] Diese kultische Praxis ist im Südosten Chinas besonders ausgeprägt, ebenso auf den beiden großen Inseln Hainan und Taiwan; es ist genau das Gebiet der alten Yüeh-Kultur. Die Megalith-Bauten, wie Menhire, Dolmen und steinerne Grabbauten, liegen ihrerseits genau in den Gebieten der Bergvölker Chinas, besonders in Kansu, Szetschuan, Yünnan, aber auch auf den Bergen Taiwans. Im Tiefland von Zentralchina sind diese Bauten verschwunden, aber viele Ortsnamen zeugen davon, dass es sie auch dort gegeben hat.[43] Der Ahnenkult sowie der Kult einer weiblichen Gottheit, der mütterlichen Erdgöttin, existieren seit undenklicher Zeit auf chinesischem Boden.[44] Später sind die Ahnenverehrung und ebenso der Drachenkult gänzlich von der patriarchal-chinesischen Kultur vereinnahmt worden, wobei dann nur noch die männlichen Ahnen verehrt werden und der Drache zum Symbol von Macht geworden ist.

Wesentlich schwieriger zu vereinnahmen war der tief verwurzelte, mit der Ahnenverehrung verbundene Wu-Kult. Auch er ist ein uraltes, bodenständiges Element in China, das heute noch bei den Bergvölkern Yao und Miao vorkommt. Hinter dem Wort »Wu« verbirgt sich Schamanismus als spirituelle und medizinische Tätigkeit von Frauen, verbunden mit ekstatischen Tänzen und in Trancen erlebten Jenseitsreisen.[45] Alle nicht-chinesischen Völker Chinas haben Schamanismus besessen, und das Interessante daran ist, dass er früher ausschließlich von Frauen ausgeübt wurde. So stellt das chinesische Bildzeichen für »Wu« eine tanzende, weibliche Person dar. Schamaninnen besaßen als Heilerinnen, Priesterinnen und Regenmacherinnen eine führende Rolle in ihren Stämmen. In der gesamten chinesischen Geschichte hatten Schamaninnen immer eine größere Bedeutung als die später aufgekommenen männlichen Schamanen; dafür ist ein Indiz, dass das Bildzeichen für den männlichen Schamanen von demjenigen für die weibliche Schamanin abgeleitet ist.[46] In der Tradition der Stämme im

---

42 Emily M. Ahern: *The Cult of the Dead in a Chinese Village,* Stanford/California 1973, Stanford University Press, S. 245 f.
43 Byung-mo Kim: *Megalithic Cultures in China,* Seoul/Korea 1983, Hanyang University Press, S. 65 f.
44 Ahern: *The Cult*; Schun-Scheng Ling: »Ancestor Temple and Earth Altar among the Formosan Aborigines«, in: *Bulletin of the Institute of Ethnology Academia Sinica,* Nr. 6, Nankang-Taipeh/Taiwan 1958, The Institute of Ethnology Academia Sinica, S. 47 f.; derselbe: »Origin of the Ancestral Temple in China«, a. a. O., Nr. 7, 1959, S. 177; P.J. Thiel: »Der Erdgeist-Tempel als Weiterentwicklung des alten Erdaltars«, in: *SINOLOGICA* 5, Basel 1958, Verlag für Recht und Gesellschaft, S. 150f.
45 Mircea Eliade: *Schamanismus;* Tscheng-Tsu Schang: *Der Schamanimus in China. Eine Untersuchung zur Geschichte der chinesischen Wu,* Hamburg 1934, Dissertation Universität Hamburg, S. 43, 50, 76.
46 Tscheng-Tsu Schang, S. 2 f., 73 f.; J.F. Rock: »The Birth and Origin of Dto-mba Shi-lo«, in: *Artibus Asiae,* Bd. 7, S. 16 (Fußnote 1), Zürich 1937, Museum Rietberg, Zürich, in Kooperation mit der Arthur M. Sackler Gallery, Smithsonian Institution, Washington D.C.

Nordosten Chinas ist überliefert, dass die älteste Tochter nicht zu heiraten pflegte, sondern im Haus blieb und die Schamanin der Großfamilie oder Sippe wurde, und bei Völkern im Nordwesten galt dasselbe für die jüngste Tochter.[47]

Die Institution des Sippen-Schamanismus der Frauen steht in engster Beziehung zum Ahnenkult. Es ist eine sehr aufschlussreiche Feststellung, dass der Schamanismus nicht aus der sogenannten »Jagdmagie« der Männer entstanden ist – wie noch immer behauptet wird –, sondern aus dem von Frauen ausgeübten, uralten Ahnenkult, der aufs engste mit dem Wiedergeburtsglauben verknüpft ist.[48] Dafür spricht, dass im archaischen Schamanismus die Haupthandlung bei den Totenfesten eine lebende Verkörperung der verstorbenen Familienmitglieder durch junge Familienangehörige ist; dabei wird die Ahnin durch ihre Enkelin dargestellt und der Ahn (Mutterbruder) durch seinen Enkel-Neffen. Hier liegt die alte Idee zugrunde, dass die Verstorbenen in derselben Sippe in ihren Enkelkindern wiederkehren. In matrilinearen Kulturen ist klarerweise die Enkelin wichtiger, denn sie verkörpert die direkte Linie der Wiedergeburt. Aus diesem Grund wird sie Schamanin und holt durch ihre getanzte, tranceartige Jenseitsreise die Seelen der Ahnen aus der Anderswelt zurück zu den Lebenden.

Dabei gibt es eine sehr direkte, sinnliche Komponente. Denn die Ahnenfeste waren keineswegs nur Trauerfeiern, sondern gleichzeitig Feste der Begegnung aller Mitglieder aus der eigenen und der verschwägerten Sippe. Es wurde fröhliches Wiedersehen gefeiert, und erotische Begegnungen wurden keineswegs ausgelassen. Auch die Ahnenseelen wollten nichts Interessantes verpassen, deshalb tanzte die Schamanin für sie in ihren prächtigsten Gewändern; es heißt, sie war schön wie »ein orchideenhaft gekleidetes Mädchen«. Ihre Schönheit und Eleganz übertraf bei diesen Feiern die aller anderen Frauen. Durch ihre blumigen Gewänder, die extravagante Frisur und Schminke, die Musik, den Gesang, den Tanz und die hingebungsvolle Trance lockte sie, stellvertretend für alle anderen Frauen der Sippe, die Seelen der Ahnen erotisch an. Denn diese sollten in den Leib der jungen Frauen eingehen, und auf diese Weise verband sich mit den Ahnenfesten die Hoffnung auf ganz reale Rückkehr einer Ahnin oder eines Ahnen. Dank der ausgelassenen Stimmung, der Gelage, Trinkereien und Liebesbegegnungen fand diese Rückkehr denn auch neun Monate später statt.[49]

In dieser ursprünglichen Form des Schamanismus konnten nur Frauen wegen ihrer Fähigkeit, die Ahnen wiederzugebären, Schamaninnen sein. Die Verhältnisse änderten sich beim Aufkommen der Patrilinearität, als Söhne und Enkel sich in die Rolle des Schamanen drängten. Die Frauen büßten damit die Ausschließlichkeit der priesterlichen Funktion ein, und auch der alte Sinn des Schamanisierens als Suche nach den Ahnenseelen für die Wiedergeburt ging verloren. Stattdessen suchte der Schamane als Heiler nun nach der Seele eines Kranken in der Anderswelt, wo ein

---

47 E. Erkes: »Der schamanistische Ursprung des chinesischen Ahnenkultes«, in: *SINOLOGICA* 2, Basel 1950, Verlag für Recht und Gesellschaft, S. 257–260.
48 A.a.O., S. 253.
49 A.a.O.; S. 253–262.

angeblicher »Dämon« sie gefangen hielt. In dieser vom eigentlichen Sinn entfremdeten Form begegneten die Ethnologen dem Phänomen des Schamanismus; so ist verständlich, dass sie dafür keine befriedigende Erklärung finden konnten. Aber eine Erklärung ist nicht so schwierig zu geben, wenn wir – wie einige andere Forscher – vom weiblichen Ursprung des Schamanismus ausgehen, wie hier geschehen ist. Er spiegelt sich noch in der schönen Erzählung von der jungen Schamanin Nisân, die im Gegensatz zu ihren männlichen Kollegen einen Toten wieder zum Leben erwecken konnte.[50]

Im patriarchalen China konnte der Wu-Kult nie ganz unterdrückt und nie vollständig vereinnahmt werden, bis die Kaiser sich gezwungen sahen, eine Wu-Schamanin als repräsentative Person sogar am Hof des Reiches zuzulassen.[51]

Die Yüeh-Kultur hatte während ihrer geschichtlichen Blüte nicht nur Einfluss auf das entstehende patriarchal-chinesische Reich, sondern fand schon vorher außerordentliche Verbreitung in allen Gebieten rings um die ostasiatischen Küsten des Pazifik. Denn die Yüeh-Leute waren das alte Seefahrervolk Chinas und entwickelten eine maritime Kultur von hohem Niveau und hoher Beweglichkeit. Etliche Forscher waren erstaunt über die verblüffenden Ähnlichkeiten der Kultur der chinesischen Yüeh-Völker mit der Kultur der Malaien-Völker an den Küsten und auf den Inseln Südost-Asiens. Solche Ähnlichkeiten erstrecken sich sogar auf die polynesischen Völker, welche die Weite des ganzen pazifischen Ozeans besiedelten. Zum Beispiel finden sich typische, alt-chinesische Megalith-Formen wie Erdaltar und Ahnentempel verteilt an sämtlichen bewohnbaren Küsten Ostasiens und auf allen Inseln des Pazifik wieder.

Deshalb nehmen einige Forscher auf der Grundlage von frühgeschichtlicher Archäologie und von neuerer Ethnologie folgenden Ablauf von Ereignissen an.[52]

Erstens: Die ersten indonesischen Völker, die *Ur-Indonesier,* kamen aus Zentral- und Südchina. Über Indochina und die Malayische Halbinsel segelten sie von Insel zu Insel mit ihren immer besseren Booten und besiedelten den gesamten indonesischen Archipel (Sumatra, Java, Borneo, Celebes).

Zweitens: Auch die *Ur-Melanesier* brachen von ostasiatischen Küsten nach Süden auf, mischten sich dort mit Stämmen von schwarzer Hautfarbe, die schon vor ihnen ansässig waren, und wurden dadurch dunkelhäutig. Im Zuge ihrer Wanderungen besiedelten sie den großen Insel-Archipel Melanesiens.

Drittens: Die *Ur-Polynesier* kamen aus Nordchina, besonders dem Mündungsgebiet des Hoang ho (bei der Halbinsel Schantung). Sie wagten sich ebenfalls mit

---

50 Margaret Nowak/Stephen Durrant: *The Tale of the Nisân Shamaness,* Seattle-London 1977, University of Washington Press.
51 Erkes: »Der schamanistische Ursprung«; Tscheng-Tsu Schang: *Der Schamanimus.*
52 Beauclair, S. 8–10; Schun-Scheng Ling: »Origin«, S. 182–184; Heine-Geldern: »Die Megalithen Südostasiens«, S. 276–315; Kwang-chih Chang/G.W. Grace/W.G. Solheim: »Movement of the Malayo-Polynesians«, in: *Current Anthropology,* Chicago 1964, University of Chicago Press, S. 359 f.

wachsender Tüchtigkeit als Seefahrer immer weiter aufs Meer hinaus und ließen sich auf Taiwan, den Philippinen, in Mikronesien, Polynesien und auf Hawai'i nieder. Ihre kühnsten Fahrten führten sie vermutlich noch weiter.

Alle diese Völker haben ihren Ursprung im chinesisch-ostasiatischen Raum und wanderten in verschiedenen frühen Epochen aus, ebenso bewogen sie verschiedene Gründe zum Auszug. Diese mögen in den frühesten Zeiten, bevor die patriarchal-chinesische Kultur entstand, friedliche Auswanderungen auf der Suche nach Neuland gewesen sein. In späteren Epochen, nachdem die patriarchale Kultur in China entstanden war und sich aggressiv ausbreitete, handelte es sich wohl eher um unfreiwillige Auswanderungen; sie folgten den Seerouten, die schon vorher erschlossen worden waren. Für unsere Spurensuche nach matriarchalen Gesellschaften in diesen riesigen Räumen und für das Verstehen ihres Schicksals eröffnet dies weit reichende Perspektiven.

Im Gegensatz zu ihren ausgedehnten Wanderungen übers Meer sind die genannten Völker nicht aus anderen Ländern in die Berggebiete und das Tiefland Chinas eingewandert. Es gibt zwar in diesem großen Gebiet interne Wanderungen von West anch Ost, von Nord nach Süd, wie wir gesehen haben. Aber keine archäologischen Zeugnisse sprechen dafür, dass diese Menschen durch Wanderungswellen von außen in die chinesische Landmasse gekommen sind. Man muss daher annehmen, dass diese Völker seit Urzeiten hier ansässig waren. Noch bis ins 1. Jahrtausend v.u.Z – als sich die patriarchal-chinesische Kultur in ihrem kleinen Kerngebiet von Honan und der Halbinsel Schantung formierte[53] – haben die verschiedenen Kulturen der indigenen Völker das gesamte chinesische Gebiet eingenommen.

Als ihr ursprüngliches Ausgangsgebiet gilt das Bergland von Szetschuan, wo noch heute die östlichen Tibeter (Chinesisch: Chiang) mit ihren sehr alten Traditionen und archaischen Sitten wohnen. Es ist das Gebiet der *Ur-Ostasiaten*. Sie haben sich, zu verschiedenen Zeiten und mit sich wandelnden Kulturen, nicht nur in Richtung Osten in das chinesische Tiefland und übers Meer ausgebreitet, sondern auch in Richtung Westen übers Land, den großen Bergflüssen folgend. So gelangten sie über den Tsang-po flussaufwärts als *Ur-Tibeter* in ihr heutiges Wohngebiet, und denselben Strom abwärts kamen sie nach Nordost-Indien, zu den Khasi-Bergen und nach Assam. Ebenso folgten sie den großen südostasiatischen Strömen in Richtung Süden und besiedelten als *Ur-Tai* und *Ur-Malaien* ganz Indochina (siehe Karte 2).

Für uns ist daran spannend, dass diese Situation die Annahme bestätigt, dieses Berg- und Hügelland an den Oberläufen der großen ostasiatischen Ströme sei – außer anderen Gegenden in Westasien – eins der Ursprungsgebiete der frühesten Pflanzenbau- und Ackerbaukultur mit matriarchaler Gesellschaftsordnung gewesen. Von hier aus fand sie, sich im Lauf der Jahrtausende kulturell immer mehr auffächernd, weiteste Ausbreitung in Ostasien, Südostasien und dem pazifischen Raum.

---

53 Eberhard: *Lokalkulturen*, S. 418–421.

5.6 Zur Struktur der matriarchalen Gesellschaftsform (Fortsetzung)

Auf der ökonomischen Ebene:

- Die wirtschaftliche Basis des Matriarchats war und ist in der Regel Pflanzenbau mit der Hacke und Ackerbau mit dem Pflug, in Asien insbesondere mit Reis. Im Gegensatz zur landläufigen Meinung gibt es Matriarchate aber auch bei Hirtenkulturen (Viehzüchter). Diese sind keine selbständigen Kulturen, sondern in der Regel aus Ackerbaukulturen hervorgegangen und von diesen abhängig (z. B. Tibet).
- Die matriarchale Ökonomie ist Subsistenz-Wirtschaft mit perfekter Selbstversorgung, die Menschen sind ebenfalls mit ihren handwerklichen Künsten unabhängig.
- Alle Techniken der Stoffherstellung und Verarbeitung, wie Weberei, Stickerei und Spezialitäten wie Brokat, Batik und anderes, ebenfalls die Kunst der Seidengewinnung und Seidenverarbeitung, sind Erfindungen der Frauen in matriarchalen Kulturen.
- In matriarchalen Kulturen wurden verschiedene Haustypen erfunden und meisterhaft ausgeführt, z. B. massive, hölzerne Sippenhäuser (z. B. West-China), vielstöckige Steinhäuser (z. B. Tibet), ebenso ein sehr anpassungsfähiger Haustyp teils oder ganz auf Pfählen und mit einem oder mehreren Dächern übereinander (z. B. Nepal).
- In der Regel betreiben die Frauen den Handel mit ihren eigenen Produkten, wie Ackerbaufrüchte, Erzeugnisse der Stoffverarbeitung, Flecht- und Töpfereiwaren, doch ausschließlich auf lokalen Märkten.

Auf der sozialen Ebene:

- Bei Matrilokalität sind es die jungen Männer, die zwischen den zwei Sippen, ihrer eigenen und derjenigen der geliebten Frau, hin- und herwandern (sog. »Besuchsehe«) oder auch für längere Zeit in der Sippe der Frau leben und mit helfen. Die Töchter bleiben grundsätzlich im Sippenhaus der Mutter wohnen.
- Matriarchale Sippenstrukturen verwandeln sich nicht automatisch durch das Eindringen patrilinearer oder patriarchaler Familien zu patriarchalen Sippenstrukturen. Denn matriarchale Gesellschaften haben die Fähigkeit zur bewussten Erhaltung oder Wiederherstellung ihrer Sozialordnung, dank starker traditioneller Werte bei Frauen und Männern. Wenn der Druck von außen zu stark wird, wählen sie den Widerstandskampf oder die Auswanderung des ganzen Volkes.

Auf der politischen Ebene:

- Es kann daher, entgegen verbreiteter Meinung, nicht von inneren Umwandlungsprozessen einer matriarchalen zu einer patriarchalen Gesellschaft ausgegangen

werden, weil matriarchale Gesellschaften angeblich »Defizite« hätten. Solche Auffassungen liefern Pseudoerklärungen aus patriarchalen Vorurteilen, denen die beobachteten Tatsachen widersprechen (siehe die Diskussion zu den Mosuo und anderen Völkern).
- Matriarchale Sozialstrukturen werden von außen verändert, durch den Herrschaftsdruck benachbarter patriarchaler Gesellschaften. Dies geht nur sehr langsam wegen des passiven und aktiven Widerstandes matriarchaler Völker vor sich.

Auf der kulturellen Ebene:

- In der matriarchalen Religion von Tod und Wiedergeburt (Begräbniszeremonien und Ahnenfeste) hatten ursprünglich ausschließlich Frauen die priesterlichen Funktionen inne; sie handelten für die Sippe.
- Die Priesterinnenschaft der Frauen war von schamanischer Art. Die Schamanin versuchte durch Tanz, Musik, Ekstase und Trancereisen in die Anderswelt die Seelen der Ahnen für eine neue Wiedergeburt zurück in die Diesseitswelt zu holen.
- Schamanismus, der seinen Anfang im Ahnenkult hatte, wurde höchstwahrscheinlich von Frauen entwickelt und war sehr lange ein rein weibliches Phänomen. Er kann aus der Wiedergeburtsreligion und der Bedeutung der Frauen darin erklärt werden. Männliche Schamanen kamen sehr viel später auf, wobei sie das weibliche Schamaninnentum imitierten.

Kapitel 6: Schamaninnen in Korea

Für die Mudang, die Schamaninnen Koreas

6.1 Megalithkultur in Ostasien und im Pazifischen Raum

In der Jungsteinzeit hat sich die matriarchale Ackerbaukultur vom tibetisch-chinesischen Bergland – als eins von ihren Ursprungsgebieten – über die zirkumpazifischen Länder Ostasiens und Inseln Indonesiens bis in die Weite des Pazifik mit seinen Inselgruppen ausgebreitet. Die beste Bestätigung dafür bietet die Verbreitung der Megalithkultur. In China warten noch viele Megalith-Bauten auf ihre Entdeckung, dennoch zeigt sich schon jetzt, dass die Megalithkultur durch die seefahrenden, mobilen Leute der Yüeh-Kultur und andere Völker übers Meer getragen wurde. Sie waren gleichzeitig die ersten Siedler auf den Inseln des Pazifischen Ozeans.[1]

Die Annahme europäischer Forscher, dass die ostasiatisch-pazifische Megalithkultur ihren Ursprung im Mittelmeerraum und in Europa hat, zeugt eher von ihrem Eurozentrismus als von Wissenschaft.[2] Aber auch die umgekehrte Folgerung, dass die mittelmeerische Megalithkultur aus China stammt, muss daraus nicht gezogen werden. In beiden Gebieten hat sie sich unter ähnlichen Bedingungen eigenständig entwickelt, doch von jedem Gebiet strahlte sie weit in die umliegenden Räume aus.

Das Besondere der ostasiatisch-pazifischen Megalithkultur im Gegensatz zur mittelmeerisch-europäischen ist, dass diese Tradition noch heute lebendig ist. Menhire, Dolmen und Grabbauten sind an vielen Orten noch in Gebrauch und werden gelegentlich durch neue ergänzt, während sie in Europa zu bloßen Fossilien geworden sind.[3] Dolmen und Menhire zeigen zudem eine Geschlechterdifferenz, denn weibliche oder männliche Steine werden durch die Position als liegende oder stehende Steine unterschieden oder durch natürliche oder eingemeißelte Zeichen für die sexuellen Organe gekennzeichnet. Aus den liegenden Dolmen entwickelten sich allmählich immer höhere Tischplatten oder dachartige Bauten. Damit man zum Hochtisch hinaufsteigen konnte, wurden später treppenartige Steine von allen Sei-

---

1 Schun-Scheng Ling: *The Dolmen Culture of Taiwan, East Asia and the Southwestern Pacific*, Nankang-Taipeh/Taiwan 1967, The Institute of Ethnology Academia Sinica.
2 Heine-Geldern: »Die Megalithen Südostasiens«.
3 Schun-Scheng Ling: *The Dolmen Culture*, S. 148–150.

ten hinzugefügt, und so entstand die Grundform einer stumpfen Pyramide aus Stufen. Alle diese Formen: Menhir, Dolmen, stumpfe Stufenpyramide, oft von einem Hof aus Steinmauern umgeben, haben nicht nur eine einzige Bedeutung. Der rituelle Gebrauch dieser Formen und des umgebenden Areals war vielfältig, wobei sich drei Hauptfunktionen unterscheiden lassen: Sie dienten als Begräbnisplatz mit Grabmonumenten, als Erinnerungsstätte im Sinne von »Bett der Ahnen« und in diesem Zusammenhang als offener Tempel mit Altarsteinen.[4]

Auf Taiwan/Formosa vor der Ostküste Chinas sind über 80 Dolmenbauten gefunden worden. Diese große Insel scheint ein Knotenpunkt der Wanderung der Völker mit Megalithkultur nach Norden, Süden und Osten gewesen zu sein.[5] Nördlich von Taiwan ist die Kette der Riukiu-Inseln, die bis nach Japan reicht, von Megalithen eng besetzt (Karte 3). In Korea, das der Mündung des Hoang ho und der Halbinsel Schantung gegenüberliegt, wurde bisher die dichteste Bebauung mit Megalithen in Ostasien überhaupt festgestellt. Sie gleichen denen der indigenen Bergvölker in China und damit auch denen der seefahrenden Yüeh-Leute (Abb. 12). Ackerbaukultur zusammen mit Megalith-Architektur begann in Korea in der Jungsteinzeit und dauerte während der ganzen Bronzezeit an, sie hörte erst mit der Eisenzeit auf.[6] Japan zeigt mit seiner Südspitze nach Korea, und genau dort, auf der dem chinesischen Meer zugewandten Seite der südlichsten Insel Kiuschu, liegen eng beisammen noch heute über 200 Megalithenbauten (siehe Karte 3). Sie folgen der Meeresküste und den Flussläufen und haben vor ihrer teilweisen Zerstörung früher die Anzahl von 500 Bauwerken erreicht. Sie ähneln wiederum denen von Korea in verblüffender Weise. Über die anderen japanischen Inseln bis nach Norden hinauf ziehen sich Steinkreise, immer in einer Hügelposition gelegen, die eine beste Sicht auf die Umgebung bietet. Das war notwendig, denn sie dienten der Beobachtung des Aufgangs und Untergangs der Gestirne, was nur bei einem weitläufigen, ebenen Horizont möglich ist, wie er sich am besten an der Küste zeigt. Auch das Kultivieren von Nassreis wurde von den Erbauern der megalithischen Steinkreise über ganz Japan verbreitet, bis zu seinen östlichen und nördlichen Regionen.[7]

In Südost-Asien ziehen sich Megalithbauten über ganz Indochina hin bis zur Malayischen Halbinsel. Sie finden sich auf allen großen Inseln Indonesiens: auf den Philippinen; auf Sumatra und in überaus reicher Form auf der westlich von Sumatra gelegenen, kleinen Insel Nias; ferner auf Java und auf allen in östlicher Reihe folgenden Inseln: Bali, Sumbawa, Sumba, Flores und Timor; auf Borneo (Kalimantan), zumindest seiner am besten bekannten West- und Nordküste; auf Celebes (Sulawesi) (siehe Karte 1). Von diesen Gebieten aus verbreitete sich die Megalithkultur weit nach Osten auf die Inselgruppen Melanesiens, Mikronesiens, Polynesiens und von da bis auf die abgelegene Osterinsel, wo große, eindrückliche Menhire mit Gesichtern stehen. So kommen im ganzen pazifischen Raum Dolmen und Menhire mit

---

4   A. a. O.; Heine-Geldern: »Die Megalithen Südostasiens«, S. 276–315.
5   Schun-Scheng Ling: *The Dolmen Culture*; derselbe: »Ancestor Temple«.
6   Byung-mo Kim: *Megalithic Cultures,* S. 41–60.
7   A. a. O., S. 4–33.

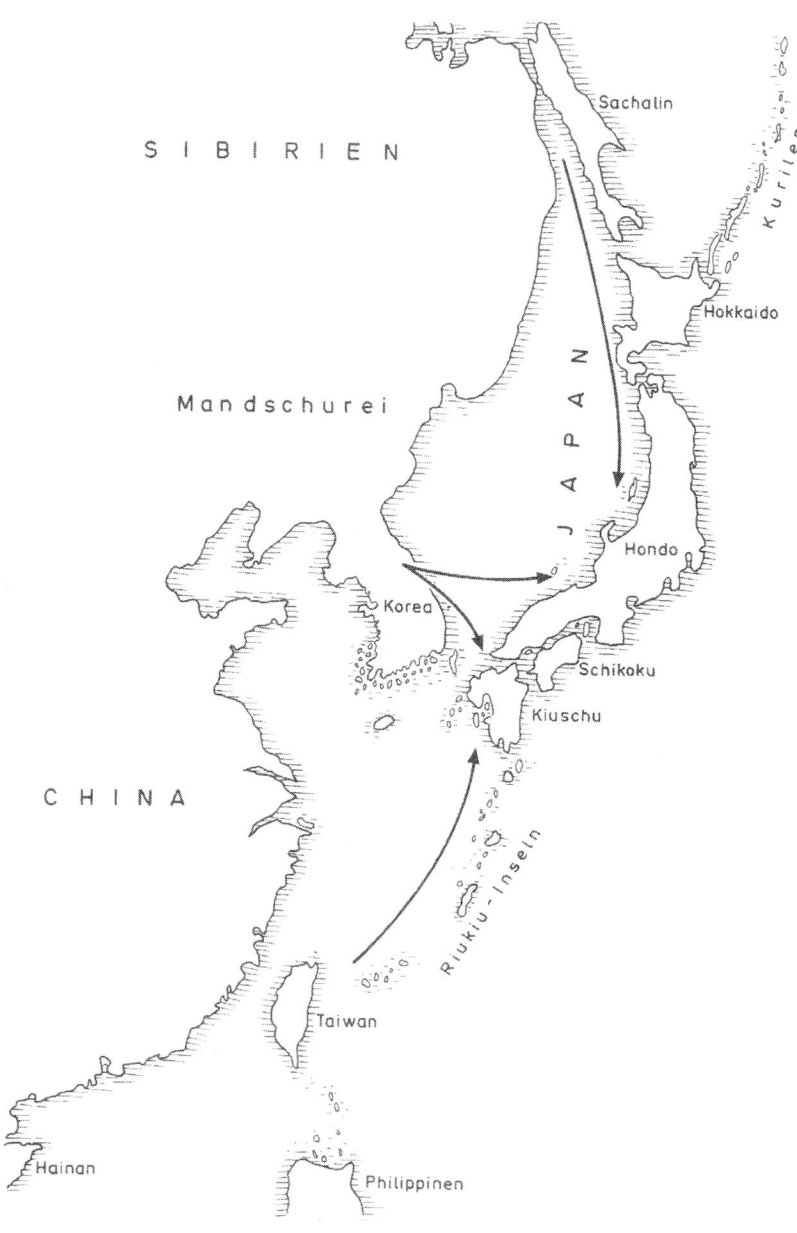

Karte 3

Abb. 12: Großer Dolmen in Korea.

oder ohne Gesichter, niedrige Stufenpyramiden und Höfe aus Steinmauern vor. Nach Westen erstreckt sich die Megalithkultur ins entfernte Assam zum Gebiet der Khasi und anderer Bergvölker dort.[8] Die Ähnlichkeit dieser heiligen Plätze bezieht sich dabei nicht nur auf die Formen und den rituellen Gebrauch, sondern sogar auf die Benennungen.

Frühe Ackerbaukultur, verbunden mit Megalith-Architektur, weist auf matriarchale Gesellschaftsorganisation in diesem riesigen Gebiet hin, zumindest während der Jungsteinzeit. Wir werden schrittweise der Frage nachgehen, welche Spuren sich heute davon noch entdecken lassen.

6.2 Frauen in der Geschichte Koreas

In Korea hat sich in den letzten Jahrhunderten eine patriarchale Familienstruktur nach chinesisch-konfuzianischem Muster durchgesetzt. Das ist nicht immer so gewesen, denn früher war die matriarchale Sippe in einer nach Blutsverwandtschaft orientierten Gesellschaft die Regel. Der Übergang zu einem patriarchalen Familiensystem ging äußerst langsam vor sich; es wurde streng durchgeführt nur in der

---

8 A. a. O., S. 73 f., 99 f.; Schun-Scheng Ling: *The Dolmen Culture*; Heine-Geldern: »Die Megalithen Südostasiens«.

Oberschicht, die das patriarchal-chinesische Vorbild imitierte.[9] Bei dieser Entwicklung mussten in Korea Sippennamen erst eingeführt werden, denn im koreanischen System gab es nur Vornamen mit Ortsbezeichnungen, wobei diese von den heiligen Megalith-Stätten abgeleitet waren.[10] Die alte Art der Namensgebung beruhte auf Matrilokalität mit Erbrecht in der weiblichen Linie; dabei waren keine Clannamen nötig, um die matriarchale Sippe aufrechtzuerhalten.[11] Schriftliche Zeugnisse belegen, dass die Könige der frühen Silla-Dynastie noch matrilokale Residenz kannten, denn sie wohnten bei den Eltern ihrer Gattinnen. In matrilinearen Sippen geht der Thron von der Mutter auf die Tochter über, und König können nur Männer werden, die in die Mutterlinie einheirateten und die Erlaubnis erhalten, als Delegierte nach außen zu agieren.[12] Sogar drei regierende Königinnen nacheinander galten in dieser Silla-Dynastie nicht als aufregendes Ereignis.[13]

Obwohl patriarchale Tendenzen zuerst vom Königtum und der Oberschicht eingeführt wurden, blieb der matrilokale Wohnsitz mit dem Erbrecht der Töchter im Volk noch bis ins 14. Jahrhundert bestehen. Erst in dieser späten Zeit wurde die Ehe durch den Neo-Konfuzianismus als feste Institution eingeführt (Yi-Dynastie) und der Wohnsitz der Frauen wurde patrilokal. Noch viel später, nämlich in jüngster Zeit verloren sie das Recht Grundbesitz zu erben. All das diente der Machtpolitik, sie langte mit dem straffen, hierarchischen Arm des Staates bis in die Familien hinein. Die neue Doktrin lief den alten koreanischen Sippengesetzen völlig zuwider, was Jahrhunderte lang schwerwiegende Konflikte erzeugte. So kam es in dieser lange währenden, konfliktreichen Phase immer wieder zur Rückkehr zum alten Familiensystem oder zu Kompromissen wie der matrilokalen-patrilokalen Lebensweise, bei der die Gattin erst nach ein paar Jahren, frühestens nach der Geburt des ersten Kindes, ins Haus des Gatten zog.[14] Diese letztere Praxis haben wir schon bei einigen chinesischen Bergvölkern kennen gelernt, und sie verweist hier wie dort auf vorangegangene matriarchale Familienorganisation.

Nicht nur in der Sippenstruktur Koreas waren Frauen lange Zeit dominant, sondern von Anfang an auch in der alten, schamanischen Stammes- und Volksreligion. Wie im Wu-Kult Chinas das Wort »Wu« nur die Schamanin bezeichnet, ebenso bezeichnet im koreanischen Mu-Kult das Wort »Mu« oder »Mudang« nur die Schamanin.[15] Das ist

---

9 Hyeryung Choi: *Die Veränderung der Familienstruktur in Korea,* Dissertation Universität Gießen 1981, Frankfurt/Main 1983, Haag und Herchen, S. 5.
10 A. a. O., S. 19; Kwang-Kyu Lee: »Development of the Korean Kinship System with special Reference to the Influence from China«, in: *Bulletin of the Institute of Ethnology Academia Sinica,* Nr. 59, Nankang-Taipeh/Taiwan 1985, The Institute of Ethnology Academia Sinica, S. 168.
11 Hyeryung Choi, S. 10 f.
12 Kwang-Kyu Lee, S. 164–166.
13 Yung-Chung Kim: *Women of Korea. A History from Ancient Times to 1945,* Seoul/Korea 1976, Ewha Women's University Press.
14 Kwang-Kyu Lee, S. 180 f.; Hyeryung Choi, S. 9–19.
15 Eui-Ok Kim: *Die Entwicklung der sozialen und politischen Organisation der Frauen in Korea bis Ende des 2. Weltkrieges,* Dissertation Universität Marburg 1979, in: Hochschulschrift Marburg, Universität, Fachbereich Gesellschaftswissenschaft, S. 34.

kein Zufall, denn der koreanische Mu-Kult stammt vom Wu-Kult des Alten China. Genauso wie die Wu, waren die Mudang ursprünglich auch Sippenpriesterinnen und Stammesschamaninnen gewesen. Als Stammesschamaninnen verehrten sie die »Mo«, die heiligen Mütter oder Stammesgöttinnen, die vergöttlichte Ahnfrauen sind. So hieß zum Beispiel im Stammeskönigreich Koguryo die Stammesgöttin »Puyo«, im Silla-Königreich hieß sie »Song-mo Sosul« und bei den Gaya »Chong kyong-mo«. In diesen frühen Königreichen Koreas, die direkt nebeneinander lagen, leiteten die Schamaninnen die öffentlichen Ahnen-Zeremonien, in deren Mittelpunkt diese heiligen Stammesmütter standen.

Außerdem verehrten koreanische Schamaninnen die Geister von Bergen, Winden, Flüssen und ebenfalls Drachen, die auch Göttinnen waren, und eine allgemeine »Fruchtbarkeitsgöttin« – wie sie von westlichen Forschern genannt wird.[16] Es wäre genauer, sie als eine »Göttin der Wiedergeburt« zu bezeichnen. Matriarchalen Völkern lag nichts an uferloser Fruchtbarkeit,[17] sondern sie erstrebten viel mehr die Rückkehr ihrer Ahnenwesen durch Wiedergeburt ins Leben. Es ist nicht schwer zu erraten, dass die Stammesschamaninnen diese Verehrung an den heiligen Megalithstätten ausübten, von denen Korea noch heute übersät ist.

Nach einer Legende war es eine verstoßene Prinzessin, der es gelang, mit dem Wasser des Lebens und dem Baum des Lebens ihre Eltern sogar vom Tod zu heilen; so wurde sie die Gründerin des koreanischen Schamanismus. Ebenso gelten die drei noch heute bestehenden Schamanenschulen in Seoul und Umgebung ebenfalls als Gründungen von drei solchen Ur-Schamaninnen (»Mujo«).[18] Das weist nochmals darauf hin, dass Schamaninnentum in Korea ältester Herkunft ist, und am meisten erstaunt daran, dass es noch heute als vitales Gebiet von Frauen ausgeübt wird. Weiblicher Schamanismus ist damit seit 5.000 Jahren in Korea bekannt und lebt gegenwärtig noch immer als starke Kraft im Volk – eine umso eindrücklichere Kraft, weil sie 1.600 Jahre von Unterdrückung und Verachtung überlebt hat. An dieser Herabsetzung waren erst die Buddhisten, dann die Konfuzianer und Neokonfuzianer beteiligt und zuletzt die christlichen Missionare.

6.3 Die Schamaninnen der Gegenwart

Korea gibt uns die Möglichkeit, das Wirken von Schamaninnen am lebendigen Beispiel kennen zu lernen – und das in einer modernen Industrienation! Außerdem ist der koreanische Schamanismus, wie in ältester Zeit, noch heute ein fast gänzlich weibliches Phänomen. Die Statistik zeigt, dass 95% der Schamanen der ekstatischen Tradition Frauen sind, und die Anhängerschaft dieses Schamaninnentums besteht

---

16 Eui-Ok Kim, S. 33 f.; Hyeryung Choi, S. 5.
17 Siehe als ein Beispiel dafür Kapitel 4 in diesem Buch (Tibet).
18 Hung-Youn Cho: *Koreanischer Schamanismus – eine Einführung,* Hamburg 1982, Hamburgisches Museum für Völkerkunde, S. 90 f.

zu 95% ebenfalls aus Frauen.[19] Die Männer sind dagegen heute in der Regel Konfuzianer, und während sie auf ihre distanzierte und steife Art ihre patrilinearen Ahnen verehren, huldigen die Frauen im selben Haus ihren Hausgottheiten und Geistern, indem sie für diesen Zweck Schamaninnen eingeladen haben. Dabei machen Musik, Gelächter und heftiges Tanzen, die damit verbunden sind, einen zum nüchternen Kult der Männer kontrastreichen, lebensvollen Lärm. Auf diese Weise hat sich eine regelrechte Doppel-Religion in den unteren und mittleren Schichten Koreas entwickelt, bei der die Männer und Frauen im selben Haushalt verschiedene Wege der religiösen Verehrung gehen – von den fundamentalistisch-konfuzianischen Haushalten der Oberschicht einmal abgesehen. Denn die Frauen sind »Mu«, der traditionellen Religion Koreas, seit dem Altertum treu geblieben. Es war ja auch ihre eigene Religion![20]

Natürlich hat das Schamaninnentum Koreas über einen so langen Zeitraum erhebliche Wandlungen durchgemacht. Das drückt sich in der Doppelbedeutung des Wortes »Mudang« aus, das zugleich »Erbpriesterin« und »inspirierte Schamanin« bedeutet. Früher war es das öffentliche, religiöse Amt der bedeutendsten Frauen im Stamm oder Königreich, wie die Legende von der königlichen Gründerin zeigt, der oben erwähnten Schamanin-Prinzessin. Dieses religiöse Amt war erblich. Als Vermittlerinnen zwischen Göttinnen und Menschen sorgten Frauen für das spirituelle Leben ihrer Kultur; dies war die Aufgabe der Stammespriesterinnen. Sie waren zugleich Sippenpriesterinnen und betreuten die Bestattungs-Zeremonien und Ahnenverehrung in ihren Clans. Außerdem wirkten sie als Medizinfrauen und Heilerinnen auf zwei Ebenen der Heilung: physisch durch ihre Kenntnis der Pflanzenmedizin, psychisch durch die Austreibung von Krankheitsgeistern. Nicht zuletzt waren sie auch Seherinnen und Wahrsagerinnen.[21] Vom öffentlichen Amt der Erbpriesterinnen ist nichts mehr übrig geblieben. Die Mudang wirken heute nahezu ausschließlich als »inspirierte Schamaninnen«, sie sind Heilerinnen und Wahrsagerinnen und kümmern sich um die familialen Rituale ihrer Anhängerfamilien, mit denen sie nicht mehr verwandt sind. Das zeigt die Umwandlung des Schamaninnentums vom öffentlichen, religiösen Amt zu einer Haushaltsreligion.

Wie die Wu im alten China, so tanzt auch die Mudang in Korea bei einem Ritual in ihren prächtigsten Gewändern, deren Farben und Zuschnitt einer ganz bestimmten Tradition folgen. Die Schönheit des Gewandes und des Tanzes soll die Gottheit oder den Geist anziehen, damit er erotisch in sie fährt und sie in heilige Ekstase versetzt, in der sie die göttlichen Worte als Weissagung verkündet. Die

---

19 Alan Carter Covell: *Ecstasy. Shamanism in Korea,* Seoul/Korea und Elizabeth/New Jersey 1983, Hollym International Corporation, S. 10 f.; Kilsong Choe: »Male and Female in Korean Folk Belief«, in: *Asian Folklore Studies,* Nagoya/Korea 1984, Nanzan University, S. 230 f.
20 Laurel Kendall: *Shamans, Housewives, and Other Restless Spirits. Women in Korean Ritual Life,* Honolulu 1985, University of Hawai'i Press, S. 25 f.
21 Eui-Ok Kim, S. 34; Han-Kuk Sasang ui Wontschou: *Ursprung des koreanischen Denkens,* Seoul 1973.

bestimmten Geister oder Gottheiten, denen die Schamanin zeitlebens dient, gelten durchaus als ihre persönlichen Geist-Geliebten. Manchmal ist sie in einem Ritual auch in mehrere Gewänder übereinander gekleidet, um sich blitzschnell verwandeln zu können, wenn mehrere Geister darauf warten, nacheinander in sie zu fahren. Auf dem Kopf trägt sie den steifen, koreanischen Hut aus lackiertem Pferdehaar, in den Händen Symbole ihrer Gottheiten oder einen Fächer mit deren Namen (Abb. 13). Diese Tracht ist der klassische Ausdruck des Schamanismus in Korea, so dass die wenigen männlichen Schamanen dieselbe tragen: Sie üben ihre Rituale in Frauengewändern aus, in den langen Röcken mit Pluderhosen darunter, in weiblicher Frisur mit Hut und mit dem Fächer in der Hand. Denn offenbar können sie nur als Frauen verkleidet die Geister mit ähnlicher erotischer Kraft anziehen.[22] Auch das ist ein Indiz dafür, dass Priestertum und Schamanismus – die sich nicht völlig trennen lassen – von den Wurzeln her ein weibliches Phänomen sind. So ist aus vielen historischen Kulturen bekannt, dass Männer ein priesterliches Amt nur in Frauengewändern ausüben konnten, wie zum Beispiel die Kybele-Priester in Kleinasien. Gleiche Herkunft lässt sich noch heute an der Kleidung christlich-katholischer Priester feststellen: Sie lesen ihre Messen ebenfalls in der historischen Tracht mediterraner Priesterinnen, die aus langem Rock, Spitzenhemd, besticktem Mantel und Stola besteht.[23]

In koreanischen Dörfern kommen heute noch vereinzelt Stammesschamaninnen vor, die ihre Würde geerbt haben. Sie führen bei bestimmten festlichen Anlässen die Lieder, Tänze und ernsten bis komischen Szenen der Geister oder Gottheiten auf, denen sie dienen. Sie setzen damit die Jahrtausende alte Volkstradition fort. In den Städten erben die praktizierenden Schamaninnen ihre Aufgabe nicht mehr, sondern sie werden von Gottheiten oder Geistern dazu inspiriert, Schamanin zu werden. Nach ihrer Ausbildung begleiten sie ihre Anhängerfamilien mit Ritualen durch alle Lebensstadien. Sie gestalten für sie die Feste der Ahnenverehrung und Ahnenspeisung, ebenso die Verehrung der familialen Hausgötter; sie wirken bei den Familienmitgliedern als Heilerinnen und treiben Krankheitsgeister aus; bei Nöten wegen Kindermangel veranstalten sie Wallfahrten zu heiligen Bergen; in zahllosen Lebensfragen sind sie Beraterinnen und machen Prophezeiungen. Sie dienen auf diese Weise den religiösen und psychischen Bedürfnissen der Frauen, die ihnen Vertrauen schenken.[24]

---

22 Covell, S. 11 und Abbildungen; Hung-Youn Cho: *Koreanischer Schamanismus,* S. 113; Kendall, S. 27.
23 Die Tracht römisch-katholischer Priester stammt nachweislich aus dem Kybele-Kult, der lange Zeit in Rom durch einen Tempel der Kybele vertreten war. Dazu gehört auch die Bischofshaube, denn eine solche Haube trugen Kybele-Priesterinnen schon in Anatolien. Ich halte die These, dass die Tracht aus dem römischen Kaiserkult stammt, für eine Verschleierung der weiblichen Herkunft.
24 Kendall: *Shamans, Housewives*; Hung-Youn Cho: *Koreanischer Schamanismus*; dieselbe: »Mudang. Der Werdegang koreanischer Schamanen am Beispiel der Lebensgeschichte des Yi Chi-san«, in: *Mitteilungen der Gesellschaft für Natur- und Völkerkunde,* Nr. 93, Hamburg 1983, OAG.

Abb. 13: Schamanin im Ritual, mit ihren Musikantinnen und den Hausfrauen.

Wenn eine Schamanin zu einer Zeremonie von der Matrone des Hauses eingeladen wird, baut sie zuerst mit großer Sorgfalt einen Hausaltar auf, der den anzurufenden Gottheiten, dem Anlass und der Jahreszeit entspricht. Blumen, Früchte, Reis, Fische und Schweinefleisch neben symbolischen Figuren aus Papier sind die wichtigsten Opfergaben. Dann beginnt sie, begleitet von den klassischen Instrumenten Trommel und Zimbel, die ihre Musikantinnen spielen, den Tanz für die Geister oder Gottheiten (siehe Abb. 13). Sie tanzt so lange, bis sie in Trance gerät, bis sie in einem ekstatischen Zustand sich von dem Geist besessen fühlt, den sie angerufen hat. Ihre Bewegungen sind nun nicht mehr die bestimmten Tanzschritte, mit denen sie begann, sondern spiegeln eher die Bewegungen, die der Geist ausführt, den sie jetzt verkörpert. In diesem entrückten Zustand spricht oder singt sie Orakelworte, die von den Frauen um sie nicht als Worte der Schamanin, sondern des angerufenen Ahnen, Geistes oder Gottes anerkannt werden, der vorübergehend in ihr wohnt. Sind die Worte positiv und ist die Mitteilung gut, so breitet die Hausfrau den Rock

6.3 Die Schamaninnen der Gegenwart

Abb. 14: Zwölfjährige Schamanin aus Korea.

ihres weißen Festgewandes, das sie bei der Zeremonie trägt, mit den Händen aus, um möglichst viel von dem Segen für ihr Haus aufzufangen. Wenn die Schamanin aus ihrem ekstatischen Zustand zurückkehrt, bildet sie tanzend noch eine Weile die Gesten des Geistes nach, der sie nun wieder verlassen hat. Sie erfreut ihn mit ihrem Tanz und verabschiedet ihn danach mit einer Danksagung. Meist beginnen die Frauen nun selber zu tanzen, bis das Haus widerhallt von Musik und lautstarker Fröhlichkeit. Dann folgen Festgelage, die häufig zwei bis drei Tage dauern. Diese Feiern erlauben den Frauen, wenigstens noch in gewissem Grad ihre alte Kultur und Lebensfreude beizubehalten, trotz der Schnürstiefel des Konfuzianismus. Die Männer halten sich von diesen »unseriösen« Veranstaltungen fern, sie verehren ihre Ahnen bei anderen Anlässen in stiller, regloser, aber »würdevoller« Manier.

Der Werdegang einer Schamanin birgt erhebliche Schwierigkeiten, sofern sie diese Würde nicht geerbt hat, was im heutigen Schamaninnentum Koreas sehr selten geworden ist. Die schamanische Berufung zeigt sich durch die sogenannte »Schamanenkrankheit«, die in jedem Lebensalter, meist aber in der Pubertät auftritt. Sie zeigt sich in Anzeichen wie Träumen und Visionen von Gottheiten, Hören der Stimmen von Geistern, intuitivem Äußern von Prophezeiungen, die dann eintreffen, und anderen mystischen Erfahrungen. Diese sind Ausdruck der besonderen spirituellen Kräfte des Mädchens oder der Frau und wollen nicht in den üblichen Alltag passen. Frauen mit diesen Anzeichen wurden in der patriarchalen Oberschicht Koreas traditionellerweise getötet, im modernen Patriarchat Europas und Amerikas geraten sie in der Regel in die Mühle der Psychiatrie. Bei archaischen Völkern galt dieser Zustand dagegen als heilig, da sich in den Augen der Menschen darin die Besessenheit von einem Geist oder einer Gottheit manifestierte. Aber längst nicht jede Person, die von dieser »Krankheit« ergriffen wurde und wird, kann Schamanin werden. Denn bevor es durch eine erfahrene Schamanin zu einer Initiation kommt, wird erst geprüft, ob es sich bei diesen Anzeichen um echte Besessenheit oder nur um üble Tricks von Geistern handelt. In unsere Sprache übersetzt meint dies, dass erfahrene Schamaninnen eine Psychose sehr wohl von einem traumatischen Durchbruch echter spiritueller Begabung unterscheiden können. Nur im letzteren Fall wird eine Initiationszeremonie durchgeführt, und die junge Novizin geht danach bei einer erfahrenen Schamanin in die Lehre (Abb. 14). Sie hat derart viel zu lernen, dass eine körperlich, seelisch oder geistig schwache Person dieses Pensum nicht bewältigen würde: Sie muss die gesamte mythologische Tradition ihrer Kultur in ihrem Gedächtnis speichern, um sie in Gesängen und Tänzen richtig wiedergeben zu können. Sie muss vielfältige Rituale erlernen, die vom Opferaltar über das rituelle Gewand bis zur Genauigkeit von Tanz und Musik im Detail vorgeschrieben sind. Außerdem muss sie Techniken einüben, um Ekstase erreichen und aufrecht erhalten zu können, damit sie im Trancezustand nicht wild außer Kontrolle gerät, sondern ihren spirituellen Ausdruck geordnet im Rahmen des Rituals entfalten kann. Nicht zuletzt ist in diesem Lehrplan das körperliche Training wichtig, das ihr die notwendige Ausdauer zum Durchhalten stundenlanger Tänze in schwerer Kleidung gibt. Hinzu kommen Kenntnis von Wahrsagekunst, Kräuterheilkunde und Seelenführung als begleitende Fächer.[25]

Nach dieser Ausbildung, die jahrelang dauert, beginnt für die junge Schamanin der Weg in die Selbständigkeit. Auch dieser ist sehr steinig, denn sie erbt nur einige wenige Anhängerfamilien von ihrer Vorgängerin. Die meisten Menschen, die ihr vertrauen, müssen durch Heilungserfolge und andere Hilfeleistungen erst gewonnen werden. Außerdem werden Schamaninnen im heutigen Korea von den verschiedenen männlichen Eliten buddhistischer, konfuzianischer und christlicher Prägung verachtet, die ihnen ihr Wirken erheblich erschweren. Familien mit Schamaninnen als Mitgliedern sind gesellschaftlich isoliert, und solche Familien, die Schamaninnen einladen, gehören häufig zur unteren Schicht. So teilen die Schamaninnen heute auch die Armut ihrer Familien. Dennoch darf die junge Schamanin in ihrer tiefen Verehrung der Gottheiten und Geister, die sie berufen haben, niemals nachlassen; sie muss ihren Anweisungen bedingungslos folgen, so sehr, dass sie sich oft ohne eigenes Leben nur im Dienst dieser geistigen Mächte fühlt. Daher kommt es nicht selten vor, dass eine Schamanin an ihrem Beruf verzweifelt und versucht ihn aufzugeben, aber dann kehren die Symptome wieder, die sie vor ihrer Initiation heimgesucht haben, und sie muss in den Dienst der Gottheiten zurückkehren. Wenn eine Schamanin alle diese Konflikte und Krisen überwunden hat und dabei einen großen Reichtum an menschlichen und spirituellen Erfahrungen sammeln konnte – und darüber wird sie in der Regel eine ältere Frau – dann erst ist sie eine reife Schamanin. Nun kann sie für ihre Familien oder ihr Dorf eine weise Heilerin und gütige Seelenbegleiterin sein und genießt wenigstens bei ihren Anhängerinnen ein gewisses Maß an Vertrauen

---

25 Zum Werdegang von Schamaninnen hier und im Folgenden: Young-Sook Kim Harvey: *Six Korean Women. The Socialisation of Shamans*, St. Paul/USA, 1979, West Publishing Company.

und Achtung. Im Alter wird sie selber junge Frauen als Schülerinnen haben und auf ihren eigenen Weg zum Schamaninnentum führen.[26] –

Die allgemeine Bedeutung dieses Schamaninnentums im heutigen Korea einzuschätzen ist schwierig. Früher ist es eine Priesterinnenmacht gewesen, die ganze Stämme lenkte, heute ist es noch immer eine spirituelle Kraft, aber für die Frauen in den Anhängerfamilien oft zur tröstenden Kompensation für ihr unterdrücktes Leben geworden. Obwohl heutige Schamaninnen damit einen Rest ihrer uralten matriarchalen Tradition bis in die Gegenwart gerettet haben, ist dieser nicht mehr mit kritischem Geschichtsbewusstsein und politischem Widerstand verbunden. Dennoch sollte seine Wirkung nicht unterschätzt werden: Die koreanischen Frauen haben damit trotz der Unterdrückung eine teilweise Autonomie sowohl ihres spirituellen Lebens als Schamaninnen wie ihres häuslichen Lebens als Matronen, die über die Einladung der Schamanin bestimmen, bewahrt. Darin sind sie den Frauen im patriarchalen China, die früher im Zwangskorsett des Konfuzianismus völlig eingesperrt waren, immer einen Schritt voraus gewesen.[27] Koreanerinnen konnten auf diese Weise eine spirituelle Frauentradition fortführen, die in Europa durch die Verfolgung und Ausrottung der europäischen Schamaninnen als sogenannte »Hexen« restlos abgerissen ist.

Gegenwärtig scheint das Schamaninnentum Koreas sogar an Prestige zu gewinnen. Im Zuge des erwachenden nationalen Selbstbewusstseins in Südkorea beschäftigen sich immer mehr einheimische Wissenschaftler und Wissenschaftlerinnen mit diesem Phänomen der koreanischen Kultur – ohne es allerdings richtig einordnen zu können. Doch die Forschungen werden sorgsam und relativ vorurteilsfrei durchgeführt. Dabei erlangten die besten Schamaninnen eine Berühmtheit weit über die Grenzen ihrer Anhängerfamilien hinaus, denn sie feiern gelegentlich bei nationalen Anlässen öffentliche Rituale, denen Hunderte von Menschen beiwohnen, manchmal sogar Funk und Fernsehen.

6.4 Zur Struktur der matriarchalen Gesellschaftsform (Fortsetzung)

Auf der kulturellen Ebene:

- Die Form der praktischen Religionsausübung der Frauen in matriarchalen Kulturen war Schamanismus. Heute gibt es ihn als vitales Gebiet von Frauen nur noch in Ausnahmefällen (z. B. in Korea).

---

26 Ein grundlegendes Werk zum Schamanismus: Eliade: *Shamanismus;* sehr wichtig für den Schamanismus in Korea: Hung-Youn Cho: »Mudang«; Young-Sook Kim Harvey: *Six Korean Women.*
27 Kendall: *Shamans, Housewives.*

- Es kommen zwei Arten von Schamaninnen vor: die Sippen- oder Stammesschamanin (erbliche Würde) und die inspirierte Schamanin (ekstatisch-spirituelle Begabung).
- Schamaninnen und Schamanen bewahren die mündliche Tradition ihrer matriarchalen Völker, die sie in Ritualen, Tänzen, Gesängen und festlichen Zeremonien präsentieren.
- Ihre Aufgaben umfassen: die Pflege der spirituellen und geistigen Tradition; die Ahnenverehrung und Bestattungszeremonien; Heilung durch Kräutermedizin und Geisteraustreibung, ebenso Geburtshilfe; psychische Begleitung als Seherinnen, Wahrsagerinnen, Ratgebende im Sinne von »Seelsorgerinnen«.
- Schamaninnentum war in Matriarchaten ein geachteter Beruf und wurde von den bedeutendsten Frauen ausgeübt. In patriarchalen Gesellschaften wurde dieser Beruf verachtet, die Schamaninnen unterdrückt und verfolgt, im extremen Fall ausgerottet (z. B. die europäischen »Hexen«-Verbrennungen). Schamaninnentum konnte dort nur in den Unterschichten überleben.

Auf der sozialen Ebene:

- Der Prozess der Patriarchalisierung eines Volkes kommt von außen und wird gegen dessen heftigen Widerstand durchgeführt; dann ist der patriarchale Druck *extern* (z. B. chinesische Bergvölker). Bei der Patriarchalisierung eines Volkes durch *internen* Druck wird Herrschaftsdruck von oben eingesetzt, wobei die Herrenschicht entweder fremd ist oder fremden, patriarchalen Vorstellungen huldigt (z. B. Korea).
- Auch interne Patriarchalisierung löst lang anhaltenden Widerstand der nichtherrschenden Schichten aus, Frauen und Männer leisten Widerstand von unten.
- Eine andere Form des Widerstands von unten ist die Spaltung in zwei parallele Kulturen, in eine herrschende Kultur der Männer und eine unterdrückte Kultur der Frauen, die beide in labilem Gleichgewicht nebeneinander bestehen (z. B. Korea).

Kapitel 7: Inseln um Japan – die südliche und die nördliche Frauenkultur

*Für Amaterasu, die Sonnengöttin Japans
und Kamui Fuchi, die Feuergöttin der Ainu*

7.1 Japans Schintô-Religion

Dem Schamaninnentum der »Mudang« in Korea entspricht das der »Miko« in Japan. Miko waren seit ältesten Zeiten in der originalen Religion Japans, dem Schintô, dominant. Im Schintô lassen sich drei Epochen unterscheiden, die mit der Entwicklung der japanischen Kultur übereinstimmen:[1] Von der Jungsteinzeit bis zur Eisenzeit (4500 v. u. Z. bis 7. Jh. n. u. Z.) gab es den ursprünglichen Schintô, in dem die Miko Stammespriesterinnen waren und ihr Amt erbten; die gesamte Religionsausübung lag in ihren Händen. Vom Mittelalter bis zur Neuzeit Japans (7. bis 19. Jh.) folgte der organisierte oder Staats-Schintô, der viele Jahrhunderte lang die erzwungene Zentralisierung und Patriarchalisierung Japans begleitete. Dieser formalisierte Staats-Schintô der Kaiser und Beamten wurde vom populären Schintô getrennt, der zur nicht anerkannten Volksreligion wurde. In beiden Formen blieben Frauen als Miko-Schamaninnen tätig, beim staatlichen Schintô allerdings nicht mehr ausschließlich. Auch Männer wurden zu verbeamteten Priestern gemacht, aber sie bekamen weibliche Namen und trugen Frauenkleidung.[2] Mit der nationalistischen, frauenfeindlichen Meiji-Restauration (1868 bis heute) wurden im Zuge eines verschärften Zentralismus Frauen von allen offiziellen priesterlichen Funktionen ausgeschlossen und die Tätigkeiten der Miko im Volks-Schintô wurden eingeschränkt. Der Staats-Schintô wurde von allen magischen und religiösen Elementen »gereinigt« und ausschließlich für Staatszeremonien umfunktioniert. Er diente nun dazu, die imperiale Herrschaft zu legitimieren, und wurde dem japanischen Volk und anderen, von Japan kolonisierten Völkern aufgezwungen. In den Schulen wurde die Göttlichkeit des Kaisers gelehrt, der seine Linie direkt auf die Sonnengöttin zurückführt. Beim Volks-Schintô hingegen konnten die alten Bräuche, obwohl sie zurückgedrängt wurden, nicht ausgerottet werden. In der Gegenwart wurde durch

---

1 Haruko Okana: *Die Stellung der Frau im Shintô,* Wiesbaden 1976, Harrasowitz; M. Eder: *Geschichte der japanischen Religion,* Nagoya/Japan 1978, *Asian Folklore Studies,* Nanzan University, S. 218 f.
2 Okana, S. 23.

den Zusammenbruch der Macht des japanischen Kaiserhauses nach dem Zweiten Weltkrieg der Staats-Schintô zur Privatsache der kaiserlichen Familie. Dennoch betrachtet der Kaiser sich noch als Vermittler zwischen der Sonnengöttin und dem Volk, was bedeutet, dass die ihr gewidmeten Rituale fortgesetzt werden. Zur gleichen Zeit breiten sich im Volk neue Religionen aus, die sehr oft von Frauen gegründet werden, die dabei auf das alte Miko-Wesen zurückgreifen (Abb. 15). Aber auch das offizielle Schintô-Priestertum wurde kürzlich für Frauen geöffnet, und heute gibt es ungefähr 10% Frauen in dieser Priesterschaft. Gegenwärtig betrachten die meisten Japaner den Schintô weniger als eine Religion, sondern als eine spirituelle Lebensweise, neben dem Buddhismus und dem Christentum.³

Abb. 15: Junge japanische Schamanin.

In der Zeit des ursprünglichen Schintô hatten Frauen als Miko-Schamaninnen die höchsten Positionen inne. Chinesische und japanische Geschichtswerke, die sich auf diese Epoche beziehen, nennen zahlreiche regierende Königinnen, die zugleich Schamaninnen mit charismatischer Autorität waren. Noch im 3. Jh. n. u. Z. ist eine Königin Himiko bezeugt, die jedoch keine Einzelgestalt ist, sondern die letzte in einer langen Reihe von Schamaninnen-Königinnen mit dem erblichen Titel »Himiko«. Von der Jungsteinzeit bis zum 3. Jh. n. u. Z. war das weibliche Priesterinnentum im alten Schintô gleichbedeutend mit der höchsten Souveränität in verschiedenen Königinreichen – weshalb einige Forscher für Altjapan unumwunden von »Matriarchat« sprechen.⁴

Dieses sakrale Königinnentum hatte folgendes Muster, das wir schon als klassischmatriarchales Modell kennen gelernt haben: Die Priesterin-Königin war die Trägerin der höchsten religiösen Autorität, deren Bruder als ihr Delegierter in administrativen

---

3 Susan Gail Carter: *Amaterasu-o-mi-kami: Past and Present. An Exploration of the Japanese Sun Goddess from a Western Feminist Perspective,* Dissertation California Institute of Integral Studies, San Francisco 2001, Ann Arbor/Michigan 2005, UMI Press, S. 275–277, 287, und persönliche Kommunikation.

4 Okana, S. 22 f., 27, 30, 35; Edward J. Kidder: *Himiko and Japan's Elusive Chiefdom of Yamatai: Archaeology, History and Mythology,* Honolulu 2007, University of Hawai'i Press.

Angelegenheiten nach außen tätig war. Sie selbst ließ sich in der Außenwelt kaum sehen, aber sie war umgeben von »tausend Mägden, die ihr dienten« (Wie-Chih über Himiko). Diese tausend Frauen waren sicherlich keine Dienerinnen, sondern eher der königliche Rat, und sie bildeten das Kontaktnetz der Königin zu allen matriarchalen Sippen des Landes. Die Königin übte den alten Schintô aus und stand dabei in engster Beziehung zur Göttin, insbesondere zur Sonnengöttin *Amaterasu*, die Licht, Leben und Fruchtbarkeit schenkt. Sie verehrte diese und wurde in schamanischen Ritualen von ihr besessen. Im ekstatischen Zustand war sie dann eine Verkörperung der Göttin selbst. Der japanische Begriff »Kami« für Gottheit spiegelt es, denn er bedeutet »eine Gottheit sein« und zugleich »einer Gottheit dienen«; diese zwei Bedeutungen sind nicht voneinander unterschieden.[5] Der Bruder der Königin war die Person, die das göttliche Orakelwort getreu in die Praxis umsetzte.

Bei der Patriarchalisierung Japans stand der Yamato-Clan am Beginn, er vereinigte große Teile Japans mit Militärgewalt unter seiner Herrschaft und gründete das Yamatai-Königreich (Kofun Periode, 300–710 n. u. Z.). Nun wurden Staats-Schintô und der volkstümliche Schintô streng getrennt, dabei vereinnahmte der Staats-Schintô viele Gedanken vom alten Schintô des Volkes und vermännlichte die höchste Autorität sowie das Priesteramt. Der Kaiser machte sich nicht nur zum politischen Herrscher, sondern auch zum Hohen Priester des Staats-Schintô und zum Oberhaupt des Ahnenkultes des Kaiserhauses. Die Sonnengöttin Amaterasu betrachtete er jetzt als seine Schutzgöttin und als die Ahnfrau des königlichen Clans, und das Volk wurde gezwungen, den Kaiser als ihren direkten Nachkommen und als eine Erscheinung Gottes zu akzeptieren. Eine seiner Töchter durfte die »Saiô« sein, die Kultprinzessin des kaiserlichen Ahnentempels, aber sie besaß keinerlei politischen Rechte mehr und lebte als Jungfrau in klösterlicher Abgeschiedenheit im Staats-Tempel, dem Schrein von Ise.[6]

Im ursprünglichen, matriarchalen Schintô galten aber nicht nur die Königinnen als Priesterinnen, sondern alle Frauen. Jede Frau, welche die Initiationsriten vollzogen hatte, besaß den Titel »Miko« und konnte spontan Rituale ausüben – umso mehr, wenn sie Mutter oder gar Sippenmutter war. Sie feierte dann für das Wohlergehen ihrer Kinder und der ganzen Sippe die familialen Rituale. Erst später differenzierte sich diese allgemeine sakrale Funktion aller Frauen zu besonderen Rollen, wie die Weissagerin, die spirituelle Hebamme, die sakrale Tänzerin und die Totenbeschwörerin; letzteres meinte in den alten Zeiten, durch Trance in Kontakt mit den Seelen der Ahninnen und Ahnen zu gehen. Die heiligen Frauen, die ausschließlich einer Göttin dienten, hießen »Himmo« oder »Schômo«, was »göttliche Mutter« bedeutet.[7] Sehr interessant ist in diesem Zusammenhang das altjapanische Wort »Imo«, das »Schwester«, »Geliebte« und »Gattin« zugleich heißt. Es verweist auf die enge Verbindung von Schwester und Bruder in matriarchalen Kulturen, wie sie sich noch bei den Himiko-Königinnen zeigt, die regelmäßig einen Bruder als Mitregenten und vielleicht auch als Geliebten an ihrer Seite hatten.

---

5 Eder, S. 1–49.
6 Okana, S. 27; Carter, S. 179–207; Kidder: *Himiko*.
7 Okana, S. 18 f., 38 f.

7.2 Schwester und Bruder auf den Riukiu-Inseln und die Besiedelung Japans

Die spirituelle Dominanz der Schwester und die enge Schwester-Bruder-Verbindung ist im japanischen Kulturbereich keineswegs nur Geschichte. Japanische Ethnologen haben auf den Riukiu-Inseln, zu denen Okinawa gehört, Verhältnisse erforscht, die am lebendigen Beispiel über das Leben in Altjapan Aufschluss geben. Die Riukiu-Inseln ziehen sich von der Südspitze Japans in einer fortlaufenden Kette bis nach Taiwan/Formosa (siehe Karte 3). Bei klarer Sicht kann man ihnen entlang von Taiwan bis Japan segeln, ohne navigatorische Geräte benutzen zu müssen. Durch die Isolation der Inseln haben sich dort Lebensweisen erhalten, die einmal für Alt-Japan kennzeichnend gewesen sind. So wurden dort bis zum letzten Jahrhundert die Hohe Priesterin, die Schwester des Königs mit dem Titel »Kikoe no Ogimi«, und die anderen Priesterinnen von Tempelschreinen für Göttinnen gehalten. Das weist darauf hin, dass die Schwester des Königs die eigentliche Regentin war, eine große, charismatische Gestalt, die den König beschützte und eine überlegene Macht im Land besaß.

Solche Schwester-Bruder-Bindungen beschränkten sich nicht auf die adligen Frauen, sondern alle Frauen auf den Riukiu-Inseln wurden und werden noch heute von ihren Brüdern als »Onari-gami«, das heißt »lebendige Seele der Schwester« oder »Schwestergöttin«, verehrt. Wenn die Männer zur See fahren, tragen sie immer ein paar Haare ihrer Schwestern bei sich, denn die Schwestern sind Priesterinnen und gleichzeitig Schutzgöttinnen für alle Mitglieder ihrer Sippe.[8] In einem Lied der Ruderer von den Riukius heißt es:

> Unsere leibliche Schwester, du Göttin, du bist zu unserem Schutze gekommen.
> Die Seele, die in unserer Schwester lebt, wird zu einem schönen Schmetterling,
> einem außerordentlich schönen Schmetterling!

Der Schmetterling ist gleichzeitig ein Bote aus der Anderswelt und ein Symbol für die Schwestergöttin. So ist die Schwester auch die amtierende Familienpriesterin am Sippengrab, und im Zustand ihrer schamanischen Besessenheit geht eine Ahnenseele in sie ein, die dem Clan Rat und Orientierung durch die Stimme der Schwester gibt. Die Verehrung der Ahnenwesen und das Schamaninnentum der Frauen sind hier noch klar miteinander verknüpft.[9] Diese Einheit des Glaubens bei Adligen und Volk ist typisch für matriarchale Gesellschaften, denn die Adligen sind Menschen aus demselben Stamm und aus verwandten Sippen und gehören nicht zu einem erobernden Fremdvolk.

Der Onari-gami-Glaube auf den Riukius weist darauf hin, dass Teile der matriarchalen Kultur Alt-Japans von Süden gekommen sind. Die älteste und extrem lange geschichtliche Epoche Japans ist jedoch die Jomon-Kultur (16.000–300 v. u. Z.), in

---

8 A. a. O., S. 16 f., 26–28.
9 Eder, S. 223 f.; Toichi Mabuchi: *Spiritual Predominance of the Sister in Ryukyan Culture and Society,* A. Smith (Hg.), Honolulu 1964, University of Hawai'i Press; ebenso die japanischen Forscher O. Sakima, A. Yamaji, T. Nakayama, T. Hora, zitiert bei Okana und Eder.

7.2 Schwester und Bruder auf den Riukiu-Inseln und die Besiedelung Japans

der altsteinzeitliche Sammlerinnen und Jäger von Norden kamen, über die Insel Sachalin, die vor der Mündung des sibirischen Stromes Amur liegt (siehe Karte 3). In der mittleren Phase der Jomon-Kultur (4500–2000 v. u. Z.) zogen diese Leute weiter nach Süden, wo sie den ersten Ackerbau mit Trockenreis entwickeln konnten, dauerhafte Siedlungen errichteten, schöne Keramik-Gefäße und eine Vielfalt an künstlerischen Göttin-Statuetten, die *Dogu*-Figurinen, schufen. Diese wurden höchstwahrscheinlich von Frauen gefertigt, während die Männer Steinekreise als Sonnenuhren bauten. Das kennzeichnet diese mittlere Phase als jungsteinzeitlich und matriarchal. In der späten Phase der Jomon-Kultur (2000–300 v. u. Z.) begann die Bevölkerung zu schrumpfen, aber die künstlerischen Fähigkeiten und Feinheiten der Menschen blieben erhalten.[10] Auf der japanischen Nordinsel Hokkaido finden sich noch heute die Nachfahren der Jomon-Leute, die Ainu, als Ureinwohner Japans, und sie haben keineswegs patriarchale Sitten, sondern pflegen eine egalitäre Gesellschaft.[11]

In der folgenden Yayoi-Epoche (300 v. u. Z. bis 300 n. u. Z.) endete die kulturelle Isolation der Jomon-Zeit mit der Ankunft von Einwanderern aus dem Süden. Ein fremdes Volk mit voll entwickelter Ackerbaukultur erreichte Japan und brachte neue Kulturgüter mit sich: den Anbau von Nassreis und von verschiedenen Gartenfrüchten, sie domestizierten Tiere und bauten die großen Megalith-Anlagen, wie sie in Japan und Korea zu finden sind. Auch verfeinerte Keramik und Artefakte für den rituellen Gebrauch, ebenso Bronze-Verarbeitung gehörten zu den neuen Technologien. Unter den Gegenständen aus Bronze befanden sich Zeremonial-Waffen, Glocken und Spiegel. In ihnen erkennen wir die matriarchalen Yüeh-Leute, die uns schon begegnet sind und deren Kultur heute noch in Resten bei den nicht-chinesischen Völkern Yao, Tai und Miao in Südchina anzutreffen ist; sie spielten hier die entscheidende Rolle.[12] Von Südost-China kommend besiedelten die Clans und Stämme der Yüeh mit ihrer maritimen Kultur die Philippinen und Taiwan und segelten den Riukiu-Inseln entlang nach Südjapan und Südkorea (siehe Karte 3). Sie trafen auf der japanischen Hauptinsel auf die Ainu-Völker aus dem Norden, mit denen sie sich nie vermischten. Die Ainu zogen sich daraufhin wieder nach Norden zurück. Wegen dieser Einwanderungswellen in der Yayoi-Epoche stiegen nun diejenigen Anteile in der Bevölkerung am stärksten, die mit den ältesten, matriarchalen Völkern Südostasiens verbunden sind.[13]

Während dieser Epoche begann sich die Gesellschaft zu wandeln. Es entstanden gesellschaftliche Ränge, und es kam zu bewaffneten Konflikten über Land und Ressourcen. Dennoch galten die alten Traditionen weiterhin, und die sakralen Königinnen hatten die bedeutendste Stellung inne.[14] Die Kultur war spät-matriarchal. Erst

---

10 Carter, S. 87–99.
11 J.M. Kitagawa: »Prehistoric Background of Japanese Religion«, in: *History of Religion*, Bd. 2, Chicago 1963, University of Chicago Press, S. 304 f.
12 Siehe Kapitel 5 in diesem Buch.
13 Kitagawa, S. 307; Eberhard: *Lokalkulturen*, S. 418 f.; U. Pauly: »Japan und die Kultur aus dem Süden«, in: *Beiträge zur Japanischen Ethnogenese*, Kreiner (Hg.), Bonn 1980, Japanologisches Seminar der Universität Bonn, zum Matriarchat S. 74 f., zu den Yüeh S. 79, 119.
14 Carter, S. 142–174.

um 300 n. u. Z. brachen gemäß chinesischen Chroniken erobernde Reiterkrieger mit Eisenwaffen, die über Korea kamen und zur sibirisch-altaischen Völkergruppe gehörten, in Südjapan ein. Sie errichteten durch Unterwerfung der einzelnen matriarchalen Stämme das Yamatai-Königreich, und mit ihnen begann die Kofun Periode mit dem zentralistischen Kaiserhaus.[15] Das Patriarchat war angekommen.

Das ist die Zeit der Spaltung von offizieller Staatsreligion und der Religion des Volkes. Noch viel später wurde aus Japan – ähnlich wie Korea – durch die Einführung erst des Buddhismus und dann des Konfuzianismus als Staatsdoktrin eine »chinesische Kulturprovinz« mit der entsprechenden Unterdrückung der Frauen.[16]

7.3 Matriarchale Mythologie

Auf dem Hintergrund der Yayoi-Epoche ist es nicht überraschend, dass man in der Mythologie Südjapans Elemente findet, die auf andere Völker Südostasiens hinweisen.[17] Hervorstechend ist wieder das Schwester-Bruder-Thema: So gibt es die Geschichte von Izanami und Izanagi, eines Ur-Geschwisterpaares, das Japan erschaffen hat. Auf einer himmlischen Schwebebrücke stehend, tauchte der göttliche Bruder Izanagi seinen »Speer« in die trüben Wasser des Urmeeres. Daraufhin gebar die göttliche Schwester Izanami die Inseln von Japan. Später gebar Izanami die Göttinnen der Flüsse und Meere, der Berge, der Winde, der Bäume und Getreidefelder; alle sind erdhaft-agrarische Gottheiten. So bevölkerte sie Japan, und das kennzeichnet sie als Mutter Erde, während Izanagi den Charakter eines Himmelsgottes annahm, denn er ließ aus seinen Augen Sonne und Mond entstehen. Doch die Urmutter Izanami starb bei der Geburt des Feuergottes, und nun wurde sie zur Todesgöttin in der Unterwelt. – Hier spiegelt sich klar eine zyklische Vegetationsmythe, bei der die Vegetationsgöttin in die Unterwelt geht, wenn das sommerliche Feuer die Pflanzen verbrennt, um im Kreislauf der Jahreszeiten bald darauf wiederzukehren.

Im weiteren Verlauf der Mythe sieht man Izanagi gegen dieses zyklische Gesetz des Wechsels von Leben und Tod rebellieren. Er geht in die Unterwelt und blickt trotz des Verbotes die Todesgöttin Izanami an, dann entzieht er sich den Konsequenzen durch magische Flucht. Das heißt, er will dem Tod ins Auge sehen, ohne sterben zu müssen, und das verstößt gegen das kosmische Gesetz von Werden und Vergehen, dem sogar Izanami gefolgt ist. Nun ist Izanami erzürnt und erlegt das Gesetz von Leben und Tod auch den Menschen auf: Täglich will sie tausend Menschen sterben lassen! Izanagi kämpft auch dagegen an und errichtet tausendfünfhundert Gebärhütten, damit mehr Menschen als diejenigen, die sterben müssen,

---

15 C. Covell/A. Covell: *Japan's Hidden History. Korean Impact on Japanese Culture*, Seoul/Korea und Elizabeth/New Jersey 1984, Hollym International Corporation; Kitagawa, S. 310; Eder, S. 268 f.; Carter, S. 179–182.
16 Eder, S. 279.
17 Taryo Obayashi: »The Origins of Japanese Mythology«, in: *Acta Asiatica*, Nr. 31, Tokyo 1977, Tōhō Gakkai, S. 1–23; Pauly, S. 78–80.

aus dem Totenreich wieder ins Leben zurückkehren. Doch nun ist seine Weisheit zu Ende, denn nur Izanami, die »Große Göttin des Totenreiches«, kann Kinder aus der Unterwelt zur Wiedergeburt wieder herauf senden. – Hier zeigt sich deutlich eine Spannung zwischen Izanami und Izanagi, die von den patriarchalen Schreibern in diese Mythe hineingelegt worden ist, mit klarer Stoßrichtung gegen den alten matriarchalen Glauben von Leben, Tod und Wiedergeburt. Es gibt Hinweise darauf, dass die Macht des männlichen Partners Izanagi, der hier schon zu einer Art Schöpfergott gegen die Göttin wird, eine spätere Hinzufügung ist und dass Izanami ursprünglich als die dreifache Große Göttin den Kosmos und die Erde aus sich selbst erschuf. In dieser alten, verdeckten Version war Izanagi wohl nicht mehr als der Bruder-Geliebte an ihrer Seite. Jedenfalls ist sie sogar in der patriarchalisierten Version der Mythe noch immer die Gesetzgebende und er derjenige, der gegen das Gesetz verstößt.[18] Von dieser Mythe gibt es verschiedene Varianten auf den Riukiu-Inseln, einschließlich Okinawa, ebenso auf Taiwan; auch bei den Völkern der Miao, Tai und Yao in Südchina ist sie verbreitet; sie ist ebenfalls bei den Thai, den Khmer und anderen Völkern Indochinas bekannt; es gibt sie auch auf den großen Inseln Indonesiens und den kleinen Inseln Polynesiens. Ihre Verbreitung umfasst damit das gesamte Gebiet, in dem einst die matriarchalen Ackerbauvölker der Jungsteinzeit gesiedelt haben.[19]

Das Motiv von der gesetzgebenden Schwester, welche die kosmische Ordnung und das menschliche Gesellschaftsgefüge erschafft, und ihres gegen die Gesetze verstoßenden Bruders kehrt in der japanischen Mythologie in der Erzählung von der Sonnengöttin Amaterasu mit ihrem Bruder Susanoo wieder, ebenso in der Sage von der Prinzessin Toyotama mit Prinz Hoori. Aus diesen Mythen kann man einen Eindruck von den kultivierenden Tätigkeiten der matriarchalen Königinnen gewinnen und von ihren gelegentlichen Problemen mit aufsässigen, patriarchal angehauchten Brüder-Regenten.[20] So wie Izanami die Urmutter Japans ist, muss Amaterasu einst als die gemeinsame Urahnin vieler matriarchaler Stämme gegolten haben, bevor sie, die wichtigste Volksgöttin, von den patriarchalen Kaisern vereinnahmt wurde, die sie zur ausschließlichen Ahnfrau der kaiserlichen Linie umfunktionierten. Sie galt als Herrin der Welt, die sie mit typisch matriarchalen Künsten bewohnbar gemacht hatte.[21] Es heißt, dass sie die himmlischen schmalen Reisfelder bebaute und die himmlischen langen Reisfelder und den Reis jeden Jahres kostete.

---

18 Pauly, S. 78–80; Okana, S. 71–73.
19 Pauly, ibidem.
20 Die Mythen um Amaterasu wurden in den Jahren der späten 600er und frühen 700er n. u. Z. aufgeschrieben, aber die mündliche Tradition dieser Mythen war mindestens schon 2000 Jahre alt, bevor sie aufgezeichnet wurden. Siehe Carter, S. 64–86; dieselbe: »The Matristic Roots of Japan and the Emergence of the Japanese Sun Goddess, Amaterasu-o-mikami«, in: Goettner-Abendroth (Hg.): *Societies of Peace*.
21 Siehe für das Folgende: Odette Brühl: »Japanese Mythology«, in: *New Larousse Encyclopedia of Mythology*, London-New York 1974, Hamlyn Publishing Group Ltd., S. 409; A. Wedemeyer: »Das Verbergen der Sonnengottheit in der Felsenhöhle«, in: *Deutsche Gesellschaft für Natur- und Völkerkunde Ostasiens*, Tokyo 1935, Seishi-Bunsha.

Am liebsten hielt sie sich mit ihren Frauen in der heiligen Webhalle auf und webte göttliche Kleider. Nachts schlief sie in ihrer himmlischen Felsenhöhle. Ihr Bruder Susanoo war der Herr der Stürme und des Meeres und deshalb von sehr ungebärdiger Natur. Allein ein Besuch von ihm in der Himmelswohnung seiner Schwester ging mit soviel Lärm einher, dass es ein Erdbeben hervorrief, bei dem die Berge wankten und die Flüsse schäumten. Deshalb traf Amaterasu ihn nur mit großer Vorsicht. Nach einem Wettstreit mit seiner Schwester, den er gewann, verlor er im Übermut restlos die Selbstkontrolle: Er verwüstete ihre Reisfelder, zerstörte ihre Bewässerungskanäle und schleuderte alles als Trümmer und Unrat umher. – Das ist gut vorstellbar, wenn ein Taifun mit Wolkenbrüchen, Blitz und Donner über Japan rast. – Aber Susanoos Frechheit ging noch weiter: Er enthäutete ein Pferd und warf den Kadaver durch das von ihm bereits zerstörte Dach in die heilige Webhalle, wo Amaterasu mit ihren Frauen saß. Diese starben vor Schreck, und die Sonnengöttin verriegelte sich nun, im Schmerz und voller Groll gegen ihn, in ihrer himmlischen Felsenwohnung und war nicht mehr bereit herauszukommen. Eine schreckliche, unaufhörliche Sonnenfinsternis verhüllte die Welt –

Dieser Teil der Mythe geht sehr wahrscheinlich auf die politischen Verwirrungen zurück, als die frühpatriarchalen Reitervölker aus Korea in Japan einfielen, denn nur sie hatten Pferde. Sie verwüsteten die Felder der Ackerbaukultur und belagerten die matriarchalen Königinnen.[22] Die Mythe zeigt, dass sie die Regentschaft der Sippenmütter abschafften: Die Frauen der Amaterasu »starben«. Aber die Sonnengöttin war im Volksglauben so tief verwurzelt, dass sie Amaterasu nicht abschaffen konnten. Im Gegenteil, die Sonnengöttin wehrte sich durch Verfinsterung der Welt, und es ist spannend zu sehen, dass im Fortgang der Erzählung nur eine Miko, eine göttliche Schamanin, Abhilfe schaffen konnte.

So heißt es weiter, dass sich unzählige Scharen von Göttern vor Amaterasus Höhle versammelten, aber sie baten und flehten und klagten vergeblich. Die zürnende Göttin kam nicht heraus. Da ließen sie alle Hähne zusammen krähen: Der Hahn ist das heilige Sonnentier in ganz Ostasien, denn er weckt jeden Morgen durch seinen Ruf die Sonne auf. Aber die Götter hatten noch immer keinen Erfolg. Schließlich wurde eine Schamanin namens »Ama no Uzume« herbeigerufen, die selbst eine Göttin war. Vor der Höhle vollzog sie ein ausführliches Ritual, sie tanzte zu dröhnendem Lärm, so lange bis eine erotische Ekstase sie überkam; in Verzückung entblößte sie ihre Brüste und warf zuletzt alle Kleider fort. Darüber brachen unzählige Scharen von Göttern in Gelächter aus, und das Getöse ihres Lachens war so laut, dass Amaterasu den Kopf ein wenig aus ihrer Höhle herausstreckte. Sie fragte, was los sei, und die Miko antwortete ihr, die Götter hätten eine bessere Herrin als Amaterasu gefunden und freuten sich über ihr Glück. Nun schob Amaterasu die Tür einen Spalt weit auf, um diese neue Herrin zu sehen. Da zog der Gott der Stärke ihre Schiebetür vollends beiseite, und Amaterasus Glanz leuchtete auf (Abb. 16). Sie blickte in einen heiligen Spiegel, den ihr die Götter entgegen hielten, und da sah sie die neue Herrin, nämlich sich selbst!

---

22 Siehe für die Interpretation dieser Mythe auch: Eder, S. 225 und 266; Okana, S. 73–81.

7.3 Matriarchale Mythologie

Abb. 16: Die Sonnengöttin Amaterasu kommt, angelockt vom Tanz der Miko und dem Krähen des Hahnes (unten Mitte) sowie vom Gelächter der Götter, aus ihrer Höhle hervor. Ein Gott hält ihr den Spiegel entgegen (linker Bildrand).

In dieser Mythe wird deutlich, dass nur die Miko durch ihren ekstatischen Tanz die Sonne aus ihrer Höhle hervorlocken kann, denn sie kennt das Wesen der matriarchalen Göttin. Die Gestalt der Miko und die mitschwingende Erotik stellen eine sehr alte Schicht der Amaterasu-Mythe dar.[23] Vermutlich hieß die Priesterin der Sonnengöttin früher selbst »Amaterasu«, denn sie inszenierte alle der Sonnengöttin zugeschriebenen Handlungen in Ritualen auf Festen, und ihr Brudergatte wurde »Susanoo« genannt. Für das Volk war sie damit zeitweise eine lebende Göttin, die unter dem Titel »Ihre Hoheit die Schamanin« verehrt wurde. Die Verehrung der Schamanin als Göttin, während sie ihr Amt öffentlich ausübt, ist noch heute Volksbrauch auf den Riukiu-Inseln. In Japan selbst blieben fast bis heute nur die Schamaninnen-Familien, die in der Nähe der heiligen Tempelschreine

---

23 Im Verlauf der Geschichte Japans wurden dieser alten Amaterasu-Mythe immer neue, historisierende Interpretationen gegeben, z. B. hieß es während der Herrschaft des Yamato-Clans, dass sie die erfolglose Revolte der Feinde des kaiserlichen Hofes symbolisiere.

wohnten, matrilinear und matrilokal. Aus diesen Familien gingen durch Erbfolge die neuen Schrein-Schamaninnen hervor, in direkter Linie von Mutter auf Tochter. Auch die wandernden Schamaninnen kamen aus diesen Dörfern bei den Schreinen.[24] Nur am Tempelschrein von Ise verlief die Sache anders: Dort wurde bei der Patriarchalisierung bekanntlich eine Kaisertochter als Kultprinzessin der Amaterasu eingesetzt und schamanische Rituale wurden nicht mehr geduldet.

Die Verehrung der Amaterasu hat im Volk niemals aufgehört. Noch heute wird sie an zahllosen Schreinen in ganz Japan verehrt, und jedes Jahr besuchen mehr als sechs Millionen Menschen die Göttin an ihrem Schrein von Ise, trotz der späteren Vereinnahmung des Kultes dort.[25] Auch in Bildern und Bräuchen lebt die traditionelle Volksreligion weiter, und diese erweisen sich als vielschichtiger und reicher als die Rituale der künstlichen Staatsreligion. Diese überlebenden Elemente verbinden die unteren Schichten Japans nicht nur mit den Nachbarkulturen auf den südlichen Inseln, sondern auch mit den restlichen matriarchalen Völkern in Ostasien. So ist es kein Zufall, dass auch diese Mythe vom Verbergen der Sonne und ihrer Wiederkehr mit der Hilfe einer Schamanin oder eines Hahnes beispielsweise bei den Miao in Südchina und den Khasi in Assam zu finden ist.[26] Dasselbe gilt für die Sippengöttinnen und Gehöftgöttinnen in der bäuerlichen Schicht, die als die Ahninnen der Leute gelten und in diesem weiten Raum überall noch verehrt werden.

Eine sehr alte Erd- und Waldgottheit ist außerdem die Berggöttin, die »Yama no kami« oder »Yamahime« heißt, was »Bergprinzessin« bedeutet. Besonders die Waldarbeiter stellten sie sich als schöne Frau vor, die auf erotische Abenteuer erpicht ist, und es gab eine Reihe erotischer Bräuche, die im Wald oder auf den Bergen gefeiert wurden. Zum Kult der Berggöttin gehörten auch Rituale für die Fruchtbarkeit, Orakel für die Ernteaussichten und das Geleit der Totenseelen. Auch gefährliche Wettkämpfe waren inbegriffen, wie Steinewerfen zwischen Gruppen junger Männer, bei denen es vorkam, dass sich die Berggöttin das eine oder andere Opfer selbst holte. Auch der heilige Berg Japans, der Vulkan »Fuji Yama«, das heißt »Feuerberg«, gilt als Wohnort einer Göttin namens »Sengen-Sama«.[27] Diese Tradition schließt an die Kulte anderer großer Berggöttinnen überall in Ostasien an. Erst durch die jüngste Industrialisierung Japans nach westlichem Vorbild haben diese Bräuche an Einfluss verloren und sind zugrunde gegangen.

---

24 Zur Matrilinearität und Matrilokalität in Japan siehe: Briffault, Bd. I, S. 368 f.; zu den Schamaninnen-Familien siehe: Eder, S. 220; Okana, S. 32–34.
25 Carter: »The Matristic Roots«.
26 Taryo Obayashi: »Die Amaterasu-Mythe im alten Japan und die Sonnenfinsternismythe in Südostasien«, in: *Ethos* Nr. 25, Stockholm 1960, Etnografiska Museet.
27 Nelly Naumann: »Yama no Kami – die japanische Berggottheit«, in: *Asian Folklore Studies*, Nr. 22, Nagoya/Japan 1963, Nanzan University, S. 133–366; O. Karow: »Utagaki-Kahagi«, in: *Opera Minor*, Wiesbaden 1978, Harrassowitz, S. 21 f.; Eder, S. 107 f.; Pauly, S. 75 f.

7.4 Die Ainu in Nordjapan

In Nordjapan leben noch immer Reste der einstigen Urbevölkerung Japans, die Ainu. Ihr Wohngebiet umfasst heute die japanische Nordinsel Hokkaido, die Südspitze Sachalins, die Kurilen-Inselkette und die Südspitze Kamtschatkas (Karte 4). Hokkaido und die nördlicheren Inseln werden, im Gegensatz zu Südjapan, von kalten Meeresströmen umflossen, so dass dort subarktisches Klima mit langen Wintern von November bis Mai herrscht. Es gibt Tannen- und Birkenwälder, die Flüsse sind voller Lachse, auf den Bergen leben Rotwild und große Braunbären, im Meer schwimmen Robben, Walrösser und Wale. Das sind die Güter der nördlichen Ainu, deren traditionelle Lebensweise bis vor kurzem in Jagen, Fischen und Sammeln bestand. Für ausgedehnten Ackerbau - wie ihn die südlichen Ainu in der mittleren Jomon-Periode in südlicheren und warmen Gegenden Japans betrieben hatten - ist die Gegend zu kalt. Die nördlichen Ainu-Frauen können die Fleischkost deshalb nur mit geringem, sporadischem Anbau ergänzen.[28] Diese alte Jagd- und Sammelökonomie entspricht in vieler Hinsicht den Verhältnissen in der Altsteinzeit. Wir können daher das Beispiel Japans heranziehen, um ein Licht auf diese älteste Kulturstufe zu werfen mit der Frage, ob sie tatsächlich patriarchal war – wie in Schulbüchern und wissenschaftlichen Werken für die altsteinzeitliche Jäger- und Sammlerinnen-Kultur noch immer behauptet wird.

Die Bestätigung, dass wir die Ainu-Kultur nicht zu Unrecht als Hinweis auf die Jüngere Altsteinzeit betrachten, liefert die Archäologie Japans, welche die erste Jomon-Periode von 16.500 bis 4500 v. u. Z. ansetzt. Die Jomon-Zeit gehört chronologisch teils zur Altsteinzeit, teils zur Jungsteinzeit, denn in den südlicheren Zonen haben die Ainu jungsteinzeitliche Techniken gebraucht (4500 bis 2000). Die Ainu in der nördlichen Zone behielten jedoch überwiegend die altsteinzeitliche Ökonomie bei.[29] Die südlicheren Ainu wurden dann schrittweise erst durch die südliche Yayoi-Kultur, später insbesondere durch die patriarchalen Japaner verdrängt, mit denen sie erbitterte Kämpfe ausfochten. Die Überlebenden zogen sich nach Norden zu den nördlichen Ainu zurück. Zuletzt lebten sie alle auf Hokkaido in Reservaten zusammengedrängt in strengem Konservatismus, bis ihnen durch die japanische Besiedelung auch dort die letzten Jagdgründe weggenommen wurden – ein Schicksal, sehr ähnlich dem der nordamerikanischen, indianischen Urbevölkerung. Im heutigen Prozess der gnadenlosen, kapitalistischen Globalisierung sind sie vollends in Gefahr, den Rest ihrer ethnischen Identität zu verlieren, trotz ihrer großen Anstrengung, ihr Land und ihre indigene Kultur zurück zu fordern.[30]

Sie sind ein Volk von uraltem, asiatischem Typus mit einer uralten Sprache und Kultur. Sie bewohnten den Nordosten Asiens schon vor der Entwicklung der heuti-

---

28 Neil Gordon Munro: *Ainu. Creed and Cult,* London 1962, Routledge & Keagan, S. 1.
29 A. Leroi-Gourhan: *Archéologie du Pacifique-Nord,* Paris 1946, Institut d'Ethnologie; C. Melvin Aikens/Takayasu Higuchi : *Prehistory of Japan,* New York 1982, Academic Press.
30 D.L. Philippi: *Songs of Gods, Songs of Human. The Epic Tradition of the Ainu,* Tokyo 1979, University Press, S. 4–16; Munro, Einleitung.

Kapitel 7: Inseln um Japan – die südliche und die nördliche Frauenkultur

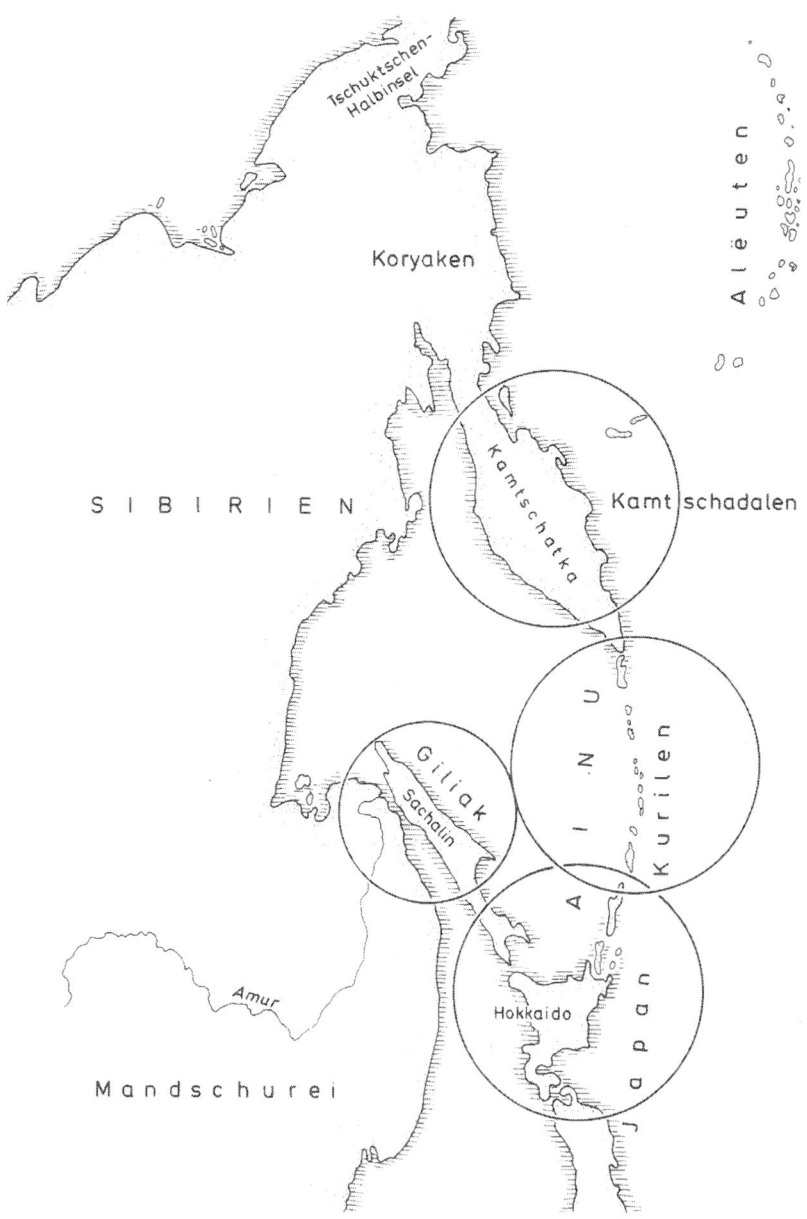

Karte 4

7.4 Die Ainu in Nordjapan

gen mongolischen Völker, mit denen sie nichts gemeinsam haben. Sie sind weißhäutig, haben runde Augen ohne mongolische Lidfalte, und die Männer tragen – anders als die Japaner – wallende, weiße Bärte (Abb. 17). Das hat ihnen vonseiten der Japaner den abfälligen Spitznamen »die haarigen Ainu« eingetragen. Anthropologen sehen in ihnen einen indoeuropäischen Typus, und sie wurden mit den Kaukasiern verglichen, den indoeuropäischen Bewohnern des Kaukasus weit in Asiens Westen beim Schwarzen Meer. Das wirft viele Fragen auf: Sind sie der östlichste Zweig von hellhäutigen, ur-asiatischen Völkern, aus denen sich später die Indoeuropäer entwickelt haben? Denn diese sollen aus Innerasien gekommen sein, wo ihr Ursprungsgebiet liegt, und sie kamen erst relativ spät in Europa an, über das sie von Osten her in mehreren Invasionswellen hereinbrachen. Konnten die Ainu als Restvolk dieses ur-asiatischen Typus auf den abgeschiedenen, fernöstlichen Inseln überdauern und extrem lange unverändert weiterleben, während Nordost- und Innerasien von sich ausbreitenden mongolischen Völkern eingenommen wurden?[31] Vieles spricht für diese Überlegungen.

Abb. 17: Ainu-Familie an der Herdstelle im Zentrum des Hauses.

Am besten konnten die Ainu auf den Kurilen-Inseln (Russland) ihre traditionelle Lebensweise bewahren, denn dort standen sie nicht Jahrhunderte lang unter japanischem Einfluss und mussten sich nicht ebenso lange dagegen verteidigen. Die Sitten der Kurilen-Ainu geben daher die besten Beispiele für die ursprüngliche Ainu-Kul-

---

31 Philippi, S. 7.

tur.³² Hier sehen wir eine klar getrennte Zweigeschlechter-Gesellschaft mit eindeutiger Überlegenheit der Frauen. Die Tätigkeiten, das spirituelle Leben, sogar die Genealogie sind je nach Geschlecht verschieden. Die Männer üben das Jagen und Fischen aus – und für diese Tätigkeiten wurde ihre soziale Rolle, wie in den meisten Lehrbüchern zur Altsteinzeit, ungeheuer aufgeblasen. Im Fall der japanischen Ainu übten sie auch das Kriegshandwerk gegenüber den sie verdrängenden Japanern aus. Aber dies war für ihre Kultur nicht typisch und hat ihre soziale Struktur ein Stück weit patriarchalisiert. Demgegenüber kommt in der traditionellen Ainu-Gesellschaft die Überlegenheit der Frauen bereits in der Ökonomie zum Ausdruck: Mit ihren Arbeiten wie Sammeln wilder Früchte, Bestellen karger Feldstücke, Sammeln von Feuerholz, Herstellen der Mahlzeiten und der Kleidung, Erziehen der Kinder sind sie nicht nur in der Lage, weitgehend für sich selbst zu sorgen, sondern sie unterstützen mit ihrem regelmäßigen Nahrungsangebot obendrein die Männer. Denn deren Jagderfolg hängt mehr oder weniger vom Zufall ab.³³

Auch rituell gibt es eine klare Zweiteilung: Die Männer üben die mit Jagd und Fischfang verbundenen Rituale aus, während der gesamte Schamanismus mit allen seinen Funktionen bei den Frauen liegt. Die Schamaninnen heißen »Tusu Ainu« und sind Ahnenbeschwörerinnen, Heilerinnen und Trägerinnen der alten Ainu-Kultur, indem sie die Mythen und Epen im Tanze rezitieren. Ihre begleitenden Geister umgeben sie, und über »Kamui Fuchi«, ihre wichtigste Göttin, stellen sie die Verbindung zu den anderen Gottheiten her. Dazu benötigen sie keine Tempel, sondern gebrauchen heilige Plätze im Freien und insbesondere den Herd im Zentrum des Hauses. Denn Kamui Fuchi ist die Göttin des Feuers, die im Herd wohnt und die Menschen mit ihrer Wärme gütig am Leben hält.³⁴

Sogar die Genealogie ist zweigeteilt, denn die Frauen rechnen sich nach der weiblichen Linie, die Männer dagegen nach der männlichen Linie – wie immer sie diese konstruieren, denn eine »echte« Vaterlinie ist nicht vorhanden. Nur jeweils in diesen Linien wirkt das Verwandtschafts-Hilfssystem, was einen starken Zusammenhalt der Frauen einerseits und der Männer andererseits mit sich bringt. Jedoch zeigt die Symmetrie hier ein Ungleichgewicht, denn nur in der Mutterlinie gilt strikte Exogamie, nicht aber in der männlichen Linie. Die Frauen derselben Sippe tragen geheime Gürtel unter der Kleidung, die kein Mann zu Gesicht bekommt. Diese Gürtel sind Zeichen ihrer Sippen-Verwandtschaft und ihrer Solidarität, es werden ihnen magische Kräfte zugesprochen. Kein Mann darf eine Frau heiraten, die den gleichen Gürtel wie seine Mutter trägt.³⁵ Das zeigt, dass Frauen der Mutterlinie offenbar als verwandter miteinander gelten als Männer der männlichen Linie. Die Mutterlinie ist wichtiger, so dass nicht ein »Vater«, sondern der mütterliche Onkel oft das hervortretende männliche Familienmitglied ist. Die Beachtung der

---

32 Briffault, Bd. I, S. 295.
33 Philippi, S. 44.
34 Emiko Ohnuki-Tierney: »The Shamanism of the Ainu«, in: *Ethnology*, Nr. 12, Pittsburg 1973, University of Pittsburg.
35 Philippi, S. 45 f.

männlichen Linie ist eine relativ späte Hinzufügung, verhältnismäßig unbedeutend und keineswegs patriarchal.[36] Das erlaubt die Annahme, dass die Ainu einmal volle Matrilinearität besessen haben.

Noch viele andere Züge ihrer Gesellschaft weisen auf den Vorrang der Frau: So kommt die Liebeswerbung von ihrer Seite, die Frau ist es, die in Übereinstimmung mit den Sippenregeln ihren Gatten erwählt. Auch Liebhaber stehen ihr frei – was keine biologische Vaterlinie aufkommen lässt. So machte eine junge Ainu-Frau mit ihrer Liebeswerbung auch vor einem Fremden nicht Halt, einem europäischen Ethnologen, wie eine hübsche Geschichte berichtet.[37] Nach der Heirat zog der Gatte nach der ältesten Sitte ins Haus seiner Schwiegermutter, von der er adoptiert wurde. Hier haben wir ein Bespiel für reine Matrilokalität. Später war es Brauch, dass der Frau ein Haus bei dem ihrer Mutter gebaut wurde, und nun besuchte der Gatte die Gattin in ihrem Haus (Uxorilokalität). Noch später, nämlich dort, wo die Ainu mit den patriarchalen Japanern in Kontakt kamen, blieb die Frau noch ein paar Jahre bis zur Geburt des ersten Kindes im Elternhaus und zog dann ins Haus ihres Gatten (Virilokalität). Auf den Kurilen lebt bis heute der Gatte nicht bei der Frau, sondern besucht sie in ihrem Haus (Besuchsehe).[38] Zu Hause drückt sich die wichtige Position der Frauen darin aus, dass sie ihren Männern Anordnungen geben und sie holen und bringen lassen.[39] Zu allen Unternehmungen der Männer ist das Einverständnis der Frauen nötig, aber in den Angelegenheiten der Frauen, wie Schwangerschaft, Geburt und Tod eines weiblichen Sippenmitglieds, bleiben diese streng unter sich.[40]

Manche Forscher wundern sich darüber, wieso diese Frauen soviel Einfluss über ihre Männer gewinnen konnten, die doch ihrerseits kaum bereit sind, den Anordnungen ihrer Häuptlinge zu folgen! Aber gerade darin steckt das nicht-patriarchale, nicht-hierarchische Muster, denn schon immer waren die Frauen die Hüterinnen der alten Sippen-Gleichheitsprinzipien. Die Gesellschaft der Ainu ist eben grundsätzlich egalitär. Briffault bemerkt lakonisch dazu, dass es eher an der Perspektive dieser Forscher liegt, die nicht wahrhaben wollen, dass eben nicht der Mann von Urzeiten an der Herr und Meister war. Denn hätten die Frauen seit der Altsteinzeit nur die Position von Sklavinnen oder Vieh gehabt, dann wäre in der Tat keine Entwicklung vorstellbar, nach der sie ausgerechnet bei den noch überlebenden Urvölkern eine so wichtige Position gewinnen konnten. Ebenso trocken stellt er fest, dass die These von der altsteinzeitlichen Monogamie eine rein theologische Fiktion ist (»Adam und Eva«) und damit völlig unhaltbar. Denn es gibt keinen Fall eines Urvolkes, das Monogamie praktiziert hätte.[41]

---

36 M.A. Czaplicka: *Aboriginal Siberia. A Study in Social Anthropology*, Oxford 1914, Clarendon Press, S. 104 f.
37 Briffault, Bd. I, S. 120 (nach S. Landor)
38 A.a.O., S. 295 (nach Siebold, Batchelor, Czaplicka).
39 A.a.O., S. 326.
40 Philippi, S. 46.
41 Briffault, Bd. II, S. 303, 327.

7.5 Altsteinzeitliche Glaubenswelt

Vieles in der Gesellschaft der Ainu erinnert an die Lebensform der altsteinzeitlichen Sammlerinnen und Jäger, auch wenn sie nicht mehr Steinwerkzeuge gebrauchen und nicht mehr in Höhlen oder Zelten, sondern in Holzhäusern wohnen. Auch ihre Glaubenswelt ist eine sehr archaische: Die wichtigsten Sippen heißen nach den großen Tieren Bär, der als Gott des Gebirges gilt, und Killerwal, der Göttin des Meeres. Sie werden wie die anderen Tiere als Gottheiten in Tiergestalt betrachtet und als Totemtiere verehrt, das heißt als Schutzgeister eines Clans. Wird ein Tier bei der Jagd erlegt, so ehren es die Männer rituell mit Gesängen und schenken ihm Holzschnitzereien. Denn die Ainu glauben, dass es seinen Fleischkörper gern zurücklässt, wenn sein Geist dafür beladen mit den Gaben der Menschen, besonders Liedern, in die Welt der göttlichen Tier-Ahnen heimkommt. Dann wird es von seinen Tier-Ahnen bestaunt. Kommt es aber ohne Menschengaben zu seinen Ahnen zurück und weint und klagt, so zürnen diese den Menschen und senden keine tierischen Nachkommen mehr für die Jagd. Diesen Glauben, der sehr wahrscheinlich bis auf die Altsteinzeit zurückgeht, teilen die Ainu mit allen Jägervölkern Sibiriens und Nordasiens.[42]

Die Verehrung der getöteten Tiere ist abgeleitet von der Verehrung der menschlichen Toten, die Begräbnisrituale mit viel Gesang, Geschenken und reichen Nahrungsgaben erhalten. Sich um die menschlichen Ahnen zu kümmern war und ist Sache der Frauen, denn sie wünschen sich von ihnen Seelen für die Wiedergeburt. Der Platz der Ahnenverehrung ist die offene Feuerstelle in der Mitte des Hauses (siehe Abb. 17). Nach dem uralten Glauben der Ainu wohnen darunter die Seelen der Ahnen, denn der Feuerherd ist das Tor zur Unterwelt. Wahrscheinlich war es früher üblich, die Toten in der Erde unter dem Herd zu bestatten. Zugleich ist die Feuerstelle mit ihren vier Ecken nach den Himmelsrichtungen ausgerichtet und stellt damit ein Abbild der Welt dar. In dem völlig ritualisierten Leben der Ainu ist das Haus das Zentrum ihres Glaubens, und im Haus ist es der Herd, und am Herd ist es die Frau, der das Haus gehört. Die Frau, vor allem als Schamanin, ist der soziale und spirituelle Mittelpunkt der Hausgemeinschaft, sie stellt bei den häuslichen Ritualen die Verbindung zu den Ahnenwesen und den Gottheiten her. Bei jedem Ritual ist es insbesondere Kamui Fuchi, die Göttin des Herdfeuers, die angerufen und verehrt wird. Ohne die Mitwirkung dieser göttlichen Urahnin, die als Urgroßmutter aller Frauen gilt, ist keine Feier möglich. Im Alltag wird die Feuergöttin, die im Mittelpunkt der Ainu-Welt wohnt, stets sorgsam gehütet. Am Abend wird sie mit Asche bedeckt, dann »geht sie schlafen«, und am Morgen wird sie durch kräftiges Blasen wieder aufgeweckt. Das Feuer auf dem Herd darf niemals ausgehen, und wenn einer Feuerhüterin dieses Missgeschick dennoch passiert, ist es ihre größte Schande.[43]

Auch bei den mongolischen Völkern Sibiriens und Nordostasiens gibt es im Zentrum der Hütte oder der Jurte die heilige Feuerstelle, auch hier sind die Frauen die

---

42 Philippi, S. 87.
43 Munro, S. 55 f., 58; Philippi, S. 68 f.; Ohnuki-Tierney: »The Shamanism«.

7.5 Altsteinzeitliche Glaubenswelt

Feuerhüterinnen. Die mongolischen Frauen kennen folgendes Gebet an die Feuergöttin, das den Gebeten der Ainu-Frauen gleichen mag:[44]

> Ich verneige mich und bringe ein Opfer dar, Dir, meine Mutter, Feuerkönigin,
> die entstanden ist, als der väterliche Himmel noch keine Wolken hatte,
> als die Erdmutter Ertügen erst so groß wie eine Fußsohle war.
> Mit dem Brustbein eines krummhörnigen Schafes bereite ich ein Opfer Dir,
> meine Mutter, Feuerkönigin,
> die entstand, als Meere und Flüsse erst modrige Pfützen waren,
> als der mächtige, schützende Berg noch ein kleiner Hügel war.

Nach diesem oder einem ähnlichen Gebet kann die Frau, wenn sie eine Schamanin ist, ein Orakel-Ritual vollziehen. Dabei hilft ihr die Feuergöttin, tanzend in Besessenheit zu geraten. Ein Ahnengeist oder ein göttlicher Tiergeist ergreift sie und führt ihre Ekstase herbei, und in diesem Zustand vermittelt sie Botschaften von Ahnen, Geistern und Gottheiten. Oder sie singt die langen, schönen Lieder vom Wesen der Ainu-Götter und -Göttinnen und von den Taten der Kultur-Heroen, reiche Epen, die von den Schamaninnen nur mündlich tradiert werden.

Da alle Ainu-Frauen als mit schamanischen Kräften begabt betrachtet werden, können sie solche Rituale auch gemeinsam ausführen, mit Tänzen im Freien (Abb. 18).

Abb. 18: Tanzende Ainu-Frauen vor ihrem Haus.

---

44 Aus der Ausstellung zu den mongolischen Völkern im Haus der Kunst, München, Mai 1989.

Wenn sie mit ruhigen Schritten tanzen, ist der Wind sanft, tanzen sie aber wild, wird der Wind zu einem Sturm aufbrausen. Denn die Windgöttin macht es den Frauen nach: Sie tanzt wild auf den Bergesgipfeln und erzeugt Stürme auf dem Meer. Sitzen aber die Frauen zu Hause bei einer Arbeit, macht es die Windgöttin genauso und das Wetter bleibt ruhig. Hier spiegelt sich noch die alte Funktion von Schamaninnen als Wettermacherinnen.[45]

Das japanische Wort »Kami« für Gottheit stammt vom Ainu-Wort »Kamui«. Die Ainu-Göttin Kamui Fuchi hat auch dem Vulkan Fujiyama (»Fuchi Yama«) einen Teil ihres Namens gegeben, denn die Ainu haben den Berg lange, bevor die Japaner ankamen, als Göttin verehrt. Auch sonst ist das Pantheon der Ainu überwiegend weiblich: Eine andere hervorragende Göttin ist die Spinnenfrau, die nicht nur die Fäden der Weberei knüpft, sondern auch die Fäden des Lebens, denn sie ist die Göttin der Geburt. Sie ist insbesondere eine Göttin der Frauen und Schamaninnen und erweist sich in ihren Epen als allen Männern überlegen. Die Mutter Erde ist eine Ur-Göttin und schenkt den Reichtum des Waldes; ihre Töchter und Söhne sind die Tiere, wie Bärengott und Wolfgöttin, die Vorbilder der Jäger, und die Krähengöttin, die den Menschen Orakel und Weissagungen schenkt. Eine weitere große, Nahrung spendende Mutter ist die Göttin des Wassers in Flüssen und Meer. Sie rettet die Menschen vor dem Hunger, wenn sie ab und zu in Gestalt des Killerwales einen Wal an den Strand treibt; davon können sich die Leute lange ernähren. Sie hat den Männern die Jagd- und Fischfangrituale gelehrt, damit sie ihre Tätigkeit respektvoll ausüben, und der Eulengott wacht darüber, dass diese Regeln eingehalten werden. Das weist darauf hin, dass es die Frauen waren, die in Anlehnung an die Rituale beim Tod eines Menschen die Männer das respektvolle Töten der Beutetiere lehrten.[46]

Die Ökonomie, Lebensform und Glaubenswelt der Ainu hat viele Parallelen bei den mongolischen Völkern Nordostasiens, wie den Giliak auf Sachalin, den Kamtschadalen auf der großen Halbinsel Kamtschatka, den nördlicher wohnenden Koryaken und den Tschuktschen auf der nordöstlichsten Halbinsel Asiens, die nur durch die schmale Meeresenge der Beringstraße von Alaska auf dem nordamerikanischen Kontinent getrennt ist (siehe Karte 4). Auch die Bewohner der Aleuten-Inselkette weisen verwandte Sitten auf, und auch die Aleuten reichen zum nordamerikanischen Kontinent hinüber.

In den altsteinzeitlichen Eiszeiten waren beide Kontinente sogar über die Tschuktschen-Halbinsel Asiens und die Seward-Halbinsel Alaskas verbunden, und ebenso mündeten die Aleuten-Inseln direkt auf der Alaska-Halbinsel. So ergab die Geographie in beiden Fällen eine feste Landbrücke, die allerdings stark vereist war. Wegen dieser Landverbindung wurde eine Theorie entwickelt, in der angenommen wird, dass der Einwanderungsweg der Sammlerinnen- und Jägervölker nach Nordamerika allein über diese beiden nördlichen Routen geführt hat; sie sollen die »ersten Amerikaner« gewesen sein. Ihre Kultur soll sich trotz Eiszeit von Sibirien nach Alaska und entlang der kanadischen Westküste abwärts verbreitet haben und dann quer über den Kontinent bis zum Gebiet der Großen Seen. Allerdings sind die altsteinzeitlichen Funde für Alaska

---

45 Philippi, S. 168 f.
46 A. a. O., S. 66, 75, 78 f., 99, 108.

und Kanada sehr spärlich und relativ spät (16.000 v. u. Z.), verglichen mit den altsteinzeitlichen Funden in Südamerika (32.000 v. u. Z.).[47] Deshalb ist diese Theorie vom »ersten Amerikaner«, der über die Beringstraße nach Nordamerika kam, zweifelhaft und die Behauptung, die Besiedelung Amerikas verlief ausschließlich über diese nördlichen Routen, nicht zu halten. Erst viel später wurde die Einwanderung über die nördlichen Routen intensiver, als der nordamerikanische Kontinent leichter zugänglich war.[48]

In Licht dieser Kontakte ist es nicht überraschend, dass noch die heutigen Koryaken und Tschuktschen in körperlicher und kultureller Hinsicht den indigenen Nordwestküsten-Völkern Nordamerikas auffallend ähnlich sind. Bei allen diesen Völkern waren und sind die Frauen von großer Bedeutung.

7.6 Zur Struktur der matriarchalen Gesellschaftsform (Fortsetzung)

Auf der kulturellen Ebene:

- Im Matriarchat hatten Schamaninnen die höchsten Positionen inne, denn jede Königin war gleichzeitig eine Schamanin.
- Schamaninnen wurden während der Ausübung ihrer öffentlichen Funktion als Göttinnen verehrt, weil Göttinnen, Götter, Geister und Ahnenwesen durch sie sprachen. Sie trugen deshalb häufig als Titel die Namen von Göttinnen.
- Dies zeigt, dass es in der matriarchalen kultischen Praxis keine absolute Trennung zwischen »Gottheit« und »Mensch« gibt. Gottheiten sind keine abstrakten, transzendenten Wesen außerhalb der menschlichen Welt, sondern immanente Kräfte in der Natur und im Menschen.
- Bei den Erb-Schamaninnen ging der Beruf direkt von der Mutter auf die Tochter über (oder von der Tante auf die Nichte). Schamaninnen-Familien lebten für sich an den heiligen Plätzen und behielten noch lange die traditionelle, matriarchale Sippenordnung bei (z. B. in Japan).
- In matriarchalen Gesellschaften ist die Schwester dem Bruder heilig. Sie ist die Wiedergebärerin der Ahninnen und Ahnen, und als Familienschamanin wird sie als die Schutzgöttin der Sippe betrachtet. Die beiden zentralen emotionalen Beziehungen sind deshalb zwischen Mutter und Tochter und zwischen

---

47 Chris Scarre (Hg.): *Weltatlas der Archäologie*, München 1990, Südwest-Verlag, S. 70.
48 Leroi-Gourhan: *Archéologie*; N.N. Dikov: »The Stone Age of Kamchatka and the Chukchi Peninsula«, in: *Arctic Anthropology*, Nr. 3, University of Wisconsin Press 1965, 1966, S. 10 f.; J.L. Giddings: »The Archeology of Bering Strait«, in: *Current Anthropology*, Chicago, March 1960, University of Chicago, S. 121 f.; Abramova, Dragoo, Mochanov, Beiträge dieser Autoren in: D.L. Browman (Hg.): *Early Native Americans*, Paris-New York 1980, Mouton; W. Jochelson: »The mythology of the Koryak«, in: *American Anthropologist*, Nr. 6 (1904), Wiederabdruck 1975, New York, American Ethnological Society; Czaplicka: *Aboriginal Siberia*.

Schwester und Bruder. Alle anderen emotionalen Beziehungen stehen dahinter zurück.

Auf der politischen Ebene:

- Matriarchale Königinnen haben ihre Söhne oder Brüder als ausführende Mitregenten an der Seite; der Bruder ist oft auch der Gatte der Königin. Das gilt nicht im Volk insgesamt, ist aber in den königlichen Familien häufig.
- In Matriarchaten besteht Einheit des Glaubens zwischen den Adligen und dem Volk. Erst beim Erscheinen patriarchaler Eroberungsgesellschaften nutzen die Herrschenden die allgemein geltenden, religiösen Strömungen, um ihre Macht zu festigen (patriarchale Staatsreligionen), während das Volk den traditionellen Glauben noch lange bewahrt, der von den Herrschenden ignoriert wird (matriarchale Volksreligion).

Auf der sozialen Ebene:

- Die Vorstellungen von Monogamie und Patriarchat in der Altsteinzeit sind fiktiv. Die Sozialordnung der altsteinzeitlichen Sammlerinnen und Jäger war egalitär mit einer gewissen Trennung der wirtschaftlichen Arbeiten und der rituellen Praxis (am Beispiel der Ainu).
- In solchen Gesellschaften gibt es eine natürliche soziale und spirituelle Überlegenheit der Frauen.
- Auf dem Boden dieser Bedeutung der Frauen ist leicht zu erklären, wie sich daraus kontinuierlich und ohne große Brüche die matriarchalen Gesellschaftsmuster der Jungsteinzeit entwickeln konnten. Im Gegensatz dazu gibt es keine Erklärung dafür, wie aus dem behaupteten Patriarchat der Altsteinzeit die matriarchalen Gesellschaften der Jungsteinzeit entstanden sein sollen.

Kapitel 8: »Alam Minangkabau« – die Welt der Minangkabau in Indonesien

Für jede Induah, jede Sippenmutter der Minangkabau

8.1 Matriarchale Kulturmuster in Indonesien

»Alam Minangkabau«, die Welt der Minangkabau auf Sumatra, ist die ursprüngliche Sozialordnung aller Malaien. Diese Welt war eine matriarchale und blieb es bei den Minangkabau bis in die Gegenwart, noch heute sind sie das größte und bekannteste matriarchale Volk. Ihr matriarchales Stammesgesetz ist ein lebendiges Gefüge und nicht nur eine Spiegelung der uralten, sozialen Verhältnisse, die einst in dem gesamten Gebiet existierten.[1] Doch auch in ihrem Fall wird von westlichen Wissenschaftlern stets nur von einem »matrilinearen« Volk geredet, was zu eng ist und eine falsche Formulierung darstellt, da viele weitere Eigenschaften verschwiegen oder missdeutet werden. Gegenwärtig sind auch die Minangkabau – wie die anderen matriarchalen Gesellschaften – in einer schwierigen Situation, weil sie Jahrhunderte lang zunehmenden, patriarchalen Tendenzen ausgesetzt waren und sind. Aber sie zeigen gegen diese einen einzigartigen Widerstandswillen, und sie besitzen einen eindrucksvollen Erfindungsgeist, die patriarchalen Herausforderungen zu unterlaufen. So wurden sie nicht zu einer defensiven Rückzugsgesellschaft, sondern breiten sich friedlich dank ihrer Handelsaktivitäten aus. Das tun sie im vollen Bewusstsein, dass sie eine sehr besondere Sozialform haben, nämlich ein »Matriarchat«, wie sie mit Stolz auf ihre Identität als Minangkabau selbst sagen.

In frühgeschichtlicher Zeit besiedelten ostasiatische Völker, von Südchina kommend, den gesamten indonesisch-malaiischen Archipel. Zu ihm gehören die lang gestreckte Malayische Halbinsel und die großen Inseln Sumatra, Java, Borneo (Kalimantan), Celebes (Sulawesi), die Philippinen und die vielen kleineren Inseln (siehe Karte 1).[2] Wir wissen, dass sie von Südchina eine matriarchale Sozialordnung mitbrachten, die sie über diesen großen Raum verbreiteten. So sind bis heute nicht nur die Minangkabau in dieser Region noch matriarchal, sondern auch die Chams in Vietnam und die Negri Sembilan auf der Malayischen Halbinsel.[3] Ältere Forschungen berichten, dass die Frauen in Indonesien allgemein hohe Achtung genießen. So nehmen sie bei den Alfurs auf

---

1 Briffault, Bd. I, S. 287 f.
2 Peter Bellwood: *Prehistory of the Indo-Malaysian Archipelago*, Sydney-New York-London 1985, Academic Press.
3 A. a. O., S. 144 f.

Ceram (Seram) an allen öffentlichen Angelegenheiten teil, bei den Minahassa auf Celebes (Sulawesi) werden sie in politischen Geschäften um Rat gefragt und sind in allen öffentlichen Ämtern vertreten, worin sie oft höhere Autorität haben als die Männer. Berichte aus Borneo (Kalimantan) zeigen die Frauen bei den indigenen Dayak (ur-malaiischen Stämmen) als unumschränkte Herrinnen im Haus und oft auch im Stamm, sie begleiten ihre Männer bei Kämpfen und übernehmen nicht selten die kriegerische Verteidigung selbst.[4] Bei den Kenyah-Dayak liegt die gesamte Kontrolle über die Ackerbautätigkeiten und deren Produkte in den Händen der Frauen. In der Politik fällen sie die aktuellen, real-politischen Entscheidungen in ihren Langhäusern, während die Männer im Dorfrat die formal-politischen Rederituale ausführen. Diese haben den Charakter von Schaustellungen, bei denen man sich von vornherein einig ist.[5] Auch matrilokale Ehe kommt noch häufig vor. Diese zugrunde liegende, matriarchale Sozialordnung, die für die indigenen Völker des gesamten Gebietes typisch ist, wurde im Lauf von Jahrhunderten sukzessive überlagert durch hinduistischen, dann christlichen, zuletzt islamischen Einfluss, der die patriarchalen Familienmuster hervorgebracht hat.

Ähnlich komplex ist die Situation bei den Minangkabau auf Sumatra, obwohl sie das ur-malaiische »Adat«, das matriarchale Stammesgesetz, am klarsten beibehalten haben. Im Herzland oder Mutterland der Minangkabau, dem »Darek«, das in das fruchtbare Hügelland von Padang im Westen Sumatras eingebettet ist, gilt das Adat als Lebensgrundlage für drei Millionen Minangkabau. Sie leben hier vom Anbau von Nassreis auf terrassierten, bewässerten Feldern. Weitere drei Millionen Minangkabau leben außerhalb des Herzlandes, im »Rantau« – das Wort bedeutet »auf Wasserwegen wegziehen«, was die typische Art der geschichtlichen Ausbreitung zeigt. Das Rantau umfasst sowohl Ostsumatra wie alle größeren Städte der Insel und die großen Städte ganz Indonesiens. Dort sind die ausgewanderten Minangkabau als Kaufleute in sämtlichen Handelsgeschäften und in der Administration tätig, sie sind aktiv in der Wirtschaft, Politik und Kultur. Es gibt keinen modernen Beruf, den sie, sowohl Männer wie Frauen, im Rantau nicht ergriffen hätten. Sie gelten in Indonesien als ein Volk von hoher Bildung und Kultur, von kosmopolitischer Weltoffenheit und großer Wirtschaftskraft. Im Rantau war der Anpassungsdruck an die patriarchale Lebensweise größer und hat eine sehr gemischte Situation hervorgebracht. Aber noch immer beziehen diese Auswanderer ihre Identität und ihren Stolz als Minangkabau aus der Lebendigkeit des Adat im Herzland, an dem sie, zumindest im Bewusstsein, festhalten. Das Darek oder Herzland wird von ihnen häufig wirtschaftlich unterstützt.[6] Darek und

---

4 Briffault, S. 287 f., 320 f.
5 Carol J. Pierce Colfer: »Female Status and Action in Two Dayak Communities«, in: *Women in Asia and the Pacific*, Madeleine J. Goodman (Hg.), Honolulu/Hawai'i 1985, University of Hawai'i, S. 183 f.
6 Tsuyoshi Kato: *Matriliny and Migration. Evolving Minangkabau Traditions in Indonesia*, Ithaca-London 1982, Cornell University Press; Susanne Gura: *Die sozialökonomische Rolle der Frauen in der ländlichen Entwicklung West-Sumatras*, Saarbrücken 1983, Verlag Breitenbach; Cillie Rentmeister: *Frauenwelten – Männerwelten*, Opladen 1985, Leske und Budrich, S. 44–65; Gordian Troeller, Dokumentarfilm zu den Minangkabau: *Männerherrschaft unbekannt*, Reihe: Frauen der Welt, CON Film, Bremen.

Rantau sind also keine Gegensätze, sondern bringen sich wechselweise erhebliche Vorteile. Diese beiden Pole des Lebens der Minangkabau existieren schon lange und sind ein wesentlicher Grund für die Anpassungsfähigkeit und Vitalität ihres matriarchalen Adat bis in die Gegenwart.

8.2 Sozialordnung und Kultur der Minangkabau

Das Adat ist im Herzland der Minangkabau fest verankert. Hier folgen die Sippen strikter Matrilinearität, Matrilokalität und der Besuchsehe aufseiten der Männer, die zwischen dem Haus ihrer Mutter, wo sie heimisch sind, und dem ihrer Gattinnen, wo sie nur Gäste sind, hin- und hergehen. »Paruik«, das heißt »Mutterschoß«, nennt sich dabei die Hausgemeinschaft, die Großfamilie, die mit 40, 60 oder sogar 80 Personen aus drei Frauengenerationen und den Brüdern und Söhnen in einem großen Mutterhaus zusammenlebt. Dieser matriarchale Clan ist die wichtigste, funktionale Einheit und agiert unter der informellen, aber umso einflussreicheren Führung der »Induah«, der clanältesten Frau, der Matriarchin (Abb. 19). Bei der Induah laufen nicht nur die Verwandtschaftslinien einer Sippe zusammen, sondern sie integriert auch alle wichtigen Treffen zur Entscheidungsfindung, die im Sippenhaus stattfinden. Sie ist mit ihrer natürlichen Autorität das Zünglein an der Waage.[7] Das »Rumah gadang«, das große Sippenhaus, eignet sich ideal für diese Art von basisdemokratischen Redeversammlungen. Es ist nicht nur außen prächtig geschnitzt und bemalt und mit mehreren gehörnten, pagodenartigen Dächern versehen, sondern bietet auch innen eine geräumige Halle zum Speisen, Reden und Feiern (Abb. 20). Heute leben nicht mehr alle Minangkabau in diesen schönen, traditionellen Häusern, die sehr teuer im Unterhalt sind, sondern sie bevorzugen kleinere Häuser im modernen Stil.

Das Sippenhaus gehört den Frauen, genauso wie das Sippenland, das nicht verkauft werden darf, sondern in weiblicher Linie vererbt wird. Auch alle durch Handel erworbenen Einkünfte von Frauen und Männern werden in den Besitz der Sippe, dessen Verwalterin die Induah ist, eingegliedert. Kein Wunder also, dass ihr Wort, klar und knapp zur Sache ausgesprochen, das Gleichgewicht bei der Entscheidungsfindung herstellt, wenn kein Konsens in der Versammlung gefunden werden konnte.

Die nächstgrößere soziale Einheit ist »Payung« (oder »Kampu-eng«), die lokale Sippe; sie umfasst mehrere verwandte Häuser in einer Dorfgemeinschaft. Zwischen ihnen ist der »Panghulu«, ein Bruder der Matriarchin, die nach außen verbindende und vermittelnde Person. Er wird aus der Gruppe der Mutterbrüder, der »Mamak«, von den Sippenmitgliedern gewählt. Sein Betragen muss sanft und freundlich, duldsam, tolerant und würdevoll sein, er muss sein »wie eine gute Mutter« (Aussage der Minangkabau). Nur so kann er als formeller Vorstand die »Payung«-Häuser im Dorf verbinden,

---

7 Zum Begriff der »natürlichen Autorität« im Matriarchat, die von »Autorität als Herrschaft« unterschieden ist, siehe: Heide Göttner-Abendroth: »Die Macht von Frauen«, in: *Am Anfang die Mütter,* S.175 f.

Abb. 19: Frau Dr. Aman, eine Matriarchin der Minangkabau.

Abb. 20: Prächtiges Sippenhaus der Minangkabau.

mit denen er fortwährend kommuniziert. Seine Hauptaufgabe ist, die lokale Sippe nach außen zu vertreten. In dieser Rolle hat er jedoch keine Entscheidungsbefugnis, denn Entscheidungen werden in den Sippenhäusern getroffen, während er die Entscheidungen seiner Sippe als Delegierter nach außen vermittelt. Er muss auf jeden Fall integrierende Qualitäten haben, daher ist seine Kommunikation wortreich, aber sorgsam und vorsichtig, besonders gegenüber Frauen, die direkt sagen, was sie denken.[8] Trotz der scheinbaren Sanftheit seiner Rolle zählt es zur höchsten Würde eines Mannes, Panghulu zu werden, denn seine Ehre ist es, nicht sich selbst und seine Privatinteressen zu vertreten, sondern die Sippe seiner Mutter, Schwestern und Brüder.

Die größte soziale Einheit des Adat ist »Suku«, die gesamte Sippe, die mehrere Linien umfasst und sich über mehrere Dörfer und Gebiete verteilen kann, zumindest bei den größeren Clans. Alle Linien einer Suku führen sich auf eine gemeinsame Ahnfrau zurück. Ursprünglich bestand jede Dorfgemeinschaft aus den vier ältesten Sippen der Minangkabau: den Koto, Piliang, Bodi und Tjaniago.[9] Diese Namen sind noch heute am weitesten verbreitet und am höchsten angesehen, denn von diesen vier Sippen stammen fast alle Minangkabau ab. Es waren ihre Ahnfrauen, die das Adat geschaffen haben. Dabei zeigt sich noch eine weitere, interessante Besonderheit, denn diese vier Sippen sind stets je zwei und zwei einander zugeordnet, das heißt, sie sind paarweise Heiratssippen, nämlich die Koto-Piliang und die Bodi-Tjaniago. Gemäß ihren Traditionen haben die Minangkabau einst ihre ältesten Dörfer um den Vulkanberg Merapi mit diesen vier Sippen bevölkert, was eine strikte Vierteilung jedes Ortes ergab, mit jedem der vier Clanhäuser in einer Himmelsrichtung. Darin spiegelt sich ebenfalls eine spirituelle Bedeutung. Diese vier Sippen oder Sektionen jedes Ortes waren durch die traditionelle Kreuz-Basen-Vettern-Heirat der jeweiligen Heiratsclans miteinander verbunden. Nehmen wir zum Beispiel an, dass die Koto im Sippenhaus A wohnten und die Piliang im Sippenhaus B. Dann wurden die jungen Piliang-Männer als direkte oder indirekte Blutsbrüder (ihre Mütter sind Schwestern) die Gatten der jungen Frauen der Koto-Sippe (untereinander direkte oder indirekte Schwestern), denen sie in Besuchsehe begegneten. Gleichzeitig gingen die jungen Koto-Männer die Besuchsehe mit den

---

8 Zum unterschiedlichen Redeverhalten von Frauen und Männern bei den Minangkabau siehe: Keebet von Benda-Beckmann: »Bei den Minangkabau hat die Frau viel zu sagen«, in: *Tagesanzeiger Magazin,* Nr. 14, 8. Mai 1976.

9 Siehe dazu und für das Folgende: Josselin de Jong: *Minangkabau and Negri Sembilan,* The Hague 1952, Nijhoff; S. 10–14, 60–63, 66–76. – Es ist grotesk zu sehen, wie ein so hervorragender Forscher wie J. de Jong seinen ausgezeichneten Studien die patriarchale Theorie von Claude Lévi-Strauss überstülpt. So spricht er bei den Minangkabau vom »Frauentausch und Zirkulieren von Frauen« (als ob sie Objekte sind!), obwohl die Männer in Besuchsehe zwischen den Sippenhäusern hin- und hergehen, also »zirkulieren«. Ferner spricht er von »Gebern von Frauen«, obwohl die Frauen in ihren angestammten Häusern bleiben und niemand sie in ein anderes Sippenhaus »gibt«. Er spricht von »Phratrien«, d. h. »Bruderschaften«, ein Begriff für patriarchale Clans, wenn er die matriarchalen Clans meint. Auch die Lévi-Strauss-These von der Entstehung von Stämmen durch Krieg und Kontrakt wird hineingezwungen, obwohl dafür kein Hinweis existiert. Dagegen gibt es reichlich Evidenz dafür, dass die Stämme durch Geburten entstanden und angewachsen sind, wofür Frauen als Ahninnen geehrt werden, und sich ebenso natürlich durch friedliche Auswanderung (»Rantau«) teilten und verteilten. Wir haben hier wieder ein Beispiel dafür, wie sehr das von einem Forscher erarbeitete Material durch eine patriarchale Theorie-Brille verzerrt werden kann.

jungen Piliang-Frauen ein. Dasselbe gilt für die beiden als Heiratssippen einander zugeordneten Bodi und Tjaniago (Abb. 21).

Hier stoßen wir wieder auf die alte, matriarchale Schwestern-Brüder-Wechselheirat zwischen je zwei Sippen. Es ist der reguläre »Brüdertausch« zwischen zwei matriarchalen Sippenhäusern, wobei die Mamak, die Mutterbrüder, offiziell die jungen Männer als ihre Schwestersöhne dem jeweils verschwägerten Sippenhaus als Gatten zuführen. Dieses Heiratssytem könnte einst die Schwestern-Brüder-Gruppenehe gewesen sein. Sie ist heute nicht länger der Fall bei den Minangkabau, die heute die Besuchsehe einzelner Paare auf Sippenhintergrund praktizieren.

Kreuz-Basen-Vettern-Heirat, wo immer sie vorkommt, ist ein Indiz für diese Sippen-Wechselheirat. Es ist klar, dass sie nur auf dem Boden der dauernden Wechselheirat zwischen zwei Sippen überhaupt entstehen konnte, sie ist die genealogische Folge davon. Gleichzeitig mit dieser »idealen« Heirat taucht stets das Verbot der

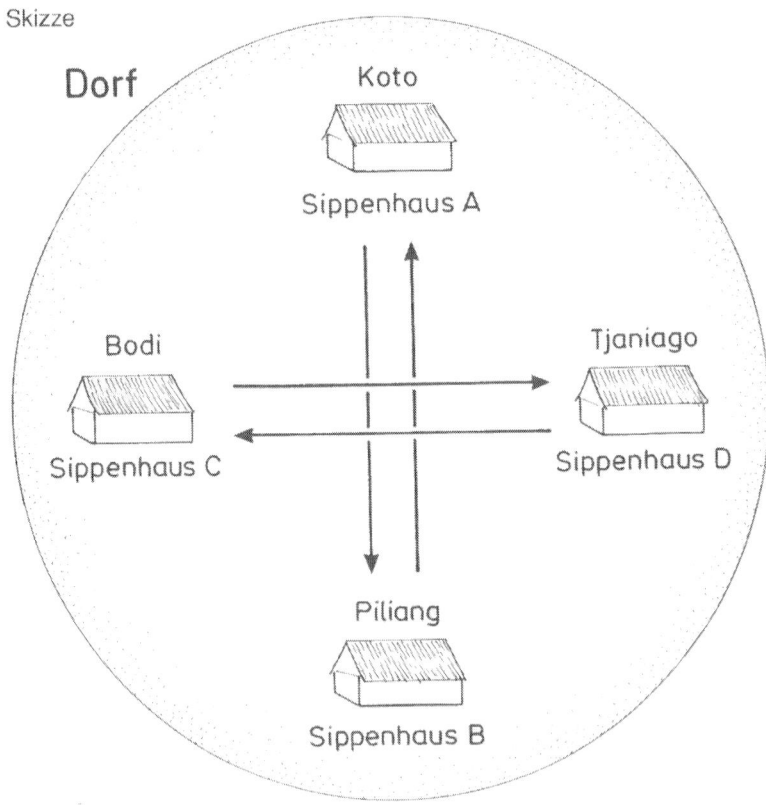

Abb 21: Die älteren Heiratssippen der Minangkabau.

»unerwünschten« Heirat zwischen Parallel-Cousins und -Cousinen auf, also zwischen der Tochter einer Mutter und dem Sohn einer Mutterschwester. Denn diese beiden jungen Leute gehören zur selben Sippe und tragen denselben Sippennamen. Eine solche Verbindung würde die Regel der Wechselheirat zwischen je zwei Sippen unterbrechen, da hier innerhalb derselben Sippe geheiratet würde. Das ist nicht erwünscht. Die einzelnen Sippenhäuser sind strikt exogam (Heirat nach außen), während die zwei einander zugeordneten, »gepaarten« Sippenhäuser strikt endogam sind (Heirat nach innen, d. h. es werden keine Gatt/innen außerhalb gesucht). Das hat nichts mit dem von Ethnologen viel zitierten und falsch verstandenen »Inzest-Tabu« zu tun. Denn Paare in diesen beiden in generationenlanger Wechselheirat einander zugeordneten Sippen befinden sich sowieso in engster Inheirat, was zeigt, dass diese Völker gar keinen Begriff von »Inzest« hatten. Es geht bei der strikten Exogamie der einzelnen Sippen viel eher um das beständige Knüpfen des sozialen Netzes, denn die Häuser in diesem Arrangement der »gepaarten« Sippen stehen in einem Bund der gegenseitigen Verantwortung und Hilfe. Die Heiratsregeln dienen dazu, dieses Netz der wechselseitigen Unterstützung zu weben. Sie sind dafür da, die vier Teile oder Sippen eines Dorfes miteinander zu verknüpfen; nur darum ist es nicht erlaubt, innerhalb der eigenen Sippe zu heiraten.[10]

Die Kultur der Minangkabau manifestiert sich in ihren reichen traditionellen Zeremonien und in einer Sozialphilosophie, deren Prinzipien kurz formuliert als Sprichwörter an jede Generation weitergegeben werden und in den Reden der Männer ausdrücklich formuliert werden.[11] Dabei ist für die Minangkabau die Natur das Vorbild, und sie drücken ihre Philosophie in von der Natur genommenen Metaphern aus. Zum Beispiel vergleichen sie die gesellschaftlichen Pflichten mit denen

---

10 Es ist eine offene Frage, ob Heirat zwischen engen Blutsverwandten automatisch zu körperlicher und geistiger Degeneration führt. Auf diese ethnologisch gegebene Situation sofort mit der Alarmglocke zu reagieren geht auf patriarchale und christliche Vorurteile zurück. Denn Fachstudien zum Thema weisen nach, dass vererbte Schäden nicht allein das Ergebnis von Inheirat sind, sondern eher auf defekte Gene zurückgehen, die sich bei Inheirat auswirken (siehe H. Maisch: *Inzest,* Reinbek bei Hamburg 1968, Rowohlt Verlag). Inheirat zwischen engen Blutsverwandten war immer die Regel in Stammesgesellschaften, dennoch sind sie Tausende von Jahren körperlich und geistig gesund geblieben. Dies zeigt, dass Inheirat bei Abwesenheit von genetischen Defekten nicht nur kein Problem ist, sondern tatsächlich von Vorteil. Wenn genetische Defekte bei solchen Stammesgesellschaften mit enger Inheirat vorgekommen sind, dann sind sie innerhalb weniger Generationen ausgestorben, und man weiß nichts mehr von ihnen. Aber bei denjenigen, die nach dem Gesetz der natürlichen Selektion weiterlebten – und nur mit diesen sind wir hier beschäftigt – kam ein solcher Mangel nicht vor. Sie bewahrten ihre gesunden Gene untereinander und schützten sie durch die Inheirat.

11 Siehe dazu und zum Folgenden die hervorragende Forschungsarbeit von Peggy Reeves Sanday: *Women at the Center.* – In diesem Buch werden die Zeremonien der Minangkabau ausführlich dargestellt. Sanday benennt die Gesellschaft der Minangkabau offen als »Matriarchat«, weil diese ihre Gesellschaftsform selbst als »Adat Matriarchat« bezeichnen, was die Forscherin respektiert. Das hat sie zur Re-definition von »Matriarchat« auf ihre Weise geführt.

für die junge Reissaat: Die zarten Schösslinge sind noch klein, doch durch Pflegen und Wässern werden sie groß und ernähren zuletzt die Menschen. Ebenso soll in der Gesellschaft das Kleine gepflegt und genährt werden, das heißt die junge Generation, denn wenn sie beschützt groß werden kann, ist eine Gesellschaft stark. Die leitenden Werte sind nicht die von Wettbewerb und Aggression, sondern die mütterlichen Werte des Nährens und Pflegens in allen Bereichen, auf denen die Philosophie und Sozialordnung der Minangkabau beruhen. In diesem Licht betrachtet ist auch die Mutterlinie für sie natürlich, denn überall in der Natur kann man sehen, dass es die Mütter sind, die der nächsten Generation das Leben schenken, sie ernähren und wachsen lassen. Sie sagen: »Alles was in der Natur lebt, wird von der Mutter geboren.« (Pak Idrus)[12]

Es sind die Männer der Minangkabau, insbesondere die Panghulu, die als Gelehrte des Adat die alten Weisheiten immer neu formulieren und nach außen vertreten. Die Rolle des Mannes beschreiben sie im Bild des Farnblattes, das sich wie eine schützende Hülle um die Sporen legt: So soll der Mann als Mutterbruder die Sippe schützend umgeben und seine Schwesterkinder während ihrer Erziehung und Ausbildung begleiten. Vereinzelt ist bei langjährigen Liebesbeziehungen der Minangkabau die individuelle biologische Vaterschaft bekannt und wird geehrt. Sie spielt aber für die Sozialordnung keine Rolle, denn daraus wird keine Vaterlinie abgeleitet. Ferner gehört es zu den Werten des Adat, Konflikte durch Verhandeln und Schlichten zu lösen, und auch hier sind die Männer in ihrer offiziellen Rolle als Panghulu Meister dieser Kunst. Denn es geht immer darum, den friedlichen Konsens wieder herzustellen. Ebenso sind die Männer Experten im Redenhalten bei offiziellen Zeremonien, bei denen sie die Weisheit des Adat wortgewandt erläutern.[13]

Die Frauen hingegen sprechen nicht über das Adat und schreiben es auch nicht nieder, denn sie sind das Zentrum des Adat und praktizieren es. Sie nennen ihre Art damit umzugehen »Adat Ibu«. »Ibu« heißt »Mutter«, es ist also das Adat der Mütter. Dies wird insbesondere bei den öffentlichen Festen der Lebensstadien, wie Geburt, Hochzeit und Bestattungen, ausgeübt, hierbei sind die Frauen die Hauptakteurinnen. Sie bringen die traditionellen, zeremoniellen Speisen herbei, dirigieren die Vorgänge, bauen die Bühne für die Reden der Männer, die sie im richtigen Moment dort hinauf einladen. Die Praxis des Adat Ibu ist am deutlichsten zu sehen, wenn die Frauen bei diesen Anlässen, an denen die Mitglieder von mindestens zwei Clans zusammenkommen, die Fäden und Netze der vielfältigen Verwandtschaftsbeziehungen knüpfen und weben. Das geschieht, während sie sich untereinander bei den Festvorbereitungen helfen, um alles rechtzeitig fertig zu stellen, und wenn sie das Fest gemeinsam durchführen. Bei diesen Ereignissen zeigt sich auch der bei matriarchalen Gesellschaften übliche Kreislauf des Schenkens, denn die Speisen, Getränke, Lieder und Reden und sonstige Festfreuden werden wechselseitig geschenkt, und alle haben an allem reichlich Anteil. Auch dieses Schenken gehört zu

---

12 A. a. O., S. 24.
13 Ibidem; dieselbe: »Matriarchal Values and World Peace: The Case of the Minangkabau«, in: Goettner-Abendroth (Hg.): *Societies of Peace*.

den mütterlichen Werten und dient dazu, gute Beziehungen zu knüpfen. Es ist das ständige Zirkulieren von Reis, Bananen und guten Speisen im ganzen Dorf, wobei auch die männlichen Geliebten erwählt werden, was an den Festen seinen Höhepunkt erreicht.[14] Es ist ein typisches Beispiel der matriarchalen Ökonomie des Schenkens, und hier schließt sie die ganze Dorfgemeinschaft ein.[15]

Bei diesen Festen wird insbesondere die ältere Frau geehrt, die Induah oder Matriarchin, denn sie ist die Verkörperung von Mütterlichkeit und Führungskraft. Man betrachtet sie als eine verjüngte Gestalt der »Bundo Kanduang«, der ersten Ahnfrau. Die Bundo Kanduang hat einen weit zurückreichenden geschichtlichen Hintergrund, denn ihr Name ist der Titel der mythischen Ahnfrau und Gründungskönigin aller Minangkabau. Jede Induah trägt bei der Ausführung der heiligen Zeremonien ebenfalls diesen königlichen Titel. Sie wird bei diesem Amt mit dem Schmetterling verglichen, einem heiligen Symbol, das auch aus der Natur stammt. Es charakterisiert die Induah, wie sie in ihre schönste, farbenfrohe Adat-Tracht gekleidet und mit Geschenken beladen erscheint, als die Bringerin von Glück und Wohlstand für alle, genauso wie es die vergöttlichte Ahnfrau Bundo Kanduang tat. Auch mit der zentralen Säule im Clanhaus vergleicht man die Induah, jener Säule, die zuerst errichtet wird und die das ganze Gewicht des schützenden Daches trägt. Denn der Ursprung und das Zentrum der ganzen Gesellschaft war einst die mythische Ahnfrau, und jede spätere Matriarchin ist ihr Ebenbild.[16]

8.3 »Darek« und »Rantau«: zwei Seiten, das Patriarchat zu verhindern

Wenn bei den Minangkabau die Bevölkerung in den Dörfern anwuchs – was allerdings langsam vor sich ging – und schließlich das umliegende Ackerland nicht mehr ausreiche, kam es schon immer in ihrer Geschichte zum »Rantau«, zur Auswanderung. Bei der ältesten Art von Rantau teilte sich das ganze Dorf: Tochterlinien trennten sich von ihren Muttersippen und gründeten ein neues Dorf. Dabei waren es stets vier auswandernde Tochterlinien von den Muttersippen Koto-Piliang und Bodi-Tjaniago. Denn in jeder neuen Siedlung wurde dieselbe Ordnung der vier Sippen wieder hergestellt, die seit Generationen zu Heiratssippen gepaart waren. Die Auswanderungsbewegung ging dabei entlang der Wasserläufe, was ja der Begriff »Rantau« besagt, der ebenso die Bedeutungen »Flussufer«, »Küstenlinie« und »Übersee« einschließt.[17]

Diese ursprünglichen Verhältnisse, die sich durch viele Indizien noch feststellen lassen, haben sich im Verlauf der jüngeren Geschichte der Minangkabau unter dem Druck von außen durch fremde Ansprüche verändert. Aber das Adat hat sich nicht

---

14 Sanday: *Women at the Center*, Kapitel 5 und 7.
15 Siehe die Theorie der Schenke-Ökonomie bei Vaughan: *For-Giving*.
16 Sanday: *Women at the Center*, Kapitel 2; siehe auch die indigene Forscherin Usria Dhavida: »The Role of Minangkabau Women«, in: Goettner-Abendroth (Hg.): *Societies of Peace*.
17 Kato, S. 77–85.

verändert und auch nicht »Nagari«, das Dorf, denn jedes Dorf ist eine kleinere oder größere politisch selbstbestimmte Dorf-Republik. Die einzelnen Nagari haben sich, trotz ihrer Verschiedenheit untereinander, erfolgreich gegen Zentralisierungsversuche gewehrt, die im Lauf der Geschichte von patriarchalen Gesellschaften gegen sie unternommen wurden.[18] Dass die Macht des Adat nicht gebrochen werden konnte, liegt daran, dass alles Ackerland eines jeden Dorfes Sippeneigentum ist und unter keinen Umständen verkauft werden kann. Es ist Erbland, das von den Sippenmüttern den blutsverwandten Frauen ihres Sippenhauses weitergegeben wird. Männer besitzen dagegen kein Land als ihr Sippenerbe und verkaufen auch keine Ackerbauprodukte. Die Frauen, die sich vollkommen selbst versorgen können, haben den Handel mit landwirtschaftlichen und häuslichen Produkten allein in der Hand. Das ist die wirtschaftliche Basis des Adat und der Dörfer.[19]

Daran scheiterte im 14. Jh. der Zentralisierungsversuch eines Königs von Java, der mit den Minangkabau entfernt verwandt war, aber nach hinduistisch-patriarchalem Vorbild auch über Sumatra herrschen wollte und bestrebt war, die Vaterlinie bei den Minangkabau einzuführen. Die unabhängigen Dorf-Republiken akzeptierten jedoch keinerlei Einmischung des Königs in ihre Angelegenheiten. Auch keine Armee konnte der König mittels Steuern von den Minangkabau aufbauen, um seinen Willen zu erzwingen, denn die Frauen hielten an ihrem Sippenbesitz fest – nichts davon war zu haben. So blieb dieses Königshaus eine formale Autorität, dem die Minangkabau höflich formale Ehre erwiesen, indem sie sich beispielsweise vor der Statue des Königs verbeugten, mehr geschah nicht.[20]

Als der Islam im 16. Jh. in Sumatra aggressiv verbreitet wurde, stellte dies eine weitaus schwierigere Situation für die Minangkabau dar. Jedes Dorf musste jetzt eine Moschee haben, die das Männerhaus ersetzte, wo sonst die jungen Männer einige Zeit außerhalb ihres Mutterhauses zu verbringen pflegten. Die Moschee diente jetzt als Koranschule für Männer, was diesen die Schriftkundigkeit brachte, aber auch islamische Erziehung und Bildung. Doch den Koranlehrern standen im Dorf die Panghulu gegenüber, die würdevollen Vertreter der matriarchalen Sippen und Spezialisten in der Lehre des Adat, die über die Einhaltung seiner Regeln wachten. Sie opponierten als der angestammte Dorfrat gegen die neuen Koranlehrer, bis ein Kompromiss gefunden wurde. Dieser lautet im Kern: »Adat beruht auf Islam und Islam auf Adat« (Sprichwort der Minangkabau), was den Islam in den Grenzen einer nur äußerlich akzeptierten Religion hielt. Die Frauen blieben währenddessen konsequent in ihren Sippenhäusern und auf ihrem Sippenland zusammen, sich gegenseitig unterstützend, und bestimmten weiterhin ihre Angelegenheiten selbst. Keinem Panghulu war es erlaubt, nach außen Ansichten zu vertreten, welche die Frauen nicht zuerst erfahren hatten und jederzeit korrigieren konnten.[21]

---

18 Zur Geschichte der Minangkabau siehe: a.a.O., S. 94–101, 104–117; de Jong, S. 7–10.
19 Kato, S. 61; Joke Schrijvers/Els Postel-Coster: »Minangkabau Women: Change in a matrilineal society«, in: *Archipel,* Nr. 13, Paris 1977, Chabannes, S. 96.
20 Kato, S. 38–40.
21 Schrijvers/Postel-Coster, S. 99.

Im 19. Jh. führten islamische Fundamentalisten den Padri-Krieg gegen die Minangkabau, um die Matrilinearität und das matriarchale Erbrecht abzuschaffen. Dieser Krieg wurde durch das Eingreifen der Kolonialmacht der Holländer beendet, die es auf das Land der Minangkabau abgesehen hatten. Diese aber spielten geschickt holländische und islamische Ansprüche gegeneinander aus, um Zeit zu gewinnen, und die Frauen verwandelten unterdessen das Land, das die Holländer zu Plantagen machen wollten, in Gärten, so dass es definitiv Minangkabau-Sippenland wurde – und das ist unverkäuflich. Die Strategie war erfolgreich. Die Holländer fürchteten einen Aufstand, wenn sie Sippenland antasteten, und zogen es schließlich vor, ihre Plantagen im Rantau, im angrenzenden, schlechteren Land in Ost-Sumatra, anzulegen. So schlug im Darek, im Herzland oder Mutterland der Minangkabau, der holländische Versuch zur Kapitalisierung der Landwirtschaft fehl.[22]

Die jüngste Bedrohung kam in den vergangenen Jahrzehnten als Zentralisierungsversuch von der indonesischen Regierung, die durch Gesetze die Unabhängigkeit der Nagaris, der Dorfrepubliken, abschaffte (1961) und damit die Autonomie der Minangkabau-Frauen schwächte. Nach dreißig Jahren Widerstand erfolgte 1991 durch ein Regierungs-Dekret die Rücknahme dieser Gesetze, die Rückkehr zum Nagari-System und die Wiedereinsetzung der Matriarchinnen in ihre offizielle Rolle als Bundo Kanduang.[23]

Die sozialen Verhältnisse veränderten sich am stärksten im Rantau, in den Städten Sumatras, durch die Industrialisierung und den Kapitalismus im Zuge westlicher Einflüsse. Doch auch jetzt fanden die Frauen und die Panghulu Lösungen, wie diese Modernisierungen das Adat im Herzland eher stärken als schwächen könnten. So kehren viele der Auswanderer als Pendler zu den Sippen ins Darek heim und erfüllen ihre Pflicht, indem sie ihren Verdienst im Mutterhaus niederlegen. Gerade in der Fremde der Städte ist es für Minangkabau wichtig, sich ihrer Identität als Mitglieder einer blühenden Heimat zu versichern. Durch den Geldfluss kann die Sippe Einfamilienhäuser finanzieren, die jeweils auf dem Sippenland der Frau gebaut werden und ihr gehören, so dass der Gatte zu ihr zieht (Uxorilokalität). Dies schützt die Frau im Fall der Scheidung. Sogar in den Städten, wohin Minangkabau-Frauen gelegentlich für die Ausbildung und den Beruf ziehen, besitzen sie mit Hilfe ihrer Sippe eigene Häuser.[24] Ferner schreiben die Erbregeln vor, dass Privateigentum, das ein Mann im Rantau erwirbt, für eine Generation als ein Geschenk an seine Kinder geht. Danach kehrt es ins Eigentum seiner mütterlichen Sippe zurück, also wieder in die Hände der Frauen seines Clans.[25]

Diese weisen Strategien der Clans der Minangkabau, um »neumodische« patriarchale Tendenzen abzufangen, sind in der Tat einzigartig. Sie zeigen den hohen Grad an Bewusstheit, mit dem dieses Volk an seinem matriarchalen Stammesgesetz

---

22 J.S. Kahn: »Tradition, Matriliny and Change among the Minangkabau of Indonesia«, in: *Deel*, Nr. 123, Gravenhage 1976, Nijhoff, S. 92; Rentmeister: *Frauenwelten*.
23 Usria Dhavida: »The Role«.
24 Schrijvers/Postel-Coster, S. 86, 96.
25 Kato, S. 173.

festhält. Die besondere Situation des Rantau trägt in zweierlei Weise dazu bei, es zu schützen: erstens durch die Auswanderung der überzähligen Minangkabau-Männer, die gleichzeitig in ideeller und finanzieller Hinsicht an das Herzland gebunden bleiben; zweitens durch die Kenntnisse, welche diese Männer im Rantau über die jeweils neuen Patriarchalisierungsprozesse erwerben. Dieses Wissen bringen sie in ihre Heimat zurück, wo die Frauen und die Panghulu rechtzeitig die entsprechenden, vorbeugenden Gegenmaßnahmen entwickeln können, bevor sie von diesen Prozessen überrumpelt werden. –

Das Beispiel der Minangkabau zeigt, dass wir niemals von einer einzigen patriarchalen Bedrohung oder sogar einer ganzen Serie davon automatisch auf die revolutionäre Umwälzung einer matriarchalen Gesellschaft in eine patriarchale schließen dürfen. Eine so tief greifende Veränderung ist kein mechanischer Ablauf. Denn das Wertesytem, das Frauen und Männer aus ihrer Gesellschaft erhalten, und die Bewusstheit und Wertschätzung für ihre eigene Kultur bestimmen ebenfalls die Richtung der Entwicklung.[26] So sehen wir hier eine erstaunliche Flexibilität des Adat, des matriarchalen Stammesgesetzes der Minangkabau, das sich fortgesetzt weiterentwickelte trotz einer langen Geschichte von Herausforderungen, wie patriarchales Königtum, patriarchale Missionierung, Kolonialisierung, Industrialisierung und kapitalistische Geldwirtschaft.[27] Die Minangkabau sagen dazu in ihrer unnachahmlichen Art: »Das Adat verwittert nicht im Regen und bekommt im Sonnenschein keine Risse!«

---

26 Zu den verschiedenen Arten von Auswanderung: Kato, S. 29–32. – Die Vielfalt der Situation der Minangkabau führt bei den verschiedenen Forscher/innen zu unmittelbaren Widersprüchen. Diese entstehen wesentlich durch einen Mangel an einer adäquaten Definition von Matriarchat; außerdem durch Weglassen geschichtlicher Indizien; ferner durch fehlende Berücksichtigung der komplexen Gesamtsituation der Minangkabau. Siehe die verschiedenen Auffassungen zu den Minangkabau bei: de Jong: *Minangkabau*; Kahn: »Tradition«; Rentmeister: *Frauenwelten*; Schrijvers/Postel-Coster: »Minangkabau Women«; ferner bei: Nancy Tanner: »Minangkabau,« in: F.M. LeBar (Hg.): *Insular Southeast Asia: Ethnographic Studies*, Bd. I, New Haven/Connecticut 1976, Human Relations Area Files, Inc.; Susanne Gura: »Wie Frauen ihren Grundbesitz verlieren. Die matrilineare Gesellschaft der Minangkabau in Sumatra«, in: *Modernisierung der Ungleichheit. Beiträge zur feministischen Theorie und Praxis*, Nr. 23, Köln 1988, Verein Sozialwissenschaftliche Forschung und Praxis für Frauen; Franz von Benda-Beckmann: »Property on Social Community«, in: *Verhandelingen van het Koninklijk Instituut voor Taal-, Land- en Volkenkunde*, Nr. 86, The Hague 1979, Nijhoff; H.W. Bachtiar: »Negeri Taram: A Minangkabau Village Community«, in: Koentjaraningrat (Hg.): *Villages in Indonesia*, Ithaca-New York 1967, Cornell University Press; Anette Benad: *Grüne Revolution in West-Sumatra*, Saarbrücken 1982, Verlag Breitenbach; J.V. Maretin: »Disappearance of Matriclan Survivals in Minangkabau Family and Marriage Relations«, in: *Deel*, Nr. 117, Gravenhage 1961, Nijhoff.

27 Siehe dazu Katos ausgezeichnete Studie, insgesamt und auf S. 25 f., 239–250; Schrijvers/Postel-Coster, S. 82.

8.4 Zur Struktur der matriarchalen Gesellschaftsform (Fortsetzung)

Auf der ökonomischen Ebene:

- In matriarchalen Gesellschaften sind die lebensnotwendigen Güter wie Land, Häuser, Lebensmittel Sippenbesitz und liegen in den Händen von Frauen. Sie verwalten diese Güter und vererben sie in der weiblichen Linie. Genau diese ökonomische Stärke der Frauen unterscheidet matriarchale Gesellschaften von den bloß noch matrilinearen (eine Unterscheidung, die in der Ethnologie bisher nicht gemacht wird).
- Die ökonomische Stärke der Frauen dient dem Allgemeinwohl, denn in der matriarchalen Ökonomie des Schenkens kommen diese Güter der ganzen Gemeinschaft zugute.

Auf der sozialen Ebene:

- In matriarchalen Gesellschaften sind die Sippen strikt exogam, während einander paarweise zugeordnete Sippen strikt endogam sind; sie sind »gepaarte« Heiratssippen.
- In ihren geschichtlichen Traditionen besiedelten matriarchale Völker ihre Dörfer mit Sippen in gleichen Zahlen (4, 8, etc.), um die paarweise Zuordnung von Heiratssippen beibehalten zu können.
- Diese Sippenbündnisse stellen nicht nur ein Heiratssystem dar, sondern ihr Zweck ist das gegenseitige Hilfssystem.

Auf der politischen Ebene:

- Matriarchale Siedlungen sind selbstbestimmte Dorf-Republiken, die Versuchen zur patriarchalen Zentralisierung beträchtlichen Widerstand entgegensetzen.
- Die politischen und zeremoniellen Würden von Frauen und Männern sind verschieden, aber gleich wichtig und in Balance. Frauen und Männer respektieren diese Würden gegenseitig.
- Matriarchale Männer verteidigen die eigene matriarchale Gesellschaft, die ihre ethnische und kulturelle Identität bedeutet. (Die Hypothese, dass sie, weil sie sich »unterdrückt fühlen«, eine »interne Revolte« gegen ihre eigene Gesellschaft anzetteln, lässt sich nicht halten; sie spiegelt eurozentristisches Denken.)
- Die politischen Mittel, mit denen matriarchale Männer ihre Gesellschaften verteidigen, reichen vom intellektuellen Diskurs bis zum bewaffneten Widerstand.
- Im Allgemeinen ist die Integrationsfähigkeit von fremden Einflüssen bei matriarchalen Gesellschaften hoch, sie entspricht der »matriarchalen Toleranz«. Es werden dabei aber grundsätzlich die eigenen matriarchalen Strukturen nicht aufgegeben.

- Die Widerstandsfähigkeit matriarchaler Gesellschaften gegen patriarchale Einflüsse beruht auf folgenden Faktoren (zusammengefasst): die Verwaltung der zum Leben notwendigen Güter durch die Frauen; die starke Frauensolidarität; die Unterstützung und Verteidigung der Gesellschaft durch die Männer, die ihre ethnische und kulturelle Identität daraus beziehen; die vorausschauende Kenntnis patriarchaler Prozesse, die von Männern und Frauen mit Gegenstrategien unterlaufen werden (z. B. die Minangkabau).

Auf der kulturellen Ebene:

- Die matriarchale Integrationsfähigkeit führt dazu, dass patriarchale Religionen an der Oberfläche übernommen werden können (auf Druck von außen). Gleichzeitig bleiben der matriarchale Glauben erhalten und die traditionelle Weltsicht in den Zeremonien lebendig.
- Mutterschaft wird in matriarchalen Gesellschaften von einer biologischen Tatsache in ein kulturelles Modell verwandelt. Mütter knüpfen, insbesondere als Matriarchinnen, das Netz der Verwandtschaft in der Matrilinie und schaffen das Gefüge der Gesellschaft; ebenfalls beruhen Weltbild und Religion auf Mutterschaft.
- Das Wertesystem von matriarchalen Gesellschaften ist vom prototypischen mütterlichen Verhalten abgeleitet: Nähren, Pflegen, Gegenseitigkeit, Balance in allen Bereichen, Konfliktlösen durch Schlichten, Friedenssicherung durch Verhandeln. Diese Werte werden von Müttern und Nicht-Müttern, von Frauen und Männern gleichermaßen getragen.

Kapitel 9: Matriarchale Muster in Melanesien

Für die Ahnenkinder der Trobriand-Inseln

9.1 Die Frauen und Männer der Trobriand-Inseln

Die verschiedenen Gruppen großer und kleiner Inseln, die man »Melanesien« nennt, was »Schwarze Inseln« bedeutet, leiten ihren Namen von der Hautfarbe der einheimischen Leute ab – so wie es die westlichen Kolonialmächte gesehen haben. Die Inseln befinden sich auf denselben südlichen Breitengraden wie Neuguinea und Australien, sie liegen neben der Ostspitze von Neuguinea. Die Melanesier stammen von den schwarzen Papua Neuguineas und den hellen ur-malaiischen Menschen ab, die auch auf Neuguinea leben.

Eine der melanesischen Inselgruppen sind die exotisch üppigen, aus Korallen aufgebauten Trobriand-Inseln, und die Frauen und Männer, die sie bewohnen, gehören zu den melanesischen Völkern. Schön gewachsene, dunkle Menschen in einer paradiesischen Natur, die Frauen in farbigen Bastöcken und mit Muschelschmuck, die Dörfer mit prächtig verzierten Vorratshäusern ausgestattet und umgeben von malerischen Fischerbooten – dieses Bild entspricht der westlich-romantischen Vorstellung von »Südsee-Insulanern« (Abb. 22). Tatsächlich ist es den Trobriandern gelungen, ihre traditionelle Lebensweise zu bewahren, trotz der europäischen kolonialistischen und missionarischen Einflüsse. Sie wurden berühmt durch die exemplarischen Werke des Ethnologen Malinowski anfangs des 20. Jhs., der ihre komplexe Wirtschaftsform und Lebensweise genau und einfühlsam beschrieben hat, ebenso ihren »Kula-Ring«, ein weit gespanntes Freundschaftsnetz von Insel zu Insel mit einem Umkreis von 2000 Meilen.[1]

Ihren Lebensunterhalt gewinnen die Trobriander durch Gartenbau und Fischfang. Auf den fruchtbaren Böden, die um die Dörfer liegen, pflanzen sie Wurzelfrüchte an, wie Taro, Yams und Süßkartoffeln, lauter Knollengewächse, die sich gut über längere Zeit aufbewahren und auf den Bootsfahrten mitnehmen lassen. Jedes Dorf ist in zwei konzentrischen Kreisen angelegt; den inneren bilden die mit Schnitzereien ausgestatteten Vorratshäuser für den Yams, den äußeren die Wohnhäuser.

---

[1] Bronislaw Malinowski: *Argonauten des westlichen Pazifik*, Frankfurt/Main 1979, Syndikat (zuerst in Englisch 1923); derselbe: *Korallengärten und ihre Magie*, Frankfurt/Main 1981, Syndikat (zuerst in Englisch 1935); derselbe: *Das Geschlechtsleben*.

Abb. 22: Junge Trobrianderin.

Die Mitte des Dorfes ist der Raum für Feste und zugleich der Begräbnisplatz für die Toten, deren Seelen auf diese Weise mitten unter den Lebenden weilen dürfen.[2]

Traditionell wohnten in ihrer Gesellschaft in jedem Dorf vier matrilineare Sippen, die auf die vier Stammsippen der Trobriander, die Malasi, Lukuba, Lukwasisiga, Lukulabuta, zurückgehen. So hat jede Sippe ihren festen Platz in dem allumfassenden Vierer-System der trobriandischen Kultur nach Himmelsrichtungen und Totems. Jede stammt von einer ersten Ahnfrau ab, die zusammen mit ihrem Bruder aus dem Loch einer heiligen Höhle heraufstieg. Diese Urahninnen brachten die Fortpflanzung aus sich selbst hervor, die Brüder waren da, um sie zu beschützen und zu versorgen. Denn nach dem uralten Glauben der trobriandischen Menschen bedarf es nicht der Mithilfe eines Mannes, damit eine Frau ein Kind gebären kann.[3]

Deshalb wird die Sippenzugehörigkeit ausschließlich nach der Mutter bestimmt, und die materiellen Güter, die Kenntnisse der Magie, die Würden und Titel bis zur

---

2 Malinowski: *Das Geschlechtsleben.*
3 A.a.O., S. 384 f.

Häuptlingswürde werden allein in der mütterlichen Linie weitergegeben. »Dala«, der matriarchale Clan, wird von den Frauen getragen, nicht nur durch die Geburt der Kinder, sondern auch durch die von ihnen ausgeführten Sippenzeremonien, bei denen sie sich gegenseitig mit Prestige-Gütern beschenken. Dala-Zeremonien sind Frauenrituale, und sie drücken die langfristigen und gemeinschaftlichen Werte aus, die Frauen und Männer der Sippe gleichermaßen haben. Demgegenüber sind die Werte, denen die Männer bei ihren Schenke-Zeremonien auf den ausschließlich männlichen Kanu-Expeditionen im ozeanischen »Kula-Ring« folgen, kurzfristig und individuell orientiert. Sie drücken ihr persönliches Prestige aus – besonders das des Häuptlings.[4]

In der traditionellen trobriandischen Gesellschaft ist, ganz im matriarchalen Sinne, die wichtigste soziale Beziehung die zwischen Schwestern und Brüdern desselben matrilinearen Clans. Auf dieser Beziehung beruht das komplexe, traditionelle Austausch-System der Trobriander im Sinne einer wechselseitigen Schenke-Ökonomie. Gleichzeitig weist die trobriandische Gesellschaft einige merkwürdige Verschiebungen von klassisch-matriarchalen Mustern auf: Die Töchter bleiben nicht im Dorf des mütterlichen Clans wohnen, sondern nur die Söhne. Diese Männer verrichten die Arbeit auf dem Land der Muttersippe, sie legen dort die Gärten an, pflanzen und hegen die Gartenfrüchte bis zur Ernte. Aber sämtliche Früchte ihrer Arbeit gehen wieder an die Frauen, nämlich an ihre Schwestern. Diese Schwestern wohnen »virilokal«, das heißt, jede im Haus ihres Gatten in einem zweiten, benachbarten Dorf. Die matrilokale Wohnform in großen Sippenhäusern gibt es nicht mehr. Aber das bedeutet nicht, dass sie nun patrilokal leben mit »Wohnsitz beim Vater« – wie oft behauptet wird. Denn die Trobrianderin wohnt bei einem Gatten, der nicht als »Vater« ihrer Kinder gilt, weil biologische Vaterschaft in unserem Sinne unbekannt ist. Ihr Gatte wohnt kontinuierlich im Dorf seiner Muttersippe, arbeitet seinerseits auf dem Land seines matrilinearen Clans und liefert die Früchte der Arbeit dann bei seinen Schwestern ab, im ersten Dorf, wo diese leben. Beide Dörfer stehen in der Beziehung von einander zugeordneten, »gepaarten« Heiratsclans, eben verschwägerten Clans. Zwischen diesen beiden Clans und Dörfern zirkulieren die Gaben von Yams, dem Grundnahrungsmittel, für jeden Haushalt in ausgewogener Weise hin und her.

Die Brüder von Dorf A senden ihre Yams-Ernte ins Dorf B zu ihren Schwestern, und die Brüder von Dorf B senden ihre Ernte ins Dorf A wiederum zu ihren Schwes-

---

4 Anette B. Weiner: »The Reproductive Model in Trobriand Society«, in: *Mankind*, Nr. 11 (3), 1978, Sydney University Press, S. 175–186; Marilyn Strathern: »Domesticity and the Denigration of Women«, in: O'Brien/Tiffany (Hgs.): *Rethinking Women's Roles. Perspectives from the Pacific*, Los Angeles 1984, University of California Press, S. 18–23; Denise O'Brien/Sharon W. Tiffany (Hgs.): *Rethinking Women's Roles. Perspectives from the Pacific*, Los Angeles 1984, University of California Press. – Dieses Buch ist eine sehr gute feministische Kritik an der männlich dominierten Perspektive in der Ethnologie, wodurch die Wahrnehmung in der Regel stark verzerrt wird. Siehe darin auch die grundsätzlichen Beiträge von: Sharon W. Tiffany: »Feminist Perceptions in Anthropology«, S. 1 f., und Denise O'Brien: »Women Never Hunt: The Portrayal of Women in Melanesian Ethnography«, S. 53 f.

tern. Auf diese Weise werden ununterbrochen die Beziehungen innerhalb des je eigenen matrilinearen Clans zwischen Brüdern und Schwestern gefestigt.

Die Brüder überreichen dem Haushalt ihrer Schwestern diese Gaben von Yams einmal in jedem Jahr, indem sie damit die Vorratshäuser in demjenigen Dorf, wo die Schwestern leben, füllen (Abb. 23). So versorgt jeder Bruder nicht nur die Schwester selbst, sondern auch deren Kinder, die zu seinem matrilinearen Clan gehören und nicht zu dem des Gatten. Aber auch der Gatte in der Familie wird mitversorgt; man kann es als eine Anerkennung seiner Dienste auffassen, die er der Gattin und ihren Kindern erweist. In der Tat kümmert er sich liebevoll um die Kinder seiner Gattin, die er zu pflegen und zu erziehen hilft und deren Spielgefährte er während ihrer Kindheit ist. Die Kinder hängen zärtlich an ihm und nennen ihn »Tama« – was aber nicht »Vater« heißt, sondern »Gatte meiner Mutter«. Sobald sie herangewachsen sind, macht der Mutterbruder, der »Kadagu«, aus dem ver-

Abb. 23: Trobriandische Männer füllen ein Yams-Vorratshaus.

schwägerten Nachbardorf die Rechte der matrilinearen Sippe geltend und besteht darauf. Die Kinder lernen von ihm, dass sie im Dorf des »Tama« Außenstehende sind, hingegen im Dorf des »Kadagu« ihre nächsten Verwandten und natürlichen Bundesgenossen finden. Dort ist ihre Sippen-Mitgliedschaft und dort haben sie Rechte. Der Mutterbruder erwartet nun von ihnen, dass sie ihre Pflicht der eigenen Sippe gegenüber erfüllen, und er schützt sie mit seiner Autorität, während der Einfluss des »Tama« immer geringer wird.[5]

Die Zirkulation der Yamsgaben bringt den Männern, welche die Ernte produzieren, Prestige, aber nicht mehr. Je besser die Brüder für ihre Schwestern sorgen, desto höher ist das Ansehen ihrer Sippe. So sind die Trobrianderinnen durch die Arbeit ihrer Brüder gut versorgt, denn sie besitzen die Ernte vom Land ihrer matrilinearen Sippe, während die Männer die Häuser und die Boote als Eigentum haben. Für einen Gatten ist es sehr wichtig, sich gut mit seiner Gattin zu stellen, sich ihrer zu versichern, damit er durch die Arbeit ihrer Brüder Anteil an den Lebensmitteln hat und selbst versorgt ist. Das hat von seiner Seite eine Tendenz zur Monogamie als Folge. Die Gattin hingegen bleibt unabhängig von ihm, sie kann sich jederzeit leicht scheiden lassen und in ihren matrilinearen Clan zurückkehren. Ihre Kinder gehören ihr, und ihre Brüder versorgen sie und die Kinder weiterhin.[6]

Alle Ehre in der traditionellen, trobriandischen Gesellschaft kommt aus der Fähigkeit zu geben und damit gute Beziehungen zu knüpfen – wie es für die matriarchale Schenke-Ökonomie typisch ist. Wie wir schon sahen, begründen die Yamsgaben der Männer ihr Ansehen, und sie setzen ihren Ehrgeiz hinein eine gute Ernte zu erzeugen. Obwohl die Erntegaben eines Mannes seiner Schwester gehören, werden sie nicht ihr direkt, sondern dem Gatten der Schwester überreicht, in einem System von gegenseitigen Geschenken unter den Männern als Schwäger. Dabei kommt es klar auf das Geben an, nicht auf das Besitzen – auch das ist oft falsch interpretiert worden. Denn weder die Brüder noch die Gatten »besitzen« diese Gaben von Yams, sondern die Frauen, die sie für die Familie zu Nahrung verarbeiten.

Nach dieser Logik des Gebens haben die Frauen ebenfalls ein System von Geschenken, das ihr Ansehen erhöht. Es sind die »Doba«-Gaben: Sie bestehen aus mehrfarbigen Grasröcken, dem traditionellen weiblichen Kleidungsstück, und aus Bündeln von getrockneten und bearbeiteten Bananenblättern. Diese Dinge herzustellen ist kompliziert, und manche Zutat muss dabei im Tausch von anderen Frauen erworben werden. Dazu wird wieder Yams als Tauschmittel eingesetzt – oder neuerdings auch das auswärts verdiente Geld der Gatten, um es in bearbeiteten Bananenblättern anzulegen. In dieser Hinsicht haben die Doba-Gaben einen hohen Wert.[7] So wie die Yamsga-

---

[5] Malinowski: *Das Geschlechtsleben*, S. 21–22.
[6] A.a.O., S. 111–114.
[7] Siehe dazu und für das Folgende: Anette B. Weiner: *Women of Value, Men of Renown*, Austin-London 1976, University of Texas Press; dieselbe: »Stability in Banana Leaves«, in: Etienne/Leacock (Hgs): *Women and Colonisation*, New York 1980, Praeger, S. 270–289. – Weiner hat auf glänzende Weise die einseitige Perspektive von Malinowski anhand ihrer Feldforschung über die trobriandischen Frauen revidiert.

ben nur bei öffentlichen Festen, den Erntefesten, überreicht werden und damit der männliche Schenke-Kreis sichtbar wird, genauso werden auch die Geschenke der Frauen nur bei öffentlichen Festen überreicht, was den weiblichen Schenke-Kreis ins Licht rückt. Die letzteren Feste sind besonders bedeutsam, denn es handelt sich um Bestattungsfeiern für Verstorbene. Dabei überreichen die Frauen aus der Sippe des verstorbenen Mannes oder der verstorbenen Frau, das heißt die Schwestern, den Frauen der Heiratssippe, also den Schwägerinnen, öffentlich die Doba-Geschenke. Denn die Schwägerinnen sind es, welche die Bestattungsfeier ausrichten. Das macht den Schenke-Kreis von Frauen als Schwägerinnen sichtbar. An dieser Stelle muss man sich davor hüten, dem Schenke-Kreis der Männer einen höheren Wert beizumessen als dem der Frauen, nur weil die Doba-Gaben uns weniger nützlich erscheinen. Aber die Wertmaßstäbe der Trobriander sind andere.

Durch dieses rituelle Schenken unter Männern und unter Frauen werden die Beziehungen zwischen Geschwistern und die zwischen Verschwägerten intensiv miteinander verschränkt und öffentlich bekräftigt. Diese beiden Arten von Beziehungen zwischen je zwei Heiratsclans konstituieren das soziale Netz in der traditionellen Gesellschaft auf den Trobriand-Inseln.

9.2 Die Ahnenkinder der Trobrianderinnen

Das langfristig Wertvollste, das die Frauen haben, sind nach trobriandischer Auffassung ihre Kinder. Durch die Kinder erschaffen sie die Sippe, den Stamm, die Identität der Trobriander als Volk und die Zukunft der gesamten Gesellschaft. Mutterschaft wird nicht nur als biologische Funktion verstanden – worauf Mütter in klassisch-patriarchalen Gesellschaften gnadenlos reduziert werden – sondern ist zugleich eine kulturschöpferische Handlung. Mutterschaft durchzieht das gesamte symbolische Denken dieser Menschen, zum Beispiel wird bei der Gartenmagie die Erde als »Mutter« gesehen und die Früchten als ihre »Kinder«. Diese »Kinder« bringt man zu den Frauen, weil Kinder zu ihnen gehören. Symbolik manifestiert sich auch in den Dala-Sippenzeremonien der Frauen, die um das Weiterleben der gesamten Gesellschaft kreisen.[8]

Am deutlichsten tritt diese reale und symbolische Macht der Trobrianderinnen in ihren Zeremonien und Ritualen um Tod und Wiedergeburt hervor, denn die Frauen sind die Hüterinnen eines uralten Wiedergeburtsglaubens. Sie pflegen einen sehr konkreten Ahnenkult, der mit den ausführlichen und liebevollen Bestattungszeremonien beginnt, die der Grablegung der Toten mitten auf dem Dorfplatz dienen. Hier werden die Verstorbenen stufenweise zur Ruhe gebettet, wobei ihre Körper mehrmals exhumiert und erneut begraben werden, bis nur noch die Gebeine übrig sind (Mehrfachbestattung). Während dieses langdauernden Prozesses schenken die Frauen viele Bündel getrockneter Bananenblätter her, die zu den Frauen der »anderen«

---

8 Weiner: *Women of Value*; Marianne Brindley: *The Symbolic Role of Women in Trobriand Gardening*, Pretoria 1984, University of South Africa.

Sippe, nämlich der zugeordneten Heiratssippe wandern, ihren Schwägerinnen. Dies bedeutet, dass sie durch die Gaben die Mitglieder der Heiratssippe symbolisch für die Mühe und Arbeit entgelten, die sie mit dem Leben und Tod der verstorbenen Person hatten. Der tiefere Sinn ist dabei, dass sie mit dem Begleichen der symbolischen Schuld den oder die Tote in die eigene Sippe zurückholen. Es ist eine eindrucksvolle Demonstration der Matrilinearität, wodurch den Verstorbenen der Weg zur Wiedergeburt in die eigene mütterliche Sippe freigemacht wird.[9] Daran wird deutlich, dass die Doba-Gaben der Frauen im spirituellen Sinne einen höheren Wert haben als die Yams-Gaben der Männer, denn ihre Wirkung reicht über den Tod hinaus bis ins nächste Leben.

Nach traditionellem Glauben ist die Seele der verstorbenen Person inzwischen nach »Tuma« gewandert, der Toteninsel im Westen der Trobriand-Inseln. Dort verbringt sie als Ahn oder Ahnin eine heitere Zeit, denn das Totenreich ist voller Freuden und erotischer Vergnügen. Die Ahnenwesen spielen ständig »Ulatile« (der Liebesbesuch der Jünglinge) und »Katuyausi« (der Liebesbesuch der jungen Mädchen), denn das gehört zum Liebesleben der trobriandischen Jugend dazu, die sich von Kindheit an größter sexueller Freiheit erfreut.[10] Dennoch entschließt sich jedes Ahnenwesen nach einiger Zeit, wieder ins Leben zu kommen, in das eigene Dorf und in dieselbe Sippe, aus der es stammt. So geht niemand verloren, denn alle Verstorbenen kehren durch die jungen Frauen wieder, die sie als Kinder in dieselbe mütterliche Sippe gebären. Das ist der Grund, weshalb die Kinder der Trobrianderinnen nicht vom Mann, sondern von den Ahnen kommend betrachtet werden. Die wirkliche Ursache jeder Geburt ist in dem Reinkarnations-Wunsch einer Ahnenseele zu sehen.[11] Die besondere Würde und Heiligkeit der Frau besteht in ihrer Fähigkeit, die Ahnenseelen durch Geburt wieder ins Leben zu bringen.

Dieser Glaube an Empfängnis durch Ahnenseelen zeigt sich sehr konkret in vielen traditionellen Bräuchen, bei denen der Gatte und der Bruder der Frau eine je besondere Rolle innehaben. Möchte die Frau empfangen, ist der Gatte allein dafür da, die Vagina der Gattin wie ein Tor zu öffnen, denn ohne diese Eröffnung kann eine Ahnenseele nicht hineinschlüpfen. Die Seele selbst gelangt aber auf eine ganz andere Weise zur künftigen Mutter. Diese Ahnenseele, die wieder ins Leben kommen will, muss zuerst den Weg von Tuma zu den Trobriand-Inseln zurücklegen, wo sie hofft eine Frau zu finden, die sie wiedergebären will. Die Reise führt lange durchs Meer, doch das Meereswasser verjüngt sie, und sie wird immer kleiner, so winzig wie ein ungeborenes Kind. Sie klammert sich an treibende Zweige, Blätter oder Tang und schwimmt damit auf den Wellen. Manchmal soll man in den Nächten diese Ahnenkinder rufen und weinen hören. Junge Frauen, die nicht empfangen wollen, baden deshalb nicht an Tagen, wo viel Treibgut auf dem Wasser schwimmt. Die Frau, die sich hingegen ein Kind wünscht, badet oder bittet ihren Bruder, ihr einen Krug mit Wasser, worin etwas Organisches schwimmt, aus dem Meer ins Haus

---

9 Weiner, a. a. O., S. 288 f.
10 Malinowski: *Das Geschlechtsleben,* S. 340 f., 170–191.
11 A. a. O., S. 129.

zu holen, in der Hoffnung, dass ein Ahnenkind dabei ist. Diese Aufgabe kann nur der Bruder erfüllen, nicht der Gatte, denn dieser gilt als nicht mit den Kindern seiner Gattin verwandt. Der Bruder hingegen ist der nächste Verwandte seiner Schwesterkinder, zu ihm wird also ein Ahnenkind geschwommen kommen, das er im Krug mitnehmen kann. Schließlich ist es auch er, der durch die Schwester später der Ernährer dieser Kinder wird und bei ihrer Erziehung Mitspracherecht hat, während der Gatte nur aus Gefälligkeit die Kinder seiner Frau mithelfend umsorgt.

Bevor der Bruder der Frau diese oder eine andere bedeutsame Handlung ausführt, hat sie selbst einen Traum gehabt, in dem eine Patin oder ein Pate aus der Ahnenwelt ihr mitgeteilt hat, dass ein Ahnenkind von ihr empfangen werden möchte. Diese Ahnenpaten sind es eigentlich, von denen die Frau das Kind empfängt. Sie legen es, während sie schläft, auf ihren Kopf oder ihren Bauch, und es rutscht von selbst in ihren Schoß. Nun wird die Frau schwanger und ernährt und formt nach traditioneller Auffassung das Kind aus ihrem eigenen, neun Monate lang ausbleibenden Menstruationsblut. Die Geburt ist daher immer »parthenogen«. Das heißt nach trobriandischem Glauben, dass das Kind aus dem Reich der Ahnen stammt, aber allein von der Frau ins Leben gebracht wird, ohne Zeugung durch den Mann.

Solche Fragen nach »Zeugung« und »Vaterschaft« würden einer Trobrianderin abwegig und lächerlich vorkommen. Denn es sind Fragen nach individuellen Personen, die an der Welt der Sippenverbände, die im Leben wie im Tod zusammengehören, vorbei gehen. Für trobriandische Menschen spiegeln diese Fragen eher profane Ignoranz, weil sie das spirituelle Reich der Ahnenseelen und die Geheimnisse der Wiedergeburt um ihre ganze Dimension verkürzen. Es ist berichtete Tatsache, dass die Trobriander, Frauen wie Männer, solche Fragen überhaupt nicht verstehen, wenn sie gestellt werden, oder sie sehr heftig als »das Gerede der Missionare« zurückweisen, die ihnen diesen Unsinn von ihrem »Vater-und-Sohn-Gott« aufdrängen wollen.[12]

Der Glaube an die Ahnenseelen und ihre Wirksamkeit bei der Wiedergeburt ist uralte, matriarchale Tradition. Er war in ganz Melanesien und bei den Papua-Stämmen auf Neuguinea verbreitet, bevor die indigenen Kulturen an vielen Orten der christlichen Missionstätigkeit zum Opfer fielen. Von den Papua wird berichtet, dass sie in allen Angelegenheiten die Ahnenwesen um Rat fragen. Dazu sprechen sie mit hölzernen Stelen, die Gesichter und Nasen tragen und als Medium für den Geist der Verstorbenen dienen.[13] Solche Holzstandbilder weiblichen und männlichen Geschlechts sind aus vielen anderen Gegenden Südostasiens und seiner Inselwelt bekannt, sie dienen den Menschen statt der aufwändigen Steinstelen. Vor dem Einbruch patriarchaler Religionen, wie Hinduismus, Christentum und Islam, war sowohl in Melanesien wie in Indonesien diese uralte Wiedergeburtsreligion matriarchaler Prägung verbreitet, deren tragende Elemente Ahnen- und Naturverehrung

---

12 A.a.O., S. 125–144; Susan Montague: »Trobriand Kinship and the Birth Controversy«, in: *Man. New Series,* London 1971, Royal Anthropological Institute of Great Britain and Ireland, Bd. 6, S. 353–368.
13 J.B. van Hasselt: »Die Neoforezen«, in: *Zeitschrift für Ethnologie,* Nr. 8, Berlin 1876, Verlag Reimer, S. 194–196.

sind. In ihrem Rahmen waren in Indonesien fast ausschließlich Frauen als Schamaninnen tätig, und in Melanesien gab es bis zur Ankunft der Spanier keine männlichen Priester.[14]

Die trobriandische Auffassung von den Ahnenkindern ist der Schlüssel um zu verstehen, weshalb matriarchale Gesellschaften die biologische Vaterschaft nicht kennen und auch nicht daran interessiert sind. Ihr Denken ist von einem spirituellen Weltbild geprägt und nicht vom biologistischen Determinismus. Die Ahnen sind für sie weitaus bedeutsamer als ein individueller biologischer Vater, und selbst dann, wenn Vaterschaft bekannt ist, spielt sie aus denselben Gründen keine Rolle in der Gesellschaft. Dennoch verhält sich der »Vater« (nach unserer Terminologie) in matriarchalen Gesellschaften unterstützend für die Gattin und fürsorglich zu den Kindern – wie wir bei den Trobriandern sahen. Das steht in scharfem Gegensatz zur Vaterschaft im klassischen Patriarchat, die seit ihrem Beginn die Herrschaft des Mannes in der Familie und die Unterdrückung der Gattin und der Kinder bedeutet hat.

9.3 Der »Kula-Ring« und das Häuptlingswesen der Trobriander

Die Mutterlinie umfasst durch den Wiedergeburtsglauben die Diesseitswelt und die Jenseitswelt und verbindet beide fest miteinander. Das erklärt die große Bedeutung der Doba-Gaben der Frauen bei den Bestattungszeremonien, wie oben beschrieben. In der Wertschätzung der Trobriander hat die spirituelle Gabe Vorrang vor der nützlichen, denn in dieser Gesellschaft ist das Denken nicht auf die ökonomische und utilitaristische Dimension reduziert. Im ähnlichen Sinne gibt es auch ein spirituelles Schenke-System bei den Männern, das »Kula«. Bezeichnenderweise haben die Gaben in diesem System, die aus zwei bestimmten Arten von Muschelschmuck bestehen, für die Trobriander einen höheren Wert als ihre Erntegaben von Yams.

Mit den Kula-Gaben reisen die Männer auf ihren seetüchtigen und reich verzierten Kanus zu anderen Inseln, um diese Güter anderen melanesischen Stämmen, die eine ähnliche Kultur haben und an dem System teilnehmen, zu schenken. Die Fahrten führen dabei übers offene Meer zu großen und kleinen Archipelen, die in einem weiten Ring gegenüber der Ostspitze Neuguineas draußen im Ozean liegen: die Marshall Bennet Inseln, die Laughlan Inseln, der Louisiade Archipel, die East End Inseln, die D'Entrecasteaux Inseln und die Amphlett Inseln. Die Seereisen um diesen Inselring bilden einen geschlossenen Kreislauf von 2000 Kilometern. Über diese große Distanz werden die Kula-Gaben zwischen verschiedenen Stämmen, die ebenfalls übers Meer fahren, weitergeschenkt. Es ist der berühmte Kula-Ring.[15]

---

14 Briffault, Bd. II, S. 474 f., 709 f., 525 f. und Bd. I, S. 293 f., 451 f., 490, 493; Nancy McDowell: »Complementary: The Relationship between Female and Male in the East Sepik Village of Bun, Papua New Guinea«, in: O'Brien/Tiffany: *Rethinking*, S. 32 f.
15 Malinowski: *Argonauten*, S. 115–135.

Das Bemerkenswerte daran ist, dass der Kula-Ring als ein zeremonielles Schenke-System nicht unter engen Verwandten stattfindet, wie im Fall der Doba-Gaben, sondern ausschließlich unter Leuten, die auf keine Weise miteinander verwandt sind. Auch behält niemand diese Kula-Gegenstände, denen ein sehr hoher Wert zugeschrieben wird, lange bei sich, sondern die Männer von allen diesen Inseln fahren wieder zur See und geben sie in genau geordneter Reihenfolge weiter: Die langen Halsketten aus roten Muschelscheiben wandern rechts herum, die weißen Muschel-Armreifen links herum über das Meer im gesamten, weiten Kula-Ring. So sind die Kula-Fahrten nicht regellos, sondern durch Riten wohlgeordnet, und jeder Besuch und jede Übergabe der Geschenke ist von ausführlichen Zeremonien begleitet.

Auf diese Weise begegnen sich immer wieder dieselben Partner im Schenke-System, und sie sind im Kula-Ring durch lebenslange Freundschaften miteinander verbunden. Die weit gereisten Geschenke werden allgemein durch entsprechende Gegengeschenke erwidert, aber das Gegengeschenk kann niemals eingefordert werden, sonst würde diese Praxis ihren freiwilligen Schenke-Charakter verlieren. Auf diese Weise entsteht ein ausgedehntes Netz von freundschaftlichen Verbindungen unter einer größeren Zahl von melanesischen Stämmen. Das sichert ihnen den Frieden untereinander, und dies ist der eigentliche Sinn des Kula-Ringes. Dieser Freundschaften und der Friedenssicherung wegen ist das Schenken der Kula-Gaben viel wichtiger als der Tausch von ein paar Handelsgütern, die bei diesen Expeditionen übers Meer auch mitgeführt werden. Die Trobriander unterscheiden beide Arten sehr genau: »Kula« ist Schenken und »Gimwali« ist Handel. Beim Handel kann gefeilscht werden, beim Kula hingegen nicht, denn das würde den spirituellen Sinn dieser Gaben verletzen. Beide, die Geber und die Empfänger von Kula-Geschenken, erlangen Prestige und Würde durch das Schenken, aber nicht Besitz oder Macht, und die Kula-Verbindungen werden mit großer Liebe gepflegt. Durch sie wird über ein weites Gebiet eine vollendete Gegenseitigkeit hergestellt, denn die Kula-Reisenden empfangen überall im Kula-Ring Gastfreundschaft auf dem Boden brüderlicher Gleichheit. Damit ist der Kula-Ring eine symbolische Schenke-Ökonomie, und eine differenzierte Mythologie und vielfältige Rituale begleiten ihn, was zeigt, dass diese enorm große und komplexe soziale Institution sehr alt und stabil ist.[16]

Natürlich verlangen die Aktivitäten des Kula-Ringes umfangreiche Vorbereitungen, vor allem, wenn die Expedition über gefährliche Meeresstrecken führt. Eine große Gruppe von Männern muss die Fahrt in mehreren Kanus über das offene Meer bewältigen und zum rituell festgelegten Termin die anderen Inseln erreichen. Dafür werden häufig neue Boote gebaut, umfangreiche Ausrüstung und genügend Verpflegung müssen bereitgestellt werden, die angemessenen Kula-Gaben und die Handelsgüter müssen vorhanden sein. Nicht zuletzt ist es notwendig, die mit diesen Aktivitäten verknüpften Zeremonien sorgfältig auszuführen.

Dies alles setzt organisierte Arbeitsgruppen und ökonomische Ressourcen voraus, was bei den Trobriandern durch das Häuptlingswesen gewährleistet wird. Die trobriandischen Häuptlinge genießen nämlich eine Reihe von Privilegien, die es ihnen

---

16 A. a. O., S. 548–551; siehe die Theorie der Schenke-Ökonomie bei Vaughan: *For-Giving*.

erlauben, solchen umfangreichen Aufgaben nachzukommen. So darf ein Häuptling mehrere Ehefrauen haben, die aus verschiedenen Clans und Dörfern kommen, wodurch sich diese Clans mit dem Häuptling sehr verbunden fühlen. Der Häuptling allein praktiziert also Polygynie, und eine Frau betrachtet es als Ehre, Gattin des Häuptlings zu werden, obwohl sie dann kaum eine Möglichkeit zur Scheidung hat. Der Zweck dieser Einrichtung ist ökonomisch: Denn die verschiedenen Häuptlingsgattinnen werden aufs beste von ihren Brüdern versorgt, so dass sich beim Häuptling eine weitaus größere Menge an Yams in mehreren Vorratshäusern ansammelt als bei einem gewöhnlichen Mann. Der Häuptling ist auf diese Weise der reichste Mann im Dorf. Außerdem werden ihm stets alle angeheirateten Verwandten aus den anderen Clans und Dörfern zu Hilfe kommen, wenn er ihrer bedarf, darauf hat er einen Anspruch. Schon deshalb hat der Häuptling das größte Interesse an strikter Monogamie für seine Ehefrauen, denn er profitiert am meisten vom Brauch des Heiratsgutes. Seine Ehefrauen sind daher am rechtlosesten, sie können kaum in ihre mütterlichen Sippen zurückkehren, dafür sorgt schon der Verlust der »Ehre«. Damit beginnt sich die Ehe als eine patriarchale Institution zu etablieren. Außerdem kann der Häuptling durch diese monogame Eheform »seine« Söhne identifizieren, vor allem denjenigen, den er am liebsten in der Häuptlings-Nachfolge hätte. Diesem schiebt er wirtschaftliche Vorteile zu, obwohl es ihn gemäß der Mutterlinie in Konflikt mit seinem Schwestersohn bringt, der für die Häuptlings-Nachfolge designiert ist. Hier zeigt sich der Beginn einer rudimentären Vaterlinie. Auch die Liebeswahl seines Sohnes oder seiner Söhne ist nicht mehr frei, denn deren »gesetzliche« Heirat ist die mit der Tochter oder den Töchtern seiner Schwestern. Auf diese Weise bleibt der Reichtum an Heiratsgut, den der Häuptling angesammelt hat, im selben Clan.[17]

---

17 Siehe dazu die Malinowski-Interpretation von Wilhelm Reich: *Der Einbruch der sexuellen Zwangsmoral,* Frankfurt/Main 1975, Fischer Verlag (zuerst 1932). – Reich zeigt darin, dass es sich bei diesen Eheformen des Häuptlings und seiner Söhne um harte ökonomische Tatsachen handelt, die einige trobriandische Frauen langsam aber sicher benachteiligen. Er sieht die Sache dynamischer als Malinowski, der hier einen »Gefühlskonflikt« des Häuptlings zwischen Sohn und Schwestersohn vermutet. Stattdessen nimmt Reich hier einen Übergang vom Mutterrecht zum Vaterrecht an, um die offensichtliche Paradoxie der eindringenden patriarchalen Tendenzen in der Gesellschaft der Trobriander zu erklären. Er zeigt, dass die treibende Kraft hinter der Position des Häuptlings das Heiratsgut aus den Ernten ist, das die Brüder seiner Gattinnen für diese erzeugen. Davon profitiert er als Gatte. Deshalb verbindet er sich mit Frauen aus allen Clans und hält auf diese Weise eine große Gruppe von Männern in ökonomischer Dienstbarkeit. Da die Spielregeln des Heiratsguts gewöhnliche Männer nicht begünstigen, sondern nur den Häuptling, gibt er – entgegen matriarchalen Mustern – seinen biologischen Söhnen in wirtschaftlicher Hinsicht den Vorzug vor seinen Schwestersöhnen, obwohl einer von diesen der rechtmäßige Erbe der Häuptlingswürde ist. Auf diese Weise versucht er, Teile des Erbes von der Mutterlinie in die Vaterlinie zu verschieben. – Diese Analyse Reichs ist sehr scharfsichtig, aber er bleibt der unhaltbaren Engelsschen These verpflichtet, wonach eine matriarchale Gesellschaft sich allein durch innere ökonomische Mechanismen zu einer patriarchalen wandelt – was weder so einfach noch so schnell geht. Deshalb kann er auch nicht erklären, wie es zu der ausnahmehaften Position des Häuptlings gekommen ist, die es ihm erlaubt, eine erste, flache Hierarchie innerhalb einer matriarchalen Gesellschaft zu errichten.

Diese enormen Vorteile des Häuptlings in der sonst egalitären Gesellschaft der Trobriander werden jedoch gemildert, weil er das Heiratsgut nicht für seine Privatinteressen nutzen kann. Denn er muss die Yamsgaben nicht nur bei großen Festen freigebig verteilen, sondern insbesondere die Expeditionen des Kula-Ringes damit ausstatten. Auch die langdauernden und kostspieligen Vorbereitungen dafür muss er bestreiten, wobei ihn seine zahlreichen Verwandten unterstützen. Das bringt ihm selbst Ehre ein, aber daraus kann er keine politische Macht gewinnen. Ehre ist bei den Tobriandern – wie bei allen matriarchalen Gesellschaften – allerdings ein sehr hoher Wert.[18]

Im 20. Jahrhundert hat sich die wohlgeordnete Gesellschaft der Trobriander durch Kolonialherrschaft, Missionierung und Handel vonseiten der europäischen Australier verändert. Die schwerwiegendste Bedrohung ihrer Kultur stellt heute der wachsende Tourismus aus Australien und Japan dar. Durch die neu eingeführte Geldökonomie wurde das System der gegenseitigen Yams-Geschenke teilweise zerstört, denn nun werden die Nahrungsmittel zunehmend in Läden westlichen Typs eingekauft. Das mit dem Schenke-System verbundene Netz der sozialen Beziehungen hat dadurch ebenfalls Schaden gelitten. Die heutigen Trobriander versuchen, die Kreisläufe der Doba- und Yams-Gaben und des Kula-Ringes wieder einzurichten, weil sie für sie viel wichtiger sind als bloße Handelsbeziehungen. Allerdings können die Häuptlinge wegen der massiven Einschränkungen ihres Einflussbereiches die Kula-Expeditionen immer weniger ausstatten. Im Jahr 1968 gründeten die Trobriander eine soziale Bewegung zu ihrer ökonomischen und kulturellen Selbstbestimmung, die bis 1980 tätig war, um wenigstens den Tourismus unter einheimische Kontrolle zu bringen.[19]

Anhand der traditionellen Organisation der trobriandischen Gesellschaft mit ihrem weiträumigen Kula-Ring beschäftigt uns die Frage, wie es im Verlauf der Geschichte zu diesem Häuptlingswesen mit seinen latent patriarchalen Tendenzen gekommen ist? Denn diese sind auf dem Boden einer sonst matriarchalen Gesellschaft nicht selbstverständlich.

Man könnte meinen, dass dies mit der Besiedelung des unermesslichen Raumes des Pazifischen Ozeans zu tun hat, was zur Abschwächung matriarchaler Muster geführt haben könnte. Denn dazu waren gut organisierte Expeditionen in hochseetüchtigen Booten notwendig, wobei diese Fahrten nicht »ins Blaue hinein« erfolgen konnten, sondern im Rahmen von festen Seerouten stattfinden mussten. Um solche Routen zu bilden, brauchte es Stützpunkte auf anderen Inseln, die nur durch ein weitgespanntes Netz von Verbindungen gewährleistet werden konnten. Aber bei den Trobriandern sehen wir, dass die Bildung von solchen Stützpunkten und Verbindungen auf typisch matriarchalen Mustern beruht, wie dem Schenken, der Pflege von Freundschaft und der Friedenssicherung, weshalb sie nicht für beginnende patriarchale Tendenzen verantwortlich gemacht werden kann.

---

18 Malinowski: *Argonauten,* S. 195–201, und *Das Geschlechtsleben,* Kapitel V,4.
19 Fritz Kramer: »Nachwort«, in der deutschen Ausgabe von Malinowski: *Korallengärten,* Frankfurt 1981, Syndikat, S. 416–418.

Eine andere Überlegung wäre, weil solche kühnen Expeditionen gemeinsame Anstrengungen und organisierte Arbeit erforderlich machen, dass dies zum Entstehen einer Zentralinstanz geführt haben könnte – wie es sich im trobriandischen Häuptlingswesen manifestiert. Denn durch die Privilegien des Häuptlings werden klar einige matriarchale Muster außer Kraft gesetzt. Aber auch dieses Argument ist nicht stichhaltig, denn die Besiedelung der Weite des pazifischen Raumes fand nicht nur einmal statt, sondern sie begann schon in erstaunlich früher Zeit in der Menschheitsgeschichte. Die letzte indigene Besiedelung, die mit dem Häuptlingswesen verbunden ist, geschah als eine erheblich spätere Welle.

So bleibt die Frage nach der Entstehung des Häuptlingswesens mit seinen patriarchalen Tendenzen noch offen. Sie wird uns weiter beschäftigen, wenn wir uns im Folgenden den polynesischen Völkern widmen.

9.4 Zur Struktur der matriarchalen Gesellschaftsform (Fortsetzung)

Auf der sozialen Ebene:

- Selbst bei virilokalem Wohnsitz der Gattin (Wohnsitz beim Ehemann) kann man noch von matriarchalen Mustern sprechen, wenn die Matrilinie konsequent erhalten bleibt und die Ehefrau durch ihre matrilinearen Verwandten wirtschaftlich versorgt wird und dadurch vom Ehemann unabhängig ist. Die tragende Beziehung ist dabei die matrilineare Schwester-Bruder-Beziehung.
- Matriarchale Gesellschaften praktizieren eine Schenke-Ökonomie nicht nur auf den Ebenen von Sippe und Dorf, sondern können sie in so umfassender Weise ausüben, dass zahlreiche Stämme in einem weiträumigen Gebiet daran beteiligt sind (z. B. der Kula-Ring der Trobriander als symbolische Schenke-Ökonomie). Das gegenseitige Beschenken dient stets dem Knüpfen und der Pflege von freundschaftlichen Beziehungen und dadurch der Friedenssicherung; es wird höher bewertet als der Austausch von nützlichen Gütern.

Auf der kulturellen Ebene:

- Mutterschaft wird in matriarchalen Gesellschaften nicht nur als biologische Tatsache, sondern gleichzeitig als ein kulturschöpferischer Akt betrachtet. Die biologische Mutterschaft wird hier in ein kulturelles Modell verwandelt.
- Der matriarchale Wiedergeburtsglauben erklärt, warum matriarchale Gesellschaften die biologische Vaterschaft nicht kennen und auch nicht daran interessiert sind. Die Kinder werden nicht als von Männern gezeugt gesehen, sondern werden von den Ahnen empfangen. Sie kehren aus der Jenseitswelt zurück, wenn eine junge Frau sie in den eigenen Clan wiedergebiert. Selbst dann, wenn biologische Vaterschaft in individuellen Fällen bekannt ist, spielt sie aus denselben Gründen keine tragende Rolle in der Gesellschaft.

- Der matriarchale Mann verhält sich als Gatte (und »biologischer Vater« in unserem Sinne) unterstützend für die Gattin und fürsorglich zu den Kindern. Das steht in scharfem Gegensatz zur Vaterschaft in klassischen Patriarchaten, die seit ihrem Beginn eine Machtausübung des Mannes über die Familie bedeutet hat.

Kapitel 10: Kulturen im Raum des Pazifischen Ozeans

Für Hina, die Mondgöttin Polynesiens,
und für Pelé, Vulkangöttin von Hawai'i

10.1 Schiffe, Sterne und Steine

Eine der erstaunlichsten Leistungen in der Menschheitsgeschichte ist die Seefahrerkunst ozeanischer Völker, mit der sie die Inseln des Pazifik über ungeheure Wasserdistanzen hinweg besiedelt haben. Das muss schon sehr früh begonnen haben. Im Vergleich dazu waren die Seereisen, die unsere antiken Argonauten und alten Wikinger-Helden Tausende von Jahren später unternahmen, nur kurze Hüpfer übers Meer von Land zu Land. Es dauerte noch einmal viele Hunderte von Jahren, ehe sich nach den Wikingern Kolumbus mit seinen dickbauchigen Schiffen über den Atlantik wagte. Zu dieser Zeit war bereits der gesamte pazifische Raum von mikronesischen und polynesischen Stämmen bewohnt.

Die Mikronesier sind von anderem Typus als die Polynesier; sie sind in der Regel kleiner von Wuchs, und ihre Herkunft aus Südostasien ist deutlich zu sehen. Sie besiedelten die weit im Ozean verstreuten, kleinen, flachen, wasserarmen Korallenatolle in der tropischen Zone, wo sie ein genügsames Auskommen fanden. Die Polynesier hingegen nahmen den weitaus größten Raum des Pazifik ein, der teils in der tropischen, teils in der subtropischen, teils in kälteren Klimazonen liegt. Die hoch aufsteigenden Inseln vulkanischen Ursprungs, die sie zu ihrer Heimat machten, erhalten mehr Regen und haben eine üppige Vegetation. Ihre kühnen Seerouten führten sie bis Hawai'i als nördlichsten und Neuseeland (Aotea Roa) als südlichsten Punkt, und sie gelangten bis zur im äußersten Südosten verloren liegenden Osterinsel (Rapa Nui), diesem einsamsten Punkt der Erde. Die Osterinsel wurde schon in sehr früher Zeit zum Sprungbrett für Entdeckungsfahrten der Polynesier entlang der Westküste Südamerikas, ebenso wurde die mittelamerikanische Küste von Hawai'i aus von ihnen entdeckt (Karte 5).

Dies mag zunächst unwahrscheinlich klingen, aber wir werden im Folgenden sehen, was dafür spricht. Mit den mikronesischen und polynesischen Völkern wanderten ihre hoch entwickelte Pflanzenbaukultur und die Megalith-Architektur, die von den matriarchalen Völkern Südostasiens und Indonesiens stammt, über den gesamten pazifischen Raum. Einen Nachweis für diesen Zusammenhang liefert die Linguistik, welche die polynesischen Sprachen auf südostasiatische Wurzeln zurückführen konnte, insbesondere auf die Insel Taiwan. Weitere Nachweise liefern die

224 Kapitel 10: Kulturen im Raum des Pazifischen Ozeans

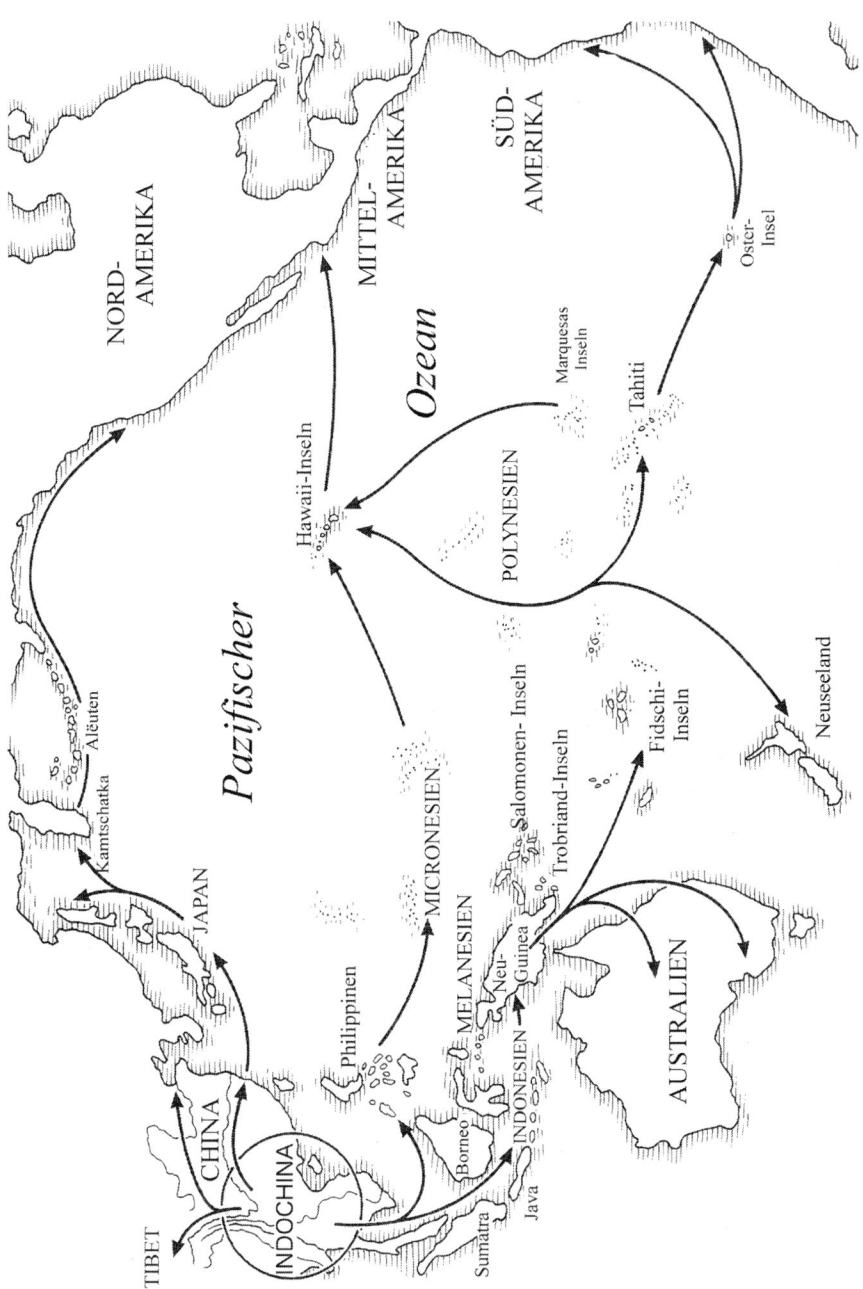

Karte 5

Funde der Archäologie und die Ethnologie.[1] Die jüngste Forschung zur menschlichen DNA (Genetik) und zum menschlichen Bakteriensystem (Bakteriologie) weist ebenfalls darauf hin, dass die Besiedlung des Pazifik ihren Ursprung in Südostasien hat.[2]

Die Schiffe, mit denen die ozeanischen Völker Tausende von Seemeilen auf offenem Meer überquerten,[3] scheinen uns einfach, aber sie sind besondere Erfindungen von außerordentlicher Seetüchtigkeit. Unvergleichlich weiter als alle anderen Völker segelten die Polynesier über den Ozean, sie wurden berühmt für ihre schlanken, schnellen, kentersicheren Auslegerboote. Damit fischten sie auf

Abb. 24: Ausleger-Boot vor Tahiti bei der Fischerei.

---

1 Heine-Geldern: »Die Megalithen Südostasiens«; Highland/Force/Howard/Kelly/Sinoto (Hgs.): *Polynesian Culture History*, Honolulu/Hawai'i 1967, Bishop Museum Press; Alan Howard: »Polynesian Origins and Migrations (A Review)«, in: Highland et. al. (Hgs.): *Polynesian Culture History*, S. 45–102, siehe darin insbesondere Robert Suggs, S. 84; Patrick Vinton Kirch: *The Evolution of the Polynesian Chiefdoms*, London-New York-Sydney 1984, Cambridge University Press, S. 41–44; siehe für die neueste linguistische Forschung: Russel D. Gray: »Language Phylogenies Reveal Expansion Pulses and Pauses in Pacific Settlement«, in: *Science*, Washington D.C. 2009, American Association for the Advancement of Science, Bd. 323, H. 5913, S. 479–483.

2 Bryan Sykes: *The Seven Daughters of Eve*, London 2001, Bantam Press; Yoshan Moodley: »The Peopling of the Pacific from a Bacterial Perspective«, in: *Science*, Washington D.C. 2009, American Association for the Advancement of Science, Bd. 323, H. 5913, S. 527–530.

3 Eine Seemeile beträgt 1,852 Kilometer.

Abb. 25: Königliche Doppel-Kanus von Tahiti für Hochseefahrten.

hoher See (Abb. 24). Die größten ihrer Schiffe waren lange Doppelkanus, nach dem Auslegerprinzip gebaut und je zwei nebeneinander gebunden, mit denen sie wochen- und monatelange Entdeckungsfahrten über die Weite des Pazifik unternahmen (Abb. 25).

Diese Expeditionen wurden nicht aus purer Entdeckerlust oder Gier nach Schätzen unternommen, sondern aus der absoluten Notwendigkeit neues, bewohnbares Land zu finden. Denn Land ist äußerst knapp, gemessen an den winzigen Inselketten in der riesigen Wasserfläche des Ozeans. Drohende Hungersnot und Verarmung, auch aufkommender Streit wegen Landknappheit trieben die Menschen immer weiter aufs Meer hinaus in der Hoffnung, eine fruchtbare Insel zu entdecken, sei es ein flaches Korallenatoll oder eine vulkanische Kuppe, die aus den zahllosen unterseeischen Kratern über den Wasserspiegel aufgestiegen war. Die Suche führte die seefahrenden Völker in Zonen, die von den sub-antarktischen Breiten auf der Südhalbkugel (Neuseeland) über äquatoriale Gebiete bis zu den subtropischen Breiten auf der Nordhalbkugel (Hawai'i) reichen. Wie viele Menschen auf dieser Suche nach bebaubarem Land nie an ihr Ziel gelangten, ist unbekannt. Es ist jedoch nachgewiesen, dass die Polynesier diese gefährlichen Reisen niemals dem Zufall überließen. Die Fahrt, wie lange sie auch dauern mochte, war stets wohlorganisiert: Sie unternahmen die Expeditionen in Gruppen von ungefähr 160 Personen, zur Hälfte Männer, zur Hälfte Frauen, die von zwei einander zugeordneten Heiratsclans stammten. So saßen je 80 Personen in jedem der zwei Boote, die das große Doppelkanu ausmachen. Männer und Frauen teilten gleichermaßen das Segeln und Rudern der Schiffe, und unterwegs ernährten sie sich von Fischen aus dem Meer und tranken Regenwasser, das sie auffingen. Die Frauen nahmen außerdem Samen und Knollen ihrer kultivierten Pflanzen mit sich, die sie geschützt am Körper trugen. Eine Zufallsreise hätte nicht die notwendigen

Funktionen gewährleisten können, die zur Neuansiedlung der Menschen in unbekanntem Gelände erforderlich sind.[4]

Da sie nur mit Segeln und Rudern reisten, wären sie nicht weit gekommen, aber sie wussten die großen Wind- und Wasserströmungen des Ozeans geschickt zu nutzen. Im Pazifik ist die Richtung der günstigen Passatwinde von Ost nach West, das heißt, von Amerika nach Asien. Aber die Polynesier fuhren in die entgegen gesetzte Richtung: von West nach Ost. Segeln war dabei die wichtigste Fortbewegungsart, denn durch Rudern lassen sich die ozeanischen Distanzen nicht überwinden. Das bedeutet, dass die Polynesier die Kunst meisterten, gegen den Wind zu segeln und hin- und her zu lavieren, bis sie eine Meeresströmung fanden, die sie wie ein riesiges Förderband Tausende von Seemeilen weiter trug, ohne dass es sie große Anstrengung kostete. Ihre Doppelkanus waren dafür gut ausgerüstet, denn Bug und Heck waren völlig gleich gebaut – was ihnen ermöglichte, die Richtung zu ändern ohne das Boot zu wenden. Außerdem fertigten sie mit großer Sorgfalt Seekarten der wichtigsten Meeresströmungen an und schnitzten sie in das Holz von Bug und Heck ihrer Schiffe; so konnten sie die Karten dauerhaft gebrauchen. Auf diese Weise war es ihnen möglich, sogar feste Seerouten in beide Richtungen einzuführen, wie zum Beispiel zwischen Tahiti und Hawai'i (siehe Karte 5).[5]

Die Aufgabe, einzelne Inselpunkte in der Uferlosigkeit des Ozeans zu entdecken oder wieder zu finden, setzt eine hohe Navigationskunst voraus. Die ozeanischen Völker navigierten nach den Sternen, von deren Bewegung über den Himmel sie hervorragende Kenntnisse besaßen. Andere Fähigkeiten ergänzten ihre Technik: die Beobachtung von Meerestieren, wie Delphine und Wale, mit deren Hilfe sie die Meeresströmungen entdeckten; die Beobachtung von Wellenmustern, wofür sie spezielle Instrumente hatten; ebenso die Beobachtung von Wolkenformationen und dem Verhalten von Seevögeln, wodurch sie erkennen konnten, wie nahe sie Land waren, das noch unsichtbar hinter dem Horizont lag.[6] All das machte sie zu den größten Seefahrern in der Geschichte der Menschheit.

Auf diese Weise verbreiteten sich die ozeanischen Völker in mehrtausendjähriger Besiedlungsgeschichte allmählich von West nach Ost, mit einzelnen Gegenbewegungen, über den ganzen pazifischen Raum. Bei dieser Ausbreitung über mehrere Klimazonen mussten sie ihre ursprüngliche Ackerbaukultur verändern und an die höchst unterschiedliche Natur der Inseln anpassen. Das erklärt die Variationsbreite der Ökonomie auf den pazifischen Inseln, die von tropischem Pflanzenbau auf Hawai'i bis zu sub-antarktischem Gartenbau mit Jägerei und Fischerei auf Neuseeland reicht.[7] Es ist verständlich, dass bei so großer Verschiedenheit auf der Erde im Denken dieser see-

---

4 Howard, S. 88; Ben R. Finney: »New Perspectives on Polynesian Voyaging«, in: Highland et. al. (Hgs.): *Polynesian Culture History*, S. 141–166; sehr interessant: *Song of Waitaha. The Histories of a Nation*, indigene mündliche Traditionen, berichtet von Te Porohau, Peter Ruka, Te Korako et al., Darfield/Neuseeland, 2003, Wharariki Publishing, S. 72.
5 Finney, S. 152–160; *Song of Waitaha*.
6 Finney, S. 150–152; *Song of Waitaha*, S. 67–79.
7 Kirch, S. 22 f.

fahrenden Völker der Sternenhimmel die Einheit stiftende Instanz wurde, insbesondere im Hinblick auf den Mond, mit dem sie die Zeit messen konnten. Was die Sonne betrifft, so ändern sich ihre scheinbaren Bewegungen dramatisch von einer Klimazone zur anderen: In den äquatorialen Gegenden beschreibt sie Tageszeiten und keine Jahreszeiten, während sie in den polaren Regionen nur Jahreszeiten beschreibt und kaum mehr Tageszeiten. Diese sehr unregelmäßigen Bögen, welche die Sonne in den verschiedenen Klimazonen am Himmel zieht, eignen sich nicht zu konsequenter Zeitmessung, während der Mond mit seinen vier Phasen in allen Zonen der Erde denselben regelmäßigen 28-Tage-Rhythmus zeigt. So wurde der Mond in den Kulturen des Pazifischen Ozeans – und nicht nur hier, sondern in allen archaischen Kulturen – die erste und zuverlässigste Uhr. In dem ganzen Gebiet von Indonesien über Melanesien, Mikronesien bis Polynesien gab es daher fast bis zur Gegenwart nur den Mondkalender, und die Menschen maßen die Zeit nach den Nächten, nicht den Tagen.[8]

Aus diesem Grund war die Mondgöttin Hina (Hine in der Sprache der Maori) bis zur Christianisierung die älteste und dominante weibliche Gottheit in Polynesien und wurde als die Mutter alles Lebendigen sehr verehrt. Als Hina-kua im Osten war sie die Göttin derer, die noch geboren werden, als Hina-alo im Westen die Göttin derer, die schon geboren sind. Begleitet von einem männlichen Wesen namens Ku umfasste sie den ganzen Himmel und die ganze Erde von Ost nach West. Hina und Ku stellten die beiden großen Ahnengottheiten der Polynesier dar,[9] aber sie waren nicht die ältesten in der Entstehungsgeschichte des Universums – wie es im »Kumulipo«, dem Schöpfungslied aus Hawai'i überliefert wird. Darin heißt es: Am Anfang war die Nacht, die geheimnisvolle, weibliche, endlose, dunkelblaue Nacht namens Po. Sie gebar parthenogen ihre Tochter Po ele und ihren Sohn Ku muli Po. Aus der Vereinigung dieser beiden entstanden die Meere und die Erde, und ihr erstgeborenes Kind war Hina, die Mondgöttin.[10]

Diese hohe Stellung der Mondgöttin bei den ozeanischen Völkern verwundert nicht, denn sie haben ihr Wirken deutlich vor Augen: Mit den Mondphasen bestimmt sie die Gezeiten des Meeres, wie Ebbe und Flut; sie macht in diesen wasserreichen Zonen das Wetter; sie beeinflusst das Wachstum der tropischen Pflanzen, die nach dem Mondkalender gesetzt und geerntet werden.[11] Sie zeigt durch den einfachen Wechsel von Licht und Dunkelheit, wie der Übergang vom Leben zum Tod und vom Tod wieder zum Leben geht. Darum war sie in allen pazifischen Kulturen die Göttin von Leben, Tod und Wiedergeburt, denn sie konnte, doppelgesichtig wie sie war, Leben, Jugend und Schönheit geben oder verweigern oder auch wiedergeben.

---

8 Alfred Métraux: *Ethnology of Easter Island,* Honolulu/Hawai'i 1940, Bishop Museum Press, S. 49–52; derselbe: *Easter Island. A Stone-Age Civilization of the Pacific,* London 1957, Andre Deutsch Verlag; C. Handy/E. Handy: *Native Planters in Old Hawaii,* Honolulu/Hawai'i 1972, Bishop Museum Press, S. 37–41; *Song of Waitaha,* S. 67.
9 Martha Beckwith: *Hawaiian Mythology,* Honolulu/Hawai'i 1970, University of Hawaii Press, S. 12 f.; Briffault, Bd. II, S. 529, 712.
10 Siehe die indigene Forscherin Mililani B. Trask: »Aia Na Ha'ina i Loko o Kakou – The Answer Lei Within Us,« in: Goettner-Abendroth: *Societies of Peace.*
11 Handy/Handy, S. 37.

Ihr mythischer Sohn Maui (oder Tiki) besaß gleichzeitig göttliche und menschliche Eigenschaften. Mit seiner göttlichen Seite kämpfte er als Mondheros gegen die Sonne, damit sie seine Mutter nicht überstrahle. Bei einer anderen Gelegenheit verlangsamte er den Lauf der Sonne, so dass Hina mehr Zeit hatte ihr Gewand zu weben. Für sie trennte er den Himmel von der Erde, entdeckte den Gebrauch des Feuers, fischte bewohnbare Inseln aus der Tiefe des Meeres und rettete seine Mutter vor einem Seeungeheuer – ein Bild für die Mondfinsternis. Mit seiner menschlichen Seite war er ein schamanischer Priesterkönig und Kulturheros und setzte sich für das Wohl der Menschen ein. Als Magier und »Trickster« strebte er vor allem nach seiner Unsterblichkeit und die der Menschen. Er flehte seine Mutter an, den Menschen Unsterblichkeit durch Wiederkehr zu geben, so wie sie es jeden Monat tat, aber sie weigerte sich. Da versuchte Maui, durch Hinas Mund in sie hineinzukriechen – in manchen Versionen der Mythe in ihren Uterus –, um auf diese Weise unsterblich wie sie zu werden, aber auch dieser Versuch schlug fehl. Er blieb das Kind der Mondgöttin und dem Tod unterworfen.[12]

In dieser sehr alten und in ganz Polynesien verbreiteten Mythe zeigt sich die matriarchale Konstellation vom Heiligen König, der vollständig auf die Göttin bezogen ist; die Mythe diente als symbolisches Muster zu Beginn des polynesischen Königtums. Noch in späterer Zeit betrachteten sich die Könige als direkte Nachkommen der Mondgöttin und Mauis. In Tonga trugen sie den Titel »Herr vom Monde«, während in Samoa die Ankündigung des Todes eines König lautete: »Der Mond ist gefallen!«[13]

Die Ahnenverehrung war ebenfalls allgemein in Polynesien, sie manifestierte sich in der Setzung von großen Steinen und dem Bauen von Megalith-Anlagen. In der Folklore von Hawai'i werden die flachliegenden, gerundeten Steine, die »papa«, als weiblich betrachtet und die stehenden, zugespitzten Steine, die »pohaku«, als männlich.[14] Manche Steine dienten den Häuptlingsfrauen als Sitze für das Gebären ihrer Kinder.[15] Die aus vielen Steinen errichteten Megalith-Anlagen waren zugleich offene Tempel, Opferaltäre, Sternobservatorien und Markierungszeichen für Schiffe, denn sie wurden mit reflektierenden Muscheleinlagen ausgestattet, die im Sonnenlicht blinken (Abb. 26). Manchmal wurden diese offenen Tempelbezirke in Schiffsform gebaut, wie auf der Osterinsel.[16]

Die verblüffende Ähnlichkeit der Megalithkonstruktionen von weit voneinander entfernten Völkern, wie den Khasi in Assam und den Polynesiern, mit den seefahrenden Völkern Südostasiens als verbindendem Glied, zeigt die immense Verbreitung eines sehr alten, kulturellen Zusammenhangs. Die Ähnlichkeit reicht bis zu den sprachlichen Benennungen. So heißt der rechteckig gebaute Kultplatz der Polynesier »Tohua«,

---

12 Briffault, Bd. II, S. 657, 712, 718; Beckwith, S. 13, 214 f.; Trask: »The Answer«; Hans Nevermann: *Götter der Südsee. Die Religion der Polynesier*, Stuttgart 1947, Spemann, S. 105 f.; *Song of Waitaha*, S. 37–45.
13 Briffault, a. a. O., S. 718.
14 Beckwith, S. 13.
15 Thomas Thrum: »Kukaniloko: famed birthplace of aliis«, in: *Thrum's Hawaiian Annual*, Honolulu/Hawai'i 1912, Black & Auld, S. 101–105.
16 H. Helfritz: *Die Osterinsel*, Zürich 1953, Fretz & Wasmuth, S. 55.

Abb. 26: Offener Tempel auf den Fidschi-Inseln (Melanesien) mit mehreren stumpfen Pyramiden.

bei den indigenen Völkern in Assam ist er ein Steinring und heißt »Tehuba«. Eine stumpfe Pyramide mit Stufen, die ein heiliges Grab enthält, heißt bei den Polynesiern »Ahu«, die Völker in Assam nennen sie »Dahu«.[17] Die Kombination von beiden Bauelementen, verbunden mit hohen Menhiren, die zugleich die Ahnen verkörpern und Sitze für die Häuptlinge und Könige sind, machen die »Marae« aus, die offenen Tempel der Polynesier und anderer ozeanischer Völker. Sie haben bei den verschiedenen Inselkulturen verschiedene Ausprägungen bekommen, manchmal einfacher, manchmal komplexer. Die Stufenpyramiden erreichen auf Tahiti eine Höhe bis 13 m, während die Bewohner der Osterinsel ihre heiligen Plätze nicht nur mit Stufenpyramiden, sondern auch mit mächtigen Steinfiguren schmückten. Aber immer ist ihnen gemeinsam, dass sie als »Bett der Ahnen« gelten, mit deren Seelen die hervorragenden Männer des Stammes in Segen bringenden Kontakt treten können.[18]

10.2 Frauen in der polynesischen Gesellschaft

Als die polynesischen Inselgesellschaften entdeckt und erforscht wurden – als erster von Captain Cook im Jahr 1772 –, schienen sie nicht mehr in einer matriarchalen Phase zu sein. Statt der Heiligen Könige, die früher in das sakrale Königtum einge-

---

17 Heine-Geldern: »Die Megalithen Südostasiens«, S. 294–302.
18 A.a.O., S. 299, 314.

bunden waren, das einer Göttin verpflichtet war, regierten nun Kriegerhäuptlinge, die sich zu ihren eigenen Herren gemacht hatten. Die Gesellschaft besaß eine strenge Hierarchie, und die gewöhnlichen Leute arbeiteten für den Reichtum und die großen Expeditionen dieser Häuptlinge. Frauen galten als »unrein« und durften deshalb keine Nahrung berühren, so dass der Gartenbau und die Zubereitung der Nahrung Sache der Männer waren. Die Frauen verbrachten die Tage mit Arbeiten im Hause, mit Singen und Tanzen, mit Baden und Schönheitspflege (Abb. 27). Sie waren vom Besuch der Marae ausgeschlossen, wo Männer ihre männlichen Ahnen verehrten und geheime Rituale feierten. – Das ist zumindest das Bild, das man von den Berichten europäischer Seefahrer und Forscher erhält, die nur die männliche Sphäre kennen lernten und wiedergaben.[19]

Trotz dieses maskulinen Charakters war die altpolynesische Gesellschaft kein patriarchales System. Ihre matriarchale Epoche war zeitlich noch sehr nahe und auf viele Weise sichtbar. Die Stimmen indigener Forscherinnen korrigieren die frühere,

Abb. 27: Polynesische Frauen beim Baden am Strand.

---

19 Siehe Zitate bei Kirch: *Polynesian Chiefdoms;* Briffault, Bd. II, S. 529; Handy/Handy, S. 301 f.

einseitige Perspektive auf ihre Gesellschaft, sie stellen die sozialen Verhältnisse anders dar:[20] In ihrer traditionellen Kultur sahen die Polynesier die Evolution des Lebens als vom weiblichen Prinzip ausgehend, wie es die Mythe von Po, der Nacht, die aus sich selbst gebiert, zeigt. Diese Auffassung durchdrang die traditionelle Gesellschaft und war die Grundlage für die matrilineare Sozialordnung der Polynesier mit allen ihren lebenspraktischen Folgen. Ebenso wichtig war »Pono«, die korrekte Balance zwischen dem Weiblichen und dem Männlichen als der Balance des Lebens, die in jedem menschlichen Verhalten und Unternehmen stimmen musste. Das spiegelt sich in der Mythologie in den göttlichen Paaren Hina und Ku sowie Po ele und Ku muli Po. Diese beiden Auffassungen vom Ursprung der Welt aus dem Weiblichen und von der gesellschaftlichen Balance zwischen Weiblich und Männlich sind allerdings klassisch matriarchal.

Die matrilineare Sozialordnung hatte nicht nur, wie überall, eine Verehrung der Ahninnen durch die Frauen zur Folge, die ihre Weisheit und Macht, »Mana wahine« genannt, von diesen empfingen. Sondern auch Rang und Titel jeder Person waren durch die Blutsverwandtschaft der Mutter und der Mutter des Vaters – falls der Vater bekannt war – vorherbestimmt.[21] Aber die große, matrilineare Sippen-Organisation brach wegen der Auswanderungen und Zerstreuung über viele kleine Inseln, die oft weit auseinander liegen, zusammen und machte kleineren Familien Platz. Trotz dieser Schwierigkeit gab es noch die matrilokale Heirat, so auf den Raratonga-, Marquesas-, Rotuma- und Bowditch-Inseln. Auf Samoa und den Nicobar-Inseln wohnten die jungen Männer zur Zeit der ersten Kontakte mit Europäern sogar regelmäßig noch bei den Verwandten ihrer Frauen.[22]

Die hohe Wertschätzung der Frau in der traditionellen Kultur ist auch daran zu erkennen, dass ein neugeborenes weibliches Kind »Tama Sa« oder »heiliges Kind« genannt wurde, ein männliches hingegen »Tama Tane«, was einfach »männliches Kind« bedeutet (auf Samoa). Allein die Frau hatte das Recht eine Familie aufzubauen, das heißt, sie war die Wählende, und sie hatte die Macht zu segnen und zu fluchen, eine Macht, die sie ihrer Tochter vererbte. Eine weitere, äußerst wichtige Folge der polynesischen Matrilinearität ist, dass die primäre familiale Bindung nicht zwischen Eltern und Kindern bestand, da sie nicht alle zum selben Clan gehörten, nämlich nicht zu dem des Vaters; ebenso bestand bei der am häufigsten vorkommenden Eheform, der virilokalen Ehe der Frauen, die primäre familiale Bindung nicht zwischen Gatte und Gattin. Stattdessen bestand das engste Bündnis zwischen Schwester und Bruder. Der Bruder respektierte die Schwester als engste Vertraute und sorgte für sie und ihre Kinder während seines ganzen Lebens. Wie in Melanesien betrachteten auch in Polynesien die Brüder und die männlichen matrilinearen Verwandten es als ihre Ehre, dass ihre Schwestern so gut wie möglich gegenüber

---

20 Trask: »The Answer«; Taimalieutu Kiwi Tamasese: »Restoring Liberative Elements of our Cultural Gender Arrangements«, beide in: Goettner-Abendroth: *Societies of Peace*.
21 Trask: »The Answer«.
22 Briffault: Bd. I, S. 589, 294.

den Gatten und deren Verwandten dastehen. Außerdem konnte sich die Ehefrau leicht vom Ehemann trennen, um einen besseren zu finden.[23]

Das Gleichgewicht zwischen weiblichen und männlichen Tätigkeitsbereichen wurde ebenfalls gewahrt. Die Männer betrieben den Gartenbau und den gelegentlichen Ackerbau, wo er möglich war, ebenso die Hochseefischerei, während die Frauen die Inland-Fischerei in Flüssen und flachen Lagunen in der Hand hatten (Abb. 28). Die Männer kochten die Mahlzeiten und bedienten die Frauen mit dem Essen (auf Tonga und Hawai'i), die Frauen sammelten wilde Früchte und Heilkräuter und kannten sich gut in der Heilkunde aus. Darüber hinaus verstanden sie die Kunst, »Kapa« zu produzieren, das Tuch aus den feinen Fasern des Papier-Maulbeerbaumes. Sie stellten es her, indem sie die Fasern schlugen und dehnten und Lage auf Lage legten, bis sie zuletzt das Tuch mit aufgemalten Mustern schmückten.[24]

Polynesische Frauen waren ebenso an der Politik beteiligt: In den traditionellen Dörfern gab es das Haus für den Männerrat und das Haus für den Frauenrat. Keine Entscheidung wurde vom Männerrat in die Tat umgesetzt, ohne dass der Frauenrat konsultiert worden war, und auf diese Weise wurde der Konsens herbeigeführt.[25]

Abb. 28: Polynesische Frauen beim Fischen in der Lagune.

---

23 Tamasese: »Restoring Liberative Elements«.
24 A.a.O.; Trask: »The Answer«.
25 Tamasese: »Restoring Liberative Elements«.

Insbesondere war es die politische Aufgabe der Frauen Frieden zu stiften, doch sie konnten sich ebenso am Krieg der Männer beteiligen, um ihr Land und ihre Kinder zu verteidigen. Im Kriegsfall wagte niemand eine Frau zu töten.[26]

Trotz der Macht der Kriegerhäuptlinge und dem Statusunterschied zwischen dem Adel und dem Volk gab es auch in der Aristokratie noch bedeutende matriarchale Elemente: Die Aristokraten verbanden sich in Bruderschaften, »Areoi« genannt. Diese haben Ähnlichkeit mit geheimen Männerbünden, folgen aber den matrilinearen Verwandtschaftslinien. Es gab außerdem noch Reste matriarchaler Sippenorganisation, zum Beispiel hatte ein verheirateter, adliger Mann Anrecht auf alle Schwestern seiner Gattin und ebenso seine Frau Anrecht auf alle seine Brüder. Dies spiegelt das Muster der uns bekannten Schwestern-Brüder-Gruppenehe. Auf den Inseln von Hawai'i heißt sie »Punalua«, was »Vielheit von Gatten und Gattinnen« bedeutet. Die Punalua-Ehe war einst in ganz Polynesien verbreitet und hatte sich zuletzt noch in der Aristokratie von Hawai'i, Tahiti und der Osterinsel erhalten. In Neuseeland war sie zur Zeit der europäischen Eroberung keine Institution mehr, aber aus Maori-Mythen bekannt. Gleiche Sitten gab es in der Inselwelt Mikronesiens.[27]

Eine wichtige Rolle spielte in den aristokratischen Familien die Schwester eines Mannes. Trotz des Ausschlusses der Frauen aus den »Marae«, den Ahnentempeln der Männer, wurden auf Samoa die Sippenzeremonien nicht durch das männliche Oberhaupt ausgeübt, sondern durch seine Schwester. In ganz Polynesien spielte die älteste Schwester eines Häuptlings eine große Rolle, sie war üblicherweise die Priesterin der Sippe und genoss zeremonielle Verehrung. Auf Tonga trug sie den Titel »Tamaha« und galt als heiliger als der Häuptling selbst. Er hatte ihr zu huldigen und sich vor ihr niederzuwerfen, denn sie war die »höchste Person der Tonga-Inseln«. Die Familiengottheit der Aristokraten wurde in Zeremonien nicht in den Nachkommen des Bruders repräsentiert, sondern in denen der Schwester. Ursprünglich war die Thronfolge in Polynesien nämlich matrilinear, und der Sohn einer königlichen Mutter musste praktisch seine Schwester heiraten, wenn er der Thronfolger werden wollte. Dabei hatte die Königinmutter die höchste Position inne, sie war das Oberhaupt für die inneren Angelegenheiten, während die auswärtigen Angelegenheiten die Aufgabe des Königs waren. Sie regierte das Land, wenn der König unterwegs war, was bei seinen Übersee-Expeditionen lange dauern konnte, und keine Expedition wurde ohne Rücksprache mit ihr unternommen. Nicht nur die Königinmutter, sondern auch ihre Töchter, die Schwestern des Königs, konnten regierende Königinnen sein. Seit Anfang des 19. Jhs. gab es allein auf Hawai'i drei Beispiele von regierenden Schwestern von Königen. Auf Tahiti gibt es in den dynastischen Listen ebenso viele regierende Königinnen wie Könige, am bekanntesten die Königinnen Oberea und Aimata. Diese männlich-weibliche Doppelung des polynesischen Königtums begründete seine Stabilität.[28]

---

26 Trask: »The Answer«; Briffault, Bd. I, S. 322.
27 Briffault, Bd. I, S. 723–725.
28 A.a.O., Bd. I, S. 26f. und Bd. II, S. 529.

10.3 Pelés Clan

Ein Blick in die polynesische Mythologie spiegelt uns ältere Verhältnisse als die oben genannten. Schon die Hina-Maui-Mythe zeigt deutlich das klassisch-matriarchale Verhältnis zwischen Königinmutter und König. In der Mythe der Göttin Pelé von Hawai'i tritt die ursprüngliche Organisation des matriarchalen Clans noch deutlicher in Erscheinung: Pelé ist das weibliche Oberhaupt eines Clans von Feuergottheiten, sie lenkt die Lavaströme, die als Menstruationsblut der Erde gelten, von den Vulkanen herab.[29] Aber sie ist nicht nur eine Naturgöttin, was die Schilderung ihrer Seefahrt und Landsuche zeigt. Es wird erzählt, dass sie von den Tahiti-Inseln mit ihren Schiffen übers Meer gezogen kam, und es ist sie, die als erste die Hawai'i-Inseln entdeckte. Hier schuf sie sich ihren Weg von Insel zu Insel, indem sie sich einen Krater als Wohnung in einen Berg nach dem anderen grub. An keinem Ort blieb sie auf Dauer, bis sie sich den Kilauea-Krater auf Hawai'i grub, die größte Insel in der Kette dieser vulkanischen Inseln. Dort in der kochenden Lava am höchsten Berg der Insel weilt sie noch heute. –

Diese Mythe ist eine typische Auswanderungs- und Landnahme-Mythe, die nicht nur auf göttliche, sondern auch auf menschliche Verhältnisse hinweist. Erstaunlich daran ist, dass sie korrekt eine lange Periode von geologischen Tatsachen wiedergibt. Die einzelnen Inseln von Hawai'i, die in einer Reihe liegen, sind nämlich nicht gleichzeitig, sondern nacheinander von Nordwest nach Südost entstanden. Denn die tektonische Platte, auf welcher der Hawai'i-Rücken mit den Inseln liegt, wanderte langsam in Richtung Nordwest über einen »Hot spot«, einen äußerst aktiven Lavaschlot. Die sieben Hawai'i-Inseln sind die jüngsten Vulkane in dieser Abfolge, die nacheinander – in geologischer Zeitspanne – über den Meeresspiegel aufstiegen. Wiederum die jüngste von ihnen ist die große Insel Hawai'i mit ihren zwei mächtigen Vulkanbergen von mehr als viertausend Metern Höhe und dem jetzt aktiven Kilauea-Krater ganz im Südosten. Gegenwärtig liegt dieser auf dem »Hot spot« und wird allmählich auch einen Berg aufbauen. An der Pelé-Mythe fällt nun auf, dass die sukzessive Landnahme der Göttin von Insel zu Insel genau dem verschiedenen Alter der sieben Inseln von Hawai'i folgt. Allerdings haben in solchen geologischen Zeiträumen noch keine Menschen das Entstehen dieser Inseln miterleben können. Aber die Mythe hat dennoch ein hohes Alter, denn Pelés Clan kam als erster auf den Hawai'i-Inseln an, und diese frühen Menschen haben wohl durch genaue Beobachtung die Abfolge der Entstehung dieser vulkanischen Inseln erkannt und in der Mythe verewigt.

Es ist ersichtlich, dass es sich in Pelés Clan nicht nur um Götter, sondern ebenfalls um Menschen handelt, die später mythisch vergöttlicht wurden. Denn ein realer Pelé-Clan existiert überall auf dem Hawai'i-Archipel, und diese Menschen betrachten Pelé als ihre erste Ahnfrau. In der Tradition dieser Sippe hat man die Toten oder Totengebeine zum »Haus der Pelé«, eben zum Kilauea-Krater, hinaufgetragen und

---

[29] Siehe zu dieser Mythe: Beckwith, S. 167 f.

hineingeworfen, und so kehrten sie zu ihrer Ur-Ahnin zurück.[30] Dieser Pelé-Clan geht sehr wahrscheinlich zurück auf die ersten Einwanderer von Tahiti nach Hawai'i, die unter der Leitung einer matriarchalen Königin namens Pelé standen.[31]

Außer dieser Auswanderungs- und Landnahme-Mythe gibt es in den polynesischen Sagen noch andere Hinweise auf eine matriarchale Epoche im Pazifik, die dem späteren Häuptlingswesen vorausging. So war die Göttin unter dem Namen »Pelé-honuamea«, das heißt »Pelé die Erdfrau«, auch eine Erdgöttin. Ihre Mutter Haumea, das heißt »die Erde«, hatte zwei Brüder, den Himmel und den Wassergott Lono. Der Feuerherd war der heilige Platz von Pelés Mutter und wurde von ihrem Bruder Lono gehütet. Pelé kennt daher gar keinen Vater, sondern als nächste männliche Verwandte die zwei Mutterbrüder. Von diesen begleitete Lono, der Wassergott, sie auf ihrer Reise und bewachte später Pelés eigene heilige Plätze: die Krater der Inseln von Hawai'i. Lono macht sich erst bemerkbar, wenn einer der Krater ausbricht. Dann erscheint er im Wasserdampf, der aus dem Meer aufsteigt, wenn die glühende Lava über die Küste rinnt; seine Wolkengestalt verdichtet sich zum vulkanischen Gewitter und entlädt sich in Blitz, Donner und Regensturm.[32]

Es heißt weiter, dass Pelé während der langen Seereise ihre kleine Schwester Hi'iaka in einem Ei unter der Achselhöhle trug und sie wie ein Schoßtier hütete – ganz so wie auswandernde, polynesische Frauen die Samen und Knollen ihrer Pflanzen am Körper trugen, um sie vor Wind und Wasser zu schützen. So kam auch Hi'iaka wohlbehalten auf Hawai'i an. Als sie erwachsen war, ging sie dafür zu Pelés Gunsten auf Werbefahrt um einen Geliebten – was belegt, dass in der ältesten Kultur von Hawai'i Frauenwerbung bestand.[33] Hi'iaka galt als Expertin in »Magie« – später negativ als »Hexerei« denunziert. Das heißt genauer, sie erfand und leitete die heiligen Hula-Tänze und -Gesänge, die Schamaninnenrituale für Regen und Fruchtbarkeit waren. Die Hula-Lieder gelten als nicht von Sterblichen gemacht, sondern sollen, von Pelé inspiriert, den Verehrerinnen der Göttin im Traum gelehrt worden sein. Der aus den Liedern entstandene, umfangreiche Mythenzyklus der Pelé wurde in Episoden während der Hula-Tänze erzählt. Die Gebete beim Tanzen wurden an Laka gerichtet, eine zweite Schwester Pelés, die Göttin des fruchtbaren Waldes und aller erdhaften Kräfte. Für die Tänze schmückten sich die jungen Tänzerinnen und Tänzer mit den tropischen Blumen und Blättern des Waldes, trugen sie im Haar und als Girlanden um den Hals. Die Tanzenden zeigten damit die Schönheit Lakas und galten als vom Geist der Pelé besessen.[34] – Dies zeigt, dass die Frauen von Hawai'i nicht nur mit »Singen und Tanzen und Schönheitspflege« beschäftigt waren, sondern mit den heiligsten Ritualen und Zeremonien der polynesischen

---

30 Handy/Handy: S. 335 f.
31 Siehe zur hohen Position von Frauen in der ältesten Kultur von Hawai'i: Linda Casey: »Mythological Heritage of Hawaii's Royal Women«, in: *Educational Perspectives,* Bd. 16, 1, März 1978, Honolulu/Hawai'i, University of Hawai'i, Manoa, S. 3–9.
32 Handy/Handy: S. 237.
33 A. a. O., S. 173 f.
34 A. a. O., S. 180 f. und 360; Nathaniel B. Emerson: *Unwritten Literature of Hawaii. The Sacred Songs of the Hula,* Tokyo/Japan, 1965, Tuttle, S. 23–25, 186–201, 260–263.

Kultur. Sie hatten eine bedeutende Rolle in der traditionellen Religion, zumindest was die matriarchale Epoche von Hawai'i betrifft.

Eine weitere aufschlussreiche Aussage aus dem Mythenzyklus der Pelé ist, dass die Göttin einen Sohn namens »Menehune« gehabt haben soll. Die Menehune gelten überall in der Erzähltradition des Volksglaubens als schöne, feenhafte Waldgeister, unsichtbar, aber sehr erfinderisch in Handwerk und Kunst. Diese Erzählungen zeigen interessante Parallelen zum Feen- und Waldgeisterglauben in Japan, z. B. die Bergprinzessinnen, aber auch in Europa, wo man ihn in Irland, in der Bretagne und den Pyrenäen (Frankreich) und im alpinen Zentraleuropa (Deutschland, Österreich, Schweiz) findet. Für die Kunstfertigkeit der Menehune sprechen die »Menehune-Gräben« von Waimea auf der Hauptinsel Hawai'i, die sie einst gebaut haben. Diese Gräben bestehen aus Mauerwerk aus ohne Mörtel aufeinander gesetzten Steinen, so perfekt behauen, dass sie fugenlos zusammenpassen; sie dienten als Wasserleitungen zur Bewässerung von Feldern. Sie gelten als die wichtigste archäologische Fundstätte auf Hawai'i und werden wegen ihrer hervorragenden Konstruktion von den Forschern bewundert. Aber nicht nur diese Gräben, sondern auch Dämme, Straßen, Aquädukte und vor allem die großen Erdöfen als Stätten des heiligen Feuers sollen die geheimnisvollen Menehune erbaut haben. Die Menehune-Bevölkerung wuchs dank ihrer hohen Kultur rasch an, aber von Krieg und Kampf ist nirgends die Rede. Als jedoch die späteren Kriegerhäuptlinge auf den Inseln ankamen, zogen die Menehune sich vor diesen in die dichten Wälder und auf die Berge zurück, wo sie »unsichtbar wurden« – wie die Legenden berichten.[35]

Ähnliches erzählen die Sagen von Feen, Waldgeistern und Zwergen in Europa, worin die Schicht einer älteren, matriarchalen Kultur ihren Widerschein findet.[36] Daher gibt es Forscher, die – nicht zu Unrecht – annehmen, dass die Menehune die Ureinwohner gewesen sind, das heißt, die ersten Siedlerinnen und Siedler auf Hawai'i.[37] Es ist deutlich geworden, dass sie eine matriarchale Sozialordnung und friedliche Kultur besessen haben, wie der mit ihnen verbundene Mythenzyklus der Pelé besagt. »Menehune«, der Name von Pelés Sohn, war vielleicht der Titel ihrer Heiligen Könige. Als dieses Volk von den stolzen Kriegerkönigen der späteren Besiedelungswelle angegriffen und besiegt wurde, waren die Menehune gezwungen, in die Wildnis zu fliehen; viele verließen vermutlich die Inseln auf der Flucht übers Meer, wodurch sie klarerweise »unsichtbar« wurden. Wieder andere, die geblieben waren, gerieten als gewöhnliche Leute auf den untersten Platz der sozialen Hierarchie. Aber die neuen Herren erklärten sie zur Legende und eigneten sich ihre Künste an, nicht ohne den ehemals souveränen Status der Frauen zu verändern – ein typischer Vorgang, der auch aus Europa und anderen Gegenden der Erde nur zu gut bekannt ist.

---

35 Handy/Handy, S. 403 f.
36 Beispiele dazu in: Göttner-Abendroth: *Matriarchale Landschaftsmythologie;* dieselbe: *Berggöttinnen der Alpen.*
37 William Westervelt: »Fairy folk of Hawai'i«, in: *Paradise of the Pacific,* Nr. 14, Februar 1901, Press Pub. Co., S. 11-13; Katharine Luomala: *The Menehune of Polynesia and other mythical Little People of Oceania,* Honolulu/Hawai'i 1951, Bernice P. Bishop Museum Press, S. 40-51, siehe darin besonders die Theorien von Buck und Emory.

Das wichtigste Argument hinsichtlich der Menehune als Ureinwohner von Hawai'i ist die Tatsache, dass es sie auf den Tahiti-Inseln und dem Marquesas-Archipel noch gibt, also gerade auf jenen Inseln, von denen sie gemäß den Mythen als Pelés Clan nach Hawai'i gekommen sein sollen.[38] Dort heißen sie »Manahune« oder »Maka'ainana« und sind die einfachen, arbeitenden Leute mit großem, handwerklichem Geschick. Maka'ainana wurde die Bevölkerung, welche die Last der Arbeit trägt, später auch in Hawai'i genannt.[39]

Es stellt sich hier die Frage nach den zeitlichen Epochen der Erstbesiedelung und späteren Besiedelung von Hawai'i, eine Situation, die sich keineswegs nur auf diese Inseln beschränken lässt. Die Zeit der Kriegerhäuptlinge, die Schritt für Schritt die Inselwelt des Pazifik für sich entdeckten und als spätere Bewohner einnahmen, wird mit ungefähr 1000 vor u. Z. bis 1000 nach u. Z. angegeben, eine Spanne der Eroberung und Besiedelung von ungefähr zweitausend Jahren.[40] Die matriarchalen Königinnen, die ihr Volk übers Meer führten, müssen also erheblich früher diese Inselwelt entdeckt haben.

Wie wir bereits wissen, stammen die frühesten, seefahrenden Völker des Pazifik aus Südost-Asien, insbesondere aus der matriarchalen Yüeh-Kultur. Sie gelten als die Ur-Polynesier.[41] Sie kamen von den südöstlichen Küsten und ließen sich auf Taiwan, den Philippinen, in Mikronesien, Polynesien und ebenso auf Hawai'i nieder. Wie lange diese erste Landnahme dauerte, lässt sich nur vermuten; auf Taiwan ist ihre Anwesenheit jedoch schon 4000 v. u. Z. belegt.[42] Sie breiteten sich mit wachsender Seetüchtigkeit über die Inselwelt des Pazifik aus und müssen in Hawai'i erheblich früher als die Kriegerhäuptlinge angekommen sein, um ihre reiche und komplexe Kultur entfalten zu können. Wir können 3000–2000 vor u. Z. als mögliche Zeit ihrer Ankunft annehmen, das heißt, ihre matriarchale Kultur blühte ungefähr drei bis vier Jahrtausende lang auf Hawai'i, bevor sie in der Zeit um 1000 nach u. Z. oder etwas früher erobert wurde. Dass Menschen schon so früh den Ozean befuhren, erscheint erstaunlich, fast unglaublich, doch wir werden an späterer Stelle anhand von Indizien sehen, dass dies so gewesen sein musste.

10.4 Kriegerhäuptlinge in Ozeanien

Was hat zur Vermännlichung und zur Bildung eines kriegerischen Häuptlingswesens bei den anfangs offenbar matriarchalen Verhältnissen in Ozeanien geführt? Diese Frage ist schon hinsichtlich der Trobriander in Melanesien unbeantwortet

---

38 Finney, S. 161–164.
39 Luomala, S. 46.
40 P.V. Kirch: *Feathered Gods and Fishhooks. Hawai'ian Archaeology and Prehistory*, Honolulu/Hawai'i 1985, University of Hawai'i Press, S. 52–66, 181 f., 284 f.
41 »Polynesier« ist keine ethnische Bezeichnung, sondern eine räumliche, die alle alten, seefahrenden Völker des pazifischen Ozeans umfasst.
42 Bellwood: *Prehistory of the Indo-Malaysian Archipelago*; Peter Bellwood: *Man's Conquest of the Pacific*, Auckland-Sydney-London 1978, Collins.

geblieben, obwohl die Häuptlinge dort nicht kriegerisch sind. Aber der kriegerische Charakter des Häuptlingswesens hat sich von Asien im Westen über den offenen Ozean Richtung Osten entwickelt und immer schärfer ausgeprägt – uns interessieren hier die Gründe für seine Entstehung und Verschärfung. Diese Frage lässt sich anhand von konkreten Situationen und nicht anhand von abstrakten Spekulationen ziemlich genau beantworten.

Die Leute der Yüeh-Kultur sind offenbar wiederholt aus ihrer südostasiatischen Heimat in die Weite des Pazifik ausgewandert. Anfangs war es eine friedliche Auswanderung unter Führung matriarchaler Königinnen, die bei ihrer Landsuche die unbewohnten Inseln entdeckten und besiedelten. Aber die Situation stellte sich in späteren Jahrtausenden erheblich anders dar. Nachdem die patriarchale Kultur in China entstanden war und während ihrer Ausbreitung fortwährend die indigenen Völker aus ihren angestammten Gebieten aggressiv vertrieb, wurde auch ein Teil der Yüeh-Völker immer mehr aufs Wasser hinaus gedrängt. Die Menschen dieser hoch entwickelten Kultur haben dies nicht kampflos hingenommen, sie haben sich vehement verteidigt und waren deshalb in viele Kriegsereignisse verwickelt.[43] Diese Verhältnisse brachten den »charismatischen Führer« hervor, der sein Volk aus der Bedrängnis retten sollte,[44] und um der besseren Verteidigung willen entstand auf die Dauer ein festes Häuptlingswesen. Aufgrund des Schutzbedürfnisses der Leute wurde es freiwillig akzeptiert. Diese erste Erscheinung von Häuptlingen hat vermutlich noch nicht zu einer streng hierarchischen Gesellschaft geführt, denn die Menschen kannten diese Form nicht.

Es kam jedoch nach vielen Jahrhunderten vergeblicher Kämpfe zur wiederholten, unfreiwilligen Auswanderung in die Weite des Ozeans, ausgelöst durch den zunehmenden Druck vonseiten der patriarchal-chinesische Kultur. Dabei folgten die Menschen den Seerouten, die schon vorher erschlossen worden waren. Das heißt, es waren auch diesmal Yüeh-Leute, denn sie brachten die typischen Kennzeichen dieser Kultur mit, wie zum Beispiel die Megalith-Architektur und Ahnenverehrung. Selbst ihre matriarchale Sozialordnung wurde großenteils beibehalten, auch wenn sich das Häuptlingswesen längst etabliert hatte. Aber diesmal führten die Häuptlinge und keine Königinnen mehr die Seereisen an, und ihre Privilegien und Macht waren nun eine gegebene Tatsache. Nach den lang dauernden und gefährlichen Fahrten übers Meer fanden sie allerdings kein leeres Land vor, sondern überall schon bewohnte Inseln – was eine Situation mit hohem Konfliktpotential darstellt. Dies muss nicht zwangsläufig zu Kämpfen geführt haben, sondern das Problem kann ebenso durch die matriarchale Heiratspolitik gelöst worden sein, bei der eine Verschmelzung der beiden Völker, des alteingesessenen und des neu angekommenen, bevorzugt wird. Dieses Verhältnis liegt wahrscheinlich bei den Trobriandern vor, bei denen sich ankommende ur-malaiische Gruppen mit einer ansässigen schwarzen Bevölkerung verbanden. Für die Häuptlinge ergaben sich daraus jedoch

---

43 Siehe dazu Kapitel 5 in diesem Buch.
44 Begriff von Sigrist, in: *Regulierte Anarchie*.

gewisse Heiratsprivilegien, die den ersten Keim einer sozialen Hierarchie in sich trugen.[45]

Das geschah jedoch im westlichen Teil des Pazifik, wo die Distanz der Reisen noch erheblich geringer war als weiter östlich. Nach Osten hin – die Richtung, in der die Auswanderungsbewegung ging – fanden sich die Menschen von riesigen Anteilen Meer und winzigen Anteilen von Land umgeben, was die Seereisen extremer machte und die Landknappheit verschärfte. Denn auf allen pazifischen Inseln kann nur eine eng begrenzte Zahl von Menschen leben, nirgendwo sind sie in ihrem Lebensraum und in den Ressourcen stärker eingeengt als hier. Was diese Landknappheit bedeutet, sieht man an den strikten Formen von Geburtendrosselung überall in diesem Gebiet: An erster Stelle standen dabei Abtreibung und Nichtannehmen des Neugeborenen durch die Mutter. Nur ein oder zwei Kinder waren für jede Frau erlaubt, drei oder vier Kinder blieben absolute Ausnahme. Dies führte dazu, dass in manchen Gegenden bis zu zwei Drittel der Nachkommen nach der Geburt getötet wurden. Viele Frauen gebrauchten medizinische Maßnahmen, um sich unfruchtbar zu machen. Außerdem war der Verzicht auf Kinder für sie ein Weg für sozialen Aufstieg, weil Kinderlosigkeit als vornehm galt, zu häufige Mutterschaft dagegen als nicht standesgemäß. Die Tötung von neugeborenen Kindern hatte außerdem religiöse Bedeutung, denn die Kinderopfer galten als Nahrung für die Seelen der Ahnen.[46]

Trotz dieser auf strengste Weise eingeschränkten Fortpflanzung war es unvermeidlich, dass die Bevölkerung in Polynesien langsam anwuchs, was zu Überfüllung und Hungersnöten führte. Darauf gab es zweierlei Reaktionen: Entweder kam es zum völligen Absinken des Lebenswillens der Menschen, die sich dem Aussterben überließen,[47] oder zum Aufbruch auf eine erneute Expedition ins Ungewisse in die Wasserweite des Pazifischen Ozeans. Diese Expeditionen, um Land zu finden, waren der Motor der Besiedelung Ozeaniens, der schon die seefahrenden, matriarchalen Königinnen angetrieben hatte. Besonders wasserlose Archipele aus Koralleninseln, deren Fruchtbarkeit enge Grenzen hatte, wie zum Beispiel die Marquesas-Inseln, waren Orte, von denen sich immer wieder Gruppen von Menschen lösten, die eine neue Heimat suchten.

Bereits in den matriarchalen ozeanischen Kulturen waren der Bootsbau und die Fischerei auf hoher See Aufgabe der Männer, woraus sich gewisse Erkundungsfahrten ergaben. Diese traditionelle Arbeitsteilung führte jedoch nicht zur Vermännlichung, denn die Sozialordnung, die Ökonomie und ebenso die großen Expeditionen wurden von den Clan-Königinnen geleitet. Ihre Brüder und Mutterbrüder waren ihre Helfer, die in die matriarchalen Sippen eingebunden blieben – dies zeigen die Mythen von Pelés Seereise. Die Königin besaß die eine Seite des hochseetüchtigen Doppelkanus, während ihr Bruder oder Mutterbruder die andere Seite innehatte

---

45 Siehe dazu Kapitel 9 in diesem Buch.
46 Georg Eckert: »Der Einfluss der Familienorganisation auf die Bevölkerungsbewegung in Ozeanien«, in: *Anthropos*, Nr. 31, Wien-Mödling 1936, Missionsdruckerei St. Gabriel, S. 789-799.
47 A. a. O., S. 793.

und die technische Ausführung der Expedition lenkte.[48] Die Aufgabenteilung war in Balance, denn damals gab es noch kein Häuptlingswesen, das durch die Kämpfe in China entstanden war und das die spätere Auswanderungszeit kennzeichnet. In dieser späteren Epoche von fortwährenden See-Expeditionen in Richtung Osten führte die traditionelle Aufgabenteilung zu einem männlichen Übergewicht, denn der Häuptling war nun Chef der Expedition in jeder Hinsicht, sowohl sozial wie ökonomisch wie technisch. Umso mehr wurde er zum »charismatischen Führer« mit der Aufgabe, seine Leute auf der gefährlichen und entbehrungsreichen Reise in eine neue Heimat zu bringen. Wenn es ihm gelang, erhöhte es seinen Status enorm. Die Bedeutung der Häuptlinge steigerte sich, je weiter man im Pazifischen Ozean von West nach Ost kommt, das heißt, je mehr extreme Wanderungszüge übers Meer die Menschen in ihrer Stammesgeschichte zu bewältigen hatten.

Dabei fällt besonders ins Gewicht, wenn zur gelungenen Expedition noch das Niederkämpfen und Vertreiben einer bereits ansässigen Urbevölkerung hinzukam, und das war mittlerweile auf fast allen Inseln der Fall. Das Schicksal der Menehune auf Hawai'i zeigt diese Situation beispielhaft. Nun wurden die Häuptlinge aus Expeditionsführern auch zu Anführern im Kampf, was bei einem Sieg ihre Macht potenzierte. Denn sie hatten neues Land für ihre Leute erobert! Kämpfen war ihnen aus ihrer Stammesgeschichte durch die Verteidigung ihrer Kultur in China geläufig, und das Waffenhandwerk gehörte unterdessen zu ihrer Tradition. Dabei waren am effektivsten diejenigen von ihnen, die ihre männliche Schiffsbesatzung schon vorher als bedingungslose Gefolgsleute um sich geschart und am besten auf Gehorsam gedrillt hatten.

Das waren die Bedingungen, welche die Gestalt des polynesischen »Raiatea«-Häuptlings hervorbrachten, des Kriegerhäuptlings. Die Raiatea-Häuptlinge waren erfolgreiche Anführer, sie eroberten neuen Lebensraum für ihr Volk und schufen eine Klassengesellschaft, bei der die Reste der Urbevölkerung auf die unterste Stufe gerieten. Eine streng hierarchische Ordnung wurde errichtet, die vom Häuptling oder König an der Spitze, umgeben von der männerbündischen Aristokratie, jede gewöhnliche Person stufenweise nach unten auf ihren Platz verwies. Im Lauf der Zeit erhöhten die Raiatea-Häuptlinge sich selbst immer mehr, bis sie gottähnlich wurden. Nun mussten immer reichere Tribute an sie geleistet werden, was aber den Druck auf die natürliche Umwelt, auf die ohnehin prekäre Ökologie der begrenzten Inseln, ebenfalls erhöhte. Denn mit jedem neuen Bevölkerungswachstum wurden Bäume für den Schiffsbau geschlagen und Wälder für die Felder gerodet, aber am meisten fielen die sich steigernden Tributzahlungen ins Gewicht, die noch mehr Rodungen für Felder verlangten. Auf diese Weise kam es bei vielen Inselkulturen des Pazifik zu den typischen internen Zyklen: gelungene Besiedelung, positive Entwicklung, dann Ausdehnung bis zur Überfüllung, Konflikte und anschließender Niedergang, erneute Auswanderung mit der Hoffnung, abermals neues Land zu finden.[49] Dieser Zyklus drehte sich immer schneller und verstärkte sich fortwährend von West nach Ost über einen

---

48 Thomas Barthel: *Das achte Land,* München 1974, Renner Verlag, S. 182.
49 Kirch: *Feathered Gods,* S. 284–298.

Zeitraum von zweitausend Jahren (1000 vor u. Z. bis 1000 nach u. Z.). Er brachte ein immer stärker dominierendes Häuptlingswesen als Zentralinstanz hervor und eine zunehmende Vermännlichung der polynesischen Kultur – auch wenn die Rolle der Frauen im religiösen und familialen Bereich noch wichtig war.

Diese Entwicklung intensivierte sich auf den Hawai'i-Inseln, wo sich deutliche Patriarchalisierungstendenzen zeigten. Die Raiatea-Häuptlinge beherrschten nun das Meer, und auf den in beide Richtungen befahrbaren Routen, wie zwischen Tahiti und Hawai'i, wurden ihre Schiffe und ihre Macht immer größer. Auf Hawai'i bildete sich eine starre Hierarchie heraus, deren Spitze die Häuptlinge oder Könige, die Adligen und die Priester unverrückbar innehatten. Zusätzlich kam es, wie bei vielen polynesischen Inselkulturen, zu Rivalitäten zwischen den Häuptlingen der verschiedenen Clans und zu Kämpfen der Clans untereinander. Das einfache Volk musste nicht nur die Felder der Häuptlinge und Adligen bearbeiten, sondern bei diesen Fehden auch Kriegsdienste leisten, was das Los der Leute keineswegs verbesserte. Auch durfte sich niemand dem Häuptling oder König wegen seiner Göttlichkeit nähern, oder man riskierte sein Leben. Jeder konnte jederzeit ohne Grund als Menschenopfer für den Tempel ergriffen und getötet werden, oft bloß um die schlechte Laune eines Häuptlings oder Priesters zu befriedigen.[50]

Als Captain James Cook im Jahr 1778 Hawai'i besuchte, hatten sich aufgrund solcher kriegerischen Auseinandersetzungen vier starke Häuptlingstümer herausgebildet. In den folgenden zehn Jahren wurden schwere Kämpfe zwischen diesen ausgetragen, bis der Häuptling aus Kamehameha sich als der mächtigste erwies und bis zum Jahr 1810 die Inseln von Hawai'i unter seiner Königsherrschaft vereinigte. Er beendete die blutigen Auseinandersetzungen, veränderte durch Gesetze das Schicksal der einfachen Leute, denen nun für Leib und Leben Sicherheit gewährleistet wurde, und verbesserte ihr wirtschaftliches Los. Er gründete die Kamehameha-Dynastie, der bis 1893 acht Könige und zwei Königinnen entstammten. Doch unterdessen hatten immer mehr ausländische, weiße Siedler Landbesitz erworben und große Plantagen eingerichtet; sie stürzten 1893 die einheimische Monarchie und gründeten aus Eigeninteresse die Republik Hawai'i. Diese wurde 1909 aus strategischen Gründen von den USA mit Gewalt annektiert.[51]

10.5 Das Schicksal der Osterinsel

Die beschriebene Entwicklung verlief in äußerst unglücklicher Weise auf dem einsamsten Punkt der Erde, der Osterinsel (Rapa Nui). Denn dort gab es kein Ausweichen mehr. Es ist deshalb wie ein Lehrstück für die Menschheitsgeschichte in der Nussschale.

Die kleine Insel, die aus den Eruptivgesteinen dreier Vulkane besteht, liegt 2200 Kilometer von der nächsten Insel im Westen und 3700 Kilometer von der südameri-

---

50 Siehe dazu: Kaori O'Connor: »Die Hawai'i Inseln«, in: *Bild der Völker,* Bd. 1, S. 196.
51 Ibidem.

10.5 Das Schicksal der Osterinsel

kanischen Küste entfernt. Es ist also schwierig, sie zu erreichen, und ebenso schwierig, wieder von ihr fort zu kommen. Obwohl sie heute nur noch kahle Steppe besitzt, haben Archäologen durch Pollenanalysen nachgewiesen, dass die Insel einst von einem Urwald mit den größten Palmen der Erde bedeckt war.

Auch auf der Osterinsel gibt es Hinweise auf frühere Besiedlung vor den Raiatea-Häuptlingen, die aus Zentralpolynesien kamen und die Insel um 1200 nach u. Z. auf einer meisterhaft organisierten Seereise erreichten.[52] Viel früher als diese gelangten – wie die Mythen der Einheimischen berichten – die ersten Einwanderer auf die Osterinsel, und zwar aus zwei verschiedenen Richtungen: von Osten unter männlicher Leitung und von Westen unter der Führung einer Frau namens »Hotu Matua«. Sie war wie die Clankönigin Pelé eine seefahrende Königin, die mit ihrem Volk die Osterinsel entdeckte, die damals »Waitangi Ki Roto« hieß. Vielleicht kam sie von den Tahiti-Inseln oder dem Marquesas-Archipel, während der männliche Führer namens »Kiwa« durch einen Umweg aus Richtung Südamerika gekommen sein könnte oder direkt von dort (siehe Karte 5). Diese zwei sehr verschiedenen Völkergruppen heirateten untereinander, genauso wie es ihre zwei führenden Persönlichkeiten taten, wobei noch eine etwas rätselhaftes dritte Volksgruppe hinzukam, die »Steinleute«, die schon lange vorher auf der Insel lebten. Gemäß der matriarchalen Heiratspolitik formten sie auf diese Weise eine neue und friedliche Gesellschaft.[53] Die von einer Königin geführten Leute aus dem Westen und ebenso die archaischen »Steinleute« erinnern an die Menehune. Diese neue Gesellschaft, die aus drei Völkern geschaffen worden war, genoss Egalität und Gerechtigkeit und erfreute sich an einer hoch entwickelten Kultur mit kunstvollen Steinsystemen – genau solchen wie sie den Menehune zugeschrieben werden. Die Leute richteten außerdem mächtige Steinfiguren auf, die »Moai« (»Mohai, Mokai«), welche die Züge ihrer Ahnen trugen, und sie waren die einzigen in gesamten pazifischen Raum, die eine Art Hieroglyphenschrift gebrauchten.

Diese gemischte Gesellschaft der Osterinsel, die einen matriarchalen Charakter hatte, muss sich sehr früh entwickelt haben, wobei die »Steinleute« noch früher die Insel besiedelten. Nach indigener Tradition unternahmen Männer und Frauen von der Osterinsel aus neue Seereisen, die sie, getragen von günstigen Passatwinden und Meeresströmungen, die von Ost nach West führen, Neuseeland (Aotearoa) entdecken ließen. Dort siedelten sie als erste und richteten sogar eine reguläre Seeroute zwischen der Osterinsel und Neuseeland ein, die sie mehrmals in beide Richtungen befuhren. Ebenso unternahmen sie Erkundungsreisen zu dem »Großen Land im Osten« – was ihr Name für den südamerikanischen Kontinent war (siehe Karte 5).[54] Erst ab 950 nach u. Z. wurde Neuseeland zum zweiten Mal entdeckt, diesmal von polynesischen Seefahrern von Tahiti.

Um 1200 n. u. Z. erreichten Raiatea-Häuptlinge mit einem königlichen Doppelkanu die Osterinsel – eine Ankunft, auf die sich ein anderer Strang indigener Erzäh-

---

52 Barthel: *Das achte Land*; Métraux: *Ethnology of Easter Island*.
53 *Song of Waitaha*, S. 33–35.
54 Ibidem.

lungen beziehen mag, worin es heißt, dass die »Langohren« schon auf der Osterinsel lebten und dass erst viele Generationen später die »Kurzohren« von Westen kamen. Diese späteren Polynesier brachten ihre männlich geprägte, hierarchisch organisierte Sozialordnung mit, die sie auf der Osterinsel weiterführten. Aber sie unterwarfen die einheimische Bevölkerung nicht, sondern nahmen deren überlegende Kultur an, jedoch nicht die matriarchale Organisation. So brachten es die zwei Völker aufgrund dieses Kompromisses fertig, lange in Frieden nebeneinander zu leben.[55]

Auf dem Höhepunkt der kulturellen Entwicklung der Osterinsel, während der »Ahu-Moai-Phase«, schmückte man die offenen Tempelplätze zusätzlich mit den großen Steinfiguren (1200–1600 n. u. Z.). Nun wurde eine immense Anzahl dieser riesigen Statuen geschaffen, alle jetzt ausnahmslos männlich, sie wurden aus dem Tuffgestein der Vulkane gehauen und zu den sakralen Plätzen an der Meeresküste transportiert. Die Reste dieser Figuren sind noch heute für die Osterinsel charakteristisch (Abb. 29). Dabei spielte sicherlich der Ehrgeiz der verschiedenen Häuptlinge eine große Rolle. Denn diese Statuen von männlichen Ahnen dienten den aristokratischen Männerbünden als prächtige Verschönerung ihrer Marae, in denen sie ihre geheimen Rituale unter Ausschluss der Frauen und der einfachen Bevölkerung feierten und ihre Hierarchie stärkten. Aber nach einheimischen Legenden soll nach ein paar Jahrhunderten friedlicher Ko-Existenz ein Streit zwischen »Langohren« und »Kurzohren« wegen der Moai ausgebrochen sein, der zu einem Bürgerkrieg führte und mit der völligen Vernichtung der »Langohren« endete. Ihre Leichen wurden an einem besonderen Platz verbrannt; dieser wurde gefunden und lieferte die archäologische Evidenz.[56]

Über den Grund des Bürgerkrieges gibt es verschiedene Theorien: Eine besagt, dass der Wald, der einst die Insel bedeckte, immer stärker für Häuser, Schiffe und Bestattungsfeuer gerodet worden war.[57] Zusätzlich spielte der Ehrgeiz der Häuptlinge eine fatale Rolle. Wegen des wachsenden Drucks, immer mehr Moai-Figuren zu produzieren, wurde die Arbeitskraft der gewöhnlichen Leute stark ausgebeutet, und Verarmung war die Folge. Zugleich mussten enorm viele Bäume gefällt werden, um die Steinstatuen auf Rollen zur Küste zu transportieren, was zur Vernichtung des Waldes und schließlich zur Bodenerosion führte. Auf dem Höhepunkt dieser Verschwendung, die im ökologischen Kollaps mündete und gleichzeitig mit hohem Bevölkerungsdruck (ca. 15.000 bis 20.000 Menschen) und beginnenden Hungersnöten einherging, brach der totale Bürgerkrieg aus. Die Moai wurden revoltierend umgestürzt, die bittere Not ließ alle Stämme und Sippen gegeneinander kämpfen, ein furchtbares Gemetzel fand statt, das anderthalb Jahrhunderte dauerte (1600–1750 n. u. Z.). Die Übervölkerung war begleitet von der gleichzeitigen Unmög-

---

55 Thor Heyerdahl: »Die Bewohner der Osterinsel«, in: *Bild der Völker*, Bd. 1, S. 222–229.
56 A. a. O., S. 227.
57 Siehe dazu und für das Folgende: Jared Diamond: *Kollaps. Warum Gesellschaften überleben oder untergehen,* Frankfurt/Main 2005, Fischer Verlag, S. 103–153 (zuerst in Englisch, New York 2005).

Abb. 29: Die »Moai«, große Steinstatuen auf der Osterinsel.

lichkeit, durch Auswandung auf den Ozean auszuweichen. Denn es gab kein Holz für Schiffe mehr, und keine Nachbarinsel war in Sicht – womit die Osterinsel tatsächlich zum isoliertesten Ort wurde. Das führte zu dieser langen Phase von chronischer Kriegsführung aller gegeneinander und schließlich zu sozialer Auflösung. Die Zerstörung der Kultur war die Folge des ökologischen Zusammenbruchs, so dass, nach dieser Theorie, die weißen Entdecker die letzten Osterinsulaner in einem bereits degenerierten Zustand antrafen.[58]

Eine neuere Theorie widerspricht dieser Idee vom ökologischen Kollaps und der Selbstzerstörung der indigenen Gesellschaft der Osterinsel. Sie stützt sich auf die Aufzeichnungen des Kapitäns eines holländischen Handelsschiffes, Jakob Roggeveen, der die Osterinsel am Ostersonntag 1722 als erster Weißer besuchte und nur wenige Tage blieb.[59] Denn Roggeveen berichtet von üppigen Feldern, die nur wenig Arbeit erforderten, von kleinen Kokospalmen und Toromirobäumen, von unbegrenztem Vorkommen an Fisch im Meer und zahlreichen Hühnern an Land und von gesunden und schönen Menschen. So müssen wir annehmen, dass die »Kurzohren«, das heißt, die polynesischen Häuptlinge, rechtzeitig die drohende ökologische Gefahr erkannten und die Verschwendung der Bäume beendeten; sie wollten keine

---

58 Kirch: Polynesian Chiefdoms, S. 264–278.
59 Paul Rainbird: »A message for our future? The Rapa Nui (Easter Island) eco-disaster and Pacific islands Environment«, in: World Archaeology, Nr. 33(3), London 2002, Taylor & Francis, S. 436–451; Benny Peiser: »From Genocide to Ecocide: The Rape of the Rapa Nui«, in: Energy&Environment, Bd. 16, Nr. 3, Juli 2005, Brentwood, S. 513–539.

weiteren Steinfiguren mehr errichten und stürzten sie selber um – zumindest sagen das die Legenden.⁶⁰ Es folgte der Kampf mit den »Langohren«, die wohl gegen diese Politik waren. Das Ergebnis war die Zerstörung der »Langohren«, so dass die Restbevölkerung recht gut weiterleben konnte.

Im Jahr 1770 wurde die Insel von Spaniern, die aus Peru kamen, noch einmal »entdeckt«, doch als Captain James Cook die Insel 1774 besuchte, fand er die Bewohner dezimiert und in bedauernswertem Zustand vor. Sie waren nicht mehr in der Lage, sein Schiff mit Lebensmitteln zu versorgen, wie es vorher bei Kapitän Roggeveen noch geschehen war.⁶¹ Lag dies an erneuten Kämpfen untereinander? Oder war die ökologische Kapazität des Landes doch erschöpft? Denn die nur noch kleinen Bäume reichten nicht mehr für Häuser und Schiffe aus und konnten den Boden kaum verbessern. Oder hatten die Spanier eine Krankheit eingeschleppt?

Was auch immer die Osterinsulaner in der Vergangenheit ihrer Insel und Gesellschaft selbst angetan hatten, es war geringer verglichen mit den Auswirkungen, die der nachfolgende Kontakt mit den Weißen für sie hatte. Von 1805 an landeten dort immer wieder Schiffe, welche die Bewohner als Sklaven entführten und die Frauen vergewaltigten; nach Peru wurden allein 1500 Einheimische verschleppt. Danach grassierten Krankheiten wie Syphilis und Pocken auf der Insel, die nicht mehr viele Menschen übrig ließen. Das stellten 1864 die ersten Missionare fest, als sie auf der Osterinsel ankamen. Auf sie folgte 1868 ein Schafzüchter, der die Missionare gewaltsam vertrieb, die Insel an sich riss und die übrig gebliebenen Einheimischen in ein Lager sperrte. Als ein französischer Ethnologe 1877 die Insel betrat, lebten auf ihr nur noch 111 Einheimische – was den grausamsten Völkermord in der polynesischen Geschichte dokumentiert. Erst 1966 erhielten die letzten indigenen Männer und Frauen der Osterinsel die chilenische Staatsbürgerschaft, und der Zaun um ihr Ghetto wurde abgerissen.⁶²

Das Schicksal der Osterinsel ist eine brutale Illustration von dem, was auch mit den anderen Inselkulturen des Pazifik geschah. Diesen indigenen Gesellschaften brachten die Captain Cook nachfolgenden Europäer und Amerikaner durch räuberische Besuche, Alkohol, Krankheiten, durch Kolonialisierung und Christianisierung das Elend. Es folgten die Auflösung und der Untergang ihrer Kulturen. Neuerdings kamen touristische Vergnügungszentren hinzu, ebenso der Abwurf von Test-Atombomben und das Abladen von nuklearem Müll im Ozean.⁶³ Heute erheben die polynesischen Frauen und Männer mit ihren politischen Bewegungen und Organisationen, wie »Ka Lahui Hawai'i«, »Rapa Nui Maori« und vielen anderen, selbst ihre Stimme und kämpfen auf internationalen Foren für ihre Rechte und eine bessere Zukunft. Sie fordern ihr Land, ihre Ressourcen und ihre Selbstbestimmung zurück, ebenso ihre eigenen Sprachen, ihr traditionelles Wissen, ihr Gewohnheitsrecht und

---

60 Heyerdahl, S. 227.
61 A. a. O., S. 225.
62 Peiser: »From Genocide to Ecocide«.
63 John Clammer: »Die Europäer und der Pazifik – eine verhängnisvolle Begegnung«, in: *Bild der Völker*, Bd. 1, S. 166–171.

ihre Lebensweise. Diese Rechte betreffen insbesondere Frauen und Kinder und das egalitäre Verhältnis der Geschlechter zueinander, die durch die Patriarchalisierung zerstört worden sind.[64] Es bleibt noch ein langer Weg zu gehen – aber die polynesischen Völker sind sehr erfahren in der Kunst der langen Reisen.

Was uns alle betrifft, so sollte das Schicksal der Osterinsel die Menschheit wie ein Lehrstück warnen. Auch für uns gibt es mit den patriarchalen »Errungenschaften«, wie Übervölkerung, Naturzerstörung, Verschwendung und als Folge davon Gewalt und immer mehr Kriege, in der Zukunft kein Ausweichen mehr auf diesem Planeten. Denn die Erde ist für uns Menschen, die sie bewohnen, auch der einsamste Punkt im All.

10.6 Zur Struktur der matriarchalen Gesellschaftsform (Fortsetzung)

Auf der kulturellen Ebene:

- Megalith-Architektur ist überall da anzutreffen, wo sich matriarchale, auf Pflanzen- und Ackerbaukultur beruhende Gesellschaften ausgebreitet haben, sie ist weltweit. Ihre Grundformen sind: Steinreihen, Steinkreise oder Rechtecke aus Steinen als offene Tempel, Megalithgräber und Pyramiden. Häufig sind auch Steinfiguren ein Teil dieser Anlagen (z. B. die »Moai« auf der Osterinsel).
- Die Megalithbauweise der matriarchalen Kulturen umfasst nicht nur sakrale, sondern auch profane Bauten: Gräben, Dämme, Straßen, Wasserleitungen (Aquädukte). Die Ausführung aus ohne Mörtel gefügten Steinen ist häufig sehr kunstvoll.

Auf der sozialen Ebene:

- Knappheit an Land oder Ressourcen ist ein Auslöser für Wanderungszüge auf der Suche nach fruchtbarem, bewohnbarem Land; dies verläuft beim Finden von unbewohnten Arealen friedlich. Ist kein unbewohntes Land mehr zu finden, entwickeln sich erste patriarchale Tendenzen aus dem Kampf um Land, bei dem sich ein Häuptlings- und Kriegerwesen herausbildet.
- Bei diesen Kämpfen erscheint die Gestalt des »charismatischen Führers« als Retter in der Not. Er schart Gefolgsleute um sich, oft verbunden mit Krieger-Geheimbünden; dadurch wird die Kultur vermännlicht. Im Fall der Verdrängung einer Vorbevölkerung sind sie die schlagkräftigen Sieger (z. B. Kulturen im pazifischen Raum).

---

64 Siehe z. B. die indigenen Forscherinnen und Aktivistinnen Trask: »The Answer«, und Tamasese: »Restoring Liberative Elements«.

- Kulturen mit ersten patriarchalen Mustern können jedoch noch viele matriarchale Elemente besitzen, die Frauen haben noch Bedeutung im familialen Bereich (Matrilinearität) und in der Religion (Sippenpriesterinnen). Auch das Muster der matriarchalen Regentschaft wird länger beibehalten, die in der Regel eine weiblich-männliche Doppel-Regentschaft ist. Die Königinmutter oder ihre Tochter regieren die inneren Angelegenheiten, der König die äußeren. Bei Abwesenheit des Königs übernimmt die Königin die volle Regierungsmacht (z. B. polynesische Kulturen).
- Patriarchale Muster setzen sich dann ökonomisch fort, wenn Häuptlinge zunehmend die Ökonomie an sich reißen, was Frauen entrechtet und andere Männer wirtschaftlich botmäßig macht. Die Häuptlinge besitzen mit ihrer Gefolgschaft eigene Tempel, wo sie ihre geheimen Männerbünde pflegen. Eine Aristokratie und Klassengesellschaft entstehen.
- In einer Klassengesellschaft hat die hervorgehobene Stellung der adligen Ausnahmefrauen keinen Einfluss auf das Leben der gewöhnlichen Frauen. Sie und die gewöhnlichen Männer bilden bei der frühen Hierarchiebildung die unteren Schichten, wobei die Menschen einer unterworfenen Vorbevölkerung stets die unterste, am meisten ausgebeutete Klasse sind.

Verzeichnis der Abbildungen

Abb. 1: Khasi-Frau und Khasi-Mann in Festtagstracht (Foto: Sanjib Bhattacharjee)
Abb. 2: Menhire und Dolmen der Khasi bei Schillong (aus: Godwin-Austen, *Journal of Royal Anthropological Institute*, Bd. 5, 1876)
Abb. 3: Megalithgräber der Khasi bei Schillong (aus: Godwin-Austen, *Journal of Royal Anthropological Institute*, Bd. 5, 1876)
Abb. 4: Kumari, die lebende Kindgöttin der Newar, eine Verkörperung der Durga-Kali-Taleju (aus: Koch/Stegmüller: *Geheimnisvolles Nepal*, München 1983; Foto: artfilm München, Pitt Koch GmbH)
Abb. 5: Tibeterin aus der Provinz Ü (Hauptstadt Lhasa) im Festgewand (aus A. David-Neel: *Arjopa, die erste Pilgerfahrt einer weißen Frau nach der verbotenen Stadt des Dalai Lama*, Leipzig 1928, Brockhaus)
Abb. 6: Alte Mosuo-Frau beim Ahnen-Opfer am heiligen Herd (aus: H. Göttner-Abendroth: *Matriarchat in Südchina*, Stuttgart 1998, Kohlhammer, S. 90, Foto: Karin Kastner)
Abb. 7: Junge Mosuo-Frauen in Festtracht (aus: H. Göttner-Abendroth: *Matriarchat in Südchina*, Stuttgart 1998, Kohlhammer, S. 81, Foto: Rosemarie Ziegler)
Abb. 8: Junge Frau der Wa (aus: *Chinas nationale Minderheiten*, Bd. I, Reihe: *Die Große Mauer*, Hg.: China im Aufbau, Peking 1985)
Abb. 9: Östliche Tibeterin (Chiang) beim Melken ihrer Yak-Kuh (aus: *Chinas nationale Minderheiten*, Bd. I, Reihe: *Die Große Mauer*, Hg.: China im Aufbau, Peking 1985)
Abb. 10: Junge Miao-Frau im Festtagskleid (aus: *Chinas nationale Minderheiten*, Bd. I, Reihe: *Die Große Mauer*, Hg.: China im Aufbau, Peking 1985)
Abb. 11: Yao-Frauen in ihrer weiß-rot-schwarzen Tracht mit Silberschmuck (aus: *Bild der Völker*, Bd. 6, Wiesbaden 1974, Brockhaus)
Abb. 12: Großer Dolmen in Korea (aus: Byung-mo Kim, *Megalithic Cultures in Asia*, Seoul 1982, Hanyang University Press)
Abb. 13: Schamanin im Ritual, mit ihren Musikantinnen und den Hausfrauen (Papiermalerei von Chisan 1981) (aus: Cho Hung-youn: *Koreanischer Schamanismus*, Hamburg 1982, Hamburgisches Museum für Völkerkunde)
Abb. 14: Zwölfjährige Schamanin aus Korea (aus: A. Carter Covell: *Ecstasy, Shamanism in Korea*, Seoul, Korea 1983; Foto: Jon Carter Covell, Idyliwild, USA)
Abb. 15: Junge japanische Schamanin (aus: C. und A. Covell: *Japan's Hidden History. Korean Impact on Japanese Culture*, Elizabeth, New Jersey, und Seoul, Korea 1984, Hollym International; Foto: Jon Carter Covell, Idyliwild, USA)
Abb. 16: Die Sonnengöttin Amaterasu kommt, angelockt vom Tanz der Miko und dem Krähen des Hahnes (unten Mitte) sowie vom Gelächter der Götter, aus ihrer Höhle hervor. Ein Gott hält ihr den Spiegel entgegen (linker Bildrand). (aus: *New Larousse Encyclopedia of Mythology*, London-New York 1974; Photo collection LAROUSSE)
Abb. 17: Ainu-Familie an der Herdstelle im Zentrum des Hauses (aus: N.G. Munro, *Ainu Creed and Cult*, London 1962, Routledge)
Abb. 18: Tanzende Ainu-Frauen vor ihrem Haus (aus: N.G. Munro, *Ainu Creed and Cult*, London 1962, Routledge)

Abb. 19: Frau Dr. Aman, eine Matriarchin der Minangkabau (aus: C. Rentmeister: *Frauenwelten -Männerwelten,* Opladen 1985; Foto: Cillie Rentmeister)

Abb. 20: Prächtiges Sippenhaus der Minangkabau (aus: *Kulturkontakt-Kulturkonflikt,* Bd. 2, Nr. 28, Frankfurt/Main; Foto: C. Rentmeister)

Abb. 21: Die älteren Heiratssippen der Minangkabau (Skizze).

Abb. 22: Junge Trobrianderin (aus: Annette Weiner: *Women of Value, Men of Renown,* Austin-London 1976, New York University)

Abb. 23: Trobriandische Männer füllen ein Yams-Vorratshaus (aus: *Bild der Völker,* Bd. 1, 1974)

Abb. 24: Ausleger-Boot vor Tahiti bei der Fischerei (aus: *Bild der Völker,* Bd. 1, Wiesbaden 1974)

Abb. 25: Königliche Doppel-Kanus von Tahiti für Hochseefahrten (nach einem historischen Gemälde von 1774) (aus: P.V. Kirch: *The evolution of the Polynesian Chiefdoms,* London-New York-Sidney 1984; © Bernice P. Bishop Museum Honolulu, Hawai'i)

Abb. 26: Offener Tempel auf den Fidschi-Inseln (Melanesien) mit mehreren stumpfen Pyramiden (aus: R. Heine-Geldern: »Die Megalithen Südostasiens«, in *Anthropos,* Nr. 23, 1928)

Abb. 27: Polynesische Frauen beim Baden am Strand (aus: *Bild der Völker,* Bd. 1, 1974)

Abb. 28: Polynesische Frauen beim Fischen in der Lagune (aus: *Bild der Völker,* Bd. 1, 1974)

Abb. 29: Die »Moai«, große Steinstatuen auf der Osterinsel (aus: Yves Picq, Wikimedia Commons; File:Ile de paques 3775a)

Karte 1–5 (Zeichnungen von der Autorin)

Literatur

Einleitung

Autorinnengemeinschaft (Hg.): *Die Diskriminierung der Matriarchatsforschung - Eine moderne Hexenjagd*, Bern 2003, Edition Amalia.
Bibliographie zum Thema Matriarchat: www.matriarchalstudies.com, in Englisch, Oxford University Press 2013/2019; www.matriarchatsforschung.com, in Deutsch, Akademie HAGIA 2019.
Göttner-Abendroth, Heide: »Zur Methodologie der Frauenforschung am Beispiel einer Theorie des Matriarchats«, in: *Dokumentation der Tagung »Frauenforschung in den Sozialwissenschaften«*, München 1978, Deutsches Jugendinstitut (DJI).
Göttner-Abendroth, Heide: *Matriarchat in Südchina. Eine Forschungsreise zu den Mosuo*, Stuttgart 1998, Kohlhammer Verlag.
Göttner-Abendroth, Heide: *Das Matriarchat I. Geschichte seiner Erforschung*, Stuttgart 1988–1995, Kohlhammer Verlag.
Göttner-Abendroth, Heide: *Das Matriarchat II.1. Stammesgesellschaften in Ostasien, Indonesien, Ozeanien*, Stuttgart 1991, 1999. Kohlhammer Verlag.
Göttner-Abendroth, Heide: *Das Matriarchat II.2. Stammesgesellschaften in Amerika, Indien, Afrika*, Stuttgart 2000, Kohlhammer Verlag.
Goettner-Abendroth, Heide: »Matriarchal Society: Definition and Theory«, in: Genevieve Vaughan (Hg.), *The Gift*, Rome 2004, Meltemi, Athanor Books.
Göttner-Abendroth, Heide: *Die Göttin und ihr Heros. Die matriarchalen Religionen in Mythen, Märchen, Dichtung*, Stuttgart 2011, Kohlhammer Verlag (zuerst München 1980).
Goettner-Abendroth, Heide: *Matriarchal Societies. Studies on Indigenous Cultures across the Globe*, New York 2012, 2013, Peter Lang Publishing.
Göttner-Abendroth, Heide: *Matriarchale Landschaftsmythologie. Von der Ostsee bis Süddeutschland*, Stuttgart 2014, Kohlhammer Verlag.
Göttner-Abendroth, Heide: *Berggöttinnen der Alpen. Matriarchale Landschaftsmythologie in vier Alpenländern*, Bozen 2016, Raetia Verlag.
Göttner-Abendroth, Heide: *Geschichte matriarchaler Gesellschaften und Entstehung des Patriarchats (Das Matriarchat III)*, Stuttgart 2019, Kohlhammer Verlag.
Kuokkanen, Rauna: *Reshaping the University: Responsibility, Indigenous Epistemes, and the Logic of Gift*, Vancouver 2007, University of British Columbia Press.
Sanday, Peggy Reeves: *Female Power and Male Dominance. On the origins of sexual inequality*, Cambridge 1981–1996, Cambridge University Press.
Sanday, Peggy Reeves: *Women at the Center. Life in a Modern Matriarchy*, Ithaca, New York 2002, Cornell University Press.
Smith, Linda Tuhiwai: *Decolonizing Methodologies. Research and Indigenous Peoples*, London, New York, Dunedin 1999–2001, Zed Books und University of Ontario Press.
Vaughan, Genevieve: *For-Giving, Schenken und Vergeben. Eine feministische Kritik des Tauschs*, Königstein/Taunus 2008, Ulrike Helmer Verlag (zuerst in Englisch, Austin 1997).

Werlhof, Claudia von/Mies, Maria/Bennholdt-Thomsen, Veronika: *Frauen, die letzte Kolonie. Zur Hausfrauisierung der Arbeit*, Reinbek bei Hamburg 1983, 1988, Rowohlt Verlag.
Werlhof, Claudia von: »Das Patriarchat als Negation des Matriarchats. Zur Perspektive eines Wahns«, in: Heide Göttner-Abendroth (Hg.): *Gesellschaft in Balance. Dokumentation des 1. Weltkongresses für Matriarchatsforschung 2003 in Luxemburg*, Stuttgart-Winzer 2006, Verlag Kohlhammer und Edition HAGIA.

Kapitel 1

Bachofen Johann Jakob: *Das Mutterrecht,* Hg. Hans-Jürgen Heinrichs, Frankfurt/Main 1975, Suhrkamp Verlag (zuerst 1861).
Bebel, August: *Die Frau und der Sozialismus,* Köln 1967, Verlag Jakob Hegner (zuerst Stuttgart 1913).
Bennholdt-Thomsen, Veronika: *Juchitàn Stadt der Frauen. Vom Leben im Matriarchat,* Reinbek bei Hamburg 1994, Verlag Rowohlt.
Bennholdt-Thomsen, Veronika: *FrauenWirtschaft. Juchitàn – Mexikos Stadt der Frauen,* Bennholdt-Thomsen, Müser, Suhan (Hgs.), München 2000, Frederking&Thaler.
Biaggi, Cristina (Hg.): *The Rule of Mars. Readings on the Origins, History and Impact by Patriarchy,* Manchester 2005, Knowledge, Ideas & Trends.
Briffault, Robert: *The Mothers. A Study of the Origins of Sentiments and Institutions,* 3 Bände, New York 1927, The Macmillan Company.
Claudot-Hawad, Hélène: »Femme Idéale et Femme Sociale chez les Touaregs d l'Ahaggar«, in: *Production pastorale et société,* Nr. 14, Paris 1984.
Claudot-Hawad, Hélène: »Femmes Touaregues et Pouvoir Politique«, in: *Peuples Méditerranées,* Nr. 48/49, 1989.
Claudot-Hawad, Hélène: *Eperonner le monde. Nomadisme, cosmos et politique chez les Touaregs,* Aix-en-Provence 2001, Edisud.
Dames, Michael: *The Silbury Treasure. The Great Goddess rediscovered,* London 1976, Thames & Hudson.
Dames, Michael: *The Avebury Cycle,* London 1977, 1996, Thames & Hudson.
Derungs, Kurt: *Mythologische Landschaft Schweiz,* Bern 1997, Verlag Amalia.
Derungs, Kurt: *Landschaften der Göttin. Avebury, Silbury, Lenzburg,* Bern 2000, Verlag Amalia.
Donkoh, Wilhelmina J.: *Osei Tutu Kwame Asibe Bonsu (The Just King),* Accra 2000, Woeli Publishers.
Donkoh, Wilhelmina J.: »Female Leadership among the Asante«, in: Goettner-Abendroth (Hg.) *Societies of Peace. Matriarchies Past, Present and Future (Selected papers of the First and Second World Congresses on Matriarchal Studies 2003 and 2005),* Toronto 2009, Inanna Press, York University.
Dritter Weltkongress für Matriarchatsforschung und Matriarchatspolitik, alle Beiträge publiziert: www.kongress-matriarchatspolitik.ch
Eisler, Riane: *Kelch und Schwert. Von der Herrschaft zur Partnerschaft,* München 1993, Bertelsmann/Goldmann Verlag (zuerst in Englisch, New York 1987).
Eliade, Mircea: *Schamanismus und archaische Ekstasetechnik,* Frankfurt/Main 1980, Suhrkamp Verlag (zuerst in Französisch, Paris 1951).
Engels, Friedrich: *Der Ursprung der Familie, des Privateigentums und des Staates,* Berlin 1983, Dietz Verlag (zuerst Zürich 1884).
Evans, Arthur: *The Mycenaean Tree and Pillar Cult and its Mediterranean Relations,* London 1901, MacMillan.
Evans, Arthur: *The Earlier Religion of Greece in the Light of Cretan Discoveries,* London 1931, MacMillan.

Fester, Richard: »Das Protokoll der Sprache«, in: Fester, R./König, Marie/Jonas, D.F./Jonas, A.D.: *Weib und Macht*, Frankfurt/Main 1979, Fischer Verlag.
Frazer, James George: *Der goldene Zweig. Eine Studie über Magie und Religion*, 2 Bände, Frankfurt/Main 1977, Ullstein Verlag (zuerst in Englisch, London 1890).
Freud, Siegmund: *Totem und Tabu*, Frankfurt/Main 1986, Fischer Verlag (zuerst 1913).
Gimbutas, Marija: *Die Sprache der Göttin. Das verschüttete Symbolsystem der westlichen Zivilisation*, Frankfurt 1995, Zweitausendeins Verlag (zuerst in Englisch, San Francisco 1989).
Gimbutas, Marija: *Die Zivilisation der Göttin. Die Welt des Alten Europa*, Frankfurt 1996, Zweitausendeins Verlag (zuerst in Englisch, San Francisco 1991).
Göttner-Abendroth, Heide: *Frau Holle. Das Feenvolk der Dolomiten*, Königstein/Taunus 2005, Ulrike Helmer Verlag.
Göttner-Abendroth, Heide (Hg.): *Gesellschaft in Balance. Dokumentation der 1. Weltkongresses für Matriarchatsforschung 2003 in Luxemburg*, Stuttgart-Winzer 2006, Verlag Kohlhammer und Edition HAGIA.
Goettner-Abendroth, Heide (Hg.): *Societies of Peace. Matriarchies Past, Present and Future (Selected papers of the First and Second World Congresses on Matriarchal Studies 2003 and 2005)*, Toronto 2009, Inanna Press, York University.
Göttner-Abendroth, Heide: »Gab es eine matriarchale Gesellschaftsordnung in Chatal Hüyük? Eine kritische Analyse der jüngsten Argumentation zu diesem Thema« (zuerst in Englisch: *Journal of Archaeomythology*, 2006), in: Heide Göttner-Abendroth: *Am Anfang die Mütter. Matriarchale Gesellschaft und Politik als Alternative*, Stuttgart 2011, Kohlhammer Verlag.
Harrison, Jane Ellen: *Epilegomena to the Study of Greek Religion, and Themis*, New York 1962, University Books Inc.
Hodder, Ian: »Çatal Hüyük – Stadt der Frauen?« in: *Spektrum der Wissenschaft*, Heidelberg, September 2004 (zuerst in Englisch, Januar 2004).
James, Edwin O.: *Der Kult der Großen Göttin*, Bern 2003, Edition Amalia (zuerst in Englisch, London 1959).
Jonas, Doris F.: »Aufstieg und Niedergang weiblicher Macht. Biologische Faktoren«, in: Fester, R./König, Marie E.P./Jonas, D.F./Jonas, A.D.: *Weib und Macht*, Frankfurt/Main 1979, Fischer Verlag.
Jonas, Doris F.: *Das erste Wort. Wie die Menschen sprechen lernten*, Frankfurt/Main 1982, Ullstein.
Kerényi, Karl: Vorwort zu Frazer: *Der goldene Zweig. Eine Studie über Magie und Religion*, 2 Bände, Frankfurt/Main 1977, Ullstein Verlag.
König, Marie E.P.: *Am Anfang der Kultur. Die Zeichensprache des frühen Menschen*, Berlin 1973, Gebr. Mann Verlag.
König, Marie E.P.: *Unsere Vergangenheit ist älter. Höhlenkult Alt-Europas*, Frankfurt/Main 1980, Fischer Verlag (Lizenzausgabe Buchclub Ex Libris, Zürich).
Lafitau, Joseph-François: *Die Sitten der amerikanischen Wilden, im Vergleich zu den Sitten der Frühzeit*, für die deutsche Ausgabe Hg. Helmut Reim, Weinheim 1987, Edition Leipzig, Nachdruck von 1752/1753 (zuerst in Französisch, Paris 1724).
Lamu, Ga tusa: verschiedene Monographien wie: *Reise ins Königreich der Frauen; Lugu-See, Mutter-See; Die Frauen der Mosuo; Die Daba Kultur bei den Mosuo* (alle in Chinesisch), Yünnan Akademie für Sozialwissenschaften, Kun ming, China.
Lamu, Ga tusa: »A Sacred Place of Matriarchy: Lugu Lake – Harmonious Past and Challenging Present«, in: Goettner-Abendroth, Heide (Hg.): *Societies of Peace. Matriarchies Past, Present and Future (Selected papers of the First and Second World Congresses on Matriarchal Studies 2003 and 2005)*, Toronto 2009, Inanna Press, York University.
Lévi-Strauss, Claude: *Strukturale Anthropologie*, Band 2, Frankfurt/Main 1975, Suhrkamp Verlag (zuerst Paris 1973).
Madeisky, Uschi/Frank-Wissmann, Gudrun: Film: *Gesellschaft in Balance. Luxemburg 2003*, Frankfurt 2005, Produktion UR-KULT-UR.

Makilam: *Die Magie kabylischer Frauen und die Einheit einer traditionellen Berbergesellschaft*, Bremen 2007, Kleio Humanities (zuerst in Französisch, Paris 1996).
Malinowski, Bronislaw: *Das Geschlechtsleben der Wilden in Nordwest-Melanesien*, Frankfurt/Main 1997, Verlag Syndikat (zuerst in Englisch 1926).
Mann, Barbara Alice: *Iroquoian Women: The Gantowisas*, New York 2002, 2004, Peter Lang.
Mannhardt, Wilhelm: *Antike Feld- und Waldkulte in der bäuerlichen Tradition in Mitteleuropa*, 2 Bände, Berlin 2004, Nachdruck Elibron Classics (zuerst 1904/1905).
Marler, Joan (Hg.): *From the Realm of the Ancestors. An Anthology in Honor of Marija Gimbutas*, Manchester 1997, Knowledge, Ideas & Trends.
McLennan, John Ferguson: *Primitive Marriage*, Peter Rivière (Hg.), Chicago 1970, University of Chicago Press (zuerst 1865).
Mellaart, James: *Çatal Hüyük. Stadt aus der Steinzeit*, Bergisch Gladbach 1967, Gustav Lübbe Verlag (zuerst in Englisch, London 1967).
Mellaart, James: *The Neolithic of the Near East*, London 1975, Thames & Hudson.
Morgan, Heny Lewis: *League of the Haudenosaunee or Iroquois*, 2 Bände, New York 1901, Burt Franklin (zuerst 1851).
Morgan, Heny Lewis: *Die Urgesellschaft*, Wien 1987, Promedia (zuerst in Englisch, Chicago 1877).
Panzer, Friedrich: *Bayerische Sagen und Bräuche. Beiträge zur deutschen Mythologie*, 2 Bände, Will-Erich Peuckert (Hg.), Göttingen 1954, 1956, Verlag Otto Schwarz & Co. (zuerst 1848).
Ranke-Graves, Robert von: *Griechische Mythologie. Quellen und Deutung*, Reinbek bei Hamburg 1994, Rowohlt Verlag (zuerst in Englisch, New York 1955).
Ranke-Graves, Robert von: *Die weiße Göttin. Sprache des Mythos*, Berlin 1981, Medusa Verlag (zuerst in Englisch, New York 1958).
Renfrew, Colin: *Archaeology and Language*, London 1987, Jonathon Cape.
Sigrist, Christian: *Regulierte Anarchie*, Frankfurt/Main 1979, Verlag Syndikat.
Spence, Lewis: *British Fairy Origins*, London 1946, Watts & Co.
Spretnak, Charlene: »Die wissenschaftspolitische Kampagne gegen Marija Gimbutas«, in: Autorinnengemeinschaft (Hg.): *Die Diskriminierung der Matriarchatsforschung – Eine moderne Hexenjagd*, Bern 2003, Edition Amalia.
Weiner, Annette B.: *Women of Value. Men of Renown: New Perspectives in Trobriand Exchange*, Austin, London 1976, University of Texas Press.
Wentz, Evans: *The Fairy Faith in Celtic Countries*, London, 1977, Colin Smythe (zuerst 1911).

Kapitel 2

Bareh, Hamlet: *The History and Culture of the Khasi People*, Kalkutta 1967, Baba Mudran Privarte.
Barkataki, S.N.: *Tribal Folk-Tales of Assam Hills*, Gauhati 1965, 1983, Publication Board.
Becker, C.: »Die Nongkrem-Puja in den Khasi-Bergen«, in: *Anthropos*, Nr. 4, St. Augustin 1909.
Bertrand, G.: *Geheimnisvolles Reich der Frauen*, Zürich 1957, Orell Füssli.
Bucher, Alois: in: *Anthropos*, Nr. 59, Fribourg/Schweiz 1964, Paulusdruckerei und -verlag.
Clarke, C.B.: »The Stone Monuments of the Khasi-Hills«, in: *Journal of the Royal Anthropological Institute*, London 1874, Trübner.
Ehrenfels, R. von: »Doppelgeschlecht und Götterpaar in der Religion der Khasi«, in: *Paideuma*, Nr. 4, Wiesbaden, 1954, 1958, Steiner.
Gerlitz, P.: »Die Bedeutung der Steinmonumente in den Khasi-Hills«, in: *Symbolon*, Nr. 6, Köln 1982, Brill Verlag.
Godwin-Austen, H.H.: »On the Stone Monuments of the Khasi-Hills«, in: *Journal of the Royal Anthropological Institute*, London 1872, 1876, Trübner.
Gohain, B.C.: *Human Sacrifice and Head-Hunting in North-East India*, Gauhati 1977, Lawyer's Book Stall.

Gurdon, P.R.T.: *The Khasis*, Neu Delhi 1975, Cosmo Publication (zuerst London 1907).
Heine-Geldern, R.: *Kopfjagd und Menschenopfer in Assam und Birma und ihre Ausstrahlungen nach Vorderindien*, Wien 1917, Anthropologische Gesellschaft Wien.
Heine-Geldern, R.: »Die Megalithen Südostasiens und ihre Bedeutung für die Klärung der Megalithenfrage in Europa und Polynesien«, in: *Anthropos*, Nr. 23, Mödling bei Wien 1928, Missionsdruckerei St. Gabriel.
Howells, William: *Die Ahnen der Menschheit*, Rüschlikon-Zürich1963, Albert Müller Verlag (zuerst New York 1959).
Hutton, in: *Journal of the Royal Anthropological Institute*, Nr. 56, London, Royal Anthropological Institute.
Kakati, B.K.: *The Mother Goddess Kamakhya*, Gauhati 1948, 1967, Lawyer's Book Stall.
Kumar Das, Amiya: *Assam's Agony*, New Delhi 1982, Lancers.
Lyall, C.J.: Einleitung von P.R.T. Gurdon: *The Khasis*, Neu Delhi 1975, Cosmo Publication.
Majumdar, D.N./Roy, D.: *A Tribe in Transition*, Neu Delhi 1981, Cosmo Publication.
Mitra, S.C.: »Note on Another Recent Instance of the Khasi Custom of Offering Human Sacrifice to the Snake Deity Thlen«, in: *Man in India*, Nr. 12, Ranchi 1932, Catholic Press.
Mukhim, Patricia: »Khasi Matrilineal Society – Challenges in the 21th Century«, in: Goettner-Abendroth (Hg.): *Societies of Peace. Matriarchies Past, Present and Future (Selected papers of the First and Second World Congresses on Matriarchal Studies 2003 and 2005)*, Toronto 2009, Inanna Press, York University.
Nakane, Chie: *Khasi and Garo: Comparative Study in Matrilineal System*, Paris 1967, Mouton & Co., S. 131.
Natarajan, N.: *The Missionary among the Khasi*, Gauhati 1977, Sterling.
Pakyntein, Valentina: »The Khasi clan: Changing religion and its effects«, in: *Kinship and Family in the North-East*, Bd. II, J.S. Bhandari (Hg.), Neu Delhi 1996, Cosmo Publications.
Pakyntein, Valentina: »Gender Preference in Khasi Society: An Evaluation of Tradition, Change and Continuity«, in: *Indian Anthropologist*, Nr. 30: 1&2, 2000.
Roy, D.: »The Megalithic Culture of the Khasis«, in: *Anthropos*, Nr. 58, Fribourg/Schweiz 1963, Paulusdruckerei und -verlag.
Roy, P.: »Christianity and the Khasi«, in: *Man in India*, Nr. 44, Ranchi 1964, Catholic Press.
Schuster, M.: »Zur Diskussion des Megalithproblems«, in: *Paideuma*, Nr. 7, Wiesbaden 1959, 1961, Steiner.
Sen, Shadap: *The Origin and Early History of the Khasi-Synteng-People*, Kalkutta 1981, KLM.
Sinha, A.P.: »Statusrole of the matrilineal Pnar (Synteng-)husband«, in: *Tribe, Caste and Peasantry*, Lucknow/India, 1974, Ethnographic & Folk Culture Society U.P.
Soumen-Sen: *Social and State Formation in Khasi-Jaintia Hills*, Delhi 1985, B.R. Publications.
Stegmiller, F.: »Aus dem religiösen Leben der Khasi,« in: *Anthropos*, Nr. 16, 17, Fribourg/Schweiz, 1921, 1922, Paulusdruckerei und -verlag.

Kapitel 3

Acharya, Meena: *The Status of Women in Nepal*, Kathmandu 1979, Tribhuvan University.
Anderson, Mary M.: *The Festivals of Nepal*, London 1971, Allen & Unwin.
Bennett, Lynn: *Dangerous Wives and Sacred Sisters*, New York 1993, Columbia University Press.
Bennett, Lynn: »Maiti-Ghar: the dual role of high caste women in Nepal«, in: James F. Fisher (Hg.): *Himalayan Anthropology. The Indo-Tibetan Interface*, The Hague 1978, Mouton.
Deep, Dhurba K.: *The Nepal Festivals*, Kathmandu 1978, Ratna Pustak Bhandar.
Koch/Stegmüller: *Geheimnisvolles Nepal*, München 1983, List Verlag.
Kooij, K.R. van: *Religion in Nepal*, Leiden 1978, Brill Verlag.

Lienhard, S.: »Religionssynkretismus in Nepal«, in: Heinz Bechert (Hg.): *Buddhismus in Ceylon and Studies on Religious Syncretism in Buddhist Countries: Report on a Symposium in Goettingen*, Göttingen 1978, Vandenhoeck & Ruprecht.
Machapuria/Gupta: *Nepal – The Land of Festivals*, New Delhi 1981, S. Chand.
Majapuria, I.: *Nepalese Women*, Kathmandu 1982, M. Devi.
Majapuria, I./Majapuria, T.C.: *Marriage Customs in Nepal – Ethnic groups, their marriage, customs and traditions*, Kathmandu 1978, International Book House.
Michaels, Axel: »Shiva's Wild and Wayward Calf, The Goddess Vatsalā«, in: *Kailash. A Journal of Himalayan Studies*, Bd. XI, Nr. 3/4, Kathmandu 1984, Ratna Pustak Bhandar.
Schmidt, Wilhelm: *Das Mutterrecht*, Mödling bei Wien 1955, Missionsdruckerei St. Gabriel.
Status of Women Project Team, Official Report of the Public Service Library, Kathmandu 1979.
Véziès, Jean-Francois: *Les fêtes magiques du Népal*, Paris 1981, Rancilio.

Kapitel 4

Allione, Tsültrim: *Women of Wisdom*, Henley-on Thames/Oxfordshire, England, 1984, Routledge & Kegan.
Briffault, Robert: *The Mothers. A Study of the Origins of Sentiments and Institutions*, 3 Bände, New York 1927, The Macmillan Company.
Childe, Gordon: »Old World Prehistory«, in: *Anthropology Today*, Chicago 1953, University of Chicago Press.
Dittmer, K.: *Allgemeine Völkerkunde*, Braunschweig 1954, Vieweg & Sohn
Ekvall, R.B.: *Cultural Relations on the Kansu-Tibetan Border*, Chicago 1939, University of Chicago Press.
Heine-Geldern, R.: »Zwei alte Weltanschauungen und ihre kulturgeschichtliche Bedeutung«, in: *Anzeiger der philosophisch-historischen Klasse der österreichischen Akademie der Wissenschaften* 17, Wien 1975.
Hermanns, M.: *Die Familie der A-mdo Tibeter*, Freiburg-München 1959, Verlag Alber.
Hoffmann, Helmut: *Die Religionen Tibets*, Freiburg-München 1956, Verlag Alber.
Hoffmann, Helmut: *Symbolik der tibetischen Religion und des Schamanismus*, Stuttgart 1967, Verlag Hiersemann.
Hummel, S.: »Die tibetischen Mani-Mauern als megalithisches Erbe«, in: *Internationales Archiv für Ethnographie*, Nr. 50, Leiden 1966, Brill Verlag.
Majumdar, D.N.: *Himalayan Polyandry*, Bombay-New Delhi-London 1962, Asia Publishing House.
Shresta/Singh/Pradan: *Ethnic groups of Nepal and their way of living*, Kathmandu 1972, HMG Press.
Roerich, J.N.: *The Animal Style among the Nomad Tribes of Northern Tibet*, Prag 1930, Seminarium Kondakovianum.
Shaw, Miranda: »Blessed are the birth-givers: Buddhist views on birth and rebirth«, in: *Parabola*, Bd. 23, Nr. 4, Einsiedeln/Schweiz 1998, Daimon Verlag.
Sierksma, F.: »Sacred Cairns in Pastoral Cultures«, in: *History of Religions*, Nr. 16, Chicago 1976, 1977, University of Chicago Press.
Troeller, Gordian: *Vom Nutzen der Vielehe*, Reihe: *Frauen der Welt*, CON-Film, Bremen.
Varya, Tank Vilas: *Nepal, the Seat of Cultural Heritage*, Kathmandu 1986, Educational Enterprise.

Kapitel 5

Ahern, Emily M.: *The Cult of the Dead in a Chinese Village*, Stanford/California 1973, Stanford University Press.
Beauclair, Inez de: *Tribal Cultures of Southwest China*, Taipeh 1970, Oriental Cultural Service.

Chang, Kwang-chih/Grace, G.W./Solheim, W.G.: »Movement of the Malayo-Polynesians«, in: *Current Anthropology*, Chicago 1964, University of Chicago Press.
Chinas nationale Minderheiten, Bd. I, Reihe: *Die Große Mauer*, China im Aufbau (Hg.), Peking 1985, Chinesische Internationale Buchhandelsgesellschaft.
Clarke, S.R.: *Among the Tribes in South-West China*, London 1911, China Inland Mission.
Eberhard, W.: *Kultur und Siedlung der Randvölker Chinas*, Leiden 1942, Brill Verlag.
Eberhard, W.: *Lokalkulturen im Alten China*, Leiden 1942, Brill Verlag.
Erkes, E.: »Das Primat des Weibes im alten China«, in: *SINICA* 10, Frankfurt 1935, China-Institut.
Erkes, E.: »Der schamanistische Ursprung des chinesischen Ahnenkultes«, in: *SINOLOGICA* 2, Basel 1950, Verlag für Recht und Gesellschaft.
Fochler-Hauke, G.: »Sitten und Gebräuche einiger Urvölker Süd- und Südwestchinas«, in: *SINICA* 10, Frankfurt 1935, China-Institut.
Göttner-Abendroth, Heide: *Matriarchat in Südchina. Eine Forschungsreise zu den Mosuo*, Stuttgart 1998, Kohlhammer Verlag.
Hengde, Danschilacuo (He Mei): »Mosuo Family Structures«, in: Goettner-Abendroth (Hg.): *Societies of Peace. Matriarchies Past, Present and Future (Selected papers of the First and Second World Congresses on Matriarchal Studies 2003 and 2005)*, Toronto 2009, Inanna Press, York University.
Herrmann, Albert (Hg.): *An historical Atlas of China*, N. Ginsburg (Hg. der Neuerscheinung), Einleitung von Paul Wheatley, Edinburgh 1966, Edinburgh University Press (zuerst unter dem Titel: *Historical and Commercial Atlas of China*, Cambridge 1935).
Kim, Byung-mo: *Megalithic Cultures in China*, Seoul/Korea 1983, Hanyang University Press.
Koppers, W.: »Die Frage des Mutterrechts und des Totemismus im alten China«, in: *Anthropos*, Nr. 25, 1930, Missionsdruckerei St. Gabriel.
Lamu, Ga tusa (Schi Gaofeng): »Matriarchale Heiratsmuster bei den Mosuo in China« (Übersetzung aus dem Chinesischen), in: Göttner-Abendroth (Hg.): *Gesellschaft in Balance. Dokumentation des 1. Weltkongresses für Matriarchatsforschung 2003 in Luxemburg*, Stuttgart-Winzer 2006, Verlag Kohlhammer und Edition HAGIA.
Lemoine, Jacques: »Die Yao in Nord-Vietnam, Laos und Thailand«, in: *Bild der Völker*, Wiesbaden 1974, Brockhaus Verlag, Bd. 6 (Erstausgabe der Reihe in Englisch, London 1972–1974).
Lemoine, Jacques: »Die Miao in Vietnam, Laos, Thailand und Birma«, in: *Bild der Völker*, Bd. 6, Wiesbaden 1974, Brockhaus Verlag, (Erstausgabe der Reihe in Englisch, London 1972–1974).
Ling, Schun-Scheng: »Ancestor Temple and Earth Altar among the Formosan Aborigines«, in: *Bulletin of the Institute of Ethnology Academia Sinica*, Nr. 6, Nankang-Taipeh/Taiwan 1958, The Institute of Ethnology Academia Sinica.
Ling, Schun-Scheng: »Origin of the Ancestral Temple in China«, in: *Bulletin of the Institute of Ethnology Academia Sinica*, Nr. 7, Nankang-Taipeh/Taiwan 1959, The Institute of Ethnology Academia Sinica.
Nowak, Margaret/Durrant, Stephen: *The Tale of the Nisân Shamaness*, Seattle-London 1977, University of Washington Press.
Rock, J.F.: »The Birth and Origin of Dto-mba Shi-lo«, in: *Artibus Asiae*, Bd. 7, Zürich 1937, Museum Rietberg, in Kooperation mit der Arthur M. Sackler Gallery, Smithsonian Institution, Washington D.C.
Rock, J.F.: *The Ancient Na-khi Kingdom of Southwest China*, 2 Bände, Cambridge/Mass. 1947, Harvard University Press.
Rock, J.F.: *The Zhi mä Funeral Ceremony of the Na-khi of Southwest China*, London, New York 1972, Johnson (zuerst Wien-Mödling 1955).
Rousselle, E.: »Die Frau in Gesellschaft und Mythos der Chinesen«, in: *SINICA* 16, Frankfurt 1941, China-Institut.

Schang, Tscheng-Tsu: *Der Schamanimus in China. Eine Untersuchung zur Geschichte der chinesischen Wu*, Hamburg 1934, Dissertation Universität Hamburg.
Skipton, R. Kennedy: »Die Karen in Thailand und Birma«, in: *Bild der Völker*, Bd. 6, Wiesbaden 1974, Brockhaus Verlag (Erstausgabe der Reihe in Englisch, London 1972-1974).
Skipton, R. Kennedy: »Die Bergvölker von Yünnan, China«, in: *Bild der Völker*, Bd. 7, Wiesbaden 1974, Brockhaus Verlag, (Erstausgabe der Reihe in Englisch, London 1972-1974).
Thiel, P.J.: »Der Erdgeist-Tempel als Weiterentwicklung des alten Erdaltars«, in: *SINOLOGICA* 5, Basel 1958, Verlag für Recht und Gesellschaft.
Yan, Ruxian: »A Living Fossil of the Family – A Study of the Family Structure of the Naxi Nationality in the Lugu Lake Region«, in: *Social Sciences in China: A quarterly Journal*, Bd. 4, Peking 1982, Social Sciences in China Press.
Yan, Ruxian: »Das Verwandtschafts-System der Mosuo in China« (Übersetzung aus dem Chinesischen), in: Göttner-Abendroth (Hg.): *Gesellschaft in Balance. Dokumentation des 1. Weltkongresses für Matriarchatsforschung 2003 in Luxemburg*, Stuttgart-Winzer 2006, Verlag Kohlhammer und Edition HAGIA.
Zhi, Exiang: *Chinas Nationale Minderheiten*, Bd. I, Reihe *Die Große Mauer*, China im Aufbau (Hg.), Peking 1985, Chinesische Internationale Buchhandelsgesellschaft.

Kapitel 6

Cho, Hung-Youn: *Koreanischer Schamanismus – eine Einführung*, Hamburg 1982, Hamburgisches Museum für Völkerkunde.
Cho, Hung-Youn: »Mudang. Der Werdegang koreanischer Schamanen am Beispiel der Lebensgeschichte des Yi Chi-san«, in: *Mitteilungen der Gesellschaft für Natur- und Völkerkunde*, Nr. 93, Hamburg 1983, OAG.
Choe, Kilsong: »Male and Female in Korean Folk Belief«, in: *Asian Folklore Studies*, Nagoya/Korea 1984, Nanzan University.
Choi, Hyeryung: *Die Veränderung der Familienstruktur in Korea*, Dissertation Universität Gießen 1981, Frankfurt/Main 1983, Haag und Herchen.
Covell, Alan Carter: *Ecstasy. Shamanism in Korea*, Seoul/Korea und Elizabeth/New Jersey 1983, Hollym International Corporation.
Eliade, Mircea: *Schamanismus und archaische Ekstasetechnik*, Frankfurt/Main 1980, Suhrkamp Verlag (zuerst in Französisch, Paris 1951).
Harvey, Young-Sook Kim: *Six Korean Women. The Socialisation of Shamans*, St. Paul/USA 1979, West Publishing Company.
Heine-Geldern, R.: »Die Megalithen Südostasiens und ihre Bedeutung für die Klärung der Megalithenfrage in Europa und Polynesien«, in: *Anthropos*, Nr. 23, Mödling bei Wien 1928, Missionsdruckerei St. Gabriel.
Kendall, Laurel: *Shamans, Housewives, and Other Restless Spirits. Women in Korean Ritual Life*, Honolulu 1985, University of Hawai'i Press.
Kim, Byung-mo: *Megalithic Cultures in China*, Seoul/Korea 1983, Hanyang University Press.
Kim, Eui-Ok: *Die Entwicklung der sozialen und politischen Organisation der Frauen in Korea bis Ende des 2. Weltkrieges*, Dissertation Universität Marburg 1979, in: Hochschulschrift Marburg, Universität, Fachbereich Gesellschaftswissenschaft.
Kim, Yung-Chung: *Women of Korea. A History from Ancient Times to 1945*, Seoul/Korea 1976, Ewha Women's University Press.
Lee, Kwang-Kyu: »Development of the Korean Kinship System with special Reference to the Influence from China«, in: *Bulletin of the Institute of Ethnology Academia Sinica*, Nr. 59, Nankang-Taipeh/Taiwan 1985, The Institute of Ethnology Academia Sinica.

Ling, Schun-Scheng: *The Dolmen Culture of Taiwan, East Asia and the Southwestern Pacific*, Nankang-Taipeh/Taiwan 1967, The Institute of Ethnology Academia Sinica.
Sasang ui Wontschou, Han-Kuk: *Ursprung des koreanischen Denkens*, Seoul 1973.

Kapitel 7

Aikens, C. Melvin/Higuchi, Takayasu: *Prehistory of Japan*, New York 1982, Academic Press.
Briffault, Robert: *The Mothers. A Study of the Origins of Sentiments and Institutions*, 3 Bände, New York 1927, The Macmillan Company.
Browman, D.L. (Hg.): *Early Native Americans*, Paris-New York 1980, Mouton.
Brühl, Odette: »Japanese Mythology«, in: *New Larousse Encyclopedia of Mythology*, London-New York 1974, Hamlyn Publishing Group Ltd.
Carter, Susan Gail: *Amaterasu-o-mi-kami: Past and Present. An Exploration of the Japanese Sun Goddess from a Western Feminist Perspective*, Dissertation California Institute of Integral Studies, San Francisco 2001, Ann Arbor/Michigan 2005, UMI Press.
Carter, Susan Gail: »The Matristic Roots of Japan and the Emergence of the Japanese Sun Goddess, Amaterasu-o-mi-kami«, in: Goettner-Abendroth (Hg.): *Societies of Peace. Matriarchies Past, Present and Future (Selected papers of the First and Second World Congresses on Matriarchal Studies 2003 and 2005)*, Toronto 2009, Inanna Press, York University.
Covell, C./Covell, A.: *Japan's Hidden History. Korean Impact on Japanese Culture*, Seoul/Korea und Elizabeth/New Jersey 1984, Hollym International Corporation.
Czaplicka, M.A.: *Aboriginal Siberia. A Study in Social Anthropology*, Oxford 1914, Clarendon Press.
Dikov, N.N.: »The Stone Age of Kamchatka and the Chukchi Peninsula«, in: *Arctic Anthropology*, Nr. 3, 1965, 1966, University of Wisconsin Press.
Eder, M.: *Geschichte der japanischen Religion*, Nagoya/Japan 1978, Asian Folklore Studies. Nanzan University.Giddings, J.L.: »The Archeology of Bering Strait«, in: *Current Anthropology*, Chicago, März 1960, University of Chicago.
Jochelson, W.: »The mythology of the Koryak«, in: *American Anthropologist*, Nr. 6 (1904), Wiederabdruck 1975, New York, American Ethnological Society.
Karow, O.: »Utagaki-Kahagi«, in: *Opera Minor*, Wiesbaden 1978, Harrassowitz.
Kidder, Edward J.: *Himiko and Japan's Elusive Chiefdom of Yamatai: Archaeology, History and Mythology*, Honolulu 2007, University of Hawai'i Press.
Kitagawa, J.M.: »Prehistoric Background of Japanese Religion«, in: *History of Religion*, Bd. 2, Chicago 1963, University of Chicago Press.
Leroi-Gourhan, A.: *Archéologie du Pacifique-Nord*, Paris 1946, Institut d'Ethnologie.
Mabuchi, Toichi: *Spiritual Predominance of the Sister in Ryukyan Culture and Society*, A. Smith (Hg.), Honolulu 1964, University of Hawai'i Press.
Munro, Neil Gordon: *Ainu. Creed and Cult*, London 1962, Routledge & Keagan.
Naumann, Nelly: »Yama no Kami – die japanische Berggottheit«, in: *Asian Folklore Studies*, Nr. 22, Nagoya/Japan 1963, Nanzan University.
Obayashi, Taryo: »Die Amaterasu-Mythe im alten Japan und die Sonnenfinsternismythe in Südostasien«, in: *Ethos*, Nr. 25, Stockholm 1960, Etnografiska Museet.
Obayashi, Taryo: »The Origins of Japanese Mythology«, in: *Acta Asiatica*, Nr. 31, Tokyo 1977, Tōhō Gakkai.
Ohnuki-Tierney, Emiko: »The Shamanism of the Ainu«, in: *Ethnology*, Nr. 12, Pittsburg 1973, University of Pittsburg.
Okana, Haruko: *Die Stellung der Frau im Shintô*, Wiesbaden 1976, Harrasowitz.
Pauly, U.: »Japan und die Kultur aus dem Süden«, in: *Beiträge zur Japanischen Ethnogenese*, Kreiner (Hg.), Bonn 1980, Japanologisches Seminar der Universität Bonn.
Philippi, D.L.: *Songs of Gods, Songs of Humans. The Epic Tradition of the Ainu*, Tokyo 1979, University Press.

Scarre, Chris (Hg.): *Weltatlas der Archäologie*, München 1990, Südwest-Verlag
Wedemeyer, A.: »Das Verbergen der Sonnengottheit in der Felsenhöhle«, in: *Deutsche Gesellschaft für Natur- und Völkerkunde Ostasiens*, Tokyo 1935, Seishi-Bunsha.

Kapitel 8

Bachtiar, H.W.: »Negeri Taram: A Minangkabau Village Community«, in: Koentjaraningrat (Hg.): *Villages in Indonesia*, Ithaca-New York 1967, Cornell University Press.
Bellwood, Peter: *Prehistory of the Indo-Malaysian Archipelago*, Sydney-New York-London 1985, Academic Press.
Benad, Anette: *Grüne Revolution in West-Sumatra*, Saarbrücken 1982, Verlag Breitenbach.
Benda-Beckmann, Franz von: »Property on Social Community«, in: *Verhandelingen van het Koninklijk Instituut voor Taal-, Land- en Volkenkunde*, Nr. 86, The Hague 1979, Nijhoff.
Benda-Beckmann, Keebet von: »Bei den Minangkabau hat die Frau viel zu sagen«, in: *Tagesanzeiger Magazin*, Nr. 14, 8. Mai 1976.
Colfer, Carol J. Pierce: »Female Status and Action in Two Dayak Communities«, in: *Women in Asia and the Pacific*, Madeleine J. Goodman (Hg.), Honolulu/Hawai'i 1985, University of Hawai'i.
Dhavida, Usria: »The Role of Minangkabau Women«, in: Goettner-Abendroth (Hg.): *Societies of Peace. Matriarchies Past, Present and Future (Selected papers of the First and Second World Congresses on Matriarchal Studies 2003 and 2005)*, Toronto 2009, Inanna Press, York University.
Göttner-Abendroth, Heide: »Die Macht von Frauen«, in: Heide Göttner-Abendroth: *Am Anfang die Mütter. Matriarchale Gesellschaft und Politik als Alternative*, Stuttgart 2011, Kohlhammer Verlag.
Gura, Susanne: *Die sozialökonomische Rolle der Frauen in der ländlichen Entwicklung West- Sumatras*, Saarbrücken 1983, Verlag Breitenbach.
Gura, Susanne: »Wie Frauen ihren Grundbesitz verlieren. Die matrilineare Gesellschaft der Minangkabau in Sumatra«, in: *Modernisierung der Ungleichheit. Beiträge zur feministischen Theorie und Praxis*, Nr. 23, Köln 1988, Verein Sozialwissenschaftliche Forschung und Praxis für Frauen.
Jong, Josselin de: *Minangkabau and Negri Sembilan*, The Hague 1952, Nijhoff.
Kahn, J.S.: »Tradition, Matriliny and Change among the Minangkabau of Indonesia«, in: *Deel*, Nr. 123, Gravenhage 1976, Nijhoff.
Kato, Tsuyoshi: *Matriliny and Migration. Evolving Minangkabau Traditions in Indonesia*, Ithaca-London 1982, Cornell University Press.
Maisch, H.: *Inzest*, Reinbek bei Hamburg 1968, Rowohlt Verlag.
Maretin, J.V.: »Disappearance of Matriclan Survivals in Minangkabau Family and Marriage Relations«, in: *Deel*, Nr. 117, Gravenhage 1961, Nijhoff.
Rentmeister, Cillie: *Frauenwelten - Männerwelten*, Opladen 1985, Leske und Budrich.
Sanday, Peggy Reeves: *Women at the Center. Life in a Modern Matriarchy*, Ithaca, New York 2002, Cornell University Press.
Sanday, Peggy Reeves: »Matriarchal Values and World Peace: The Case of the Minangkabau«, in: Goettner-Abendroth (Hg.): *Societies of Peace. Matriarchies Past, Present and Future (Selected papers of the First and Second World Congresses on Matriarchal Studies 2003 and 2005)*, Toronto 2009, Inanna Press, York University.
Schrijvers, Joke/Postel-Coster, Els: »Minangkabau Women: Change in a matrilineal society«, in: *Archipel*, Nr. 13, Paris 1977, Chabannes.
Tanner, Nancy: »Minangkabau,« in: F.M. LeBar (Hg.): *Insular Southeast Asia: Ethnographic Studies*, Bd. I, New Haven/Connecticut 1976, Human Relations Area Files, Inc.
Troeller, Gordian, Dokumentarfilm zu den Minangkabau: *Männerherrschaft unbekannt*, Reihe: *Frauen der Welt*, CON Film, Bremen.

Kapitel 9

Briffault, Robert: *The Mothers. A Study of the Origins of Sentiments and Institutions*, 3 Bände, New York 1927, The Macmillan Company.
Brindley, Marianne: *The Symbolic Role of Women in Trobriand Gardening*, Pretoria 1984, University of South Africa.
Hasselt, J.B. van: »Die Neoforezen«, in: *Zeitschrift für Ethnologie*, Nr. 8, Berlin 1876, Verlag Reimer.
Kramer, Fritz: »Nachwort«, in der deutschen Ausgabe von: Bronislaw Malinowski: *Korallengärten und ihre Magie*, Frankfurt 1981, Syndikat.
Malinowski, Bronislaw: *Argonauten des westlichen Pazifik*, Frankfurt/Main 1979, Syndikat (zuerst in Englisch 1923).
Malinowski, Bronislaw: *Das Geschlechtsleben der Wilden in Nordwest-Melanesien*, Frankfurt/Main 1997, Verlag Syndikat (zuerst in Englisch 1926).
Malinowski, Bronislaw: *Korallengärten und ihre Magie*, Frankfurt/Main 1981, Syndikat (zuerst in Englisch 1935).
McDowell, Nancy: »Complementary: The Relationship between Female and Male in the East Sepik Village of Bun, Papua New Guinea«, in: O'Brien/Tiffany (Hgs.): *Rethinking Women's Roles. Perspectives from the Pacific*, Los Angeles 1984, University of California Press.
Montague, Susan: »Trobriand Kinship and the Birth Controversy«, in: *Man. New Series*, Bd. 6, London 1971, Royal Anthropological Institute of Great Britain and Ireland.
O'Brien, Denise: »Women Never Hunt: The Portrayal of Women in Melanesian Ethnography«, in: O'Brien/Tiffany (Hgs.): *Rethinking Women's Roles. Perspectives from the Pacific*, Los Angeles 1984, University of California Press.
O'Brien, Denise/Sharon W. Tiffany (Hgs.): *Rethinking Women's Roles. Perspectives from the Pacific*, Los Angeles 1984, University of California Press.
Reich, Wilhelm: *Der Einbruch der sexuellen Zwangsmoral*, Frankfurt/Main 1975, Fischer Verlag (zuerst 1932).
Strathern, Marilyn: »Domesticity and the Denigration of Women«, in: O'Brien/Tiffany (Hgs.): *Rethinking Women's Roles. Perspectives from the Pacific*, Los Angeles 1984, University of California Press.
Tiffany, Sharon W.: »Feminist Perceptions in Anthropology«, in: O'Brien/Tiffany (Hgs.): *Rethinking Women's Roles. Perspectives from the Pacific*, Los Angeles 1984, University of California Press.
Vaughan, Genevieve: *For-Giving, Schenken und Vergeben. Eine feministische Kritik des Tauschs*, Königstein/Taunus 2008, Ulrike Helmer Verlag (zuerst in Englisch, Austin 1997).
Weiner, Annette B.: *Women of Value. Men of Renown: New Perspectives in Trobriand Exchange*, Austin, London 1976, University of Texas Press.
Weiner, Anette B.: »The Reproductive Model in Trobriand Society«, in: *Mankind*, Nr. 11 (3), 1978, Sydney University Press.
Weiner, Anette B.: »Stability in Banana Leaves«, in: Etienne/Leacock (Hgs): *Women and Colonisation*, New York 1980, Praeger.

Kapitel 10

Barthel, Thomas: *Das achte Land*, München 1974, Renner Verlag.
Beckwith, Martha: *Hawaiian Mythology*, Honolulu/Hawai'i 1970, University of Hawaii Press.
Bellwood, Peter: *Man's Conquest of the Pacific*, Auckland-Sydney-London 1978, Collins.
Casey, Linda: »Mythological Heritage of Hawaii's Royal Women«, in: *Educational Perspectives*, Bd. 16, 1, März 1978, Honolulu/Hawai'i, University of Hawai'i, Manoa.

Clammer, John: »Die Europäer und der Pazifik – eine verhängnisvolle Begegnung«, in: *Bild der Völker,* Bd. 1, Wiesbaden 1974, Brockhaus Verlag (Erstausgabe der Reihe in Englisch, London 1972-1974).

Diamond, Jared: *Kollaps. Warum Gesellschaften überleben oder untergehen,* Frankfurt/Main 2005, Fischer Verlag (zuerst in Englisch, New York 2005).

Eckert, Georg: »Der Einfluss der Familienorganisation auf die Bevölkerungsbewegung in Ozeanien«, in: *Anthropos,* Nr. 31, Wien-Mödling 1936, Missionsdruckerei St. Gabriel.

Emerson, Nathaniel B.: *Unwritten Literature of Hawaii. The Sacred Songs of the Hula,* Tokyo/Japan, 1965, Tuttle.

Finney, Ben R.: »New Perspectives on Polynesian Voyaging«, in: Highland et. al. (Hgs.): *Polynesian Culture History,* Honolulu/Hawai'i 1967, Bishop Museum Press.

Gray, Russel D.: »Language Phylogenies Reveal Expansion Pulses and Pauses in Pacific Settlement«, in: *Science,* Bd. 323, H. 5913, Washington D.C. 2009, American Association for the Advancement of Science.

Handy, C./Handy, E.: *Native Planters in Old Hawaii,* Honolulu/Hawai'i 1972, Bishop Museum Press.

Heine-Geldern, R.: »Die Megalithen Südostasiens und ihre Bedeutung für die Klärung der Megalithenfrage in Europa und Polynesien«, in: *Anthropos,* Nr. 23, Mödling bei Wien 1928, Missionsdruckerei St. Gabriel.

Helfritz, H.: *Die Osterinsel,* Zürich 1953, Fretz & Wasmuth.

Heyerdahl, Thor: »Die Bewohner der Osterinsel«, in: *Bild der Völker,* Bd. 1, Wiesbaden 1974, Brockhaus Verlag (Erstausgabe der Reihe in Englisch, London 1972-1974).

Highland/Force/Howard/Kelly/Sinoto (Hgs.): *Polynesian Culture History,* Honolulu/Hawai'i 1967, Bishop Museum Press.

Howard, Alan: »Polynesian Origins and Migrations (A Review)«, in: Highland et. al. (Hgs.): *Polynesian Culture History,* Honolulu/Hawai'i 1967, Bishop Museum Press.

Kirch, Patrick Vinton: *The Evolution of the Polynesian Chiefdoms,* London-New York- Sydney 1984, Cambridge University Press.

Kirch, P.V.: *Feathered Gods and Fishhooks. Hawai'ian Archaeology and Prehistory,* Honolulu/Hawai'i 1985, University of Hawai'i Press.

Luomala, Katharine: *The Menehune of Polynesia and other mythical Little People of Oceania,* Honolulu/Hawai'i 1951, Bernice P. Bishop Museum Press

Métraux, Alfred: *Ethnology of Easter Island,* Honolulu/Hawai'i 1940, Bishop Museum Press.

Métraux, Alfred: *Easter Island. A Stone-Age Civilization of the Pacific,* London 1957, Andre Deutsch Verlag.

Moodley, Yoshan: »The Peopling of the Pacific from a Bacterial Perspective«, in: *Science,* Bd. 323, H. 5913, Washington D.C. 2009, American Association for the Advancement of Science.

Nevermann, Hans: *Götter der Südsee. Die Religion der Polynesier,* Stuttgart 1947, Spemann.

O'Connor, Kaori: »Die Hawai'i Inseln«, in: *Bild der Völker,* Bd. 1, Wiesbaden 1974, Brockhaus Verlag (Erstausgabe der Reihe in Englisch, London 1972-1974).

Peiser, Benny: »From Genocide to Ecocide: The Rape of the Rapa Nui«, in: *Energy&Environment,* Bd. 16, Nr. 3, Juli 2005, Brentwood.

Rainbird, Paul: »A message for our future? The Rapa Nui (Easter Island) eco-disaster and Pacific islands Environment«, in: *World Archaeology,* Nr. 33(3), London 2002, Taylor & Francis.

Song of Waitaha. The Histories of a Nation, indigene mündliche Traditionen, berichtet von Te Porohau, Peter Ruka, Te Korako et al., Darfield/Neuseeland, 2003, Wharariki Publishing.

Suggs, Robert, in: Highland et. al. (Hgs.): *Polynesian Culture History,* Honolulu/Hawai'i 1967, Bishop Museum Press.

Sykes, Bryan: *The Seven Daughters of Eve,* London 2001, Bantam Press.

Tamasese, Taimalieutu Kiwi: »Restoring Liberative Elements of our Cultural Gender Arrangements«, in: Goettner-Abendroth (Hg.): *Societies of Peace. Matriarchies Past, Present and Future (Selected papers of the First and Second World Congresses on Matriarchal Studies 2003 and 2005),* Toronto 2009, Inanna Press, York University.

Thrum, Thomas: »Kukaniloko: famed birthplace of aliis«, in: *Thrum's Hawaiian Annual,* Honolulu/Hawai'i 1912, Black & Auld.

Trask, Mililani B.: »Aia Na Ha'ina i Loko o Kakou – The Answer Lei Within Us,« in: Goettner-Abendroth (Hg.): *Societies of Peace. Matriarchies Past, Present and Future (Selected papers of the First and Second World Congresses on Matriarchal Studies 2003 and 2005),* Toronto 2009, Inanna Press, York University.

Westervelt, William: »Fairy folk of Hawai'i«, in: *Paradise of the Pacific,* Nr. 14, Februar 1901, Press Pub. Co.